U0090014

民國文化與文學研究文叢

初 編

李 怡 主編

第 17 冊

中學國文教科書研究（1912～1949）

李 斌 著

國家圖書館出版品預行編目資料

中學國文教科書研究（1912～1949）／李斌 著 -- 初版 -- 新
北市：花木蘭文化出版社，2012〔民101〕

序 4+ 目 2+234 面；19×26 公分

（民國文化與文學研究文叢 初編：第 17 冊）

ISBN：978-986-254-894-3（精裝）

1. 國文科　2. 中小學教科書　3. 中等教育

541.26208　　　　　　　　　　　　　　　　　101012606

特邀編委（以姓氏筆畫為序）：

丁　帆	王德威	宋如珊
岩佐昌暲	奚　密	張中良
張堂錡	張福貴	須文蔚
馮　鐵	劉秀美	

ISBN-978-986-254-894-3

民國文化與文學研究文叢

初　編　第十七冊　　　　　　　ISBN：978-986-254-894-3

中學國文教科書研究（1912～1949）

作　　者　李斌
主　　編　李怡
企　　劃　北京師範大學民國歷史文化與文學研究中心（籌）
　　　　　四川大學民國文學暨海外漢學研究中心（籌）
　　　　　現代中國文化與文學研究中心
總 編 輯　杜潔祥
印　　刷　普羅文化出版廣告事業
出　　版　花木蘭文化出版社
發 行 人　高小娟
聯絡地址　新北市永和區中正路五九五號七樓
　　　　　電話：02-2923-1455／傳眞：02-2923-1452
網　　址　http://www.huamulan.tw 信箱 sut81518@gmail.com
初　　版　2012 年 9 月
定　　價　初編 18 冊（精裝）新台幣 30,000 元　　版權所有・請勿翻印

《民國文化與文學研究文叢》總序

李 怡

　　這是一套試圖從新的角度——民國歷史文化的視角重新梳理分析中國現代文學的叢書，計劃在數年內連續推出百餘種相關主題的論述，逐漸形成關於現代中國文學的新的學術思路。為什麼會提出這樣的設想？與最近一些年大陸中國悄然出現的「民國熱」有什麼關係？最終，我們又有怎樣的學術預期呢？

　　近年來大陸中國的「民國熱」折射出了諸多耐人尋味的社會心理：對於一種長期被遮蔽的歷史的好奇？市民情懷復蘇時代的小資心態？對當前社會文化秩序的厭倦與不滿？或許，就是這幾種心理的不同程度的組合？作為生活在「民國熱」時代的我們，自然很難將自己與這些社會心理切割開來，不過，在學術自身的邏輯裡追溯，我們卻不得不指出，作為文學史敘述的「民國」概念，無疑有著更為深遠的歷史，擁有更為豐富的內涵。

一

　　迄今為止，在眾多中國現代文學史的敘述概念中，得到廣泛使用的有三種：「新文學」、「近代／現代／當代文學」、「二十世紀中國文學」。值得注意的是，這三種概念都不完全是對中國文學自身的時空存在的描繪，概括的並非近現代以來中國具體的國家與社會環境，也就是說，我們文學真實、具體的生存基礎並沒有得到準確的描述。因此，它們的學術意義從來就伴隨著連續不絕的爭議，這些紛紜的意見有時甚至可能干擾到學科本身的穩定發展。

　　「新文學」是第一個得到廣泛認可的文學史概念。從 1929 年春朱自清在清華大學講授「中國新文學」、編訂《中國新文學研究綱要》到 1932 年周作人在輔仁大學講演新文學源流、出版《中國新文學的源流》，從 1933 年王哲

甫出版《中國新文學運動史》到 1935 年全面總結第一個十年成就的《中國新文學大系》的隆重推出，從 1950 年 5 月中央教育部頒佈的教學大綱定名為「中國新文學史」到 1951 年 9 月王瑤出版《中國新文學史稿》（上冊），都採用了「新文學」這一命名。此外，香港的司馬長風和臺灣的周錦先後撰寫、出版了同名的《中國新文學史》。乃至在新時期以後，雖然新的學科命名——近代文學、現代文學、當代文學——已經確定，但是以「新文學」為名創辦學會、寫作論著的現象卻依然不斷地出現。

　　以「新」概括文學的歷史，在很大程度上來源於這一時段文學運動中的自我命名。晚清以降中國文學與中國文化的動向，往往伴隨著一系列「新」思潮、「新」概念與「新」名稱的運動，如梁啓超提出「新民說」、「新史學」、「新學」，文學則逐步出現了「新學詩」、「新體詩」、「新派詩」、「新民體」、「新文體」、「新小說」、「新劇」等。可以說，鴉片戰爭以後的中國進入了一個「求新逐異」的時代，「新」的魅力、「新」的氛圍和「新」的思維都前所未有地得到擴張，及至五四時期，「新文學運動」與「新文化運動」轟然登場，「新文學」作為文學現象進入讀者和批評界的視野，並成為文學史敘述的基本概念，顯然已是大勢所趨。《青年雜誌》創刊號有文章明確提出：「夫有是非而無新舊，本天下之至言也。然天下之是非，方演進而無定律，則不得不假新舊之名以標其幟。夫既有是非新舊則不能無爭，是非不明，新舊未決，其爭亦未已。」〔註 1〕今天，學界質疑「新文學」的「新」將其他文學現象排除在外了，以至現代的文學史殘缺不全。其實，任何一種文學史的敘述都是收容與排除並舉的，或者說，有特別的收容，就必然有特別的排除，這才是文學研究的基本「立場」。沒有對現代白話的文學傳統的特別關注和挖掘，又如何能體現中國文學近百年來的發展與變化呢？「新」的侷限不在於排除了「舊」，而在於它能否最準確地反映這一類文學的根本特點。

　　對於「新文學」敘述而言，真正嚴重的問題是，這一看似當然的命名其實無法改變概念本身的感性本質：所謂「新」，總是相對於「舊」而言，而在不斷演變的歷史長河中，新與舊的比照卻從來沒有一個確定不移的標準。從古文經學、荊公新學到清末西學，「新學」在中國學術史上的內涵不斷變化，「新文學」亦然。晚清以降的文學，時間不長卻「新」路不定，至「五四」已今非昔比，「新」能夠在多大的範圍內、在多長的時間中確定「文學」的性質，實在是一個不容

〔註 1〕汪叔潛：《新舊問題》，《青年雜誌》1915 年第 1 卷第 1 號。

忽視的學術難題。我們可以從外來文化與文學的角度認定五四白話文學的「新」，像許多新文學史描述的那樣；也可以在中國文學歷史中尋覓「新」的元素，以「舊」爲「新」，像周作人的《中國新文學的源流》那樣。但這樣一來，反而昭示了「新」的不確定性，爲他人的質疑和詬病留下了把柄。誠如錢基博所言：「十數年來，始之以非聖反古以爲新，繼之歐化國語以爲新，今則又學古以爲新矣。人情喜新，亦復好古，十年非久，如是循環；知與不知，俱爲此『時代洪流』疾卷以去，空餘戲狎懺悔之詞也。」〔註2〕

更何況，中國文學的「新」歷史肯定會在很長時間中推進下去，未來還將發生怎樣的變動？其革故鼎新的浪潮未必不會超越晚清－五四一代。屆時，我們當何以爲「新」，「新文學」又該怎麼延續？這樣的學術詰問恐怕不能算是空穴來風吧。

「新」的感性本質期待我們以更嚴格、更確定的「時代意義」來加以定義。「現代」概念的出現以及後來更爲明確的近代／現代／當代的劃分似乎就是一種定義「意義」的方向。

「現代」與「近代」都不是漢語固有的語彙，傳統中國文獻如佛經曾經用「現在」來表示當前的時間（《俱舍論》有云：「若已生而未已滅名現在」）。以「近代」、「現代」翻譯英文的 modern 源自日本，「近代」、「現代」係日文對 modern 的經典譯文。「現代」在一開始使用較少，但至遲在 20 世紀初的中國文字中也開始零星使用，如梁啓超 1902 年的《新民說》。〔註3〕只是在當時，modern 既譯作「現代」與「近代」，也譯作「摩登」、「時髦」、「近世」等。直到 30 年代以後，「現代」一詞才得以普遍使用，此前即便作爲時間性的指稱，使用起來也充滿了隨意性。「近代」進入文學史敘述以 1929 年陳子展的《中國近代文學之變遷》爲早，「現代」進入文學史敘述則以 1933 年錢基博的《現代中國文學史》爲先，但他們依然是在一般的時間概念上加以模糊認定。尤其是錢基博，他的「現代」命名就是爲了掩蓋更具有社會歷史內涵的「民國」：「吾書之所爲題『現代』，詳於民國以來而略推跡往古者，此物此誌也。然不

〔註2〕　錢基博：《現代中國文學史》，長沙：嶽麓書社，1986 年，第 506 頁。

〔註3〕　《新民說》有云：「凡此皆現代各國之主動力也，而一皆自條頓人發之成之，是條頓人不啻全世界動力之主人翁也。」參見《梁啓超全集》第 2 冊，北京：北京出版社，1999 年，第 658、659 頁。關於日文中「近代」、「現代」一詞的來源及使用情況可以參見柳父章：《翻譯語成立事情》，日本岩波書店 1982 年 4 月出版。

題『民國』而日『現代』，何也？日：維我民國，肇造日淺，而一時所推文學家者，皆早嶄露頭角於讓清之末年，甚者遺老自居，不願奉民國之正朔；寧可以民國概之？」﹝註4﹞也就是說，像「民國」這樣直接指向國家與社會內涵的文學史「意義」，恰恰是作者要刻意迴避的。

在「現代」、「近代」的概念中追尋特定的歷史文化意義始於思想界。1915年，《青年雜誌》創刊號一氣刊登了陳獨秀兩篇介紹西方近現代思想文化的文章：《法蘭西人與近世文明》和《現代文明史》，「近代（近世）」與「現代」同時成為對西方思想文化的概括。《青年雜誌》﹝註5﹞後來又陸續推出了高一涵的《近世國家觀念與古相異之概略》（第1卷第2號）和《近世三大政治思想之變遷》（第4卷第1號）、劉叔雅的《近世思想中之科學精神》（第1卷第3號）、陳獨秀的《孔子之道與現代社會》（第2卷第4號）和《近代西洋教育》（第3卷第5號）、李大釗的《唯物史觀在現代歷史學上的價值》（第8卷第4號）。《新潮》則刊發了何思源的《近世哲學的新方法》（第2卷第1號）、羅家倫的《近代西洋思想自由的進化》（第2卷第2號）、譚鳴謙的《現代民治主義的精神》（第2卷第3號）等。1949年以後，大陸中國文學研究界找到了清晰辨析近代／現代／當代的辦法，更是確定了這幾個概念背後的歷史文化內涵，其根據就是由史達林親自審查、聯共（布）中央審定、聯共（布）中央特設委員會編的《聯共（布）黨史簡明教程》和由蘇聯史學家集體編著的多卷本的《世界通史》。《聯共（布）黨史簡明教程》於1938年在蘇聯出版，它先後用67種文字出版301次，是蘇聯圖書出版史上印數最多的出版物之一。就在蘇聯正式出版此書的二三個月後，該書的第七章和結束語就被譯成中文在《解放》上發表，隨後不久，在中國就出現了4種不同的中文譯本：由博古任總校閱、中國出版社1939年2月出版的「重慶譯本」，由吳清友翻譯、上海啓明社1939年5月出版的「上海譯本」，由蘇聯外文出版局主持翻譯和出版、任弼時等人擔任實際翻譯工作的「莫斯科譯本」，以及解放社於1939年5月出版的「延安譯本」。「上海譯本」多流行於上海和新四軍活動區域，陝甘寧邊區和華北各抗日根據地擁有「莫斯科譯本」與「延安譯本」，大後方各省同時流行「重慶譯本」與「莫斯科譯本」（見歐陽軍喜《論抗戰時期〈聯

﹝註4﹞ 錢基博：《現代中國文學史》，第9頁。
﹝註5﹞ 1916年9月第2卷第1號起，《青年雜誌》改名為《新青年》，文中為了表述連貫，不作明確指出。

共（布）黨史簡明教程〉在中國的傳播及其對中國共產黨宣傳工作的影響》，載《黨史研究與教學》2008 年第 2 期）。早在延安時代，《簡明教程》就被列入「幹部必讀」書，建國之後，《簡明教程》中的三章加上「結束語」曾被指定爲廣大幹部學習的基本教材，在中國自己編寫的「國際共運史」教材面世之前，它也是高校馬列主義基礎課程的通用教材，直接參與構築了新中國教育的基本歷史觀念。作爲「學科」的中國現當代文學就是在這樣一種歷史觀念的形成中生成的。中譯本《世界通史》第一卷最早由生活·讀書·新知三聯書店於 1959 年初版，至 1978 年出版到第八卷，第九、第十卷由吉林人民出版社分別於 1975、1978 年出版，第十一卷繼續由三聯書店於 1984 年出版，第十二、十三卷由東方出版社 1987、1990 年出版，可以說也伴隨了 1990 年代之前中國的歷史認識過程。

就這樣，馬列主義的五種社會形態進化論成爲劃分近代與現代的理論基礎，由近代到現代的演進，在蘇聯被描述爲 1640 年英國資產階級革命－十月社會主義革命的重大發展，在中國，則開始於淪爲「半殖民地半封建」的 1840 年鴉片戰爭，完成於標誌著社會主義思想傳播的「五四」。大陸中國的史學家更是在「現代」之中另闢「當代」，以彰顯社會主義與共產主義社會的到來，由此確定了中國文學近代／現代／當代的明確格局——這樣的劃分，不僅在時間分段上不再模糊，而且更具有明確的思想內涵與歷史文化質地：資產階級文學（舊民主主義革命文學）、新民主主義革命文學與社會主義文學就是近代－現代－當代文學的歷史轉換。

當然，來自蘇聯意識形態的歷史劃分與西方學術界的基本概念界定存在明顯的分歧。在西方學術界，一般是以地理大發現與資本主義經濟及社會文化的興起作爲「現代」的開端，Modern Times 一般泛指 15～16 世紀地理大發現以來的歷史，這一歷史過程一直延續到今天，並沒有近代／現代之別，即使是所謂的「當代」（Late Modern Time 或 Contemporary Time），也依然從屬於 Modern Times 的長時段。〔註6〕「現代」的含義也不僅與「革命」相關，而且指涉一個相當久遠而深厚的歷史文化的變遷過程，並包含著歷史、哲學、

〔註 6〕代表作有阿克頓主編的 14 卷本的《康橋近代史》（*The Cambridge Modern History , Cambridge university press .1902-1912*），後來康橋大學出版社又出版了克拉克主編的 14 卷本的《新編康橋近代史》（*The New Cambridge Modern History. Cambridge university press .1957-1959*），這套著作的中文譯本於 1987 年起，由中國社會科學出版社陸續出版，名爲《新編康橋世界近代史》。

宗教等多方面的資訊。德國美學家姚斯在《美學標準及對古代與現代之爭的歷史反思》中考證，「現代」一詞在 10 世紀末期首次被使用，意指古羅馬帝國向基督教世界過渡時期，與古代相區別；而今天一般將之理解為自文藝復興開始尤其是 17、18 世紀以後的社會、思想和文化的全面改變，它以工業化為基礎，以全球化為形式，深刻地影響了世界各民族的生存與觀念。

到了新時期，在大陸中國的國門重新向西方世界開放以後，「走向世界」的強烈渴望讓我們不再滿足於革命歷史的「現代」，但問題是，其他的「現代」知識對我們而言又相當陌生，難怪汪暉曾就何謂「現代」向唐弢先生鄭重求教，而作為學科泰斗的導師也只是回答說，這是一個「很複雜」的問題。〔註7〕1990 年代，中國學術界開始惡補「現代」課，從西方思想界直接輸入了系統而豐富的「現代性知識」，這個「與世界接軌」的具有思想深度的知識結構由此散發出了前所未有的魅力。正是在「現代性知識」體系中，對現代、現代性、現代化、現代主義的辨析達到了如此的深入和細緻，對文學的觀照似乎也獲得了令人激動不已的效果和不可估量的廣闊前程，中國現代文學史至此有望成為名副其實的「現代性」或「現代學」意義上的文學史敘述。

應當承認，1990 年代對「現代」知識的重新認定，的確為我們的文學史研究找到了一個更具有整合能力的闡釋平臺。例如，藉助福柯式的知識考古，我們固有的種種「現代」概念和思想得到了清理，現代、現代性、現代化這些或零散或隨意或飄忽的認識，都第一次被納入一個完整清晰的系統，並且尋找到了在人類精神發展流程裡的準確位置。最近 10 年，「現代性」既是中國理論界所有譯文的中心語彙，也幾乎就是所有現當代文學史研究的話語支撐點。

但是，從另一角度來看，我們的「現代」史學之路卻難以掩飾其中的尷尬。無論是蘇聯的革命史「現代」概念還是今日西方學界的「現代」新知，它們的闡釋功效均更多地得力於異域的理論視野與理論邏輯，列寧與史達林如此，吉登斯、哈貝馬斯與福柯亦然。問題是，中國作家的主體經驗究竟在哪裡？中國作家背後的中國社會與歷史的獨特意義又何在？在革命史「現代」觀中，蘇聯的文學經驗、所謂的「現實主義」道路成為金科玉律，只有最大程度地符合了這些「他者」的經驗才可能獲得文學史的肯定，這被後來稱為

〔註 7〕汪暉：《我們如何成為「現代的」？》，《中國現代文學研究叢刊》1996 年第 1 期。

「左」的思想的教訓其實就是失去了中國主體經驗的惡果。同樣，在最近 10 餘年的文學史研究中，鮮活的現代中國的文學體驗也一再被納入到全球資本主義時代的共同命題中，兩種現代性、民族國家理論、公共空間理論、第三世界文化理論、後殖民批判理論……大清帝國的黃昏與異域的共和國的早晨相遇了，兩個不同國度的感受能否替換？文學的需要是否就能殊途同歸？他者的理論是否真讓我們一勞永逸？中國文學的現代之路會不會自成一格？有趣的甚至還有如下的事實：在 90 年代初期，恰恰也是其中的一些理論（現代性質疑理論）導致我們對現代文學存在價值的懷疑和否定，而到了 90 年代中後期，當外來的理論本身也發生分歧與衝突的時候（如哈貝馬斯對現代性的肯定），我們竟又神奇地獲得了鼓勵，重新「追隨」西方理論挖掘中國文學的「現代性價值」──中國文學的意義竟然就是這樣的脆弱和動搖，只能依靠西方的「現代」理論加以確定？

除了這些異域的「現代」理論，我們的文學史家就沒有屬於自己的東西嗎？如我們的心靈，我們的感受，能夠容納我們生命需要的漢語能力。

現代，在何種意義上還能繼續成為我們的文學史概念？沒有了這一通行的「世界」術語，我們還能夠表達自己嗎？

問題的嚴重性似乎不在於我們能否在歷史的描述中繼續使用「現代」（包括與之關聯的「近代」、「當代」等概念），而是類似的辭彙的確已被層層疊疊的「他者」的資訊所塗抹甚至污染，在固有的中國現代文學史敘述框架內，我們怎樣才能做到全身而退，通達我們思想的自由領地？

中國有「文學史」始於清末的林傳甲、黃摩西，隨著文學史寫作的持續展開，尤其是到了 1949 年以後，「現代」被單獨列出，不再從屬於「中國文學史」，這彷彿包含了一種暗示：「現代」是異樣的、外來的，不必納入「中國文學」固有的敘述程式。

「二十世紀中國文學」是中國文學研究界學術自覺，努力排除蘇聯「革命」史觀影響，尋求文學自身規律的產物。正如論者當年意識到的那樣：「以前的文學史分期是從社會政治史直接類比過來的。拿『近代文學史』來說，從一八四〇年鴉片戰爭到一八九八年戊戌變法，半個多世紀裡頭，幾乎沒有什麼文學，或者說文學沒有什麼根本的變化。……政治和文學的發展很不平衡。還是要從東西方文化的撞擊，從文學的現代化，從中國人『出而參與世界的文藝之業』，從文學本身的發展規律，從這樣的一些角度來看文學史，才

比較準確。」「『二十世紀中國文學』這一概念首先意味著文學史從社會政治史的簡單比附中獨立出來，意味著把文學自身發生發展的階段完整性作爲研究的主要對象。」〔註 8〕這樣的歷史架構顯然具有重大的學術價值，「二十世紀中國文學」直到今天依然是影響最大的文學史理念，然而，它也存在著難以克服的一些問題。姑且不論「二十世紀」這一業已結束的時間概念能否繼續涵蓋一個新世紀的歷史情形，而「新世紀」是否又具有與「舊世紀」迥然不同的特徵，即便是這種歷史概括所依賴的基本觀念——文學的世界性、整體性與「現代化」，其實也和文學的「現代」史觀一樣，在今天恰恰就是爭論的焦點。

「二十世紀」作爲一個時間概念也曾被國外史家徵用，但是正如當年中國學者已經意識到的那樣，外人常常是在「純物理時間」的意義上加以使用，相反，「二十世紀中國文學」更願意準確地呈現文學自身的性質。〔註 9〕這樣一來，「二十世紀」的概念也同我們曾經有過的「現代」一樣，實際上已由時間性指稱轉換爲意義性指稱。那麼，構成它們內在意義的是什麼呢？是文學的世界性、整體性與「現代化」——這些取諸世界歷史總體進程的「元素」，它們在何種程度上推動了我們文學的發展，又在多大的程度上掩蓋了我們固有的人生與藝術理想，都是大可討論的。例如，面對同樣一個「世界」的背景，是遭遇了「世界性」還是我們自己開闢了「世界性」，這裡就有完全不同的文學感受；再如，將「二十世紀」看作一個「整體」，我們可能注意到「五四」與「新時期」在「現代化」方向上的一致：「我是從搞新時期文學入手的，慢慢地發現好多文學現象跟『五四』時期非常相像，幾乎是某種『重複』。比如，『問題小說』的討論，連術語都完全一致。我考慮比較多的是美感意識的問題。『傷痕』文學裡頭有一種很濃郁的感傷情緒，非常像『五四』時期的浪漫主義思潮，我把它叫作歷史青春期的美感情緒。」「魯迅對現代小說形式的問題很早就提出一些精彩的見解。我就感覺到當代文學提出的很多問題並不是什麼新鮮問題。」〔註 10〕但是，這樣的「整體性」的相似只是問題的一方面，認眞區分起來，「五四」與「新時期」其實更有著一系列重要的分歧。文

〔註 8〕黃子平、陳平原、錢理群：《二十世紀中國文學三人談》，北京：人民文學出版社，1988 年，第 36 頁、25 頁。
〔註 9〕黃子平、陳平原、錢理群：《二十世紀中國文學三人談》，第 39 頁。
〔註10〕黃子平、陳平原、錢理群：《二十世紀中國文學三人談》，第 29～30、31 頁。

學的意義恰恰就是建立在細節的甄別上，上述細節的差異不是可有可無的，它們標識的正是文學本身的「形態」的差別，既然「形態」已大不相同，那麼粘合的「整體」的也就失去了堅實的基礎。

更有甚者，雖然已被賦予一系列「現代性」的意義指向，「二十世紀」卻又無法終結人們對它的「時間」指稱。新的問題由此產生：人們完全可能藉助這樣的「時間」框架，重新賦予不同的意義，由此在總體上形成了「二十世紀」指義的複雜和含混。在 80 年代，「二十世紀中國文學」的提出者是以晚清的「新派」文學作為「現代性」的起點，努力尋找五四文學精神的晚清前提與基礎，但是近年來，我們卻不無尷尬地發現美國漢學界已另起爐竈，竭力發掘被五四文學所「壓抑」的其他文學源流。結果並不是簡單擴大了文學的源頭，讓多元的聲音百家爭鳴，而是我們從此不得不面對一個彼此很難整合的現代文學格局，在晚清的世俗情欲與「五四」的文化啟蒙之間，矛盾的力量究竟是怎樣被「整合」的？如果說，「五四」的文化啟蒙壓抑了晚清的世俗情欲，而後者在中國其實已有很長的歷史流變過程，那麼，這樣壓抑／被壓抑雙方的歷史整合就變得頗為怪異，而「五四」、二十世紀作為文學「新質」的特殊意義也就不復存在，我們曾引以自豪的新文學的寶貴傳統可能就此動搖和模糊不清。難道，一個以文學闡釋的「整體性」為己任的學術追求至此完成了自我的解構？

我們必須認真面對「二十世紀中國文學」這一概念，包括其並未消失的價值和已經浮現的侷限。

二

我們對近現代以來中國文學史的幾大基本概念加以檢討，其目的並不是要在現有的文學描述中將之「除名」，而是想藉此反思我們目前文學研究與文學史敘述的內在問題。「新文學」力圖抓住中國文學在本世紀的「新質」，但定位卻存在很大的模糊空間；「現代文學」努力建立關於歷史意義的完整觀念，但問題是，這些「現代」觀念在很大程度上來自異域文化，究竟怎樣確定我們自己在本世紀的生存意義，依然有太多的空白之處；「二十世紀」致力於「文學」輪廓的勾勒，但純粹的時間概念的糾纏又使得它所框定的文學屬性龐雜而混沌，意義的清晰度甚至不如「新文學」與「現代文學」。這就是說，在我們未來的文學史敘述中，有必要對「新文學」、「近代／現代／當代」、「二

十世紀中國文學」等概念加以限制性的使用，盡可能突出它們揭示中國文學現象獨特性的那一面，盡力壓縮它們各自表意中的模糊空間。與此同時，更重要的是重新尋找和探測有關文學歷史的新的敘述方式，包括新的概念的選擇、新的意義範圍的確定，以及新的研究範式的嘗試等。

「新文學」作爲對近百年來白話文學約定俗成的稱謂，繼續使用無妨，且無須承擔爲其他文學樣式（如舊體文學）騰挪空間的道德責任，但未來的文學發展又將如何刷「新」，新的文學現象將怎樣由「新」而出，我們必須保留必要的思想準備與概念準備；「現代」則需要重新加以清理和認定，與其將西方資本主義文化的種種邏輯作爲衡量「現代性」的基礎，還不如在一個更寬泛的角度認定「現代」：中華帝國結束自我中心的幻覺，被迫與其他世界對話的特殊過程，直接影響了中國人與中國作家的人生觀與自我意識，催生了一種區別於中國古代文學的「現代」樣式。這種「現代」受惠與受制於異域的「現代」命題尤其是西方資本主義的命題，但又與異域的心態頗多區別，我們完全不必將西方的「現代」或「現代性」本質化，並作爲估價中國文學的尺度。異域的「現代」景觀僅僅是我們重新認識中國現象的比照之物，也就是說，對於「現代」的闡述，重點不應是異域（西方）的理念，而是這一過程之中中國「物質環境」與「精神生態」的諸多豐富形態與複雜結構。作爲一個寬泛性的「過程」概念的指稱，我們使用側重於特殊時間含義的「現代文學」，而將文學精神內涵的分析交給更複雜、更多樣的歷史文化分析，以其他方式確立「意義」似乎更爲可行；「二十世紀」是中國文學新的「現代」樣式孕育、誕生和發展壯大的關鍵時期，因爲精神現象發生的微妙與複雜，這種時間性的斷代對文學本身的特殊樣式而言也不無模糊性，而且其間文學傳統的流變也務必單純和統一，因此，它最適合於充當技術性的時間指稱而非某種文學「本質」的概括。

這樣一來，我們似乎有可能獲得這樣的機會：將已粘著於這些概念之上的「意義的斑駁」儘量剔除，與其藉助它們繼續認定中國文學的「性質」，不如在盡力排除「他者」概念干擾的基礎上另闢蹊徑，通過對近現代以來中國文學發生與發展歷史情景的細緻梳理來加以全新的定義。

一個民族和國家的文學歷史的敘述，所依賴的巨大背景肯定是這一國家歷史的種種具體的歷史情景，包括國家政治的情狀、社會體制的細則、生存方式的細節、精神活動的詳情等等，總之，這種種的細節，它來自於歷史事實的「還

原」而不是抽象的理論概括。國家是我們生存的政治構架，在中國式的生存中，政治構架往往起著至關緊要的作用，影響及每個人最重要的生存環境和人生環節，也是文學存在的最堅實的背景；在國家政治的大框架中又形成了社會歷史發展的種種具體的情態：這是每個個體的具體生存環境，是文學關懷和觀照的基本場景，也是作爲精神現象的文學創造的基礎和動力。

　　從文學生存的社會歷史文化角度加以研究，並注意到其中「國家政治」與「社會背景」的重要作用，絕非始於今日。在「以階級鬥爭爲綱」的年代，就格外強調社會歷史批評的價值，新時期以後，則有「文化角度」研究的興起，90 年代至今，更是「文化批評」或「文化研究」的盛行。不過，強調「國家歷史情態」與這些研究都有很大的不同，它是屬於我們今天應當特別加強的學術方式。

　　傳統的社會歷史批評以國家政治爲唯一的闡釋中心，從根本上抹殺了文學自身的獨立性。在新時期，從「文化角度」研究文學就是要打破政治角度的壟斷性，正如「二十世紀中國文學」倡導者所提出的「走出文學」的設想：「『走出文學』就是注重文學的外部特徵，強調文學研究與哲學、社會學、政治學、民族學、心理學、歷史學、民俗學、文化人類學、倫理學等學科的聯繫，統而言之，從文化角度，而不只是從政治角度來考察文學。」〔註11〕這樣的研究，開啓了從不同的學科知識視角觀察文學發展的可能。「文化角度」在這裡主要意味著「通過文化看文學」。也就是說，運用組成社會文化的不同學科來分析、觀察文學的美學個性。與基於這些「文化角度」的「審美」判斷不同，90 年代至今的「文化研究」甚至打破了人們關於藝術與審美的「自主性」神話，將文學納入社會文化關係的總體版圖，重點解釋其中的文化「意味」，包括社會結構中種種階級、權力、性別與民族的關係。「文化研究」更重視文學具體而微的實際經驗，更強調對日常生活與世俗文化的分析和解剖，更關注文學在歷史文化經驗中的具體細節。這顯然更利於揭示文學的歷史文化意義，但是，「文化研究」的基本理論和模式卻有著明顯的西方背景。一般認爲，「文化研究」產生於 50 年代的英國，其先驅人物是威廉姆斯（R.Williams）與霍加特（R.Hoggart）。霍加特在 1964 年創辦的英國伯明罕當代文化研究中心是第一個正式成立的「文化研究」機構，從 80 年代開始，「文化研究」在加拿大、澳大利亞及美國等地迅速發展，至今，它幾乎已成爲一個具有全球影響的知識領域。90 年代，「文化

〔註11〕黃子平、陳平原、錢理群：《二十世紀中國文學三人談》，第 61 頁。

研究」傳入中國後對文學批評的影響日巨，但是，中國「文化研究」的一系列主題和思路（如後殖民主義批判、文化／權力關係批判、種族與性別問題、大眾文化問題、身份政治學等等）幾乎都來自西方，而且往往是直接襲用外來的術語和邏輯，對自身文化處境獨特性的準確分析卻相當不足。〔註12〕

突出具體的歷史情景的文學研究充分肯定國家政治的特殊意義，但又絕對尊重文學自身的獨立價值；與80年代「文化角度」研究相似，它也將充分調動哲學、社會學、政治學、民族學、心理學、歷史學、民俗學、文化人類學、倫理學等學科知識，但卻更強調具體國家歷史過程中的「文學」對人生遭遇「還原」；與「文化研究」相似，這裡的研究也將重點挖掘歷史文化的諸多細節，但需要致力於來自「中國體驗」的思想主題與思維路徑。

傳統的中國文學詮釋雖然沒有「社會歷史批評」這樣的概念，但卻在感受、體驗具體作家創作環境方面頗多心得，形成了所謂「知人論世」的詮釋傳統，正如章學城在《文史通義·文德》中說：「不知古人之世，不可妄論古人之辭也。知其世矣，不知古人之身處，亦不可以遽論其文也。」這都是我們今天跳出概念窠臼、返回歷史感受的重要資源。不過，中國現代文學的歷史敘述需要完成的任務可能更為複雜，在今天，我們不僅需要為了「知人」而「知世」，而且作為「世」的社會歷史也不僅僅是「背景」，它本身就構成了文學發展的「結構」性力量，正是在這個意義上，我們更傾向於使用「情景」而不是「背景」；挖掘歷史的我們也不僅要以「世」釋「人」，而且要直接呈現特定條件下文學精神發展的各種內在「機理」，這些「機理」形成了中國文學的「民國機制」，文學的民國機制最終導致我們的現代文學既不是清代文學的簡單延續，也不是新中國文學的前代榜樣。

新的文學史敘述範式將努力完整地揭示近現代以來中國文學生存發展的基本環境，這種揭示要盡可能「原生態」地呈現這個國家、社會、文化和政治的各種因素，以及這些因素如何相互結合、相互作用，並形成影響我們精神生產與語言運行的「格局」，剖析它是如何決定和影響了我們的基本需求、情趣和願望。這樣的揭示，應盡力避免對既有的外來觀念形態的直接襲用——雖然我們也承認這些觀念的確對我們的生存有所衝擊和浸染，但最根本的觀念依然來自於我們所置身的社會文化格局，來自於我們在這種格局中體驗人生和感受世界的態度與方式。眾說紛紜、意義斑駁的「現代性」無法揭開

〔註12〕 參見陶東風：《社會轉型與當代知識份子》，上海：上海三聯書店，1999年。

這些生存的「底色」。我們的新研究應返回到最樸素的關於近現代以來中國國家與社會的種種結構性元素的分析清理當中，在更多的實證性的展示中「還原」中國人與中國作家的喜怒哀樂。過去的一切解剖和闡釋並非一無是處，但它們必須重新回到最樸素的生存狀態的分析中——如中外文化的衝突、現代資本主義文化的入侵、現代民族國家的建立、現代性的批判、全球化時代的文化趨勢等。我們需要知道，這些抽象的文化觀念不是理所當然就覆蓋在中國人的思想之上的，只有在與中國人實際生存和發展緊密結合的時候，它們的意義才得以彰顯。換句話說，最終是中國人自己的最基本的生存發展需要決定了其他異域觀念的進入程度和進入方向。如果脫離中國自己的國家與社會狀況的深入分析，單純地滿足於異域觀念的演繹，那麼，即便能觸及部分現象甚至某些局部的核心，也肯定會失去研究對象的完整性，最終讓我們的研究和關於歷史的敘述不斷在抽象概念的替代和遊戲中滑行。近百年來中國文學研究的最深刻教訓即在於此。今天，是應該努力改變的時候了。

作為生存細節的歷史情景，屬於我們的物質環境與精神追求在各個方面的自然呈現。不像「ｘｘ文化與中國現代文學」式的特定角度進行由外而內的探測（這已經成為一種經典式的論述形式），歷史情景本身就形成了文學作為人生現象的構成元素。如在「政治意識形態與中國文學」的研究模式中，我們論述的是這些政治觀念對中國文學的扭曲和壓抑，中國作家如何通過掙脫其影響獲得自由思想的表達，而在作為人生現象的文學敘述中，一切國家政治都在打造著作家樸素的思想意識，他們依賴於這些政治文化提供的生存場域，又在無意識中把國家政治內化為自己的思想構成，同時，特定條件下的反叛與抗爭也生成了思想發展的特定方向——這樣的考察，首先不是觀念的應用和演繹，而是歷史細節、生活細節的挖掘和呈現，我們無須藉「文化理論」講道理，而是對這些現象加以觀察和記錄。

國家歷史情態的意義也是豐富的，除了國家的政治形態之外，還包括社會法律形態、經濟方式、教育體制、宗教形態以及日常生活習俗以及文學的生產、傳播過程等，它們分別組成了與特定國家政治相適應的「社會結構」與「人生結構」。我們的研究，就是在「還原性」的歷史敘述中展開這些「結構」的細部，並分析它們是如何相互結合又具體影響著文學發展的。

作為一種新的文學史敘述方式，我們應特別注意那種「還原性」的命名及其背後的深遠意義，比如「民國文學史」的概念。

　　1999 年，陳福康藉助史學界的概念，建議中國文學的「現代」之名不妨「退休」，代之以民國文學之謂。近年來，張福貴、湯溢澤、趙步陽、楊丹丹等人都先後提出這一新的命名問題，〔註13〕我之所以將這樣的命名方式稱之為「還原」式，是因為它所指示的國家社會的概念不是外來思想的借用——包括時間的借用與意義的借用——而是中國自己的特定生存階段的真實的稱謂，藉助這樣具體的歷史情景，我們的文學史敘述有可能展開過去所忽略的歷史細節，從而推動文學史研究的深入。

三

　　肯定「民國文學」式的還原性論述，並不僅僅著眼於文學史的概念之爭，更重要的是開啟一種新的敘述可能。國家歷史情態的諸多細節有可能在這樣的敘述中獲得前所未有的重視，從而為百年中國文學轉換演變的複雜過程、歷史意義和文化功能提出新的解釋。

　　學術界曾經有一種設想：藉助「民國文學」這樣的「時間性」命名可以容納各種各樣的文學樣式，從而為現代中國文學的宏富圖景開拓空間。這裡需要進一步思考的問題包括兩個方面：其一，「民國文學」是否就是一種單純的時間性概念？其二，文學史敘述的目標是否就是不斷擴大自己的敘述對象？顯然，以國家歷史情態為基準的歷史命名本身就包含了十分具體的社會歷史內容，它已經大大超越了單純的「時間」稱謂。單純的時間稱謂，莫過於西元紀年，我們完全可以命名「中國文學（1911～1949）」，這種命名與「民國文學」顯然有著重大的差異。同樣，是否真的存在這麼一種歷史敘述模式：沒有思想傾向，沒有主觀性，可以包羅萬象？正如韋勒克、沃倫所說：「不能同意認為文學時代只是一個為描述任何一段時間過程而使用的語言符號的那種極端唯名論觀點。極端的唯名論假定，時代的概念是把一個任意的附加物加在了一堆材料上，而

〔註13〕參看張福貴《從意義概念返回到時間概念——關於中國現代文學的命名問題》（香港《文學世紀》2003 年第 4 期）；湯溢澤、郭彥妮《論開展「民國文學史」研究的必要性與可行性》（《當代教育理論與實踐》2010 年第 2 卷第 3 期）；湯溢澤、廖廣莉《論開展「民國文學史」研究的迫切性》（《衡陽師範學院學報》2010 年第 2 期）；趙步陽、曹千里等《「現代文學」，還是「民國文學」？》（《金陵科技學院學報》2008 年第 1 期）；張維亞、趙步陽等《民國文學遺產旅遊開發研究》（《商業經濟》2008 年第 9 期）；楊丹丹《「現代文學史」命名的追問與反思》（《長春師範學院學報》2008 年第 5 期）。

這材料實際上只是一個連續的無一定方向的流而已；這樣，擺在我們面前的就一方面是具體事件的一片渾沌，另一方面是純粹的主觀的標籤。」「文學上某一時期的歷史就在於探索從一個規範體系到另一個規範體系的變化。」〔註14〕

在此意義上，作為文學史概念的辨析只是問題的表面，更重要的是我們新的文學史敘述需要依託國家歷史情態，重新探討和發現近現代以來中國文學的「一個規範體系到另一個規範體系的變化」。面對日益高漲的「民國文學史」命名的呼籲，我更願意強調中國文學在民國時期的機制性力量。忽略國家歷史情態，我們對現代中國文學發展內在機理的描述往往停留在外來文化與傳統文化二元關係的層面上，而對中國現代歷史本身的構造性力量恰恰缺少足夠的挖掘；引入「民國文學機制」的視角，則有利於深入開掘這些影響——包括推動和限制——文學發展的歷史要素。

在歷史的每一個階段，文學之所以能夠出現新的精神創造與語言創造，歸根結底在於這一時期的國家歷史情態中孕育了某種「機制」，這種「機制」是特定社會文化「結構」的產物，正是它的存在推動了精神的發展和蛻變，最終撐破前一個文化傳統的「殼」脫穎而出。考察中國文學近百年來的新變，就是要抓住這些文化中形成「機制」的東西，而「機制」既不是外來思想的簡單輸入，更不是「世界歷史」的共識，它是社會文化自身在演變過程中諸多因素相互作用的最終結果。

強化文學史的國家與社會論述，自覺挖掘「文學機制」，可能對我們的研究產生三個方面的直接推動作用。

首先，從中國文學研究的中外衝撞模式中跨越出來，形成在中國社會文化自身情形中研討文學問題的新思路。百年來，中外文化衝突融合的事實造就了我們對文學的一種主要的理解方式，即努力將一切文學現象都置放在外來文化輸入與傳統文化轉換的邏輯中。這固然有其合理性，但是，在實際的文學闡釋與研究當中，我們又很容易忽略「衝突融合」現象本身的諸多細節，將中外文化關係的研究簡化為異域因素的「輸入」與「移植」辨析，最終便在很大程度上漠視了文學創作這一精神現象的複雜性，忽略了精神產品生成所依託的複雜而實際的國家與社會狀況，民國文學機制的開掘正可以為我們展開關於國家與社會狀況的豐富內容。我們曾倡導過「體驗」之於中國現代

〔註14〕 韋勒克、沃倫：《文學理論》，劉象愚等譯，北京：三聯書店 1984 年，第 302、307 頁。

文學研究的意義，而作家的生命體驗就根植於實際的國家與社會情景，文學的體驗在「民國文學機制」中獲得了最好的解釋。

其次，對「文學機制」的論述有助於釐清文學研究的一系列基本概念，如「現代」、「現代化」、「民族」、「進化」、「革命」、「啓蒙」、「大眾」、「現實主義」、「浪漫主義」、「現代主義」等概念，都將獲得更符合中國歷史現實的說明。在過去，我們主要把它們當作西方的術語，力圖在更接近西方意義的層面上來加以運用，近年來，爲了弘揚傳統文化，又開始對此質疑，甚至提出了回歸古典文論、重建中國文論話語的新思路。問題在於，中國古典文論能否有效地表達現代文學的新體驗呢？前述種種批評話語固然有其外來的背景，但是，一旦這些批評話語進入中國，便逐步成了中國作家自我認同、自我表達的有機組成部分，在看似外來的語彙之中，其實深深地滲透了中國作家自己的體驗和思想。也就是說，它們其實已經融入了中國自己的話語體系，成爲中國作家自我生命表達的一種方式。當然，這樣的認同方式和表達方式又都是在中國現代社會文化的場域中發生的，都可以在特定國家歷史情態中獲得準確定位。經過這樣的考辨和定位，中國現代學術批評的系列語彙將重新煥發生機：既能與外部世界對話，又充分體現著「中國特色」，眞正成爲現代中國話語建設的合理成分。

再次，對作爲民國文學機制具體組成部分的各種結構性因素的剖析，可以爲近百年來中國文學的研究提供新的課題。這些因素包括經濟方式、法律形態、教育體制、宗教形態、日常生活習俗以及文學的生產、傳播過程等等。作爲文學的經濟方式，我們應注意到民國時期的民營格局之於中國近現代的出版傳播業的深刻影響，一方面，出版傳播業的民營性質雖然決定了文學的「市場利益驅動」，但另一方面，讀者市場的驅動本身又具有多元化的可能性，較之於一元化思想控制的國家壟斷，這顯然更能爲文學的自由發展提供較大的空間；作爲文學的法律保障，民國時期曾經存在著一個規模龐大的法律職業集團，這樣一個法律思想界別的存在加強著民國社會的「法治」意識，我們目睹了知識份子以法律爲武器，對抗專制獨裁、捍衛言論自由的大量案例，知識者的法律意識和人權觀念在很大程度上保證了爭取創作空間的主動性，這是我們理解民國文學主體精神的基礎；民國教育機構三方並舉（國立、私立與教會）的形式延遲了教育體制的大統一進程，有助於知識份子的思想自由，即便是國立的教育機構如北京大學，也能出現如蔡元培這樣具有較大自主權力並且主張「兼容並

包」、「學術自由」的教育管理者；也是在五四時期，知識份子形成了一個巨大的生存群落，他們各自有著並不相同的思想傾向，有過程度不同的文化論爭，但又在總體上形成了推動文化發展的有效力量。歐遊歸來、宣揚「西方文明破產」的梁啓超常常被人們視作「思想保守」，但他卻對新文化運動抱有很大的熱情和關注，甚至認爲它從總體上符合了自己心目中的「進化」理想；甲寅派一直被簡單地目爲新文化運動的「反對派」，其實當年《甲寅》月刊的努力恰恰奠定了《新青年》出現的重要基礎，後來章士釗任職北洋政府，《甲寅》以周刊形式在京復刊，與新文化倡導者激烈論爭，但論戰並沒有妨礙對手雙方的基本交誼和彼此容忍；學衡派也竭力從西方文化中尋找自己的理論支援，而且並不拒絕「新文化」這一概念本身；與《新青年》「新文化派」展開東西方文化大論戰的還有「東方文化派」的一方如杜亞泉等人，同樣具有現代文化的知識背景，同樣是現代科學文化知識的傳播者——正是這樣的「認同」，爲這些生存群體可以形成以「五四」命名的文化圈創造了條件。而一個存在某種文化同約性的大型文化圈的出現，則是現代中國文化發展十分寶貴的「思想平臺」——它在根本上保證了新的中國文化從思想基礎到制度建設的相對穩定和順暢，所有這些相對有利的因素都在「五四」前後的知識份子生存中聚集起來，成爲傳達自由思想、形成多元化輿論陣地的重要根基。我們可以這樣認爲五四新文化運動第一次呈現了「民國文學機制」的雛形，而這樣的「機制」反過來又藉助五四新文化運動的思想激蕩得以進一步完善成型，開始爲中國文學的自由創造奠定最重要的基礎。

「民國文學機制」在中國現代文化後來的歷史中持續性地釋放了強大的正面效應。我們可以看到，無論生存的物質條件有時變得怎樣的惡劣和糟糕，中國文學都一再保持著相當穩定的創造力，甚至，在某種程度上，由國家與社會各種因素組合而成的「機制」還構成了對國民黨專制獨裁的有效制約。中國在20年代後期興起了左翼文化，而且恰恰是在國民黨血腥的「清黨」之後，左翼文化得到了空前的發展，並且以自己的努力、以影響廣大社會的頑強生命力抵抗了專制獨裁勢力的壓制。抗戰時期，中國文學出現了不同政治意識形態的分區，所謂的「國統區」與「解放區」。有意思的是，中國文學在總體上包容了如此對立的文學思想樣式，而且一定程度上還可以形成這兩者的交流與對話，其支撐點依然是我們所說的「民國文學機制」。民國文學的基礎是晚清－五四中國知識份子的文化啓蒙理想，在文化結構整體的有機關係中，這樣的理想同時也

流布到了左翼文化圈與中國共產黨人的文化論述當中，雖然他們另有自己的政治主張與政治信仰。過去文學史敘述，往往突出了意識形態的不可調和性，也否認社會文化因素的有機的微妙關係，如「啓蒙」與「救亡」的對立面似乎理所當然地壓倒了它們的通約性。只有依託中國文學的具體歷史情景，在「民國文學機制」的歷史細節中重新梳理，我們才能發現，在抗戰時期的文壇上，至少在抗戰前期的文學表達中，「啓蒙」並沒有因為「救亡」而消沉，反而藉「救亡」而興起，這就是抗戰以後出現的「新啓蒙運動」。

引入「民國文學機制」的觀察，我們還可以進一步發現，中國文學在「民國時期」呈現了獨特的格局：國家執政當局從來沒有真正獲得文化的領導權，無論袁世凱、北洋政府還是蔣介石獨裁，其思想控制的企圖總是遭遇了社會各階層的有力阻擊，親政府當局的文化與文學思潮往往受到自由主義與左翼文化的多重反抗，尤其是左翼文化的頑強生存在很大程度上形成了民國文學爭取自由思想的強大推動力量，民國文學的主流不是國民黨文學而是左翼文學與自由主義文學。有趣的是，在民國專制政權的某些政策執行者那裡，他們試圖控制文學、壓縮創作自由空間的努力不僅始終遭到其他社會階層的有力反抗，而且就連這些政策執行者自己也是矛盾重重、膽膽突突的。例如，在國民黨掌控意識形態的宣傳部長張道藩所闡述的「文藝政策」裡，我們既能讀到保障社會「穩定」、加強思想控制的論述，也能讀到那些對於當前文藝發展的小心翼翼的探討、措辭謹慎的分析，甚至時有自我辯護的被動與無奈。而當這一「政策」的宣示遭到某些文藝界人士（如梁實秋）的質疑之後，張道藩竟然又再度「退卻」：「乾脆講，我們提出的文藝政策並沒有要政府施行文藝統治的意思，而是赤誠地向我國文藝界建議一點怎樣可以達到創造適合國情的作品的管見。使志同道合的文藝界同仁有一個共同努力的方向。」「文藝政策的原則由文藝界共同決定後之有計劃的進行。」〔註15〕由「文藝界共同決定」當然就不便於執政黨的思想控制了，應該說，張道藩的退縮就是「民國文學機制」對獨裁專制的成功壓縮。

強調「民國文學機制」之於文學研究的意義，是不是更多侷限於強調文學史的外部因素，從而導致對於文學內部因素（語言、形式和審美等）的忽略呢？在我看來，之所以需要用「機制」替代一般的制度研究，就在於「機制」是一種綜合性的文學表現形態，它既包括了國家社會制度等「外部因素」，

〔註15〕張道藩：《關於「文藝政策」的答辯》，《文化先鋒》1942年第1卷第8期。

又指涉了特定制度之下人的內部精神狀態，包括語言狀態。例如，正是因爲辛亥革命在國家制度層面爲中國民眾「承諾」了現代民主共和的理想，「民主共和國觀念從此深入人心」，〔註16〕以後的中國作家才具有了反抗專制獨裁、自由創造的勇氣和決心，白話文最終成爲現代文學的基本語言形式，也源自於中國作家由「制度革命」延伸而來的「文學革命」的信心。所以，「民國文學機制」的研究同樣包括對民國時期知識份子所具有的某種推動文學創造的個性、氣質與精神追求的考察，這就是我們今天所謂的「民國範兒」。我認爲，「民國範兒」既是個人精神之「模式」，也指某種語言文字的「神韻」，這裡可以進一步開掘的文學「內部研究」相當豐富。

　　不理解「民國範兒」的特殊性，我們就無法正確理解許多歷史現象。如今天的「現代性批判」常常將矛頭直指「五四」，言及五四一代如何「斷裂」了傳統文化，如何「偏激」地推行「全盤西化」，其實，民國時期尚未經過來自國家政權的大規模的思想鬥爭，絕大多數的論爭都是在官方「缺席」狀態下的知識界內部的分歧，「偏激」最多不過是一種言辭表達的語氣，思想的討論並不可能眞正形成整個文化的「斷裂」，就是在新文化倡導者的一方，其儒雅敦厚的傳統文人性格昭然若揭。在這裡，傳統士人「身任天下」的理想抱負與新文明的「啓蒙」理想不是斷裂而是實現了流暢的連接，從「啓蒙」到「革命」，一代文學青年和知識份子眞誠地實踐著自己的社會理想，其理想主義的光輝與信仰的單純與執著顯然具有很大的輻射效應，即便在那些因斑斑劣跡載入史冊的官僚、軍閥那裡，也依然可以看到以「理想」自我標榜的情形，如地方軍閥推行的「鄉村建設運動」和「興學重教」，包括前述張道藩這樣的文化專制的執行人，也還洋溢著士大夫的矜持與修養。總之，歷史過渡時期的現代知識者其實較爲穩定地融會了傳統士人的學養、操守與新時代的理想及行動能力，正是這樣的生存方式與精神特徵既造就了新的文明時代的進取心、創造力，又自然維持了某種道德的底線與水準。

　　一旦我們深入到歷史情景的「機制」層面，就不難發現，僅僅用抽象的「現代化」統攝近現代以來的中國文學史，的確掩蓋了歷史發展的諸多細節。從某種意義上看，「民國文學機制」的出現和後來的解體恰恰才在很大程度上分開了20世紀上下半葉的文學面貌，從根本上看，歷史的改變就在於曾有過的影響文化創造的「機制」的解體和消失；不僅是社會的「結構」性因素的

〔註16〕見《建國以來毛澤東文稿》第4冊，中央文獻出版社，1990年，第546頁。

消失和「體制」的更迭，同時也是知識份子精神氣質的重大蛻變。

自然，我們也看到，還原歷史情景的文學史敘述同樣也將面對一系列複雜的情形，這要求我們的研究需包含多種方向的設計，如包括民國社會機制之於文學發展的負面意義：官紳政權的特殊結構讓「人治」始終居於社會控制的中心，「黨國」的意識形態陰影籠罩文壇，扭曲和壓制著中國文學的自然發展，作家權益遠沒有獲得真正的保障，「曲筆」、「壕塹戰」、「鑽網」的文化造就了中國文學的奇異景觀，革命／反革命持續性對抗強化了現代中國的二元對立思維，在一定程度上妨礙了現代文化思想的多維展開。除此之外，我們也應當承認，國家與社會框架下的文學史敘述需要對國家與社會歷史諸多細節進行深入解剖和挖掘，其中有大量的原始材料亟待發現，難度可想而知。同時，文學作為國家歷史的意義和作為個體創作的意義相互聯繫又有所區別，個體的精神氣質可以在特定的國家歷史形態中得到解釋，但所有來自環境的解釋並不能完全洞見個體創造的奧妙，因此，文學的解讀總是在超越個體又回到個體之間循環。當我們藉助超越個體的國家歷史情態敘述文學之時，也應對這一視角的有限性保持足夠的警惕。

以上的陳述之所以如此冗長，是因為我們關於文學歷史的扭曲性敘述本來就如此冗長！今天，呈現在讀者諸君面前的這一套文叢試圖重新返回民國歷史的特殊空間，重新探討從具體國家歷史情景出發討論文學的可能，當然，離開民國實在太久了，我們剛剛開始的討論可能還不盡圓熟，對一些問題的思考有時還會同過去的思想模式糾纏在一起，但是我想，任何新的研究範式的確立均非一朝一夕之功，每一種思想的嘗試都必然經過一定時間的蹣跚，重要的是我們已經開始了！從「民國文化與文學研究文叢」第一輯出發，我們還會有連續不斷的第二輯、第三輯……時間將逐漸展開我們新的思想，揭示現代中國文學研究在未來的宏富景觀。

這一套規模宏大的學術文叢能夠順利出版，也得益於花木蘭文化出版社，得益於杜潔祥先生的文化情懷與學術遠見，我相信，對歷史滿懷深情的注視和審察是我們和杜潔祥先生的共同追求，讓我們的思想與「花木蘭文化」一起成長，讓我們的文字成為中華文明的百年見證。

二〇一二年三月五日，農曆驚蟄

中學國文教科書研究（1912～1949）

李　斌　著

作者簡介

李斌，男，四川省南部縣人，中國社會科學院郭沫若紀念館助理研究員。2011 年畢業於北京大學中文系，獲文學博士學位。主要從事中學國文教科書、中國現代作家作品研究，已發表學術論文 20 餘篇。

提　要

　　本書以 1912～1949 年中學國文教科書的内容及效果為研究物件。通過對相關資料的搜集、整理、歸納、分析，我們描述了 1912～1949 年中學國文教科書的複雜面貌，提出了其發展演變的主要矛盾，並試圖回應近年來關於確定「語文教學内容」的探討。

　　思想道德教育、知識灌輸、文學教學、技能訓練相互衝突、纏繞和鬥爭，構成了 1912～1949 年中學國文教科書發展演變的主要矛盾。新文化運動前，這一主要矛盾表現為「古文作法」保存國粹「厲行明恥」的並置和衝突。1920～1939 年間的初中國文教科書分思想道德教育、文學教學和文章作法三種，後者逐漸佔據了主導，但其内容多為系統的文章知識。1922～1939 年的高中國文教科書以經史子集等傳統文獻為主，近人學術論著為輔，突出國故知識。1940 年代，國民政府編出《初中國文甲編》，推行「黨化教育」；與此不同，通過總結經驗教訓，葉聖陶主編的 4 套中學國文教科書以讀寫能力訓練為主。

　　本書論證表明，中學國文教科書内容側重思想道德教育的，無論是新思潮，還是傳統觀念，都受到學界批評；僅強調文學作品的，無論是新文學，還是文學源流，其效果也不佳；突出知識教學的，無論是系統的文章知識，還是國故知識，最後都沒有堅持下來；而以讀寫能力訓練為主的教科書編輯思路，是經過長期實踐得出來的寶貴經驗，理應受到重視和繼承。

序　言

溫儒敏

　　李斌先生的博士論文《中學國文教科書研究（1912～1949）》即將出版，邀我寫篇序言，我當即就答應了。這是一個重要的課題，以往還很少見到這方面的研究成果。我知道人民教育出版社正承擔關於「百年語文」的課題，也苦於這方面缺少殷實的成果可做借鑒。這個題目做好了，對於當下中小學語文教科書的編寫，也有參考意義。

　　由於政治和戰爭等原因，1912～1949 年間的國文教科書出版情況非常散亂，要進入這方面研究，必須先做資料清理工作。該書作者查閱了清末直至1949 年半個多世紀的中學國文教材，還從當時報刊、名家書信日記和後人的回憶中，鉤稽出了大量有關中學國文教科書的信息，在此基礎上逐一清理出民國各時期國文教材的編寫情況和教學實踐的不同反應。現在喜歡說什麼都是「工程」，我覺得李斌這種研究才是工作量極大的「工程」。本書第一次全面而清晰地把 1912～1949 年間中學國文教科書的面貌呈現出來。僅此一點，該書就在學界站住了。

　　我比較感興趣的是該書所發掘的早期一些重要的國文教科書，如林紓、吳曾祺、劉宗向等在清末民初編輯的中學國文教材。這些教材當時就有很大影響，甚至為此後百年的教科書選文（主要是古文部分）奠定了基礎。作者對這些教材的定位，是比較公允的。該書下工夫的還有教科書編寫背後的思想資源。如五四時期的教科書，就受到《新青年》相關討論的影響，胡適、劉半農等對教科書編寫是有過很大支持的。在討論《國文百八課》時，作者關注到這套教材在教科書發展史中所處的位置。前一陣《國文百八課》成為傳媒的「熱點」，似乎還很少有人注意到這一點。此外，對 1940 年代國民政

府編定的「國定」本初中國文與開明書店的 4 套新編國文教科書的研究，也是這本書的一個亮點。

應該指出，中學國文（語文）教材的設置和編寫，與整個國民教育的總方針是分不開的，並且是教育方針實施的重要部分。由於教育方針具有一定的時代性和政治性，中學國文（語文）教材教學也必然具有一定的時代和政治色彩。對此，論文作者在縷述中學國文教材演化遞變時，始終注意到了這一點（如說到清末的教育改制，新文化運動的影響，以及後來的國民黨的「黨化教育」等）。另一方面，又注意到當時中學國文教育畢竟和後來國民黨加強控制有所不同，國文教材的編寫還具有相當的獨立性，編寫單位和個人以及社會輿論有著相對的自由度。從這樣的實際情況出發，作者在按史的發展框架下，有條不紊、層層深入地分析考察 1912～1949 年間的中學國文教材，基本勾勒出那一段歷史時期中學國文教材演進、演化、演**發**的情況。

李斌先生對中學國文教材歷史的整理，始終有一條線索，就是「語文教學內容」四個方面（思想道德教育、技能訓練、知識灌輸和文學教學）的「糾纏」「衝突」，他試圖從這些糾纏和衝突中（實際指它們之間輕重主次的「排序」和「關係」），總結出一些規律性的東西，以回應近年來關於語文教學的某些討論。

由於民國時期中學國文教材包容的時間跨度長，教材總量多，內容駁雜，想建構一個很好的論文框架，選擇話題、進行明晰的論述，並非易事。但從已成論文看，由於作者做了大量的資料搜尋、研讀工作，弄清了教材編寫的總體面貌，洞燭幽隱，多有辨證，新見**疊**出。這些富於啓示的見解比較集中體現在結語部分，我們列數一下看看：

語文天生就有思想教育的功能，所以語文教育要討論的不是有無「人文性」的問題，而是什麼樣的「人文性」的問題。無論哪個時期，都不可能把中學語文僅僅作為一門工具學科，無不融入和體現出教科書編者的價值觀念及政治立場。語文教學中的「人文性」並不等於思想政治教育，將工具性混淆為知識教學是不適宜的。語文教育應當突出培養和訓練學生的讀寫能力；語文教育中的知識教學必須為提高學生的讀寫能力服務。

我很驚訝，這些觀念，都和現在課改的理念不謀而合。該書不僅具有重要的學術價值，而且對當下的語文教學具有鮮明的現實意義。

關於語文，我們已經有太多的爭議和討論，有太多的文章和所謂「成果」，

但始終還是經驗性的糾結為多，學理性的總結較少，通常就是觀點加例子，難得見到嚴密細緻的量化分析與科學論證，往往就是公說公有理，婆說婆有理。如果要讓語文教育走向比較理性的科學的路，我們需要更多紮實的研究。首先就要弄清「家底」。百年來尤其是最近二十多年來我國語文教學的歷史經驗，就是「家底」。儘管人們對語文教學狀況有這樣那樣不滿，甚至有些憤激，但無可否認，以往的語文教學還是成績巨大，經驗豐富。當我們進入研究，就必須對此保持一種溫情與敬意，當然還要加上分析的態度，守正創新，把以往語文教學好的東西繼承下來，絕不能搞虛無主義，一切推倒重來。這是李斌這本書給予我們的另一個啟示。

　　是為序。

2012 年 4 月 28 日於南院

目次

引　言

　　如果說，新課標頒佈前語文教育界的熱點是工具性與人文性之爭，那麼，課改實驗開始後，「語文教學的問題，關鍵是內容的問題，語文教學改革的突破口，是語文教學內容的重構」。〔註 1〕「語文教學內容」指在具體的語文課堂上「教什麼」與「學什麼」的問題。

　　目前，不同的語文教師，對於語文課「教什麼」的看法並不一致。面對同一篇作品，不同的課堂有截然不同的解讀。「如朱自清的《背影》，可以作隨筆的例子，可以作抒情的例子，可以作寫人的例子，可以作第一人稱立足點的例子；可以用於學習字法、詞法、句法，也可以用於學習文章的讀法和作法；還可以進行倫理教育；等等。具體的教學內容到底是什麼，答案是五花八門的。」〔註 2〕顯然，肯定有些教師是「該教的沒有教，不該教的亂教」。〔註 3〕

　　具體的「語文教學內容」之所以「五花八門」，教科書應付很大的責任。有學者比較當下流通的人教版、蘇教版、語文版、山東版四套高中語文教科書第一冊第一單元後發現，「人民教育出版社的第一單元注重『整體把握揣摩語言』，江蘇教育出版社強調人文主題『向青春舉杯』，語文出版社關注『用

〔註 1〕 李海林：《「語文教學內容」研究的進展、問題及策略》，《中學語文教學》2010
　　　　年第 10 期。溫立三執筆的《2009 年度語文理論熱點追蹤》（《中學語文》2010
　　　　年第 7、10 期）列舉的六個熱點中，「語文教學內容」排在第一位。一些著名
　　　　的語文研究刊物也開始設置專欄深入探討「語文教學內容」：《語文教學通訊》
　　　　2009 年 4B 期，設置《如何確定語文教學內容？》專欄，《中學語文教學》從
　　　　2010 年第 9 期起，開始「連續深入地探討」「語文教學內容」。
〔註 2〕 屠錦紅：《關於重構語文教學內容若干問題的思考》，《教育探索》2010 年第 1
　　　　期。
〔註 3〕 李海林：《如何構建一個可用的閱讀教學內容體系？》，《中學語文教學》2010
　　　　年 11 期。

事實說話』，山東人民出版社強調『開啓智慧之門』。顯然，人教版選擇了『閱讀技能』爲入口，蘇教版選擇了『育人』爲切入點，語文版選擇了『論證方法』爲起點，山東版從『學習方法』引領學生學習語文。」四家出版社「選取的學習內容是不一樣的」，〔註4〕這必然造成同一篇作品，不同的語文課堂會出現截然不同的解讀。

有論者認爲，教材層面之所以出現這樣的問題緣於目前正在執行的《語文課程標準》「獨缺『課程內容』一章」，「這是目前語文課程與教學改革陷入困境的最直接的原因。從課程與教學管理的角度來講，一門學科如果沒有一個總的內容標準，這門學科必將陷入混亂。」〔註5〕

批評者的聲音也許過於尖銳，且課程標準製定者不設「課程內容」，也自有他們的理由。但至少批評者所揭示的混亂現象的確存在。在最近的一篇文章中，溫儒敏也談到「教材和教學體例的混亂」，並認爲「不注重教學的『梯度』，違背語文學習的規律」是現在語文教學最大的問題之一。〔註6〕如此看來，「語文教學內容」的確需要一定程度上「確定」與「重構」。

確定什麼樣的「語文教學內容」，如何拿捏「確定」與「不確定」之間的度，這是目前語文教育界正在探討的問題。至於探討的路向，有人建議，「一方面，總結已有的研究成果，包括學者們的理論研究和一線教師的實踐研究；另一方面，國外母語教學在教學內容方面有非常成熟的體系，大膽引進與借鑒，也不失爲解決語文教學內容問題的有效方法。」〔註7〕我們認爲這是很好的觀點，但除此之外，還應考察清末廢科舉、興學校以來的語文教育歷史，總結前輩們在確定「語文教學內容」的過程中有哪些經驗可以借鑒，哪些歧途可以避免，哪些底線不能逾越。這樣，我們未來確定的「語文教學內容」才能更加科學。

按理說，「語文教學內容」是教學層面的概念，我們的考察應以具體的課堂教學爲對象，但目前幾乎沒有1912～1949年中學國文課堂的教學實錄，而當事人關於課堂教學的書信日記及後人的追憶，都僅留下隻言片語，不足以

〔註4〕魏本亞：《「確定語文教學內容」何以成爲問題》，《中學語文教學》2010年第11期。
〔註5〕李海林：《「語文教學內容」研究的進展、問題及策略》。
〔註6〕溫儒敏：《語文教學中常見的五種偏向》，《課程、教材、教法》2011年第1期。
〔註7〕李海林：《「語文教學內容」研究的進展、問題及策略》。

承載對「語文教學內容」的探討。看來，探究 1912～1949 年中學國文的「教學內容」，還得尋求更爲堅實的材料。語文教育專家李杏保、顧黃初認爲，現代語文教育史料主要由四方面組成：一是相關刊物上有關語文教育的文字，二是各類語文課本，三是 1912～1949 年出版的語文教學研究專著，四是後人有關語文教學實踐的回憶資料。〔註8〕這些史料中，最爲系統的是教科書。那麼，研究教科書能否承載起探討「語文教學內容」的重任呢？

　　一方面，語文教科書僅預設了「語文教學內容」，具體的教學內容，需要教師根據學生的實際情況在課堂上創生出來。另一方面，「教科書是語文教學『內容』的主要載體。」〔註9〕「解決語文教學內容問題，最直接的莫過於教材，對教師來說，教材是設計教學內容的直接依據；對學生來說，教材是他學習的直接對象。在課堂裏，教學內容是教材內容直接轉化而來的，教材內容從源頭上制約了教學內容的開發與設計。」〔註10〕這就說明，「語文教學內容」在很大程度上來源於教科書內容。我們通過研究教科書內容來總結前輩們在確定「語文教學內容」過程中的經驗教訓是合適的。

　　而迄今爲止，我們對 1912～1949 年中學國文教科書內容的研究還不充分。

　　1912～1949 年中學國文教科書研究可分兩個階段。第一階段爲 1912～1949 年，其研究隊伍主要由三股力量組成。第二階段爲 20 世紀 80 年代至今，其研究人員主要由教育史家及文史學家兩支隊伍組成。

　　1912～1949 年的第一股研究力量是語文教育家阮眞 1929 年在中山大學教育研究所帶學生展開的研究。他們對當時最通行的 4 種初中國文教科書的篇目、字數、文體、排序等指標進行量化統計，目的是爲了編一本取四書之長的更爲「合理」的初中國文教科書。〔註11〕二是 20 世紀 30 年代黎錦熙在北平師範大學帶領學生展開的研究。1925 年，黎錦熙開始編著中學國文教科書書目提要，〔註12〕其內容除關於「審定」教科書的「內容體例的敘略」外，

〔註8〕　李杏保、顧黃初：《中國現代語文教育史》，四川教育出版社，2000 年，第 2版。第 17～18 頁。

〔註9〕　王榮生：《析香港現行的漢語文教科書》，《中學語文教學參考》2001 年第 11期。

〔註10〕　李海林：《「語文教學內容」研究的進展、問題及策略》。

〔註11〕　阮眞、陳時文、梁叔文、黎梓材、陳夏奇：《初中國文教材研究》，《教育研究》第 14、16 期，1929 年。

〔註12〕　《書目提要》即《三十年來中等學校國文選本書目提要》的簡稱。該文發表於《師大月刊》1933 年第 2 期，有很多抽印本流行。

還將中學國文教科書分為「姚選標準時期」、「曾選標準時期」、「新文學勃興時期」及「民十六至現今」四個時期。30 年代，他的學生王恩華、王國棟、洪芸仙繼續編輯書目提要，並發表了相關成果。〔註 13〕三是 20 世紀 40 年代《國文月刊》刊登的研究文章。余冠英《坊間中學國文教科書中白話文教材之批評》〔註 14〕沒有針對具體某一套中學國文教科書，而是就普遍現象提出意見。張清常《對於坊間中學教科書所選『學術文』教材之商榷》〔註 15〕選擇 30 年代 3 套高中國文教科書 5、6 冊為研究對象，探討「『學術文』選注編制等問題」。除這三股力量外，雖有一些零星文章值得鉤輯，〔註 16〕但大都是就某一套教科書的批評，算不上系統研究。

1949 年後長期未見相關研究成果發表，直到 80 年代中期，才開始有零星成果出現，並形成了三種研究思路及新的研究動態。

第一種屬介紹性質，於 20 世紀 80 年代中後期開始出現，〔註 17〕大多在短短篇幅內勾勒中學國文教科書的發展概貌。第二種集中探討「編制」。顏禾《近現代對中學語文教材編寫的論爭》〔註 18〕、《20 世紀 40 年代的中學語文教材編制思想》，〔註 19〕李杏保、顧黃初《中國現代語文教育史》〔註 20〕中有

〔註 13〕 這些成果包括王恩華《國難後中等學校國文選本書目提要》（刊《師大月刊——卅二週年紀念專號》，1934 年 12 月 17 日），洪芸仙《高中國文教材之研究》（刊《師大月刊》第 24 期，1936 年 1 月 30 日），王國棟《非常時期國文教材研究》（刊《師大月刊》第 29 期，1936 年 9 月 30 日）。

〔註 14〕 刊《國文月刊》第 17 期，1942 年 11 月 16 日。

〔註 15〕 刊《國文月刊》第 18 期，1942 年 12 月 16 日。

〔註 16〕 顧黃初、李杏保《二十世紀前期中國語文教育論集》（四川教育出版社，1990年）收錄一些，但遺漏的重要文章還很多。

〔註 17〕 我們見到的有王貴寅《我國中學語文教科書的演變及其發展趨勢》（刊《吉林師範大學學報（人文社會科學版）》1987 年第 1 期），顏禾《我國近現代中學語文教材編寫史略》（刊《教育評論》1988 年第 1 期），劉正偉《1901～1949年語文教科書發展研究》（刊《中學語文教學參考》1997 年 8～9 月、10 月），溫立三《中學語文教科書世紀回眸》（刊《中國圖書評論》2000 年第 3 期），閆萍等《中國現代中學語文教材研究》（文心出版社，2007 年）。

〔註 18〕 刊《教育評論》1989 年第 4 期。

〔註 19〕 刊《教育評論》2008 年第 3 期。

〔註 20〕 該書在教育史專業領域內影響較大，已出到第 3 版，由於作者參與撰寫了陳必祥主編的《中國現代語文教育發展史》（雲南教育出版社，1987 年），所以該書內容對後者多有延續，而陳書影響也很大，香港學者陳國球在《文學教育與文學經典的傳遞》（刊陳平原等著《教育：知識生產與文學傳播》，安徽教育出版社，2007 年）中多處引用。

關教科書的介紹，周慶祥《中學語文教材概論》〔註 21〕中名爲「近代語文教材的編制」的第四章，鄭國民《從文言文教學到白話文教學》中名爲《語文教科書的變革歷程》的第三章，〔註 22〕及大量有關《國文百八課》的研究成果，〔註 23〕都集中在「編排方式」的探討。第三種思路是用文化研究的方式，探討教科書中的性別、階級及種族等價值取向，這方面的成果以商麗浩、李可依《簡析民國高中國文教材中女性文選》〔註 24〕爲代表。

　　上述三種研究思路都體現在教育學者的論文中，新世紀以來，越來越多的文史學家開始介入這一領域，其成果表現出兩種面相。

　　第一種面相探討教科書跟文學觀念變遷的關係。徐雁平《從中學國文教科書看近世文學觀念的轉變》〔註 25〕認爲新文化運動之前的中學國文教科書都選桐城派文章，並重點探討了胡適的文學觀念和整理國故的思想對顧頡剛、葉紹鈞等所編中學國文教科書的影響，表明「白話文學的地位可以說是在知識與權利的配合下確立起來的。」陳爾傑《「文章選本」與教科書——民初「國文」觀念的塑造》〔註 26〕不贊同徐雁平的觀點，他認爲講究「韓歐義法」的劉宗向在其中學國文教科書中並非拘泥於桐城文，是「編纂者原本具有的『文章』觀念」「因應教育的制度現實」所造成的，此外，他還討論了民初中學國文教科書中文體分類與當時文學觀念轉變之關係。姚丹《二十世紀二、三十年代中小學新文學教育——以教材爲考察對象》〔註 27〕探討了中學

〔註 21〕湖南師範大學出版社，1993 年。

〔註 22〕鄭國民：《從文言文教學到白話文教學——我國近現代語文教育的變革歷程》，北京師範大學出版社，2000 年。

〔註 23〕如黃光碩《〈國文百八課〉的體系和選文》（《課程・教材・教法》1986 年第 6 期），張復琮、曾祥芹《〈國文百八課〉文章學系統——評夏丏尊、葉聖陶的七十二篇「文話」》（《河南財經學院學報》1986 年第 4 期），黃光碩《〈國文百八課〉的習問》（《課程・教材・教法》1989 年第 4 期），王倩《體上求用用中見體——〈國文百八課〉「文話」系統對作文教學的啟示》（《首都師範大學學報》（社會科學版）2003 年第 3 期），胡小敏《〈國文百八課〉研究》（浙江師範大學碩士論文，2004 年），林喜傑《〈國文百八課〉研究》（首都師範大學碩士論文，2004 年），岳輝《〈國文百八課〉文話研究》（北京師範大學碩士論文，2005 年），王榮生《從文體角度看中小學作文教學——從〈國文百八課〉說起》（《上海教育科研》2008 年第 3 期）等文。

〔註 24〕刊《教育學報》2005 年第 6 期。

〔註 25〕刊《現代中國》第 3 輯，2002 年 10 月。

〔註 26〕北京大學碩士論文，2008 年。

〔註 27〕刊《魯迅研究月刊》2008 年第 8 期。

國文教科書中冰心、胡適等人的作品對於培養學生的「文學感覺」與「新的文學觀」的作用。吳曉峰《國語文教科書中的文言白話之爭》〔註28〕通過商務印書館《新學制國語教科書》和中華書局《初級國語讀本》的比較，揭示「國語運動和文學革命在國語價值和國語建設目標認識上的差異」。

　　第二種面相探討某一篇或某一類作品在教科書中的分佈及形態。藤井省三《魯迅〈故鄉〉閱讀史──近代中國的文學空間》〔註29〕中名為《教科書中的〈故鄉〉》的第二章，細緻考察了《故鄉》在教科書中被收錄和處理的方式。劉洪濤《現代中學語文的外國文學作品形態分析》〔註30〕通過對 20～30 年代出版的 24 種初中國文教科書和 7 種高中國文教科書的統計分析，探討外國文學作品在教科書中的存在形態。陳宇航《譯介、歐化與國化──20 世紀 20 年代初翻譯文學進入中學國語教科書的進程與作用》〔註31〕通過對教科書篇目、內容的統計分析，「闡明瞭翻譯作品在當時教科書中充當的『全職文學角色』和『奠定了現代文學觀念』等作用。」吳元元《二十世紀二、三十年代初中語文教科書中的外國文化》〔註32〕對中華書局《初級國語讀本》與世界書局朱劍芒《初中國文》兩套教科書中的「翻譯作品；介紹外國文化的作品；借用外國文化舉例論證的作品」進行了「簡單的梳理和分析」。蔡可《現代中學語文課程與文學教育的演變》〔註33〕的第五章探討中學國文教科書中「文學」的位置，跟上述諸人的研究思路相似。

　　通過簡單回顧，我們可歸納出已有研究的四種模式。第一種模式是介紹性的，以黎錦熙帶領學生所做書目提要，李杏保、顧黃初《中國現代語文教育史》中的相關成果和閆萍等《中國現代中學語文教材研究》為代表，這些成果面面俱到，深度不夠。第二種模式研究新文學作品在中學國文教科書中的位置，以徐雁平、姚丹等文學史家的相關研究為代表。但值得注意的是，當新文學作品進入教科書後，它們已不再是文學史家眼中的「文學」，而是教育青少年的特殊「材料」，承擔著傳遞教育訊息的符碼功能，因此，這些研究成果可能遮蔽更為複雜的話題。第三種模式借鑒「課程社會學」的理論，討

〔註28〕刊《學術論壇》2005 年第 10 期。
〔註29〕新世界出版社，2002 年。
〔註30〕刊《中國現代文學研究叢刊》2003 年第 3 期。
〔註31〕清華大學碩士論文，2004 年。
〔註32〕北京師範大學碩士論文，2008 年。
〔註33〕北京大學博士論文，2005 年。

論教科書的價值取向，已有這方面的成果模倣痕迹太濃，出發點是先驗的理論，而非教科書本身。第四種模式以阮眞帶領學生發表的系列成果和一系列關於《國文百八課》的研究爲代表，重點關注中學國文教科書的編排方式、練習設計等「怎麼編」的問題，最終指向語文「怎麼教」。但在課改進入深水區，「語文教學內容」討論逐漸產生實質性成果的今天，「『教什麼』遠比『怎麼教』來得重要」。〔註34〕同樣，比起探討教科書「怎麼編」來說，對確定「語文教學內容」的討論更具啓發的，是研究教科書「編什麼」，即編者通過選目、導讀、課後練習等途徑設計的教科書內容。

遺憾的是，長期以來很少有人對中學國文教科書內容做出研究。我們將彌補這一缺陷，在對相關資料進行搜集、整理、歸納、分析的基礎上，以1912～1949 年中學國文教科書的內容爲焦點和線索，描述不同教科書內容的生成、衝突、演變，探索什麼樣的教科書內容才有可能取得好的教學效果，以介入確定「語文教學內容」的探討。

由於1912～1949 年中學國文教科書數量龐大，且很多已無從查找，因此，確定論文主題後，還需圈定討論範圍。在研究對象的界定上，有三種方式可以借鑒：一、阮眞、張清常等人以「流傳最廣」教科書爲對象；二、徐雁平、陳爾傑等人以黎錦熙《三十年來中等學校國文選本書目提要》提供的書目爲對象；三、劉洪濤、鄭國民等人以《民國時期總書目‧中小學教材》爲基礎，參考北京師範大學特色館藏圈定研究對象。當今學者沒有條件觀察哪套教科書「流傳最廣」，黎錦熙《三十年來中等學校國文選本書目提要》1933 年就已發表，以此爲基礎考察清末民初的教科書比較適當，但1933 年後出版的教科書怎麼辦？所以，只有以《民國時期總書目‧中小學教材》〔註35〕收錄教科書爲考察範圍比較恰當。除活頁文選與重複不計外，《中小學教材》在「語文」課本欄列出中學國文教科書100 餘種，儘管還有遺漏與錯誤，卻屬目前收錄1912～1949 年中

〔註34〕陳莉燁：《語文課堂教學內容的確定：一種智慧的超越》，《現代語文》2010 年第 10 期。

〔註35〕《民國時期總書目》由文化部出版局，上海市出版文獻資料編輯所，上海市圖書館，北京市圖書館等多家單位聯合，自 1961 年至 1980 年代中期，經過 20 多年的工作方才完成的「一部大型的回溯性書目」（《出版說明》，《民國時期總書目‧中小學教材》，書目文獻出版社，1995 年）。其中，《中小學教材》卷「由北京圖書館和人民教育出版社圖書館合編，以後者的館藏爲主，並有部分北京師範大學圖書館藏書」（《本冊編輯說明》，《民國時期總書目‧中小學教材》）。

學國文教科書最齊全的工具書。本文既然力圖將論證建立在盡可能多的史料基礎上，以《中小學教材》提供的書目爲考察範圍是合適的。〔註36〕

　　在研究方法上，有三點需要說明。第一，教科書內容不等於選文，除選文外，教科書內容主要通過導讀、課後問題與練習設計等助學項目體現出來。同一篇作品，如果助學項目的設計不一樣，其承擔的教學任務就會截然不同。所以，我們不僅考察教科書所選篇目及其來源，更加注重分析其助學專案。而這在以前的研究中常常被忽略。第二，已有研究大多局限於教科書本身，我們試圖借鑒國外相關成果，更新教科書研究方法，把教科書放回其產生和發展的政治、經濟、文化語境中去考察。1912～1949 年中學國文教科書內容主要受四種力量制約：課程標準、編者、審查者、輿論。教育主管部門召集專家製定中學國文課程標準，出版社主要根據課程標準和政府的相關指令組織人員編輯教科書，但編者可能將自己的文化教育理念滲透進去，教科書編出後，教育主管部門組織審查，出版後，人們通過報刊等途徑發表意見。我們認爲，只有在上述四個環節構成的歷史語境中，才能考察出教科書內容發展演變的原因和規律。第三，探討 1912～1949 年中學國文教科書在確定「語文教學內容」上的啓示，除研究其內容的構成外，還應考察其在教學中的實際效果。所以，我們從 1912～1949 年報刊雜誌和當事人的書信日記、後人的回憶錄中，搜集了大量有關中學國文教科書的批評和使用情況的材料，並將其整合進我們對教科書內容的研究之中。

　　1912～1949 年有關中學國文主要製定過四次課程標準，〔註37〕不同時期的教科書按依據課程標準不同，呈現出鮮明的階段性，我們大致以此爲分章依據。除「導論」和「結語」外，全文分六章。

　　第一章討論 1912～1919 年的中學國文教科書。清末，商務印書館分別邀

〔註36〕需要說明的是，本文對該書目中部分查找不到或保存不完整，且發行量不大，不算太重要的教科書不予考察，但增加少數幾部該書目中沒有，而北京大學圖書館藏和相關著作中提到的教科書。同時，爲了使論述集中，本文暫不考察蘇區、根據地、解放區、淪陷區及臺灣地區的相關教科書，不考察《中小學教材》「語文」課本欄下未收錄的語法、文學史、國學概論、作文法等教科書。

〔註37〕四次時間分別爲 1913 年、1923 年、1932 年（1929 年頒佈暫行課程標準，1932年標準在此基礎上製定，1936 年在 1932 年基礎上又重新修訂，本文將這 3次標準歸爲一個時期）、1940 年（1941 年、1948 年在 1940 年標準的基礎上做過兩次修訂，本文將這 3 次標準歸爲一個時期）。

請林紓與吳曾祺編出兩套中學國文教科書，並於民初重訂出版。兩位編者既不喜歡考據家之文，也不滿於跟政事「有關係」的「載道」之文，企圖通過國文教學傳授古文作法。民國初年調整中學修學年限、課程設置及教學目的。商務、中華編出 3 套中學國文教科書，一方面以「作文之法」為內容，另一方面選入大量經、史、子部文獻，目的卻在保存國粹。而湖南學者劉宗向編輯的《中等學校國文讀本》則希圖通過中學國文教學「厲行明史」、「幽情思古」，代表了民初部分人士在國勢日蹙的形勢下深深的危機感，及企圖通過傳統文化凝聚民心的努力。

　　第二章主要討論 20 年代的初中國文教科書。跟林紓等人的教科書相比，文言教科書不僅經、史、子和詩詞的比重擴大，唐宋八大家和桐城派文章的比重降低，還選入了當代人的文言作品，體現了新文化提倡者「文學史」觀的影響。白話教材側重新思潮和新文學，淡化「形式上的訓練」，這固然迎合了部分學生的興趣，卻招來學界的批評。

　　第三章討論的 1928～1939 年間的初中國文教科書，按其設計教學內容的側重點不同，可歸結為思想道德教育、文學教學和文章作法教學三種。思想道德教育延續了 20 年代教學新思潮的理念，但主要彰顯了傳統的道德倫理觀念，而跟當時的激進思潮保持距離。文學教學延續了 20 年代側重新文學教學的觀念，或引導學生親近周作人一派的文學趣味，或試圖讓學生學會通過文學作品分析社會現象與政治問題，或希望教給學生系統的文學概論和作文論知識。30 年代中期，大多數初中國文教科書都以敘述文、說明文、議論文等普通文的文章作法為綱編輯而成，但主要內容為灌輸系統的文章作法知識，而非實實在在的技能訓練。

　　第四章主要討論 1923～1933 年間的高中國文教科書。胡適在高中國語課程綱要中強調閱讀經過整理的專書，但在實踐中遇到了困難。20 年代各地高中開設了大量國文選修課，主要教學內容為包括經史子集在內的「國故」，所用教材以古籍為主，近人學術論著為輔。20 年代中期，商務、中華各自出版兩套高中國文教科書，或體現「整理國故」的理念，或以新思潮與新文學為主要內容。1929 年選修課逐漸取消後，高中國文教學「各自為陣」的情況體現在 1928～1933 年間出版的教科書中，它們主要設計了思想道德、文章作法、文學、古文文體、學術思想等 5 種內容。

　　第五章討論的 1933～1939 年的高中國文教科書內容，從高一至高三依次

為文章體制、文學源流、學術思想。「文章體制」大都將《古文辭類纂》、《經史百家雜鈔》所劃分的古文文體與小說、詩歌、戲劇、敘述、說明、議論、抒情等文體混合在一起。不同的編者，其文學觀念或「正統」或新銳，呈現的「文學源流」自然就不一樣。「學術思想」或突出各時代的代表學派，或強調「吾國民族根本及歷史文化演進之要」，取向也不盡相同。學界批評這些教科書好高騖遠，要求中學國文重在讀寫能力的訓練。

　　第六章討論 1940～1949 年國統區的中學國文教科書。抗戰爆發後，國民政府趁機推行中小學部分教科書國定制，並編出《初中國文甲編》，令全國中學採用。《初中國文甲編》為凸顯國民政府的教育思想，別有用心的提倡「智仁勇」、「禮義廉恥」、「忠孝仁愛信義和平」等傳統觀念。抗戰勝利後，葉聖陶主編了 4 套中學國文教科書，除呼應民主潮流外，更以閱讀與寫作技能訓練為主要內容。

第一章 民初中學國文：古文作法、保存國粹與「厲行明史」

　　清末引進新式教育制度，《欽定中學堂章程》規定的 12 門中學課程中，修身、讀經、詞章三門直接授以傳統文化。修身「當本《論語》、《孝經》之旨趣，授以人倫道德之要領」，讀經教材爲《書經》、《周禮》、《儀禮》、《周易》。兩年後頒佈的《奏定中學堂章程》對此三門課程的內容及授課時數雖有所調整，但變化不大。「詞章」改名「中國文學」。讀經以《左傳》、《周禮》爲教材，除劉師培《經學教科書》外，坊間幾乎沒有新編經學教科書。修身／倫理要求「摘講陳宏謀《五種遺規》，讀有益風化之古詩歌」。教科書出過不少，都本儒家思想立言。劉師培《倫理教科書》「集前儒之說，萃爲一編」。〔註1〕林紓於清末曾在京師大學堂預科及師範班講修身一課，成《修身講義》一書，弟子朱羲冑稱是書「多摭取《理學宗傳》，及周程張朱陸薛諸子有益身心性命倫常之語，逐條詮說闡發」。〔註2〕可見，修身／倫理、讀經、詞章／中國文學三門課程分工較爲明確，跟傳統知識譜系三分爲義理、制度／考據、詞章接近。〔註3〕朝野對此的認識較爲一致。

　　民國成立後，調整中學修學年限、課程設置及教學目的：廢止讀經；中

〔註1〕劉師培：《倫理教科書》，寧南武氏刻本，1936年。

〔註2〕朱羲冑：《春覺齋著述記》，世界書局，1949年。

〔註3〕傳統學問三分爲義理、考據、詞章，是自乾嘉以來學界的共識。戴震在《與方希原書》（1755年）中說：「古今學問之途，其大致有三：或事於義理，或事於制數，或事於文章。」王達敏認爲：「戴震在乾嘉學壇是最早明確將學問分爲義理、考據、辭章三途的學者。他有關三者關係的論述影響至巨」（王達敏：《姚鼐與乾嘉學派》，學苑出版社，2007年。第168～169頁）。

國傳統道德倫理不再作爲修身的惟一教學內容，修身也不再承擔古詩歌的教學任務；〔註4〕民初雖有樂歌課，但任務是「諳習唱歌及音樂大要，以涵養德性及美感。樂歌先授單音，次授復音及樂器用法」，〔註5〕也不承擔教授古詩歌的功能。課程調整後，中學生是否需要學習經部文獻、儒家學說及古詩歌，通過什麼途徑學習，這是比較受關注的問題。

1912 年 7 月 10 日至 8 月 10 日，蔡元培主持召開全國臨時教育會議，議決案審查報告表之一的《中學校教科程度及其支配標準》規定，中學國文二至四年級每周一小時學習美文，「選讀詩詞曲等喚起文學興趣」，四年級「講讀中世及上古文以周秦諸子四書五經爲主」。〔註6〕其實是將清末讀經課的部分內容及修身課中教授「有益風化之古詩歌」的任務轉交給了中學國文。不久，教育部出臺兩份關於中學國文的文件。《中學校令施行規則》規定：「國文要旨在通解普通語言文字，能自由發表思想，並使略解高深文字，涵養文學之興趣，兼以啓發智德。國文首宜授以近世文，漸及於近古文並文字源流、文法要略及文學史之大概，使作實用簡易之文，兼課習字。」1913 年 3 月 10 日公佈的《中學校課程標準》延續了《中學校令施行規則》對中學國文的規定並進一步排好教學秩序：中學國文第二學年兼授文字源流，第三、四學年兼授文法要略，第四學年兼授中國文學史；四年中作爲首要教學任務的，是講讀文章和作文。歸納起來，《中學校令施行規則》和《中學校課程標準》要求中學國文教學任務集中在「通解普通語言文字」與「自由發表思想」上，並以文字源流、文法要略及文學史爲輔助課程，且不承擔清末讀經和修身課的任務。

可見，《中學校教科程度及其支配標準》有關國文教學「四書五經」及「選讀詩詞曲」的規定，《中學校令施行規則》和《中學校課程標準》並未提及，這說明對於中學國文教學究竟要承擔何種功能，全國臨時教育會議與教育部

〔註 4〕《教育部公佈中學校令施行規則》（1912 年 12 月）規定：「修身要旨在養成道德上之思想情操，並勉以躬行實踐，完具國民之品格。修身首宜授以道德要領，漸及對國家社會家族之責務，兼授倫理學大要，尤宜注意本國道德之特色」（舒新城：《中國近代教育史史料（中）》，人民教育出版社，1981 年。第 521 頁）。在繆文功主編的中華書局第一套中學修身教科書中，「國家」「社會」等新名詞出現頻率已非常高。

〔註 5〕《教育部公佈中學校令施行規則》，舒新城《中國近代教育史資料（中）》。第 524 頁。

〔註 6〕《中學校教科程度及其支配標準》，《教育雜誌》第 3 卷臨時增刊，1912 年 9 月。

的看法並不一致。這給民間在編輯中學國文教科書時留下了較大的發揮空間。

　　據《民國時期總書目・中小學教材》卷，1912～1919 年間，各地出版中學國文教科書 10 套。〔註 7〕本文根據條件，以林紓《中學國文讀本（重訂本）》，吳曾祺《中學國文教科書重訂本》，劉法曾、姚漢章《中華中學國文教科書》，許國英《共和國教科書國文讀本》及《共和國教科書國文讀本評注》，謝蒙《新制國文教本》及《新制國文教本評注》，劉宗向《中等學校國文讀本》等 6 套教科書爲對象，探討民初中學國文教科書的內容。〔註 8〕

〔註 7〕　其中，商務印書館 3 套，分別爲林紓《中學國文讀本（重訂本）》（1913 年），吳曾祺《中學國文教科書（重訂本）》（1913 年），許國英《共和國教科書國文讀本》（1913 年）及《共和國教科書國文讀本評注》（1914 年）。中華書局 3 套，分別爲劉法曾、姚漢章《中華中學國文教科書》（1912 年），潘武《國文教科書》（1913 年），謝蒙《新制國文教本》（1914 年）及《新制國文教本評注》（1915～1917 年）。其他出版社 4 套，分別爲上海中國圖書公司陸基《中學新國文》（1913 年），長沙宏文圖書社劉宗向《中等學校國文讀本》（1914 年），上海中華編譯社苦海餘生《簡易國文講義（重訂）》（1919 年），長沙湘鄂印刷公司出版、上海工業專門學校編《中學國文讀本》（1919 年）。

〔註 8〕　最早對這六套中學國文教科書做出研究的是黎錦熙。黎錦熙在《三十年來中等學校國文選本書目提要》中將林紓和吳曾祺的教科書歸爲第一期（清末），定爲「姚選標準時期」，將其他 4 套歸爲第二期（民初），定爲「曾選標準時期」，並介紹每套教科書編輯出版、選文情況和編輯體例，文字極爲簡略。1980 年代以來，陳必祥《中國現代語文教育發展史》，李杏保、顧黃初《中國現代語文教育史》，周慶元《中學語文教材概論》，閆萍等《中國現代語文教材研究》對這些教科書都略有介紹，但大致是在黎錦熙的基礎上細化而來。周慶元對該期中學國文教科書特點的總結代表了教育學者的共同看法：「一是所選都是文言；二是編法仿傚文選舊制，類似於《古文辭類纂》、《經史百家雜鈔》；三是編排方式多用時代逆序；四是編製目的在於讓學生誦讀古今各家範文，學會寫作各類常用文章」（《中學語文教材概論》，第 46 頁）。近年來，文史學者開始涉足這一領域，徐雁平介紹並略略引申黎錦熙的觀點，認爲「1919 年以前桐城古文基本上是中學國文教育的範本」（徐雁平：《從中學國文教科書看近世文學觀念的變化》，《現代中國》（第三輯），2002 年 10 月。第 70 頁）。陳爾傑通過對這幾套教材的仔細考察，認爲這一時期的中學國文教科書，已「絕非桐城古文所能概括」，並將中學國文教科書的編輯看成是選家的文章觀念「怎樣在制度設計所劃分出來的空間中獲得實現」的過程（陳爾傑：《「文章選本」與教科書──民初國文觀念的塑造》，北京大學碩士論文，2008 年。第 13 頁）。這實際上已經觸及朝野在規劃中學國文時的互動，比較符合客觀實際，是已有這方面學術質量最高的成果。但「制度設計」並非僅是從近世文漸及近古文的教學秩序，還包括清末教育主管部門有關中學國文教學的觀念對民初的影響、民初中學課程設置的調整及教育部對中學國文教科書的審查情況，這些都爲陳爾傑的論文所不及。上述成果雖已打開清末民初中學國

第一節　林紓、吳曾祺所編教科書中的「古文作法」

　　民國初年，商務印書館請許國英將林紓與吳曾祺在清末編輯的中學國文教科書重訂出版。〔註9〕吳曾祺《中學國文教科書》重訂初版的年月已不可考，已知 1913 年 3 月，初集出至重訂 8 版，1914 年 2 月，第三、四集出至重訂 10 版，後來出版次數相對減少，但到 1917 年 8 月，初集仍出至重訂 11 版。林紓《中學國文讀本》重訂第一冊印有商務印書館編譯所寫的《凡例》，寫作日期署爲「民國二年一月三十日」，可見該書重訂初版時間不會早於 1913 年 1 月；至 1913 年 3 月，重訂第一冊出至第 9 版，至 1915 年 11 月 13 日，重訂第一冊出至第 11 版；後幾冊雖沒有第一冊印刷的版次多，但到 1916 年 11 月，第 8 冊仍出至重訂 9 版。這兩套如此受歡迎的中學國文教科書究竟設計了什麼樣的內容呢？

　　由於這兩套教科書的重訂本在初版本的基礎上變動不大，所以將其放回清末的歷史背景中考察，這也爲我們勾連清末與民初兩個時段的中學國文教科書提供了契機。

文教科書研究的大門，但就筆者所關心的論題——考察這些教科書的內容——來說，還有許多方面尚待進一步探究。

〔註 9〕　林紓編《中學國文讀本》初版本共 10 冊，林紓弟子朱羲冑介紹說：「是書第一第二卷，爲清朝人之文，於清光緒三十四年四月，初由商務印書館印行；第三四五卷，爲宋明元五代人之文，於宣統元年四月印行；六七卷，爲唐人之文，皆是年六月成書，九月印行；八卷，爲六朝人文，同年十月成秩，二年正月初印；九卷十卷，皆周秦漢魏人文，二年八月成書，十一月印行。其編輯凡例，由近代而遞貫及古，其猶水之沿流而溯源也，雖未立類目，而各以類從，數千年文章軌則，於斯略具。又逐篇詳加評批，開示義法，皆先生平日心得之言」（朱羲冑：《中國文學讀本十卷》條目，《春覺齋著述記》，世界書局，1949 年）。民國初年，爲適應中學學制從五年到四年的變化，商務印書館請許國英將這套教材重訂爲 8 冊出版，初版第 1、2 冊合訂爲第 1 冊，選清文，初版第 9、10 冊合訂爲第 8 冊，選周秦漢魏文，初版本 3～8 冊則變爲重訂本 2～7 冊。重訂本保留了林紓眉批，但刪去了各冊序言。吳曾祺《中學國文教科書》共五集，1908 年初版。初集選清文，「惟人存者不錄」（《初集例言》），共 143 篇；二集選「金文一十篇，元文二十篇，明文九十七篇」（《二集例言》）；三集「自五代至宋之終，得文一百四十首」（《三集例言》）；四集「選自晉至唐，得文一百七十六篇」（《四集例言》）；五集「自周秦至三國，得文一百十三篇」（《五集例言》）。民初中學學制改爲四年，五集重訂爲四集出版。重訂本第一集爲明清文，第二集爲五代宋金元文，初版本第四集重訂後作爲第三集出版，第五集作爲第四集出版，並刪去了各集例言。

一

　　作爲清末教科書的出版重鎮，商務印書館在出版了大量中小學教科書後，開始請人編纂中學國文教科書。商務高層相中了兩人：一是寓居滬上，依靠商務印書館涵芬樓的豐富藏書編纂《涵芬樓古今文鈔》的吳曾祺，一是名滿天下，在京師大學堂任教的古文家林紓。

　　商務印書館之所以選擇這兩人編輯中學國文教科書，首先是因爲他們跟商務關係密切。吳曾祺，福建侯官人，1852 年出生，1908 年爲商務印書館編輯《中學國文教科書》時已經 56 歲了。其弟子江畬經稱：「師於並世文人少所許可，獨推重嘯桐，每與余言：嘯桐治古文義例精嚴，爲同時儕輩所不逮。師與嘯桐同居里閈，每相過從，上下其議論，極一時之歡」，「嘯桐出處之際，師每有贈言，其歿也，祭誄之文，皆至情所流露，令人不忍卒讀」，〔註10〕嘯桐即高夢旦長兄高鳳歧。主持商務印書館國文部的高夢旦，在物色中學國文教科書編輯人選時，吳曾祺與高嘯桐的關係當成爲其被考慮的因素之一。林紓早在 1882 年就已認識他的福建老鄉高嘯桐，跟高嘯桐、高而謙、高夢旦三兄弟都是摯友。高夢旦多次爲林紓著作寫序。在一篇序言中，高夢旦回憶跟林紓在甲午之役後的交往時寫道：「時就遊讌，往往恒數日夜，或買舟作鼓山方廣遊，每議論中外事，慨歎不能自己」，〔註11〕這種關係是很親密的。商務高層挑選中學國文教科書的編輯人選時，自然會考慮林紓。當然，商務高層更爲看重的是兩人的古文造詣和教育方面的資歷。林紓文章早已深得時人讚譽，「當清之際，士大夫言文章者，必以紓爲師法」，〔註12〕並在新式中學堂擔任國文教員；吳曾祺「終歲授徒以自給，前後著籍者無慮數千人」，〔註13〕其時正借涵芬樓編輯文鈔。兩人古文造詣高，在教育方面有經驗，是編輯中學國文教科書的合適人選。

　　商務印書館出版中小學教科書，雖說出於張元濟等人的教育興國理念，但作爲出版商，盈利也是商務高層考慮的重心。中小學教科書一旦獲得當局批准作爲審定本發行，就會迅速增加銷量，爲出版商帶來可觀的利潤。所以，

〔註10〕江畬經：《漪香山館文集序》，刊吳曾祺《漪香山館文集》（第二集），商務印書館，1936 年。

〔註11〕高夢旦：《閩中新樂府一卷‧書後》，引自朱羲胄《春覺齋著述記》（卷二），世界書局，1949 年。第 5 頁。

〔註12〕錢基博：《現代中國文學史》，中國人民大學出版社，2009 年。第 170 頁。

〔註13〕吳曾祺：《陳仲奮文集序》，《漪香山館文集》（第二集）。

獲得學部審定是商務印書館在清末編撰教科書時必須考慮的因素，也是林紓、吳曾祺編輯中學國文教科書時面對的問題。

1904 年頒佈的《奏定中學堂章程》是清末審查教科書的主要依據，該章程要求「中國文學」教學講究「文義」「文法」，並提出作文五忌，〔註 14〕這跟桐城派的古文觀念相近，與考據家的文章理念相遠，同林紓、吳曾祺的趣味正好相符。

林紓在《中學國文讀本》第一冊序言開篇就說：「世之治國故者，初若博通淹貫，即可名爲成就，顧本朝考訂諸家林立，而咸有文集，陸離光怪，炫乎時人之目，而終未有尊之爲眞能古文者」。〔註 15〕可見，林紓編選中學國文教科書，首先考慮的，是如何抗衡考據家的文章觀念在中學國文教學中的影響。

考據家的文章觀念對中學國文教學的影響體現在劉師培編輯的《中國文學教科書》中。該書第一冊於 1906 年出版。劉師培在《序例》中說：「中國文學教科書計編十冊，先明小學之大綱，次分析字類，次討論句法章法，次總論古今文體，次選文」。《中國文學教科書》現在能找到的只有第一冊，後九冊似未出版。第一冊「計三十六課，以詮明小學爲宗旨」。〔註 16〕這種獨創的編輯體例，出於劉師培的如下考慮：

> 作文之道，解字爲基，故劉彥和有言，集字成句，集句成章，又謂觀乎爾雅，則文義奱然，豈有小學不明而能出言有章者哉？夫小學之類有三：一曰字形，二曰字音，三曰字義。小學不講，則形聲莫辨，訓詁無據，施之於文，必多乖舛。今之學者於長卿子雲咸推爲文苑之雄，豈知司馬作凡將，子雲作訓纂，固儼然小學之儒哉！則

〔註 14〕《奏定中學堂章程》對中學「中國文學」「教法」的規定如下：「入中學堂者年已漸長，文理略已明通，作文自不可緩。凡學爲文之次第：一曰文義：文者積字而成，用字必有來歷（經史子集及近人文集皆可），下字必求的解，雖本乎古亦不駭乎今。此語似淺實深，自幼學以至名家皆爲要事。二曰文法：文法備於古人之文，故求文法者必自講讀始，先使讀經史子集中平易雅馴之文：《御選古文淵鑒》最爲善本，可量學生之日力擇讀之（如鄉曲無此書，可擇較爲大雅之本讀之），並爲講解其義法。次則近代有關係之文亦可瀏覽，不必熟讀。三曰作文：以清眞雅正爲主，一忌用怪癖字，二忌用澀口句，三忌發狂妄議論，四忌襲用報館陳言，五忌以空言敷衍成篇」（舒新城：《中國近代教育史資料》（上），人民教育出版社，1981 年。第 503 頁）。

〔註 15〕林紓：《序》，《中學國文讀本》（第一冊），商務印書館，1908 年。

〔註 16〕劉師培：《中國文學教科書・敘例》，《中國文學教科書》（第一冊），寧南武氏刻本，1936 年。

文學基於小學，彰彰明矣。不揣固陋，編輯國文教科書，首明小學，

以為析字之基，庶古代六書之教，普及於國民，此則區區保存國學

之意也。〔註17〕

「文學基於小學」，這跟章太炎的文學觀念近似。清末民初之際，林紓遭遇到的主要對手是章太炎及其弟子，〔註18〕所以《中學國文讀本》序言開首就申明「考訂諸家」並非「真能古文」。

　　與林紓不一樣，對於考據家的文學觀念，吳曾祺實際上有所接納。清末桐城末流普遍已不能做到「陳言務去」，吳曾祺對此有所反省。在《涵芬樓文談》中，他將「研許」列為第五。這於一般古文家來說，無疑會感到驚訝，吳曾祺卻自有道理：「惟講古文者，苟未嘗一踐其藩，則於用字之法，毫無所得，一切隨人所作，附影應聲，亦是一生遺憾」，故聲明「余以謂作文宜先識字」。〔註19〕吳曾祺在一篇序言中說得更清楚：「以謂文章一道，必以治六經始，未有聲音訓詁之不明，而能精於其事者，漢人司馬相如、揚雄，為文章之聖，然皆熟於蒼雅之學，今其書尚在可考而知也。」，〔註20〕這跟劉師培的「昔相如子雲之流，皆以博極字書之故，致為文日益工，此文法原於字類之證也」〔註21〕的觀點極其相似。但當編輯《中學國文教科書》時，吳曾祺對考據家之文同樣摒棄。他選清文不選學者之文，因乾嘉之時，「士爭汲汲於治經，深思詣微，深入無間，其考據之精，直闖馬鄭之室，諸君子自立幟志，

〔註17〕同上。

〔註18〕林紓清末出任京師大學堂教員，民初因太炎弟子逐漸主導京師大學堂文科系，林紓離職。在給姚永概的信中林紓稱：「庸妄巨子，剽襲漢人餘唾，以捃扯為能，以餖飣為富，補綴以古子之斷句，塗堊以《說文》之奇字，意境義法，概置勿講」，林紓之所以對「庸妄巨子」如此惱火，因為「近者其徒某某騰踔於京師，極力排媚姚氏，昌其師說：意可以口舌之力撓蔑正宗：且黨附於目錄之家，矜其淹博：謂古文之根柢在是也」（林紓：《與姚永概書》，引自錢基博：《現代中國文學史》，中國人民大學出版社，2009 年）。為此，林紓想方設法與其對抗，他「集合同志，為古文講演之會」，約選姚鼐《古文辭類纂》，在序言中稱，「宋明之末，尚有作者，而前清之末，作者屬誰，彼割裂古子，填寫古字，用以駭眾，且持『古文宜從小學入手』之論：然則王西莊、錢竹汀諸老，宜奉為古文之祖矣！」並指責其為「鼠目寸光」（林紓：《序》，《林紓選評古文辭類纂》，浙江古籍出版社，1986 年）。

〔註19〕吳曾祺：《涵芬樓文談・研許第五》，刊《涵芬樓古今文鈔簡編・卷首》，商務印書館，1911 年。

〔註20〕吳曾祺：《王晉之文集序》，《漪香山館文集》（第二集）。

〔註21〕劉師培：《論文雜記》，景山書社，1930 年。第 3 頁。

號曰漢學，然人之精神思慮，有所餘於彼者，必有所拙於此，故其集中所存，往往不合於古文義法，至不足當識者之一笑」。〔註22〕這跟林紓「終未有尊之為真能古文者」之觀點如出一轍。

清末教育主管部門對國文一門的要求除排斥考據家之文外，還有另一特點，即在重「文」本身與重文章所載之「道」之間徘徊不定。1902 年《欽定中學堂章程》要求學習寫作各類文體，〔註23〕這是對「文」本身的重視。1904 年《奏定中學堂章程》一方面強調文法義法、作文五忌，體現對「文」本身的重視，另一方面又推薦《御選古文淵鑒》作為中學國文教科書，而《御選古文淵鑒》強調的是文所載之「道」。負責學務的大學堂在同年所擬定的《大學堂編書處章程》中，強調所編「文章課本」要選擇「關係於政治學術者」之文，〔註24〕看重的也是文中之「道」。1910 年《學部第一次審定中學堂初級師範學堂暫用書目凡例》並列《御選古文淵鑒》、《古文雅正》與姚鼐《古文辭類纂》等作為中學國文教科書，〔註25〕這幾類選文有的強調文所載之「道」，

〔註22〕 吳曾祺：《初集例言》，《中學國文教科書》（第一冊），商務印書館，1908 年。

〔註23〕 中學「國文」在《欽定中學堂章程》中被稱為「詞章」，在《奏定中學堂章程》中被稱為「中國文學」，《欽定中學堂章程》規定「詞章」依次教學「記事文」、「說理文」、「章奏傳記諸體文」、「詞賦詩歌諸體文」。

〔註24〕 《大學堂編書處章程》稱編書處預備編撰中小學用七類課本，對「中國文學」科所用「文章課本」的編撰想法如下：「溯自秦漢以降，文學繁興，譬其大端，可分兩派：一以理勝，一以詞勝。凡奏議論說之屬，關係於政治學術者，皆理勝者也；凡詞賦記述諸家，爭較於文章派別者，皆詞勝者也。茲所選擇，一以理勝於詞為主，部析類從以資誦習，冀得擴充學識、洞明源流。凡十家八家之標名，陽湖桐城之派別，一空故見，無取苟同」（舒新城：《中國近代教育史資料（上）》）。說明大學堂編書處在設計「中國文學」教科書內容時不以文章本身為重，而重視文章背後「關係於政治學術者」。

〔註25〕 1910 年公佈的《學部第一次審定中學堂初級師範學堂暫用書目凡例》對「中國文學」規定如下：「中國文學應遵奏定章程擇讀御選古文淵鑒，此外如蔡選古文雅正、唐選古文翼、姚選古文辭類纂、黎王選續類纂、梅選古文詞略、曾選經史百家雜鈔、賀選經世文編，皆可選讀，不復列入書目」（《教育雜誌》第 2 卷第 9 期，1910 年 9 月 10 日）。《古文雅正》「非有關於修身經世之大者不錄」（蔡世遠：《序》，《古文雅正》，湘鄉曾氏刻本，同治七年）。選文標準屬《御選古文淵鑒》一脈；姚鼐《古文辭類纂》、黎庶昌《續古文辭類纂》、王先謙《續古文辭類纂》、梅曾亮《古文詞略》、曾國藩《經史百家雜鈔》與《御選古文淵鑒》不同，大都以桐城派眼光選文；賀長齡《經世文編》體現了道咸以降關注邊疆史地、國計民生的士人之興趣所在，跟前兩類選本標準迥異。《書目凡例》並列上述三類選本，體現了學部對「中國文學」的規定並不嚴格。

有的強調「文」本身。8 年之內，清末教育主管部門對於中學國文的四次意見說明他們在重視「文」本身還是重視「文」所載之「道」的取捨上猶豫不決。這給林紓、吳曾祺在這一點上堅持己見留下了餘地。

林紓、吳曾祺的中學國文教科書跟《奏定中學堂章程》與《學部第一次審定中學堂初級師範學堂暫用書目凡例》所推薦的《御選古文淵鑒》、《古文雅正》在編選目的上很不一樣。《御選古文淵鑒》由康熙帶領徐乾學等人編選而成。康熙在序中說：「夫經緯天地之謂文，文者，載道之器」，〔註26〕所看重的，是文所載之「道」。此處的「道」跟政治教化有關。這可從《御選古文淵鑒》對文體的選擇中看出來。《御選古文淵鑒》特別注重詔令章表等君臣之間的往來文書：64 卷之中，帝王詔書就有 5 卷；唐代李德裕文近 1 卷，李德裕並不以文稱，卻爲唐代重臣。《御選古文淵鑒》選這 6 卷文章，看重的是其背後所體現的倫理道德和政治才幹。此外，《御選古文淵鑒》還多選理學家之文，周張二程文 1 卷，朱熹文 3 卷，看重的同樣不是這些文章本身，而是文中之「義理」。唐宋八大家雖也爲《御選古文淵鑒》所重，但大量選入的卻是他們爲皇帝草擬的詔制類文體，重視的也是文章之「有關係者」。跟《御選古文淵鑒》選文標準接近的是蔡世遠所編之《古文雅正》。蔡世遠稱：「文雖佳，非有關於修身經世之大者不錄也」，「措之爲君臣父子夫婦昆弟朋友之倫，發之有經國大業不朽盛事之美，言爲心聲，詞尚體要，斯集之所由選乎」。〔註27〕其同僚朱軾稱該編「自漢迄元凡二百餘篇，皆有關世道人心之言」，〔註28〕張廷玉贊其「醇正典則悉合六經之旨」。〔註29〕考其選文，大都爲與政治教化「有關係者」。

對於以文載道，林紓在《中學國文讀本》清代部分的序言中予以承認：「古文惟其理之獲，與道無悖者，則味之彌臻於無窮。若劃分秦漢唐宋，加以統系派別，爲此爲彼，使讀者炫惑其目力，莫知其從，則已格其途而左其趣矣。雖然，獲理適道，亦不惟多讀書，廣閱歷而然，尤當深究乎古人心身性命之學，言之始衷於理」。〔註30〕但細考林紓選文，對於周張二程陸九淵眞德秀等理學家文章不選，歷代詔令幾乎不錄，選朱熹文時，僅選 3 篇雜記，書簡序

〔註26〕康熙：《序》，《御選古文淵鑒》，刻本（四色套印），清康熙二十四年（1685年）。

〔註27〕《蔡序》，《古文雅正》，湘鄉曾氏刻本，同治七年（1868年）。

〔註28〕朱軾：《序》，《古文雅正》。

〔註29〕張廷玉：《序》，《古文雅正》。

〔註30〕林紓：《序》，《中學國文讀本》（第一冊），商務印書館，1908年。

跋之類論學文章一篇不選。對歷代雜記書牘贈序中文人趣味較濃的文字，林
紓選得較多。林紓很喜歡柳宗元貶官後的山水遊記，稱其「華山之石，一拔
千仞，其上珍松古柏，奇花異卉，皆間出重巒疊巘之間。蓋其澤古深，故伏
采潛發，骨力脆薄者，不能過而問焉。雖變化不若昌黎，而其獨造於古處，
可云雙絕。」〔註31〕因此在第六冊選入 9 篇之多。而《御選古文淵鑒》選柳
文 1 卷，《古文雅正》選柳文僅 4 篇，其中卻沒有一篇屬於永州山水遊記。對
於曾鞏，林紓跟《御選古文淵鑒》的擇取標準也不同，後者選曾鞏文近兩卷，
看重的是詔制奏疏論辨等「有關係者」，〔註32〕林紓卻僅選雜記、贈序、書牘
各 1 篇。從對理學家、柳宗元、曾鞏文章的不同取捨來看，對於《御選古文
淵鑒》所重視的「有關係」之文，林紓並不看好。

　　吳曾祺也非常看重柳宗元貶官後的作品，「子厚仕京師時，文尚不能為其
重，迨其貶黜之後，遍歷楚粵諸山水，睹其嶮巇湍悍諸狀態，一一發之於文，
又其離愁之思，蘊其才不得施設，退而恣意為學，故其一種勁峭之才，幽眇
之旨，深得於屈宋之遺，他人雖學之而不能及」，〔註33〕評價甚高。吳曾祺不
掩飾對理學家之文的輕視：「歷考宋氏二百餘年間，理學昌明，名儒輩出，而
語錄之書，力求明顯，一切村談俚語，皆所不禁，例以吐屬爾雅，猶之東西
南北，相背而馳，此亦不能為之諱也。」〔註34〕從對柳宗元永州遊記和理學
家之文的態度來看，吳曾祺更傾向於林紓的選文標準，而跟《御選古文淵鑒》
一脈的選文旨趣不同。對於這一點，吳曾祺是自覺的。他在《中學國文教科
書》的《例言》中說：

> 昔人有言，動曰文以載道，而沿其說者，則云非有關係者不作，理
> 固至正而不可易，然道亦何常之有？精粗大小皆道也，譬如書一事，
> 則必有事理，記一物，則必有物理，理之所在，道之所在也，豈言
> 心言性言三綱五常以外，皆無所謂道乎？即以關係而言，人之一生，
> 其足以免於饑寒者，最為有關係，何以菽粟稻粱以為飽，而不聞其
> 廢八珍，布帛絲纊以為溫，而不聞其棄五采，則似關係之說，亦未
> 免失之太拘，今所選者，頗存此意。

〔註31〕同上。
〔註32〕包括詔制 12 篇、奏疏 4 篇、序跋 9 篇、論辨 3 篇、贈序 1 篇、書牘 3 篇、雜
　　　　記 5 篇。
〔註33〕吳曾祺：《四集例言》，《中學國文教科書》（第四集），商務印書館，1908 年。
〔註34〕吳曾祺：《三集例言》，《中學國文教科書》（第三集），商務印書館，1908 年。

所謂「精粗大小皆道也」，是將「有關係者」擴大到「言心言性言三綱五常以外」，這實際上不管文章是否「言心言性言三綱五常」，不管文章所載之「道」為何，僅談其「文」。李斯《論督責書》一文，「顚倒是非，淆亂白黑」，所載之「道」跟傳統綱常倫理異途，《御選古文淵鑒》和《古文雅正》都不選，吳曾祺卻因其「詞筆之瑰奇譎詭」而不棄，〔註35〕可見吳曾祺的選文標準以「文」不以「道」。唐代張說擅長碑志，《御選古文淵鑒》選入《梁國公姚崇神道碑》、《宋公遺愛碑頌》兩篇，《古文雅正》選入《宋公遺愛碑頌》。吳曾祺獨不選其碑志，而選入《南省就賣尚書山亭尋花柳宴序》、《會諸友詩序》及《獄箴》。原因在於「燕公集中多碑碣之文，余皆捨而不錄，獨存其小序及箴銘數篇。良以碑碣之文，可以韓歐之文爲之，而此等文字之神思雋逸，音節遒古者，雖韓歐不能作也。漢晉已遙，梁陳日敝，欲追大雅，莫此爲宜。」〔註36〕不選碑銘「大手筆」，而選「小序」，此兩篇「小序」所體現的閒適情趣跟《御選古文淵鑒》選文所載之「道」完全不同，這說明吳曾祺不重視「有關係者」。即使所選文章相同，吳曾祺跟《御選古文淵鑒》與《古文雅正》的處理方式也不一樣。吳曾祺在牛弘《請開獻書表》的總評中說：「是表選入《古文淵鑒》，大加刪削，只存六百餘字，今仍照原文錄之」，〔註37〕顯然是有意撥正。對於韓愈的《原道》，《御選古文淵鑒》中高士奇的評語是「孔門之學在求仁，仁之爲道甚大，不可以一端名，老氏見爲小而非毁之，此千古異學之源也，退之斥之得其要矣，顧猶曰，博愛之謂仁至大，程子定性識仁之篇更爲純備」。〔註38〕《古文雅正》文末總評則說：「宋儒議其引大學章只說到誠意，不說及致知，爲沒頭學問，已有代辨之者矣，謂釋氏以明心見性爲宗旨，對病下貶，所引只宜截從誠意以下也，今讀上下文，信然未可輕議。」〔註39〕而吳曾祺的評語卻爲：「開首已將大意說明，以下反覆言之，以窮利害之相反，洵爲布帛菽粟之文，宋儒集中，不乏論道之作，而語句之流於俚俗者，時或不免，出自通人之手，便有文采可觀」。〔註40〕三者都將其與宋儒文章作比，高士奇看重的是對「仁」的解釋，蔡世遠的著眼點在宋儒對韓愈學說看法的是非，而吳曾祺比較的是兩者的作文之法，前二者著重的是文

〔註35〕吳曾祺：《中學國文教科書》（第四集），1914 年 2 月訂正 10 版。
〔註36〕吳曾祺：《中學國文教科書》（第三集），1914 年 2 月訂正 10 版。
〔註37〕吳曾祺：《中學國文教科書》（第三集），訂正 10 版。
〔註38〕《御選古文淵鑒‧卷三十五》。
〔註39〕《古文雅正‧卷八》。
〔註40〕吳曾祺：《中學國文教科書》（第三集），訂正 10 版。

中所載之「道」，後者著重的是文章本身。

　　林紓、吳曾祺一方面反對考據家之文，一方面不考慮文中所載之「道」的是非大小，而看重「文」本身，這說明在他們的觀念裏，中學國文的首要目的不是學識義理的灌輸，而是文章寫作技巧的學習。他們對文章寫作技巧的要求，跟桐城派的標準相似。

二

　　林紓《中學國文讀本》重訂本第 1 冊爲清朝文，選文 40 篇。對於這些選文，林紓說：「就所見聞者，稍取而批點之，寥寥不過十餘家，爲文又但若干篇，皆人人所熟讀，宜若不足以表異，不知此正余之不敢求異者也，國朝之具大力者，俱此十餘家」。〔註41〕所謂「十餘家」，其實共 17 家，〔註42〕絕大部分屬桐城派：方苞、姚鼐屬桐城「三祖」；朱仕琇跟姚鼐叔父姚範差不多同時以古文著稱，後人亦以桐城派目之；惲敬被視爲陽湖派首領，但他從劉大櫆弟子錢伯坰學古文，也算桐城傳人；梅曾亮是姚鼐的高足弟子；龍啓瑞學於梅曾亮；周樹槐是姚鼐另一高足姚瑩的弟子；曾國藩是桐城派的「中興大將」；張裕釗是曾國藩四大弟子之一；吳敏樹雖獨來孤往，但王先謙說他「其適於道也，與姚氏無乎不合」，〔註43〕亦被後人歸爲桐城派。可見，17 人中桐城派就占 10 人。40 篇選文中，桐城派 10 人之文共 27 篇，其中 24 篇已入選王先謙和黎庶昌分別編輯的《續古文辭類纂》，所以林紓說其「皆人人所熟讀」。其他 7 人中，魏禧、汪琬、侯方域屬清初三大家，以古文名世，被郭紹虞稱爲「桐城派之前驅」；〔註44〕王猷定跟清初三大家同時，以古文知名；孫嘉淦不以文名，但《三習一弊疏》曾選入黎庶昌的《續古文辭類纂》，說明這篇文章早已受桐城派文人重視。朱彝尊雖以經學知名，卻一直受古文家好評。黎庶昌《續古文辭類纂》選其文達 7 篇之多，吳曾祺稱其「經生而兼通文事者」。〔註45〕林紓選朱彝尊《遊晉祠記》，在古文家看來，不算越軌。可見，

〔註41〕林紓：《序》，《中學國文讀本》（第一集），商務印書館，1908 年。
〔註42〕這 17 家是魏禧、汪琬、侯方域、王猷定、朱彝尊、孫嘉淦、鄭珍、方苞、姚鼐、朱仕琇、周樹槐、龍啓瑞、梅曾亮、惲敬、曾國藩、吳敏樹、張裕釗。
〔註43〕王先謙：《序》，《續古文辭類纂》，思賢講舍刻本，光緒十九年（1893 年）。
〔註44〕郭紹虞：《中國文學批評史（下）》，百花文藝出版社，1999 年。第 296 頁。
〔註45〕吳曾祺：《涵芬樓文談・宗經第一》，《涵芬樓古今文鈔簡編・卷首》，商務印書館，1911 年。

林紓選清文，都跟桐城古文有關。

　　姚鼐編《古文辭類纂》，於取捨之間，爲桐城文章釐出千年文脈。曾國藩說：「古文所以立名之始，乃由所以屏棄六朝駢儷之文，而返之於三代兩漢」，〔註46〕所以姚鼐選「古文」，自然多選周秦兩漢的文章；六朝之文，僅在辭賦一類選幾篇備格而已；至唐宋，多選八大家之文；至元明，獨以歸有光遠承八大家；至清代，僅推方苞、劉大櫆。以《古文辭類纂》爲底本，林紓選周秦漢魏及唐宋文較爲容易，而且比例很大。重訂本第3、4冊都爲宋文。第3冊35篇，第4冊36篇，共71篇，其中歐陽曾王三蘇之文占48篇之多。這些文章又大多選在姚鼐《古文辭類纂》和曾國藩《經史百家雜鈔》中。八家之外，尚選十餘家。〔註47〕其中王禹偁、穆修在北宋較早提倡韓柳文，陳師道、晁補之、張耒則屬「蘇門六君子」。林紓在宋文分冊的序中說：「余假得東雅堂韓文，抄而讀之十年，覺文中之脈絡骨法，光韻神味，證之諸家，無有及韓之精者」，〔註48〕爲宋文作序，而先以韓文冠篇，接著論述宋代之文，又時時以韓歐文爲參照，可見兩冊宋文，韓歐是其靈魂。重訂本第5、6冊爲唐文，獨以韓柳文爲多，林紓序稱：「余嗜好唐文，至此二家，志願已足，無復旁及。故於是集之成，二家之文，據十之七，雖好之偏，然文之正宗，亦不能外此而他求」。〔註49〕此二冊於韓柳二家，又以韓文獨多，林紓盛讚韓愈：「爲文而不師古，直不燭而行暗，雖心識其途或達焉，則必時構虛攝之象，觸物而震，無復坦行之樂。然則師古者宜何師？曰宜師其醇於理、精於法、工於言、神於變化者而已。凡是數者，求之古人，或不可得兼，兼者其惟昌黎乎？」〔註50〕以韓愈爲古文第一人。此冊雖還雜取他家，但都圍繞韓愈選擇。蕭穎士、獨孤及、梁肅是唐代「古文運動」的先驅，皇甫湜、李翱、孫樵則爲韓愈後傳。林紓的四冊唐宋文，八大家是核心，這跟姚鼐的選擇標準一致。重訂本第8冊爲秦漢三國文。林紓說：「余嗜《左傳》、《史記》、《漢書》，日不釋手，今選周秦漢魏文，安能舍此三者勿選」，〔註51〕「顧《國策》之文，姚惜抱先生以之入奏議類，而《左傳》、《史記》、《漢書》，則未及入選也」，〔註52〕似乎他的選

〔註46〕曾國藩：《敘例》，《經史百家雜鈔》，商務印書館，1906年。

〔註47〕包括王禹偁、范仲淹、穆修、司馬光、种放、陳堯、潘祐、陳師道、晁補之、張耒、朱熹、陸游、蔡戡、楊虁。

〔註48〕林紓：《序》，《中學國文讀本》（第四冊），商務印書館，1909年。

〔註49〕林紓：《序》，《中學國文讀本》（第六冊），商務印書館，1909年。

〔註50〕同上。

〔註51〕林紓：《序》，《中學國文讀本》（第九冊），商務印書館，1910年。

〔註52〕同上。

擇在這一點上屬於創格。其實曾國藩早已指出：「姚姬傳氏撰次古文，不載史傳，其說為史多不可勝錄也。然吾觀其奏議類中錄《漢書》至三十八首，詔令類中錄《漢書》三十四首，果能屏諸史而不錄乎？」〔註53〕而《史記》之文，姚鼐選六篇年表入序跋類。至於《左傳》，姚鼐以經部未選，曾國藩《經史百家雜鈔》則在書牘、敘記類大量選入。可見，林紓選《左傳》、《史記》、《漢書》，其實也在前輩桐城文人選本範圍之內。

吳曾祺《中學國文教科書》清文部分的序言說：「望溪故喜震川，以上溯歐曾之作，同時有劉海峰者，受之望溪，而以授之桐城姚姬傳。姬傳雖得力於海峰，而實有出藍之譽，今觀惜抱文字，雖不足方駕歐曾，而置之震川集中，實亦未肯多讓，厥後流傳既廣，天下翕然尊之，稱為桐城派。當海峰之世，有錢魯思者，從問其業，每以師說稱頌於陽湖惲子居，武進張皋文，二人並善其言，遂盡去聲韻考訂之學而從焉」。〔註54〕在衡定乾嘉學者之文「不合於古文義法」之後，盛讚曾國藩：「桐城之後，無有抗顏行者，同時有梅伯言者，居京師，相與上下其議論，又有朱伯韓龍翰臣諸人，亦能別張一幟」，「魯通甫、王少鶴、管異之之屬，皆有志之士，其得意之作，時欲突過前人，吳南屏、吳摯甫、薛叔耘多在文正幕中，時得接其緒論，故所得皆確有淵源」。〔註55〕吳曾祺對於有清一代桐城派代表人物的師承、交遊之敘述跟姚鼐、王先謙等人勾勒的桐城譜系正好相合。〔註56〕所以吳曾祺選清文，桐城派之文

〔註53〕 曾國藩：《敘例》，《經史百家雜鈔》。
〔註54〕 吳曾祺：《初集例言》，《中學國文教科書》（第一冊），商務印書館，1908年。
〔註55〕 同上。
〔註56〕 姚鼐對於桐城派的構建，前人已有詳細論述，至於王先謙勾勒的譜系，學界引用較少。王先謙在《續古文辭類纂》的《序》和《纂例略》中對清代桐城派的譜系如此勾勒：「自桐城方望溪氏以古文專家之學，主張後進，海峰承之，遺風遂行。姚惜抱稟其師傳，覃心冥追，益以所自得，推究閫奧，開設戶牖，天下翕然為正宗。承學之士，如蓬從風，如川赴壑，尋聲企景，項領相望，百餘年來，轉相傳述，偏於東南，由其道而名於文苑者，以數十計。嗚呼，何其盛也！」「自乾隆以降，故薑塢、梅崖與焉。姬傳受業薑塢，復與殷麟、梅生師海峰，臺山絜非師梅崖，碩士學於絜非，更事姬傳。姬傳之徒，伯言、異之、孟塗、植之最著，碩士行輩差先，伯言其家子，異之典試所得識也。仲倫、春木、生甫出姬傳門少後，薑塢曾孫碩甫亦姬傳高第弟子，而名業特顯，不徒以文稱。秋士品詣孤峻，尺木其族子，究心理學，尤與臺山善。子居、皋文私淑海峰。同時拔起者，小峴、祁孫其尤也。湘皋善碩甫，而與星叔相先後。月滄歸鄉桐城，嘗問道於仲倫、春木，以所學倡於粵西。其鄉人伯韓、子穆、翰臣、定甫亦請業伯言，子序、僮甫、位西、子餘皆從伯言講

佔了大半，又以姚鼐、梅曾亮、曾國藩三人最多。此外，吳曾祺於明文推歸有光，宋文推歐陽曾王三蘇，唐文重韓柳。對於韓愈，尤其推崇備至，「至昌黎氏興，而數千年風氣爲之一變。昌黎之學貫穿經史，下至諸子百家之書，靡不加意探討，而其力又足以驅使之，故其爲文，離奇光怪，不可逼視。蓋自秦漢以後，文之以氣行者，惟昌黎一人而已。」〔註57〕這跟林紓以韓愈爲核心論述歷代古文，如出一轍，都遵古文家法。

　　但林紓、吳曾祺的中學國文教科書跟姚鼐、曾國藩的古文選本又不一樣。姚選《古文辭類纂》、曾選《經史百家雜鈔》、黎、王《續古文辭類纂》，都按文體分類。從林紓、吳曾祺的志趣來看，他們更願意按文體分類選文。吳曾祺《涵芬樓古今文鈔》，林紓後來在古文講習所約選《古文辭類纂》，其實都按文體分類。但他們此時編選中學國文教科書，卻得由清代起，上溯至先秦，按朝代分冊。其實清末教育主管部門並沒有中學國文由近世文上溯至先秦文的明文規定，但其指定的《御選古文淵鑒》、《古文雅正》均按朝代選文。按朝代選還是按文體編，體現了不同的選文意圖。《古文辭類纂》等選本按文體分類，主要是爲了提供各類文體習作的範文。《御選古文淵鑒》、《古文雅正》按朝代選文，關注的重點在於文章背後的治道人心。學部對僅重古文寫作的中學國文教科書曾表示不滿。1906 年，《學部官報》公佈對江蘇高等學堂齋務長鄒壽祺編《古文舉例》〔註58〕的批詞中稱：「該員所呈古文舉例，條例清晰，論文要言一冊，亦多先哲名言，惟中小學國文一科，包羅甚富，非文法一端所能盡，所請批准頒行一節，應勿庸議，此批。」〔註59〕在學部審查員眼裏，國文「非文法一端所能盡」。商務高層當然會注意到這一態度。林紓提到，「吾友張菊生高嘯桐夢旦兄弟以書屬予選國朝文」，〔註60〕這些書信現已不存，從「選國朝文」幾字來看，林紓、吳曾祺的中學國文教科書按朝代上溯，應是出於商務高層的安排。

　　姚曾等人的古文選本，因按文體分類，所以只要不符合他們的標準，則

　　　　論者也。石州以樸學鳴，與伯言論不合。魯川兼師兩人，異之子小異傳父業而早卒。植之之門，惟存莊著稱焉。曾文正公亟許姬傳，至列之聖哲畫像記，以爲粗解文章，由姚先生啓之也，然尋其聲貌，略不相襲，道不可不一，而法不必盡同，斯言諒哉。南屏沉思孤往，其適於道也，與姚氏無乎不合。」

〔註57〕 吳曾祺：《四集例言》，《中學國文教科書》（第四冊），商務印書館，1908 年。
〔註58〕 該書現已查找不到，有可能根本沒有出版。
〔註59〕 《江蘇高等學堂齋務長鄒壽祺呈編校國文教科書懇請保護版權稟批（光緒三十二年五月初十日）》，《學部官報（合訂本）》第 15 冊。
〔註60〕 林紓：《序》，《中學國文讀本》（第一冊），商務印書館，1908 年。

不予選入，不一定每個朝代都得有文入選。林紓、吳曾祺按朝代選文，許多未曾得到桐城先輩評價或評價不好的文章也就進來了，這跟桐城派的標準出現細微差別。

《古文辭類纂》與《經史百家雜鈔》中，五代文、金文、元文都沒有；明代僅有歸有光的文章。林紓《中學國文讀本》第二冊爲「元明文」，選文 37 篇，其中歸有光文 9 篇，不可謂不多，但既然以「元明文」爲標題，自然不能僅選歸有光文。林紓將範圍先擴大至「唐宋派」，王慎中、唐順之之文入選，接著明初宋濂、劉基、高啓、方孝孺的文章也進來了，甚至還選入李夢陽、楊士奇等人的文章。這就非桐城選本所能涵蓋了。林紓將範圍擴大至「秦漢派」，對於桐城派文人來說，已經出格了，吳曾祺居然將袁宏道的文章選進一篇。「公安派」文章歷來就爲桐城文人所不齒，姚鼐詩有「公安及竟陵，齒冷誠非佳」的評價，〔註61〕林紓說：「至於公安，不特輕俏，直是院本中打渾」，「古文非可隨意揮灑者也，一染竟陵、公安之習，則終身不可澌滌矣」。〔註62〕吳曾祺對選入的袁宏道《徐文長傳》的評價是「此公一代雋才，卒以狂疾致死，蓋亦文人之未聞道者。文備贊其翰墨之工，而卒致其惋惜之意。首尾從數奇二字著筆，而篇法極嚴。」贊其「篇法極嚴」，顯然已經打破桐城古文的門戶之見。

韓愈「文起八代之衰」，古文家推崇韓愈，在他們眼裏，六朝好文章自然就不多。姚鼐僅在辭賦類選入潘岳《秋興賦》、《笙賦》，鮑照《蕪城賦》等不足十篇以備體。曾國藩則將範圍擴大，在論著類選入江統《徙戎論》、書牘類選入王羲之、劉琨之文，哀祭類選入顏延之、謝惠連之文，辭賦類選入鮑照、庾信之文，至於詔令奏議，也有選入。林紓所選文章，大致跟曾國藩標準相似，但曾國藩選六朝文不選序跋，而林紓則選入四篇，包括徐陵的《玉臺新詠序》。此序寫得極爲豔冶，林紓選入此文，顯然不是以桐城派的文章觀念爲準。事實上，林紓對選六朝文很不自信，稱「獲當與否，已莫弗前審，生平蓋弗長於駢儷也」，又說：「集中所選，皆余平生所窺涉者，至於買櫝還珠，此錯余固承之，不敢謂季子觀樂，美者盡於此矣。」〔註63〕林紓《中學國文讀本》幾乎每篇都有頂批，對於大多數古文，點明其章法句法，但於六朝文，

〔註61〕 姚鼐：《碩士約過舍，久俟不至，余將渡江，留書與之，成六十六韻》，《惜抱軒詩文集》，上海涵芬樓影印本，1927～1928 年。

〔註62〕 《論文偶記・初月樓古文緒論・春覺齋論文》（合訂本），人民文學出版社，1959 年。第 101、102 頁。

〔註63〕 林紓：《序》，《中學國文讀本》（第八冊），商務印書館，1910 年。

則多爲介紹寫作背景，似乎對六朝文作法無甚心得。六朝文中，吳曾祺對於潘岳、王羲之、范曄的文章選得較多，這跟曾國藩的標準差不多。其實范曄的《後漢書》，桐城選本很少選入，曾國藩選 1 篇，吳曾祺卻選 5 篇之多。考慮到吳曾祺在《中學國文教科書·例言》中稱駢文辭賦「一概不錄」，選六朝文時只好多選史書也就不足爲奇了。

　　綜上所述，林紓、吳曾祺的中學國文教科書雖偏向桐城派的古文趣味，但有時也溢出這一趣味之外，是不能用「姚選標準」來涵蓋的。至於論者將這一現象歸於爲了適應「制度設計所劃分出來的空間」，〔註64〕恐怕也不確切。首先，當局並未明確規定選文秩序按時代上溯，其次，如果吳曾祺在明文中不選《徐文長傳》、林紓在六朝文中不選《玉臺新詠序》，也完全符合「制度設計所劃分出來的空間」，但他們並沒有這樣做。這或許能很好說明，在林紓、吳曾祺眼裏，桐城古文選本跟中學國文教科書並非一回事，需要區別對待。

　　但即使是對待這些擴大範圍選進來的文章，除林紓於部分六朝文難以點評外，像對待其他古文一樣，林紓、吳曾祺對它們的處理也是從具體而微的章法句法入手。林紓在頂批中多揭示筋節脈絡，吳曾祺在文前總評和頂批中一般先辨體，再點明具體作法。這說明林紓、吳曾祺雖接受商務印書館按朝代選文的規定，但仍以「作文之法」〔註65〕爲指歸，祇是這一主觀願望難以完全實現罷了。

第二節　民初新編中學國文教科書與保存國粹

　　民國成立後，商務印書館除請許國英將林紓、吳曾祺所編中學國文教科書重訂出版外，還請許國英編輯新的中學國文教科書，〔註66〕由商務四大「開國

〔註64〕陳爾傑：《「文章選本」與教科書——民初國文觀念的塑造》。

〔註65〕吳曾祺在《中學國文教科書例言》中說：「學生至入中學堂，多讀經書，漸悉故事，此時急宜授作文之法」，教授「作文之法」，正是林吳二人所編中學國文教科書的內容。

〔註66〕許國英，即許指嚴，江蘇武進（今常州市）人，鴛鴦蝴蝶派的代表人物之一。在 20 多年的時間裏創作了 100 多部作品，並對「清代與民國前期的史事研究，尤見成效」（顧美華：《南巡秘紀·出版說明》，上海書店出版社，1997 年。第 1 頁），所以《常州市志》稱他「博學多才，擅長詩、古文辭，精史學，尤喜愛文學」（《常州市志》（第三冊），中國社會科學出版社，1995 年。第 394～395 頁）。許國英能夠進入商務印書館編輯國文教科書有兩個原因。一是他是商務高層蔣維喬、莊俞的武進老鄉，當時「由於蔣維喬、莊俞的不斷引薦，

元勳」張元濟、高夢旦、蔣維喬、莊俞擔任校訂。〔註67〕1913 年 8 月，許國英編輯的《共和國教科書國文讀本》開始出版，1914 年 2 月起，許國英爲該套教材編注的評注本陸續問世。〔註68〕民初崛起的中華書局，打破了商務印書館對教科書市場的壟斷局面。中華書局進入市場的標誌是武昌起義後組織人力迅速編撰而出的「中華教科書」，劉法曾、姚漢章〔註69〕編輯的《中華中學國文教科書》作爲其中之一，於 1912 年 8 月開始出版，這是民初第一套新編中學國文教科書。〔註70〕兩年後，謝蒙編輯的中學用四冊《新制國文教本》由中華書局出版。〔註71〕不久後，《新制國文教本》評注本也由朱寶瑜編注，姚漢章、張相校

投入商務印書館編寫中小學教科書行列的常州人越來越多」（黃建民：《「陽湖耆老」與商務印書館》，《商務印書館一百年》，商務印書館，2005 年。第 63 頁）。而許國英跟蔣維喬的關係極爲密切。1899 年，二十四歲的許指嚴和同鄉蔣維喬、湯愛理一起創立了修學社，許國英負責文學編譯，蔣維喬負責哲學部分。二是他有過國文教學的經歷，1906 年左右，他在南洋公學教授國文和歷史，民初又在金陵高等師範教授國文（亢樂：《許指嚴及其作品研究》，華東師範大學碩士論文，2009 年。第 12 頁）。

〔註67〕 商務四大「開國元勳」一說，來自黃建民《「陽湖耆老」與商務印書館》。

〔註68〕 這套書非常受歡迎，《共和國教科書國文讀本》第一冊至 1916 年 10 月已出到第 7 版。而評注本更爲暢銷，「第一冊是 1914 年 2 月初版，到 1922 年 3 月份的時候，已經再版到 34 版；第二冊是 1916 年 4 月 5 日初版，到 1924 年 4 月已經再版了 27 次」，「第三冊到 1920 年 9 月的時候是第 18 版，第四冊甚至在 1926 年 3 月的時候出了第 22 版」（亢樂：《許指嚴及其作品研究》。第 73 頁）。1929 年，商務印書館仍以這套教科書送審。

〔註69〕 劉法曾，生卒年不詳，他編撰了《外史蒙求》與《清史纂要》，後者爲史學界所重視。姚漢章是姚蓬子的父親，清末內閣中書，1907～1910 年左右出任杭州府中學堂監督。1913 年 4 月 20 日，與陸費逵、范源廉等 11 人被中華書局第三次股東會選爲董事。後爲中華書局中學師範部主任，並支持《中華小説界》，「中等身個，胖胖的，蓄鬍鬚，平日不愛説話，他的杭州口音很重，中華書局在民國初年出版的新式國語課本，多種歷史、地理課本及教材均出自於姚漢章之手」（王炳毅：《姚克小傳》，《書屋》2007 年第 5 期）。

〔註70〕 這套教材第一冊 1912 年 8 月出版，第二冊 1913 年 2 月出版，第 3 冊 1912 年 11 月出版，第 4 冊 1913 年 12 月出版。除初版本外，已知第一冊於 1915 年 2 月出至第 5 版。

〔註71〕 謝蒙（1884～1964），字无量，「中國近現代著名的社會活動家、傑出的詩人、非凡的書法家、頂級的學者，成功的宣傳家、優秀的教育家」（彭華：《謝无量年譜》，《儒藏論壇》（第三輯），四川大學出版社，2009 年。第 132 頁）。1913 年 2 月，謝无量辭去四川國學院副院長之職，去南方各省遊歷，後到上海，任《神州日報》主筆，還參與《民權報》的編輯，這兩份報刊都是同盟會的喉舌。宋教仁遇刺後，「形勢更加緊張，謝无量減少了社會活動，在中華書局埋首編書二十餘種」（劉長榮、何興明：《謝无量年譜》，《文教資料》2001 年第 3 期）。

閱出版。〔註72〕這樣，在 1914 年的教科書市場上，至少同時流通著林紓、吳曾祺、許國英、劉法曾、謝蒙編輯的 5 套中學國文教科書。

　　林紓、吳曾祺所編中學國文教科書以「作文之法」爲內容。民初 3 套新編中學國文教科書亦重「作文之法」。劉法曾、姚漢章說：「中學校學生，國文程度漸深，急宜授以古人作文義法」，〔註73〕許國英也說：「中學國文程度，較高於小學，故宜授以適當之作文法理，」〔註74〕謝蒙聲稱其教科書第一冊目的在於使學生「習於近世適用文體，能自由發表其思想」。〔註75〕說明在三位編者眼裏，「作文之法」是其考慮的重心。這是跟林紓、吳曾祺的中學國文教科書的相似之處，在此不展開論述。本文重點論述的，是民初 3 套新編中學國文教科書在重「作文之法」外，還設計了另外的內容，從而跟林紓、吳曾祺的中學國文教科書區別開來。

　　林紓、吳曾祺編選中學國文教科書時，對是否選駢文辭賦，意見尚不一致。六朝文本以駢文辭賦爲大宗，林紓所編教科書第七冊爲六朝文，對此不能迴避，但他卻多選散文，選駢文辭賦較少，於此也不自信。對這些少量駢文辭賦的頂批，林紓雖也像評點古文一樣，常常圈點佳句，點明文章筋節脈絡，但重點卻在介紹寫作背景。選入駢文辭賦，顯然跟這套教科書的基調不符，所以先秦兩漢部分不選楚辭漢賦。吳曾祺編中學國文教科書時嚴守駢散之別，〔註76〕不僅不選楚辭漢賦，所選六朝文中，也少駢文辭賦。到民國初年，情況大爲不同。劉法曾、姚漢章在其中學國文教科書的《編輯大意》中說：「文家自唐代以後，

　　　　《新制國文教本》就是此時編出來的，並於 1914 年 8 月由中華書局出版。

〔註72〕朱寶瑜，經歷不詳，僅知其爲宜興人。張相即《詩詞曲語辭彙釋例》一書的作者，長期爲中華書局編輯文史類圖書。現在已很難見到完整的四冊評注本，筆者查閱各圖書館，僅人民教育出版社保存的評注本四冊齊全，四冊中只有第二冊有完整的版權頁，該冊於 1915 年 12 月發行，1918 年 2 月出至第 3 版。

〔註73〕劉法曾、姚漢章：《編輯例言》，《中華中學國文教科書》（第一冊），中華書局，1912 年。

〔註74〕許國英：《編輯大意》，《共和國教科書國文讀本》（第一冊），商務印書館，1916 年，第 7 版。

〔註75〕謝蒙：《新制國文教本》（第一冊），中華書局，1914 年。

〔註76〕吳曾祺在《中學國文教科書例言》中說：「文章一道，追原其溯，本無駢散之分，而自唐以來，固已一分不可復合。故詞賦一門，《昭明文選》中，居其十之三四，如《唐文粹》、《宋文鑒》、《金文雅》、《元文類》及姚氏《古文辭類纂》，皆延其例。而近來選古文者，或不之及。然平心而論，摛華掞藻，自有專家，未可合二爲一。則列之於古文之外，與列之於古文之中，未見古人之必是，而今人之必非也。茲編亦一概不錄。」

始有駢散之分，追原其溯，固未嘗判而爲二也。且如選六朝文者，棄其駢而采其散，是買櫝而還珠矣。故姚氏姬傳之《古文辭類纂》，其中頗雜駢體，李氏申耆之《駢體文鈔》，其中亦及散文，斯誠通儒之鴻識，大雅之瑋裁矣。茲冊所登，散文居多，而駢儷之卓著者，亦時時間及之。」這跟吳曾祺的選法就大不一樣了。也是從《中華中學國文教科書》開始，楚辭正式進入中學國文教科書，屈原《國殤》、《湘君》、《湘夫人》、《山鬼》、《漁夫》、《卜居》以及宋玉《對楚王問》都被選入。此外，劉法曾、姚漢章對歷代辭賦和駢文也多有選取：漢賦不選，但收班固《兩都賦序》，意在藉此簡單介紹這一文類；魏晉南北朝選禰衡《鸚鵡賦》，鮑照《蕪城賦》，謝莊《月賦》，江淹《恨賦》、《別賦》，庾信《小園賦》；初唐選王勃《滕王閣序》，爲此篇首次進入中學國文教科書。許國英說：「卑六朝，薄八代，然其神理淵含，氣盛言宜者，卒未嘗屛棄，而大雅宏大之文，亦往往於駢儷中得之，茲編不拘成見，駢散兼列，惟仍準淺深遞進法。」〔註77〕因此，許國英不僅選《卜居》、《對楚王問》，甚至將《離騷》也錄進來，此外還選駱賓王的《爲徐敬業討武曌檄》與杜牧的《阿房宮賦》。謝蒙在《新制國文教本》中說：「夫由今溯漢，所謂文體之變多矣。詞旨所尚，既有不齊，輓近學者，遂立駢散之號，分轍異轅，莫相爲貫。然明達之士，獨竊以爲不然。乃若姬傳表喻於陰陽，申耆綜論於奇偶，自曾滌生猶秉斯義，知二者之一致，非可強殊者矣。」〔註78〕又說：「詩賦名製極多，不能備選，固僅於第四編中錄《詩經》二篇，及荀卿宋玉諸賦，以略明詩賦之源。」〔註79〕他不選屈賦，卻選宋玉《大言賦》、《小言賦》、《風賦》、《釣賦》及荀子《賦篇》，稱「賦者，詩之流，宋玉荀卿尚爲正體」；〔註80〕選入一篇張惠言《七十家賦鈔目錄序》，算是介紹這種文體。這就多少帶有他自己的眼光了。

選入駢文辭賦，突破了清末林紓、吳曾祺將國文基本等同於古文的局限，但這畢竟還衹是在集部之內擴大範圍。民初 3 套新編中學國文教科書，不僅打破駢散界限，還突破集部限制，廣泛選入經、史、子部文獻。

在《中學國文讀本》中，林紓除《左傳》外，其他經部文獻一概不選。吳曾祺在其教科書《例言》中說：「桐城姚惜抱先生選《古文辭類纂》，上不及於經，

〔註77〕 許國英：《編輯大意》，《共和國教科書國文讀本》（第一冊）。
〔註78〕 謝蒙：《新制國文教本》（第三冊），中華書局，1914 年。
〔註79〕 謝蒙：《新制國文教本》（第四冊），中華書局，1914 年。
〔註80〕 謝蒙：《新制國文教本》（第四冊）。

意以經固人人所宜全讀，後來曾文正公甚不然之，故選經史雜鈔，則各經之文居十之二，今謹竊附姚氏之意，概不之及」。民初情況則完全不同。劉法曾、姚漢章稱：「姚氏《古文辭類纂》，上不及於經，意以經固盡人所宜全讀者也，厥後湘鄉曾氏甚不然之，故有《經史百家雜鈔》之選，今制學校廢止讀經，則六經文辭，苟不甄錄，則無由肄習，茲編所錄，兼收群經，以存國粹。」〔註81〕四冊教科書中，除《左傳》14篇外，還選入《詩經》8篇，《尚書》、《孟子》各5篇、《周禮》、《禮記・檀弓》各4篇，《論語》、《穀梁傳》各2篇、《公羊傳》1篇。跟劉法曾、姚漢章觀點相似，許國英在其國文教科書的《編輯大意》中說：「昔賢選本，如桐城姚氏等例，皆不列經史，其界說在表章古文辭而止耳，茲編主於教科適用，且因今制中小學校廢止讀經，而經典文辭，有可節取者，按之中學生程度，實多裨益，苟不甄錄，末由肄習，故於讀本中略及之。」該書將經部文獻集中在第四冊，十三經除《爾雅》、《孝經》外，都有涉及。〔註82〕謝蒙於其教科書第四冊從《左傳》選4篇，從《周易》、《尚書》、《周禮》、《禮記》、《論語》、《孟子》各選1篇。可見民初3套新編中學國文教科書跟清末中學國文教科書不同，除《左傳》外還廣泛選入其他經部文獻。

　　除經部文獻外，先秦諸子和後世理學家之文，也為民初中學國文教科書所錄。林紓選文，不及先秦諸子。吳曾祺深好諸子文，曾稱讚其「鑄語之工，煉意之巧，固足以長益神明，發皇耳目，其佳處不專此，大抵行文之勝，在於濃淡相宣，疏密相間，每有不經意之處，反令人百讀不厭」，〔註83〕但給中學生選國文，大概因「讀子則如調濟藥方以療百病，時能活人者，亦時能害人」，〔註84〕害怕青年不慎，反受其害，雖「莊列申韓之書，皆文之至者」，卻「悉以子家不錄」。〔註85〕民初中學國文教科書，則都選入先秦諸子文。劉法曾、姚漢章於其教科書中說：「周秦諸子，姚氏不登，然莊列申韓諸子，自成一家學說，文章亦皆卓然自立，爰輯其饒有古趣，而不過於聱牙佶屈者，著於篇。」〔註86〕雖所選極少，僅錄莊子《馬蹄》、《養生主》與《逍遙遊》

〔註81〕劉法曾、姚漢章：《編輯大意》，《中華中學國文教科書》（第一冊）。
〔註82〕收《左傳》7篇，《孟子》5篇，《周易》、《周禮》、《禮記》各3篇，《詩經》、《論語》各2篇，《尚書》、《儀禮》、《公羊傳》、《穀梁傳》各1篇。
〔註83〕吳曾祺：《涵芬樓文談・讀子第三》，《涵芬樓古今文鈔簡編・卷首》，商務印書館，1911年。
〔註84〕同上。
〔註85〕吳曾祺：《中學國文教科書例言》。
〔註86〕劉法曾、姚漢章：《編輯大意》，《中華中學國文教科書》（第一冊）。

中部分段落及韓非《說難》等兩家 4 篇作品，但畢竟已開中學國文教科書錄諸子文章的先例。《共和國教科書國文讀本》兼取「周秦諸子文，以助尚友之興味」，〔註87〕範圍比《中華中學國文教科書》大，不僅選莊子《逍遙遊》、《馬蹄》，韓非《說難》，還選入列子《天瑞》、《說符（節錄）》，荀子《榮辱篇（節錄）》，共 6 篇。《新制國文教本》除選莊子《天下》、韓非《說難》外，還選荀子《勸學篇》、管子《弟子職》，共 4 篇。

其實，不論是駢體辭賦，還是經史子部文獻，曾國藩《經史百家雜鈔》都有選入，僅從這個角度來看，黎錦熙認爲民初屬於「曾選標準時期」，是有道理的。但民初中學國文教科書與《經史百家雜鈔》的區別也是明顯的：經史學家及理學家之文，曾國藩幾乎不涉獵，卻爲民初中學國文教科書編者錄入。漢代經學家文，曾國藩僅選許慎《說文序》，許國英不僅選入《說文序》，還選入孔安國的《尚書序》，謝蒙則除前兩篇外，增選鄭玄《詩譜序》。宋代理學家之文，曾國藩不及，其他桐城一系的古文選家，多選入朱熹的《通鑑室記》之類的雜記體，它體不選，而《新制國文教本》卻選入了朱熹《大學章句序》、程頤《易傳序》之類能夠體現其學術思想的文章。清朝考據家之文，曾國藩不涉及，林紓、吳曾祺在國文教科書中予以痛斥，《新制國文教本》卻選入了戴震《與方希原書》這樣能體現考據家「論文主旨」〔註88〕的文章。謝蒙選這篇文章，說明其國文教科書選文已經擺脫清代文壇的派系之爭。謝蒙還選入其他兩類文章：一是介紹輿地方志之文，如何景明《武功縣志序》、呂溫《地質圖序》；一是探討哲學命題之文，像劉禹錫《天論》、劉峻《辨命論》、李康《運命論》。前者爲桐城一系選家所不及，後者僅曾國藩選入少量幾篇。

此外，民初中學國文教科書大都選錄古詩。清代古文選本，絕大多數不及詩歌，僅梅曾亮《古文詞略》例外。《古文詞略》全書 24 卷，後 4 卷爲詩歌，「取王漁陽《古詩選》爲鵠而汰其大半，於李杜韓之五古，則增入之」。〔註89〕《古文詞略》這一創例不獲時人認可。在《古文詞略》的多種翻刻本中，多略去後 4 卷。光緒二十五年成都志古堂《古文詞略》刊本刪去後 4 卷的理由是：「梅本原有古詩四卷，蓋取漁洋本而增減之，亦約姚選古文之例也，然古詩佳本極多，

<hr />

〔註87〕 許國英：《編輯大意》，《共和國教科書國文讀本》（第一冊）。
〔註88〕 郭紹虞：《中國文學批評史（下）》。第 394 頁。
〔註89〕 梅曾亮：《凡例》，《古文詞略》，學部圖書局，1908 年。

漁洋之書亦不繁重，學者似宜目睹全豹，今暫從略」，實際上是為了保持古文選本的純潔性。林紓和吳曾祺的中學國文教科書，也不選古詩。民初 3 套新編中學國文教科書，除《新制國文教本》不選詩歌外，劉法曾、姚漢章、許國英都讓其教科書承擔講授古詩歌的功能。劉法曾、姚漢章在其教科書中「略擇著名之詩歌附焉，大率先近體而後古風，取其聲律和順，易學易解，其在三代以下六朝以前之古詩，有篇幅短而詞義淺，足以起學人之情趣者，又多錄於編，不拘成例，蓋亦由淺入深之意云耳。」〔註90〕許國英所編教科書「每冊列入數首，不拘時代派別，雖三代以來漢魏六朝之詩，但詞義淺顯，情韻並佳者，無不採錄，各次於文辭之後。」〔註91〕

　　民初 3 套新編中學國文教科書收入經部文、先秦諸子文、歷代詩歌及經史學家甚至理學家文，是否還祇是以文章本身的好壞為標準，以「作文之法」為主導內容？這通過編者們對經史子部文獻及古詩歌的評注處理上透露出部分消息來。

　　《中華中學國文教科書》選入詩歌是因為：「詩歌者，古人所以涵養性情，宣導血氣，不僅作文字美術品觀也」。〔註92〕觀其對所選詩歌的評價，「涵養性情」當特有所指。如評劉邦的《大風歌》為「尚武精神，悔過思想，言下躍然」，評杜甫前後《出塞》為「饒有尚武精神」，評《琅琊王歌辭》為「讀之增長愛國觀念」，評陸游《示兒》為「愛國思想，臨歿不懈，可敬可悲」。劉姚於其所選經部文章，大都有文末總評。如稱《論語‧先進篇》中曾點言志一段「是後人蘭亭集序之濫觴」，評《論語‧微子篇》中子路遇丈人一段「為桃花源藍本」，此兩處是考察文章源流。《穀梁傳‧鄭伯克段於鄢》後加評語為「層層書法，總用一甚字」，《左傳‧子產壞鄭館垣》被評為「通體以備字作主，文筆恢奇恣肆」，此兩處是揭示文章義法。考察文章源流和揭示文章義法都是古文評的方式，當為指導「作文之法」。此外的評點，更多是以「現代人」的眼光，「發現」古代中國，比附當下，點明其教育意義。評《左傳‧駒

〔註90〕劉法曾、姚漢章：《編輯大意》，《中華中學國文教科書》（第一冊）。

〔註91〕許國英：《編輯大意》，《共和國教科書國文讀本》（第一冊）。許國英本和劉姚本相比較，劉姚本選詩較多，平均每十篇選文後就有幾首詩歌，涵括各個時代，總共近 200 首，其中選《古詩十九首》15 首，選擇標準「依梅氏《古文詞略》」，可見梅曾亮《古文詞略》對劉法曾、姚漢章國文教科書的影響之大；許本選詩較少，四冊總共只有 20 多首。

〔註92〕劉法曾、姚漢章：《編輯大意》，《中華中學國文教科書》（第一冊）。

支不屈於晉》爲「理直詞婉，能賦詩言志，不圖春秋世外族文化之開通如此」，從《左傳・衛侯使寧俞來聘》中表現出的「古時中國使車一行，繁稱典禮，賓筵一設，備載歌詩」，讚歎其「開化之早」，這兩處是「發現」古代中國。在《周易・繫辭傳》後評：「莊子云：聖人師萬物，天下事不外能自得師耳，泰西發明家因蘋果墜地而悟吸力，因壺水沸騰而悟氣學，何嘗不由善師得來，大易此文開古今人知識不淺」，則多少有點比附西學的意味。〔註93〕蔡元培在《對於教育方針之意見》（1912 年 4 月）中，以軍國民主義、實利主義、公民道德、美育、世界觀爲五項革新的教育宗旨，並將其分配於各科教學，認爲「國語國文之形式，其依準文法者屬於實利，而依準美詞學者屬於美感。其內容則軍國民主義當占百分之十，實利主義當占其四十，德育當占其二十，美育當占其二十五，而世界觀則占其五」。〔註94〕9 月，教育部公佈教育宗旨，要求「注重道德教育，以實利教育，更以軍國民教育輔之，更以美感教育完成其道德」，〔註95〕不久後出版的《中華中學國文教科書》，在詩歌、經部文章後所下的「愛國」、「尚武」等評語，顯然是爲了附和教育總長的教育觀念。跟劉法曾、姚漢章相似，許國英以詩歌爲「古人所謂涵養性情」者，選詩目的在於「節宣堙鬱」。〔註96〕謝蒙明確聲稱：「文章有形式之美，有內容之美，形式之美在辭藻，內容之美在義理」，第四冊多選「內容之美在義理」一類的文章，對此的解釋是：「夫學者於是將進於成學，不可不明著述之大原，及古所以立言之道，澤之經子，參之史志，博觀於後來，則可以整其流變，知其所歸也，正朝夕者視北辰，決不嫌疑者視聖人，豈惟文焉，抑理義之府也」，〔註97〕所謂「著述之大原」，「古所以立言之道」，背後涉及整個中華文明史，當然不是「文」能包括的，更不用說「作文之法」了。〔註98〕

〔註93〕 劉法曾、姚漢章僅選四篇諸子文，從文末總評看，他們對諸子的理解並不到位。例如，對《馬蹄》、《說難》從文章寫作角度評點，評「堯讓天下於許由」一段爲「可以見古人不尸君位之義」，評《養生》爲「莊生蓋亦古之善衛生家」。這些評點都很普通，尤其是對《養生》的評點，有些牽強。

〔註94〕 蔡元培：《對於教育方針之意見》，舒新城《中國近代教育史資料（下）》，人民教育出版社，1981 年。第 1025 頁。

〔註95〕 《教育宗旨（元年九月初二日部令第二號）》，《教育部編纂處月刊》第 1 冊，1913 年 2 月。

〔註96〕 許國英：《編輯大意》，《共和國教科書國文讀本》（第一冊）。

〔註97〕 謝蒙：《新制國文教本》（第四冊）。

〔註98〕 但評注者朱寶瑜似乎沒有深入領會謝蒙的意思，其對諸文的評點，仍多從「古文義法」的角度切入。

其實，民初中學國文教科書的編者大都明確表示，他們設計的中學國文教科書內容並非僅爲「作文之法」。劉法曾、姚漢章在解釋他們收進經部文章之原因時說得明白，目的是爲「存國粹」。〔註99〕許國英在其《共和國教科書國文讀本》的《編輯大意》中強調授以「作文法理」後，筆鋒一轉，「且使略知本國古今文章軌範，以期共保國粹」。〔註100〕謝蒙的見解與此相似：「凡文章有形式之美，有內容之美，形式之美在辭藻，內容之美在義理」，「第四冊期極內容之大觀，庶符德智兼啓之方，以冀文質並茂之效」。謝蒙兼重「文」「質」，表明其選文也不以「作文之法」爲唯一目的，而他所謂的「極內容之大觀」，跟劉許等人的「存國粹」實質相同，都要通過中學國文教科書使學生接觸傳統文化典籍。「存國粹」正是民初中學國文教科書編者不分駢散，廣收經部文、先秦諸子文、歷代詩歌及經史學家甚至理學家文之原因所在，〔註101〕其所體現的當然既不是「曾選標準」，更不是「姚選標準」了。

　　上述 3 套中學國文教科書內容既有古文作法，也有保存國粹，體現了一定程度的折衷性。而劉宗向《中等學校國文讀本》較爲極端：專以「屬行明史」與「幽情思古」爲內容。

第三節　「屬行明史」、「幽情思古」與《中等學校國文讀本》

　　1914 年 12 月 28 日，《教育公報》第 7 冊公佈一則審查批詞，對於長沙宏文圖書社送審的四冊《中等學校國文讀本》極爲滿意，稱其「在近時所出各

〔註99〕劉法曾、姚漢章：《編輯例言》，《中華中學國文教科書》（第一冊）。

〔註100〕許國英：《編輯大意》，《共和國教科書國文讀本》（第一冊）。

〔註101〕其實民初中學國文教科書編者並非僅將「存國粹」的功能加在經部文、先秦諸子文與歷代詩歌上，也讓一些「古文」承擔思想教育的重任。如許國英在趙秉文的《手植檜刻像記》一文後評到：「按我國人公德心最薄，於保存古物，留餉後人等事，絕不注意。每遇兵燹任意摧殘，蕩然如洗，固由軍人性喜破壞，然實平素不講公德，有以致之。彼歐西地經百戰，而故宮遺址無不可尋，希臘殘碑，埃及金字塔，尚巍然動遊覽者之目，況我國崇拜之先師手澤所存，獨不能爲之保存耶？其他類此者甚夥，讀此文其或油然有感也」（《共和國教科書國文讀本評注》（第二冊））。劉法曾、姚漢章評皮日休《請孟子爲學科書》爲：「《孟子》一書，民貴君輕之談，良臣民賊之辨，深合於今日之共和政體、民國主義，而表章之功，實自龔美始，尚在宋儒以前，學者不可不曉」（《中華中學國文教科書》（第一冊））。

國文教科書中允推善本，應准作爲中等國文教科書」，給出若干建議後再次勉勵：「該書將來再版時能遵照改良，俾或善本，本部有厚望焉」。〔註102〕儘管後來公佈的審定教科圖書布告中，這套教科書並未上榜，但從批詞的語氣和篇幅上看，此爲審查人員最中意的一套中學國文教科書。長沙宏文圖書社地處偏遠，規模不大，在當時教科書出版商中不佔優勢，這套教科書能夠獲得教育部審查人員的青睞，必有其特別之處。

編者劉宗向在該書《敘例》中說：「僕前在大學時，已發此編之想，畢業以後，教授各校，始事采擇，積四五年，旨趣屢易，稿亦數更，今遂奮成之」，〔註103〕看來此書編輯過程並不順暢。據《湖南省志・人物志》介紹，「劉宗向，字寅先，號蠱園，寧鄉縣城人。1879 年（清光緒五年）生於小吏家庭。1904年入明德中學速成師範科。畢業後考入京師大學堂，1908 年畢業，得官內閣中書，後調學部」，辛亥革命後回鄉，「1913 年（民國 2 年）與黎錦熙、徐特立、楊昌濟、陳天倪等創辦宏文圖書編譯社，編印中小學教科書。」〔註104〕《中等學校國文讀本》當屬其編印的「中小學教科書」之一。

劉宗向在京師大學堂念書時，桐城派在該校正爲得勢。易祖洛爲劉宗向寫的傳記中稱：「先生肄業京師大學堂時，從桐城馬通伯先生受《毛詩》，在湖大講授《詩經》時，編有《毛詩學》講義兩巨冊，可見其學有師承。同時還從湘陰郭立山、桐城姚永樸、姚永概受古文義法，故先生擅長桐城派古文。」〔註105〕此處說法於事實多有不符，劉宗向的確在湖大講授過《毛詩》，但在京師大學堂卻未從馬通伯受《毛詩》。〔註106〕郭立山字復初，張舜徽認爲劉宗向回湘後，「復執贄於湘陰郭復初之門，從受三禮之學」。〔註107〕劉宗向本人則回憶說：郭立山「少泛治群經」，「門人劉宗向親炙愈二十年，嘗錄其所談朝章國故經訓爲數

〔註102〕《批長沙宏文圖書社中等學校國文讀本四冊，准作爲中等教科書，惟宜將標籤處照簽改正送部備核》，《教育公報》第 7 冊，1914 年 12 月 28 日。

〔註103〕劉宗向：《敘例》，《中等學校國文讀本》（第一冊），長沙宏文圖書出版社，1914年 4 月。筆者按：該書版權頁所署出版日期有誤，《敘例》寫於 1914 年 5 月，並冠於書前，該書初版應在 5 月之後。

〔註104〕湖南省地方志編纂委員會編：《湖南省志・人物志》，1995 年。

〔註105〕易祖洛：《劉宗向先生傳》，《劉宗向先生百廿誕辰紀念冊》，湖南大學長沙校友會，1999 年。第 217 頁。

〔註106〕劉宗向在一篇文章中說，「馬以古文名，宣統間曾在學部圖書局共事，見一二面，未意其治經之深也」（劉宗向，《評馬通伯毛詩學》，《劉宗向先生遺著選》，湖南大學長沙校友會，1992 年。第 11 頁）。

〔註107〕張舜徽：《劉宗向先生傳》，《劉宗向先生遺著選》。第 3 頁。

卷，語皆精微。」〔註108〕如此看來，張舜徽的敘述更切合實際。雖然沒有其他
證據可以說明劉宗向從桐城姚永樸、姚永概學古文，但劉宗向跟桐城古文確有
關係，其論學多偏坦方、姚，痛詆乾嘉諸老。在大中學任教時，也以桐城古文
教學生。弟子羅書慎回憶說：1930 年代初，劉宗向任教含光女中，教授國文，
課本自編，「選唐宋八大家及方、姚、震川之文」；〔註 109〕1936 年，劉宗向在
湖南大學中文系「授古文及習作」，「爲吾湘桐城派古文家，爲文簡嚴整潔，深
得方姚之髓」。〔註 110〕

　　羅書慎提到劉宗向 1930 年代授學生以桐城古文，在 1914 年編選的《中
等學校國文讀本》中，劉宗向是否跟林紓、吳曾祺一樣，偏向桐城古文呢？

　　《湖南省志·人物志》評價劉宗向說：「精研經史，探程朱理學之精微，
尤擅長桐城派古文」。如此看來，劉宗向對於有清一代爭執不休的三家學說兼
容並包。其實，《湖南省志·人物志》這段話對劉宗向的評價還不夠準確。在
給弟子的信裏，劉宗向如是講述中國學術思想：

> 乾嘉諸儒考訂名物訓詁，誠足補宋賢之疏漏，但宋賢於義理得鄒魯之
> 深，實成定論。而紀、戴諸人，橫欲擯宋賢於諸儒之外，深文巧詆，
> 無所不至。自此書出，宋學自衰。後來學者，且以躬行爲不足法，其
> 禍中於風俗人心國家民族。當時紀爲總纂，姚姬傳先生任分纂，深致
> 不平。書成，不復求仕，歸而講學。宋賢墜緒，賴以有千鈞一髮之延。
> 蓋西漢經學、政事、文章合，而躬行分。東京合之尚矣，而義理未邃，
> 躬行稍偏。至魏晉六朝、隋、唐，則經學、政事、文章、躬行四者皆
> 不相謀。宋賢經義益精，躬行益密，而未能施諸政事，文章則尤分途。
> 明以陽明氏之歧趨，經義微而其他亦隨。至方、姚出，力謀四者之合，
> 獨恨未能見諸政事，文章則尤分途。〔註111〕

收信者羅書慎評價其師爲「儒林宿老，研精經史，學尊鄒魯，文尚方姚，探
程朱理學之精微，歸諸躬行實踐」。〔註112〕顯然，對於劉宗向的評價，在「精
研經史，探程朱理學之精微，尤擅長桐城派古文」之後，還應加上「躬行實
踐」。在上引信函中，劉宗向將千年學術思想歸結到曾國藩，說他「既治方、

〔註108〕劉宗向：《郭立山傳》，《劉宗向先生遺著選》。第 29 頁。
〔註109〕羅書慎：《緬懷盅園老師》，《劉宗向先生百廿誕辰紀念冊》。
〔註110〕同上。
〔註111〕劉宗向：《與羅生書慎書·四》，《劉宗向先生遺著選》。第 16 頁。
〔註112〕羅書慎：《緬懷盅園老師》。

姚之文術，亦涉乾嘉之藩籬，而躬行一以程、朱為的。值異教之倡狂，倡率友生，用理學於事功，衛孔孟之名教。千年之間，一人而已。」看來，以曾國藩為榜樣，劉宗向試圖將乾嘉考據、桐城古文、程朱理學結合起來，而一歸於躬行實踐。突破門戶派別之見，將傳統文化資源整合為一，實際上體現了清末以來，在國勢日蹙的形勢下，士大夫深深的危急感及希圖救亡的努力。這從《中等學校國文讀本》裏也表現了出來。

《中等學校國文讀本》共 4 冊，1914 年 4 至 7 月出版。分甲乙二集：甲集三卷，合為第一冊；後三冊由乙集十二卷，別錄二卷組成。〔註113〕劉宗向將「古文」選在第二、三冊。第二冊為乙集一至三卷，另附詩詞一卷，第三冊為乙集四至六卷，另附古體詩一卷。

乙集一卷選清文 31 篇，屬桐城一系的僅 8 篇。〔註114〕另選阮元、汪中、李兆洛、孫星衍、章學誠、張惠言之文共 12 篇。阮元等人，除張惠言後來習古文外，多為經史學者，並大多推崇駢文。該卷前 8 篇，除梅曾亮《書棚民事》為古文家所熟悉外，餘下各篇或討論農事，或討論工藝，或討論習俗。〔註115〕目的在經世致用，而非文章義法。同樣，卷二選宋元明文 15 篇，歐陽曾王三蘇文僅 4 篇。值得注意的是，該卷選入了戴侗《六書故序》、顧炎武《方音》、《與葉訒書》，〔註116〕此三篇屬學者之文；此外尚選有王徵《遠西奇器圖說錄最序》，《遠西奇器圖說錄最》為晚明時期介紹西方自然科學的重要著作，其序文並不以文見長，此文不僅歷代古文選本所不及，就是同時期的國文教科書也未有選入者。卷三選唐文，除陸贄等人的 4 篇文章外，其餘都為韓柳文。四五六卷選兩漢三國魏晉南北朝文，多選賈晁馬班之文，不及辭賦，大體跟《古文辭類纂》標準相似，但其選入的王充《論衡》兩篇，劉徽《九章算術注序》，裴秀《禹貢九州地域圖序》，則決不會入桐城古文選家法眼。

〔註113〕從《教育公報》批語「乙集詳釋應從速編纂」（《批長沙宏文圖書社中等學校國文讀本四冊，准作為中等教科書，惟宜將標簽處照簽改正送部備核》）來看，甲集有配套的詳釋本且已送審，黎錦熙見過詳釋本，稱其「注重名物訓詁，參考頗廣；惜僅成二卷，屬讀本第一冊」（黎錦熙《三十年來中等學校國文選本書目提要》），但《民國時期總書目‧中小學教材》未提詳釋本，筆者也未找到，詳釋本大概未能保存下來。

〔註114〕方苞 2 篇，戴名世、姚鼐、梅曾亮、吳敏樹、曾國藩、吳汝倫各 1 篇。

〔註115〕其他 7 篇分別為：唐甄《教蠶》、孫宅揆《區田說》、張海珊《說糞》、袁日修《陶說序》、夏之蓉《昏說》、韋協夢《儉說》、沈欽韓《族譜論》。

〔註116〕劉宗向將顧炎武歸入明代，比較特別。

由此可見，劉宗向完全突破古文藩籬：一方面不排斥桐城古文，另一方面則大量選入學術文章及有關民生日用之文。劉宗向特別注重「學」對於「文」的重要性，他說：「班氏有言，古之學者，博學乎六藝之文。六藝者，王教之典籍，先聖所以明天道、正人倫、致至治之成法也；又曰，祿利之路然也。學興於斯，文興於斯」，〔註117〕故多選討論農事工藝之作及學術文章。雖《中等學校國文讀本》也選唐宋八大家之作，但於三蘇父子，僅選蘇軾《志林・魯隱公》一篇。三蘇父子經論史論策論，爲歷代古文選家所青睞，但因其所論跟歷史事實多有不符，歷來就有不少指責。劉宗向基本不選三蘇父子之文，出於如下考慮：「自漢以還，群流持論，條理日疏，說多疑似，勿可董理，極於三蘇父子，號爲馳騁曲折，窮究筆勢，而賊眞彌盛，流波風扇，被於人人，偶爾吐詞，盡乖軌則，漸及後生，雖入科學，猶難治療。」其實不僅三蘇父子，就是後世經論史論，劉宗向也很少選取，「誠欲掃蔽景之翳，樹立誠之鵠，則後世論文，不得率取。」〔註118〕就是甲卷的十多篇顧炎武、王夫之的史論，劉宗向也特意聲明這些文章不能作爲作文範文，奉勸教師「勿輕以論題課士」。不取三蘇父子之作，其實跟多取學術文與經世之作一樣，是爲了強調「學」對於「文」的重要性，「文與學術相表裏：南北末葉，歐蘇流派，由學敝也；周秦以上，文質相宣，學之盛也。六藝九流，國之菁英，雖非遠志之士，要當略有誦習。」〔註119〕劉宗向強調「六藝」爲「學」之基，爲「文」之基，但重點強調的是「六藝」與「學」，於「文」很少著力。

《中等學校國文讀本》甲集第三卷題爲「古代文」，126 篇，全選先秦兩漢魏晉文獻。從《檀弓》、三傳、《詩經》等始，荀韓莊列、《國語》、《國策》、《新序》、《說苑》甚至佛經，都有涉獵。《檀弓》中的幾篇文章，側重喪禮；於荀韓莊列等子部文獻，則選寓言故事；其他選文，卻看不出一貫的線索。劉宗向對此解釋爲：

> 中學次初年，科目較簡，幸足尙力治文，急宜傳以古澤。惟繁複之篇，在所避忌。本書甲集三卷，博取經傳語策，諸子百家，上自隆古，下逮魏晉，皆記述短篇。既興趣濃深，領解甚易，又於古代群籍，有嘗鼎一臠之樂。不及隋唐者，謂已粗足也。夫校生天質，利

〔註117〕劉宗向：《敘例》，《中等學校國文讀本》（第一冊）。
〔註118〕同上。
〔註119〕同上。

> 鈍不齊，椎魯之士，苟能蟫守是集，字嫻句熟，雖勿暇他求，爲文
> 必有意理。若生而俊朗者，其本既立矣，又於古有澤矣，進與言文，
> 爲道大順，繼以乙集，期致力焉。〔註120〕

看來此卷目的，是對「古代群籍」「嘗鼎一臠」。其實不僅甲集第三卷涉獵「古代群籍」，第四冊的目的也是如此。第四冊包括乙集七至十二卷：乙集七選「尚書左傳國語國策之文，都十首」；乙集八選「周易、爾雅、公羊、穀梁、周禮、禮記之文，都二十二首」；乙集九選「晚周諸子之文，都一十四首」；乙集十選「秦文」五篇，出自《呂氏春秋》及李斯之手；乙集十一選「詩經楚辭之文，都 十首」；乙集十二爲「古代文附錄」四篇，選彭祖《攝生養性論》及佛經三篇。第四冊實際上是甲集第三卷的擴充，主要是對經、子二部古文獻「嘗鼎一臠」。雖也以「文」爲最終目的，但祇是「生而俊朗者」才能「進與言文」，對於一般學生，「蟫守是集」就足夠了。將學「文」的學生限定爲「生而俊朗者」，並推向乙卷，但正如前面所分析的，「文」在乙卷的位置並不突出。所以劉宗向實際取消了「文」在中學國文教科書中的核心位置，當然不以具體的「作文之法」爲目的。

乙集十二卷與甲集第三卷之文，部分也爲其他中學國文教科書所及，但該教科書開首的甲集前兩卷，卻體現劉宗向選文的獨到之處，爲其他教科書所不及。對於甲集前兩卷的編輯目的，劉宗向在《敘例》中說：

> 甲集之文，一歲而畢，其前後二卷爲近代文，專重屬行明史，立文
> 之本也。夫文人無行，古昔所訾，矧於今人，皮傅西語，僞說滋繁，
> 縱欲敗度，見謂賢哲，無與過流，奚文之尚？至於史者，國之金湯，
> 國人明史，則亡滅之難，雖亡，有復機。已族之屢興，希臘之復國，
> 遠近有徵矣。四鄰交侵，顚覆在睫，自迷本源，奚以待後，先是二
> 端，凡以矯俗矣。古人載道之訓，或疑修身歷史，各已成科，不悟
> 寓之於文，重以浸潤，則奏效倍焉矣。

「文人無行」，這是劉宗向一直強調的。對於文名滿天下的林紓，劉宗向就頗有微詞。1919 年劉宗向有如下一則筆記：「與衍相標榜者有林紓，文至劣，劉先生延琛繼任大學監督，林初見，拍案歎曰：『余久欲辭去，今公至，又不能恝然矣。』聞者疑爲素交，實則本無一面也。名士卑鄙，大都如此」。〔註121〕說林

〔註120〕同上。
〔註121〕劉宗向：《陳衍與林紓》，《劉宗向先生遺著選》。第 45 頁。

紓「文至劣」，但並無實證，筆鋒一轉，重點談行。在劉宗向看來，「文至劣」
緣於行「卑鄙」，「文」以「躬行實踐」爲基礎，「躬行實踐」首在「厲行明史」。
《中等學校國文讀本》甲集第一卷僅選文8篇，第一篇爲顧炎武的《獎廉恥》，
中間幾篇談孝悌，最後一篇是王安石的《傷仲永》，意在勸學。第二卷題爲「近
代文」，共109篇，從鄭樵《通志·三皇紀》中的《黃帝開國》到魏源《國初東
南靖海紀》，實際將中國歷史演繹一遍。選文大都來自《通志》、《資治通鑒》、《續
資治通鑒》、《通鑒綱目》、《通鑒輯覽》等史書中某一段落。內容側重三方面：
一是跟周邊國家和民族的交往，像選自《通鑒·漢紀》中的《使劉敬和親匈奴》、
《武帝遣張騫使月氏》，《新唐書·西域列傳》中的《波斯》，《新唐書·東夷列
傳》中的《日本》；二是歷代風俗信仰的變遷，像《通鑒·漢紀》的《論東漢教
化風俗》，《通鑒·宋紀》的《論魏主崇信道教》；三是易代之際的史事，像《通
鑒·漢紀》的《王莽篡漢》，《續資治通鑒·元紀》中的《殺文天祥》，《明史·
紀事本末·甲申之變》中的《思宗殉國》。此外還選有學者的史論或文人感歡興
亡之詩詞，〔註122〕其中顧炎武、王夫之的史論佔了大半，文人詩詞中又以清初
文人感歡明亡之作爲多。綜上所述，此兩卷的內容，在於教導學生懂廉恥，知
孝悌，尤其是通過學習中國歷史來培養學生的民族情感。

　　無論是重視「厲行明史」，是要求於「古代群籍」「嘗鼎一臠」，還是強調
「文與學術相表裏」，《中等學校國文讀本》都不以教授具體的「作文之法」
爲目標。其實，在當時的劉宗向看來，比起具體的「作文之法」，中學國文還
有更重要的任務需要承擔：

> 顧自清末淺夫濫竽校職，以文爲病，倡率成風。講授之師，知主者
> 視爲具文，憚於陳策奮力，不及十祀，遂使悠悠後生，展卷茫然，
> 因而弁髦國俗，鄙夷宗祖，自惡其族。畢業以後，既困及資生，又
> 大爲國蠹，間有長年美質，粗能援筆，或又迷於俗尚。將欲使幽情
> 思古，科學之餘，博治國故，發爲閎著，如何可期。〔註123〕

顯然，在劉宗向看來，「弁髦國俗，鄙夷宗祖，自惡其族」，才是中學國文所
要直面的問題。「幽情思古」、「發爲閎著」才是中學國文教學的最終目的。從

〔註122〕蔡世遠《古文雅正》對於選得多的作家，選文之後會附上史書中該作家的傳
　　　　記，像卷一在漢文帝5篇詔書後附上《前漢書》中的《文帝紀贊》，方便讀者
　　　　知人論世。劉宗向《中等學校國文讀本》反其意而行之。
〔註123〕劉宗向：《敘例》，《中等學校國文讀本》（第一冊）。

《敘例》來看，劉宗向有「亡國」的巨大憂慮，而他覺得能夠抵抗這種危險的：是「屬行明史」「幽情思古」、「躬行實踐」，是對於傳統思想學術源流、對於「六藝」都有所瞭解。於這些有所得後，才談得上「文」。將「文」推向將來再解決，實際上否定了「文」作為中學國文的核心教學任務。

於中學國文教科書中基本不考慮「作文之法」，雖有些極端，但能獲得某些教育部審查員的高度認同，說明這並非劉宗向一己之見。實事上，劉宗向的好友楊昌濟游學歐洲歸國後，於 1913 年在劉宗向參與編輯的《湖南教育》上撰文談教育感想，〔註 124〕主張「由明智經術之士，取經說之極精要者，編入國文教科書及修身教科書中」。他認為國文教學的目的之一在於使學生「深於本國之文學」，「深於本國之文學，則知本國固有之文明，起自尊之心，強愛國之念，且對於國內之風俗習慣，均能知其起源，悉其意義，對於祖國既不至發生厭薄之感情，對於國俗亦不至主張激急之變革，此真國家存立之基礎，不可不善為培養者也。」〔註 125〕這跟劉宗向一年之後編輯國文教科書時面對「弁髦國俗，鄙夷宗祖，自惡其族」的現象提出「屬行明史」「幽情思古」的國文教學目的非常接近。當時《湖南教育》的部分撰稿人對於「共和」後的國內亂象非常不滿，署名虛白的撰稿人說：「全國一團私欲，彌漫神州，心已陷溺，性已桎梏，吾國數千年涵養之忠孝廉節敦廉知恥諸美德，一旦盡被無法律之自由所蹂躪破壞，而靡有孑遺，上無道揆，下無法守，循是以往，不知所屆。」〔註 126〕這正是劉宗向於中學國文教科書中首選顧炎武《獎廉恥》的原因。

於中學國文中「屬行明史」、「幽情思古」，不管「作文之法」，體現了新式學堂中傳統知識逐漸淡化後部分人士的焦慮。這在民初其實代表了相當一部分人的看法，不僅劉宗向等民間人士有此態度，連教育部的部分官員也有相似觀點。

第四節　民初教育部對中學國文教科書的審定

民國成立後，在教科書政策上延續清末的審定制。教育部下設審查處，

〔註 124〕筆者所見《湖南教育》沒有版權頁。《湖南省志・人物志》稱劉宗向辛亥革命後回鄉，「兼任《湖南教育》編輯」。
〔註 125〕楊昌濟：《余歸國後對於教育之所感》，《湖南教育》第 2 年第 17 期，1913 年。
〔註 126〕虛白：《教育方針之疑問》，《湖南教育》第 2 年第 17 期。

所掌事務包括「審查教科圖書」。〔註127〕1912 年 5 月 10 日，教育部通知各書局將所出中小學教科書送部審查。5 月 25 日，頒佈《審定教科圖書暫行章程》十條。9 月 13 日，發佈《審定教科圖書規程》，要求「各省組織圖書審查會就教育部審定圖書內擇定適宜之本通告各校採用」。〔註128〕1913 年 2 月 15 日，布告教育部第一次第二次審定教科用書。政府正式開始審查中小學教科書。由於 1912 年 12 月 2 日公佈的《中學校令施行規則》規定，「中學校教科用圖書由各省圖書審查會選定之」。最初一年多教育部沒有審定中學國文教科書，直到 1914 年初，「教育部修正教科書審查規程，令停止各省審查教科圖書。並通令各書局以前審定之教科書，限三個月內送部覆審」。〔註129〕1914 年 6月，《教育公報》創刊，才陸續刊出對中學國文教科書的審查意見。對於上述三類教科書，教育部如何看待呢？

　　有論者認為民國政府審查教科書依據「正式頒佈的中小學各科課程標準」，〔註130〕這個判斷大體正確。但民初對於中學課程設置和各科課程標準的製定在 1912～1913 年間就已完成。1914 年 5 月，湯化龍就任教育總長，對《中學校令施行規則》等正式文件中有關中學的課程設置和各科課程標準的規定，尤其是傳統文化知識的教學在中小學的銳減，意見較大。他企圖通過調整國文與修身課程，增加傳統文化知識的教學。1914 年 5 月，湯化龍上書袁世凱，要求「中小學修身國文教科書、採取經訓以孔子之言為旨歸」，6 月 24日，袁世凱批准，並飭各學校各書坊照辦。〔註131〕12 月 11 日，《教育部整理教育方案草案》公佈，認為「聖賢微言大義，散見群經，經數千年之碩學名儒討論，蔚然成為國學；發揮光大，後起之責，又未便廢棄弗講，貽譏忘祖。」要求「中小各學校修身國文教科書，採取經訓，以保存故有之道德」。12 月30 日，教育部呈文中稱：「查教科書採取經訓，本部迭經通飭，近來審查書籍亦以此為權衡，現又擬定教科書編纂綱要及各科教授要目以示施教編書之準，而於忠孝節義合群愛國諸大端深為注重，惟此項綱要要目未經公佈以前，

〔註127〕《教育部分科規程》，《教育部編纂處月刊》第 6 冊，1913 年 7 月。

〔註128〕《審定教科圖書規程》，《教育部編纂處月刊》第 6 冊。

〔註129〕《第一次中國教育年鑑·教科書之發刊概況》，開明書店，1934 年。

〔註130〕顧黃初、李杏保：《中國現代語文教育史》，四川教育出版社，1991 年。第 135頁。

〔註131〕《上大總統中小學修身國文教科書採取經訓以孔子之言為旨歸併批》、《飭各學校各書坊中小學修身國文教科書採取經訓以孔子之言為旨歸文》，《(民國)教育部文牘政令彙編》，全國圖書館文獻縮微複製中心，2004 年。

尚恐坊間編書之人於此條辦法或未周知，擬再通示全國，嗣後修身國文歷史各書尤加意於茲，以資誦習」。〔註132〕1915年2月，袁世凱署名發表的《特定教育綱要》規定中學國文教科書：一，「宜將宋明學案選擇，編為課目，以明道統之源流」；二，「應將誠心愛國盡責任重閱歷之積極行為，與勿破壞、勿躁進、勿貪爭之消極行為，編入德目，重量教授」；三，「應讀《國語》、《國策》，並選讀《尚書》，以期養成政治知識」。〔註133〕這些都體現了湯化龍等人通過調整國文等課程增加傳統文化知識教學的企圖。

為了確保上述方案得到落實，教育部採取了一些措施：「設教科書編纂處，任熊崇熙、毛邦偉為正副主任，選派顧樹森，黎錦熙等十人為編纂員，由政府撥款二萬元為開辦費，每月經費三千元，從事訂定教科書編纂綱要（此編纂處至民五無形消滅）。又設教科書編纂綱要審查會暨教授要目編纂會，任陳清震為綱要審查會會長，選任許壽裳、陳問咸為教授要目編纂會正副主任，選派高步瀛、沈尹默、馬裕藻、張邦華、陳衡恪、錢家治、王桐齡、毛邦偉等百餘人任各科審查及編纂事宜。」〔註134〕其中教科書編纂綱要審查會「以審查教科書編纂綱要之適法與否為本旨」，〔註135〕教授要目編纂會「編纂各項教授要目，以資編訂教科書者之參考，並示學校以示教之正鵠」。〔註136〕

這兩個機構中任修身國文科審查及編纂事宜的為白振明、畢惠康、覃壽堃、劉庚藻、高步瀛、羅惇曧、沈尹默、夏錫祺、俞明謙、馬裕藻、鄭朝熙、王樹屏、蘇德廣、趙廣海、趙家英、趙贊元。〔註137〕查教育部1914年6月職員錄，編審員為羅惇曧、周慶修、熊崇熙、劉庚藻、陳衡恪。兩份名錄的比較可見教育部為重新製定修身國文的教學方案配備了較強陣容。新加進的人員中，高步瀛為桐城派古文大家吳汝倫弟子，任教育部僉事；王樹屏也在教育部供職；畢惠康為湯化龍的浠水老鄉，清末留學日本宏文書院理化專科，民初曾任進步黨機關報《天民報》編輯，隨湯化龍進教育部任僉事；劉庚藻清末與湯化龍共事湖北諮議局，武昌起義後曾任湖北教育局長；夏錫祺時任

〔註132〕《呈遵擬提倡忠孝節義試行辦法候鑒核文並批令（三年呈九十七號）》，《(民國)教育部文牘政令彙編》。
〔註133〕舒新城：《中國近代教育史史料（上）》。第257頁。
〔註134〕《第一次中國教育年鑒‧教科書之發刊概況》。
〔註135〕《本部行政紀要》，《教育公報》第3年第7期，1916年7月。
〔註136〕《本部行政紀要》。
〔註137〕《飭知選任教科書編纂綱要審查會會長，教授要目編纂會主任各員等定期開會文（三年飭第五十號）》，《(民國)教育部文牘政令彙編》。

北大文科學長；沈尹默、馬裕藻爲北大教授，跟教授要目編纂會會長許壽裳同爲太炎弟子；覃壽堃做過清末香山知縣。教育部要求他們定期開會，但上述文學觀念、教育觀念相差很大的人員能否聚在一起，開會能否達成統一意見，這是很值得懷疑的。但隨後兩個機構還是拿出了方案。

　　1914 年 8 月 28 日，編纂綱要審查會提出國文科應採取的方針：「整理思想以有條不紊精緻綿密爲貴，重敘事文，勿蹈架空堆垛之病。普通文字辭達而已，故字數不必求多祇適於用。」〔註138〕體現了他們對培養學生寫作能力的重視。1915 年 6 月，兩個機構草擬的《中學國文教授綱要草案》認爲：「文章分記敘（敘記、典志、傳記皆屬之），論議（論說、序跋、書牘、奏議皆屬之），詞賦（詩賦、頌贊、哀誄、箴銘皆屬之），三類選授」，規定每類選文的具體標準：「記敘之文當採詳實分明者」、「議論書牘文須取其平實曉暢合於說理者，純逞虛鋒故作聲勢不綜情實者不宜入選」、「詞賦詩歌宜選雅而不豔詞而不俚者」，並要求「講解之要在於甄明訓詁暢釋章句，而篇法句法亦當隨時指示，俾學者略知作文之用心。」〔註139〕從教科書編纂綱要審查會和教授要目編纂會所提出的國文教育方針和製定的《中學國文教授綱要草案》來看，除「《左氏傳》、《小戴記》、《國語》、《國策》皆當選讀，史部之《資治通鑑》亦可採取」爲採納湯化龍等人的意見外，兩會對於中學國文教學的意見跟《中學校令施行規則》和《中學校課程標準》的規定更爲接近，〔註140〕也就是說，對於湯化龍等人在中學國文中「採取經訓，以保存故有之道德」、「宜將宋明學案選擇，編爲課目，以明道統之源流」等指示，教育部內部就有不同意見。這在湯化龍離職後表現得更爲明顯。〔註141〕

〔註138〕《飭教科書編纂綱要審查會提出修身國文教育樂歌等科應採用方針文（三年飭第一百五十八號）》，《（民國）教育部文牘政令彙編》。
〔註139〕《中學國文教授綱要草案》，《教育公報》第 2 年第 1 期，1915 年 6 月。
〔註140〕對於《中學校令施行規則》和《中學校課程標準》的規定，《中學國文教授綱要草案》也有異議，比如「部定中學課程標準原有文學史一門以方議修改，故刪去不列」。
〔註141〕這在 1916 年教育部對一份咨文的意見中表現出來：湖北省立第三師範國文教授研究會向教育部遞呈簡章，內中有「國文範圍鴻博無涯，欲求高深，事在專門，現時教授僅以明正通達，文字俾曉然於事理而止」、「教授者不以炫博矜奇爲事，習者亦不以鉤章棘句爲工，務令切於實用，詳於理解，誘抜學者之智力以爲研究科學之一助」、「國文功用，端在發表意志」等語，表達了對提高寫作技能的重視，教育部對此的批語是「尚屬妥適」，表示讚賞。（《咨湖北巡按使省立第三師範國文教授研究會簡章尚屬妥適應照准文》，《（民國）教

　　自民國成立至新文化運動期間，教育部對中學國文教科書的審查集中在1914年6月至1916年。而此時教育部內部對於中學國文的內容，究竟以授以「作文之法」為重，還是以保存國粹為重，看法並不統一。教科書編纂綱要審查會和教授要目編纂會重在授以「作文之法」，袁世凱湯化龍等人卻重在保存國粹。而在送審的中學國文教科書中，審查員對劉宗向《中等學校國文讀本》這套不重「作文之法」的教科書評價最高，認為修訂後可成「善本」，但後來公佈的審定本名單中卻不見這套教科書。落選的原因已不清楚。如果考慮到教育部內部對於國文內容意見不統一，則最大的可能是批詞代表了部分人的意見，而在後來的集體討論中被否決了。

　　可能為了協調不同意見，內容比較單一的教科書都沒有被審定。教育部只能在兼顧「作文之法」與保存國粹的劉法曾、姚漢章《中華中學國文教科書》、許國英《共和國教科書國文讀本》、謝蒙《新制國文教本》這3套中學國文教科書中選擇。

　　在劉法曾、許國英、謝蒙的等人所編3套中學國文教科書中，最終被審定的只有許國英、謝蒙所編教科書，劉法曾、姚漢章《中華中學國文教科書》不予審定的批詞現已查找不到，其原因可能來自教育部審查中學國文教科書所設置的另一標準。

　　自清末興學以來，政府與民間對於各科教學內容的深淺程度及教學秩序都相當重視。民國成立後，在課程設置中廢止中小學讀經，其中很重要的一個原因就是民間呼籲「經書陳義過高」，[註142] 不適合學生接受能力。對於中學國文一科，民初教育主管部門就教學深淺秩序也有詳細規定。1912年7、8月召開的全國臨時教育會議在《中學校教科程度及其支配標準》中，要求國文第一學年「講讀近世文以清文明文為主」，第二學年「講讀近世文以元文金文為主」，第三學年「講讀中世文以唐文漢魏六朝名家文為主」，第四學年「講讀中世及上世文以周秦諸子四書五經為主」。[註143] 在同年12月公佈的《中學校令施行規則》中，將這些要求簡化為「首宜授以近世文，漸及於近古文」。1914年5月湯化龍就任教育總長後，開始調整課程內容，但仍注意教學深淺

育部文牘政令彙編》。）
〔註142〕莊俞：《論學部之改良小學章程》，《教育雜誌》第3卷第2期，1911年2月10日。
〔註143〕《中學校教科程度及其支配標準》，《教育雜誌》第3卷臨時增刊，1912年9月。

秩序問題。1914 年 8 月，教科書編纂綱要審查會提出國文教學：「各學年相銜接處要當循序漸進，不可前一二年一律用淺，後三四年驟然用深，尤不可於同一學年中有深淺錯綜之弊」。〔註144〕1914 年 12 月公佈的《教育部整理教育方案草案》中稱，「經籍浩穰，兒童腦力有限，與其全經課讀，不若擇要徵引，循序指導，淺深各有所得」。就都體現了對教學深淺秩序的注意。可見，教育部內部雖然在中學國文內容上意見不一，但在要求中學國文教學深淺適度，科學有序上是一致的。〔註145〕

　　由於各方面都強調中學國文教學深淺適度、科學有序，所以教育部對中學國文教科書的審查比較側重於這一方面，其具體標準有三。

　　首先是《中學校令施行規則》規定的「首宜授以近世文，漸及於近古文」。這是硬尺度，教育部把關很嚴。吳德元《中等學校國文教科書》（一至八冊）〔註146〕兩次送教育部審查，1914 年 11 月 30 日公佈的第一次審查批詞稱，該書「開端編錄即係古文，與本部中學校令所稱國文首宜授以近世文漸及於近古文者不合」，〔註147〕不予審定。將近一年後，吳德元將該書修正後送審，教育部於 1915 年 11 月 2 日公佈的第二次審查批詞稱該書「較前已汰其繁冗，但古今雜錯，與本部中學校令所稱『國文首宜授以近世文漸及於近古文』者仍不相符，本部既著爲令，凡教科書自應一律遵守，此書礙難審定」。〔註148〕

　　從這條硬尺度可以明白《中華中學國文教科書》一直沒有出現在審定教科書名單中的原因。這套教科書出版在《中學校令施行規則》公佈之前，劉法曾、姚漢章有意革新編撰體例：「古文之選本，存者又多不適教科之用。其有編爲教科書者，或分朝而由後溯前，或分體而各從其類。分體者意取連類，

〔註144〕《飭教科書編纂綱要審查會提出修身國文教育樂歌等科應採用方針文（三年　　　　飭第一百五十八號）》，《(民國)教育部文牘政令彙編》。
〔註145〕但值得注意的是，教育部內部對深淺適度，科學有序的理解存在分歧，主流　　　　的看法是教學順序「首宜授以近世文，漸及於近古文」，但教科書編纂綱要審　　　　查會與教授要目編纂會草擬的《中學國文教授綱要草案》卻部分文章爲「記敍」、　　　　「論議」、「辭賦」三類，要求「三類選授，不拘時代」，所謂「不拘時代」，　　　　實際上是對「近世文」「漸及於近古文」的撥正，祇是這一看法沒有影響審查　　　　決定。
〔註146〕該書現已查找不到，似未出版。
〔註147〕《批吳德元中學國文教科書一至八冊詳加改正後再送覆審》，《教育公報》第　　　　6 冊，1914 年 11 月。
〔註148〕《批吳德元中學國文教科書八冊講義一冊與中學校令所稱國文教授之次序不　　　　符，礙難審定》，《教育公報》第 2 年第 9 冊，1915 年 12 月。

藉便參觀，然同一文體，而意蘊之精粗異，文詞之深淺殊，其中固萬難統一也。分朝者意在沿流溯源，用資進步，然秦漢以前，不少簡單之作，宋明而後，亦多繁富之篇，強事區分，仍無當耳。今特斟酌深淺，編纂本書，供中學校四年之用。」〔註149〕這套教科書每冊都從先秦始，直選到清代，跟吳德元的教材一樣，「開端編錄即係古文」，與《中學校令施行規則》的要求不合。《中學校令施行規則》公佈後出版的中學國文教科書，大都申明選文順序由近及古。1913 年 1 月 30 日，商務印書館編譯所在重訂出版的林紓《中學國文讀本》的《凡例》中寫到，「本書次序，自清代上溯元明，而宋而唐而六朝以至於秦漢三國，由近及遠，由淺及深，循序漸進」。〔註150〕不久後出版的《共和國教科書國文讀本》雖申明「茲編特創新例，斟酌分量，既不泥於時代之陞降，亦不囿於門類之分別，雖同為選錄名家之文，而要以中學教科適用為準則」，〔註151〕試圖打破按文體分類或按時代陞降編選的慣例，獨創一格。事實上也是如此，該書第一冊有唐文，第二冊有清文，並不嚴格按照「首宜授以近世文漸及於近古文」的要求。但基本遵照《中學校令施行規則》，第一冊絕不選秦漢三國文，第四冊也絕不選宋元明清文，而且該書《編輯大意》特地聲明，「不背於部定法程，由近世文以進於近古及遠古」。《新制國文教本》與《共和國教科書國文讀本》相似，不嚴格按照時代劃分，但其《編輯大意》開首即說：「部定中學國文教旨，宜先授以近世文，漸及於近古文，茲選分為四冊，第一冊錄近世至宋之文，第二冊錄近世至唐之文，第三冊錄近世至漢之文，第四冊錄宋唐至三代之文，皆由後世漸及於古，期與部令相符，亦使學者收循序漸進之益」，強調在文章編次上「與部令相符」。而中華書局為該書所作的廣告，突出的也正是該書的編排方式與部定標準相合。〔註152〕劉宗向《中等學校國文讀本》編次最為獨特，但他卻在《敘例》中說：「茲以部令

〔註149〕劉法曾、姚漢章：《編輯例言》，《中華中學國文教科書》（第一冊），中華書局，1912 年 8 月。

〔註150〕林紓編，許國英重訂《中學國文讀本》（第一冊），商務印書館，1915 年 11 月訂正 11 版。

〔註151〕許國英：《編輯大意》，《共和國教科書國文讀本評注》（第一冊），商務印書館，1914 年 2 月。

〔註152〕《新制國文教本》（第二冊，1914 年 8 月）書後廣告稱：「第一冊選近世至宋之文，第二冊近世至唐，第三冊近世至漢，第四冊進至三代，與部定中國文學，先後吻合，所選之文，由淺及深，每編各以體制分類，極便誦習，而所選之文，下至近人，上至經傳，無不精彩博收，應有盡有。」

所在，不容大悖，乃姑目宋以下為近代，以往為古代，標之首冊，取合時習。」可見，為了通過審查，大多數中學國文教科書都按規定秩序編排。

其次，注意中學國文教科書的容量是否符合學生的接受能力。只要清楚教育部不取吳德元教科書的理由之一是「取材太繁，選文篇幅太多，究非中學學生所宜」，〔註153〕當能明白吳曾祺《中學國文教科書》重訂本沒有被審定的部分原因，吳曾祺的重訂本每冊150多篇，篇幅太多，每周四五學時的課時量根本學不完。民初絕大多數中學國文教科書編者充分考慮到了學生的接受能力。許國英稱：「查部定中學校課程標準時間，國文為每周七時（一二年）及五時（三四年），除作文、習字、文法、文學史等子目外，講讀係每周三時及二時，計一二年每學年得百二十小時，三四年每學年得八十小時，故是編每冊分量，定為三萬言左右，則一二年每小時講授二百數十言，三四年程度較高，可遞加至三百數十言，其有多餘時間，即歸誦讀（誦讀不可不實行，於作文進步，甚有關係），約三時，間必酌留一時間，專供誦讀之用。」〔註154〕教育部稱讚其「容納之分量，尤見斟酌」。〔註155〕劉宗向《中等學校國文讀本》內容雖多，但他列有《各學年時數與讀本講義支配概說》，對教科書的支配也精確到小時。例如他對第一冊的支配方案為：「學校初學年國文，每周七時，除習字一時，作文一時（一時作文太短，可於每周法定時數外加一時，為每周二時），又除考驗一時，僅餘四時，全年約四十周，共得講授時間一百六十小時，茲定以八小時授甲集近代文，凡八首，以八十小時授甲集近代文，凡一百零九首，又以七十二小時授甲集古代文一百二十六首，共文二百四十三首，每小時不過三百言。」〔註156〕教育部對劉宗向的設計很滿意，贊其「以篇幅之長短，字數之多寡分配時間，最便教時之預計」。〔註157〕

再次，教育部特別看重評注系統的完善與否。《中華中學國文教科書》於「文中有大關鍵處，極深至語，又不可不略加圈點，以引起讀者之注意，又

〔註153〕《批吳德元中學國文教科書一至八冊詳加改正後再送覆審》。
〔註154〕許國英：《編輯大意》，《共和國教科書國文讀本評注》（第一冊）。
〔註155〕《批商務印書館中學校用普通教科書國文讀本國文讀本評注各一至四冊改名尚屬相合仍准審定（洪憲元年二月十四日）》，《教育公報》第3年第2期，1916年3月。
〔註156〕劉宗向：《敘例》，《中等學校國文讀本》（第一冊）。
〔註157〕《批長沙宏文圖書社中等學校國文讀本四冊，准作中等教科書，惟宜將標籤處照簽改正送部備核》。

文中之段落提頓處，加以說明」，〔註158〕除此之外，該書於每課後大都有簡短評語，但這套教科書沒有獨立的評注本。從《共和國教科書國文讀本評注》問世後，出版商都為中學國文教科書編了評注本。許國英的《共和國教科書國文讀本》僅有圈點，不附任何說明，而配套的《共和國教科書國文讀本評注》則有完整的詮釋體系：在文章題目下，對該文的來歷和所屬文體詳細解釋；在作者姓名下，對作者的字號、爵里、生平行誼、著述情況都有詳細介紹。正文有圈點，文中夾注釋和評語，「注主解釋意義，音聲訓詁屬之。評主作法，體例結構及一切變化屬之。本編欲示區別，先注後評，中間以空圈為標幟，凡句段之下，有注無評，則不用圈，有評無注，則首冠以圈，有注有評，則以圈界之」，〔註159〕在評注中，還「兼事讎校，凡篇中文字異同，悉檢原集校正，或數本並行，則從善本及名家刊本」。〔註160〕教育部對此很滿意，稱其「徵引故實，疏證義例，藉以減省學者腦力目力，洵屬不誣，堪與讀本相輔而行」。〔註161〕《新制國文教本評注》仿商務印書館《共和國教科書國文讀本評注》體例而略有變化。《共和國教科書國文讀本評注》除有些篇目有文末總評外，其他評語都夾入行間。《新制國文教本評注》對這種處理方式不以為然：「評注之語，夾入行間，最易橫隔文氣。本書略師周秦以前經注別行之遺意，凡有評注，總附於全文之後，管臆所及，亦或列諸上方，惟於分段之處，則用節釋之例，庶幾分之則條理秩如，合之則貫串一氣。」〔註162〕此外，該書還在每篇文末總評後，列出本文詞語典故，在每條下注音釋義，點明出處。至於劉宗向的《中等學校國文讀本》，教育部評價很高，但劉宗向僅編出甲集評注本，故教育部催促「乙集詳釋亦應從速編纂，並著送部備核，抑體例期臻完善，商榷不厭其詳。」〔註163〕

從上述三個標準來看，林紓、吳曾祺、劉宗向的中學國文教科書不僅在內容的設計上偏於一端，形式上也不符合教育部的要求：林紓、吳曾祺的教科書有評無注；吳曾祺的教科書篇幅太大；劉宗向的教科書僅編出第一冊評

〔註158〕劉法曾、姚漢章：《編輯例言》，《中華中學國文教科書》（第一冊）。

〔註159〕許國英：《編輯大意》，《共和國教科書國文讀本評注》（第一冊）。

〔註160〕同上。

〔註161〕《批商務印書館中學校用普通教科書國文讀本國文讀本評注各一至四冊改名尚屬相合仍准審定（洪憲元年二月十四日）》。

〔註162〕謝蒙編，朱寶瑢注：《新制國文教本評注》（第一冊），中華書局，出版年不詳。

〔註163〕《批長沙宏文圖書社中等學校國文讀本四冊，准作中等教科書，惟宜將標籤處照簽改正送部備核》。

注本。剩下 3 套中學國文教科書中，《中華中學國文教科書》雖於每文亦有評注，但開篇就係先秦文，與教育部的標準不符；許國英《共和國教科書國文讀本》及其評注本，謝蒙《新制國文教本》及其評注本符合來自教育部內各方面的要求。所以，民初教育部只審定了許國英《共和國教科書國文讀本》及其評注本與謝蒙《新制國文教本》及其評注本作為部定中學國文教科書。

　　教育部設置的深淺適度，科學有序的標準卻並不能得到民間的認同，尤其是第一條標準——編選秩序從近世文漸及近古文——受到普遍質疑。劉法曾、姚漢章說：「分朝者意在沿流溯源，用資進步，然秦漢以前，不少簡單之作，宋明而後，亦多繁富之篇，強事區分，仍無當耳。」〔註164〕劉宗向對此也不以為然：「惟查教育部所頒各學校規程，輒謂先讀近世文，漸及近古，似以近文單淺，愈古則愈深，實則未必盡然，且近世近古，未示界說，奚所遵守？」〔註165〕許國英和謝蒙雖然聲稱尊重這一規定，但實際上並沒有嚴格遵守。事實上，幾乎所有民初中學國文教科書編者，對此都表示懷疑。教育部之所以沒有解決好第二個問題，是因為他們的標準過於簡單。是否適合學生的接受能力，需要從學制、課程設置、課時分配及學生心理全盤考慮，並非簡單規定從近世文漸及近古文的教學秩序就能解決。教育部的標準既然不能令人信服，結果正如繆文功所觀察到的：「現行中小學各教科，以有先進國之成法，類多條分縷析，漸成系統，惟國文一門，無他法可效，致十餘年來尚未尋出端緒。」〔註166〕

　　可見，有關中學國文教科書如何處理思想道德教育（「屬行明史」）、技能訓練（教育部對「通解普通語言文字」與「自由發表思想」的要求與民間對「作文之法」的強調）、知識教學〔註167〕（保存國粹）、文學教學（對古文的

〔註164〕劉法曾、姚漢章：《編輯例言》，《中華中學國文教科書》（第一冊），中華書局，1912 年。

〔註165〕劉宗向：《敘例》，《中等學校國文讀本》（第一冊）。

〔註166〕繆文功：《國文教科書之批評及其改良辦法》，《中華教育界》第 4 卷第 6 期，1915 年 6 月 15 日。但教育部的審查結果代表「國家意志」，影響很大。據黎錦熙 1932 年觀察，劉法曾、姚漢章《中華中學國文教科書》「現已不行」，劉宗向《中等學校國文讀本》「今已絕版」，林紓《中學國文讀本》和吳曾祺《中學國文教科書》雖「尚有用之者」，但「已不通行」，只有謝蒙《新制國文教本》及其評注本、許國英《共和國教科書國文讀本》及其評注本「尚較通行」（黎錦熙：《三十年來中等學校國文選本書目提要》）。「已不通行」的四套，都是沒有被審定的，而「尚較通行」的兩套，卻都是部定教科書。

〔註167〕目前學界對「語文知識教學」的理解分歧較大，本文所指的「知識」，指陳述

賞鑒）等不同內容間的關係，及如何讓這些內容產生效果，民初教育部與民間的看法並不統一。不同內容間的衝突、纏繞和協調，正是 1912～1949 年中學國文教科書發展演變的主要矛盾。

性知識，借一位研究者的定義，指「可以以系統的方式傳授和記憶的方式獲得的關於語言和言語、文章和文學、語體和語法的事實、概念等方面的知識」（史成明：《語文知識教學不宜矯枉過正》，《教學與管理》2010 年第 1 期）。

第二章　新文化運動影響下的國文教科書

　　新文化運動在青年中產生了巨大影響，中學生希望瞭解新思潮，學習白話文。五四前後有一個廣為人知的事件：杭州某校學生要求國文教師改良教材，說《新青年》、《解放與改造》都可以做他們的「先生」，那位教師沒有辦法，就辭職了。〔註1〕阮真回顧五四前後的中學教育狀況時說，「學生會的勢力，足以壓倒校長，壓倒全體的教員，反對校長反對教員的風潮，時有所聞。教員之中，被學生反對最烈，趕走最多的，便是國文教師。往往有一校之中，四五個國文教師全被學生趕走的。一班老先生慌忙失措，的了呀嗎的白話文，固非素習；從洋文中來的新式標點，尤感不便；而新文學思潮的教材，又不易選取；便是學生不反對，也只好自動辭職了。於是許多校長不得不向大學或高師文科去找新國文教員。」〔註2〕這符合當時人們的觀察。1922年，周予同說：「自國語運動與文學革命發生以來，國文教師起了一個大變動。從前在中學校擔任國文的大半是老先生們，現在居然有許多少年們在講臺上出現了。從前高師國文部的畢業生差不多是銷不動的呆貨，現在偏遠的地方居然想聘請也沒有人了。」〔註3〕何仲英在1923年也說：「五四運動以前，各中學裏擔任國文課的，還是老一輩子人的專利，把古文觀止，古文辭類纂，國文評注讀本等書，當作金科玉律，就是有些學校出身的，也是古今雜糅，胡亂

〔註1〕　何仲英：《教師怎樣才可以長進》，《教育雜誌》第12卷第1期，1920年1月20日。這個故事是何仲英從蔣夢麟那裡聽來的。

〔註2〕　阮真：《時代思潮與中學國文教學》，《中華教育界》第22卷第1期，1934年7月。

〔註3〕　周予同：《對於普通中學國文課程與教材的建議》，《教育雜誌》第14卷第1號，1922年1月20日。

選講，換湯不換藥。直到什麼新文學大鬧起來，迫於環境的需求，教者不得不稍變主張，學校辦事人不得不酌聘時髦一點的人物點綴點綴。儘管依舊有許多中學還在那裡做夢，不問不聞，但是『強弩之末』，也難乎為力。不但公立學校如此，即北京清華學校，上海聖約翰大學，打去年起，也不惜卑辭厚幣，遍訪名師，來擔負改革國文教學的責任。」〔註4〕接受新式教育的國文教員，大多本身就是新文化運動中的一員。民國初年出版的中學國文教科書顯得不合時宜了。這給出版社帶來了新商機。1920 年，中華書局出版了《國語文類選》，商務印書館出版了《白話文範》，這是最早兩套專門編選白話文的中學國文教科書。

1921 年 10 月，第七屆全國教育會聯合會在廣州開會，有 11 省提議改革學制，會議決定以廣東省教育會所提草案為依據，徵求全國意見。經過一年多的討論，1922 年 11 月，《學校系統改革案》公佈，新學制正式誕生，史稱壬戌學制。相對於 1912～1913 年頒佈的壬子癸丑學制，壬戌學制「最大的變動只有兩點：一為選科制的採用，二為美國中學三三制的模倣。」〔註5〕1912～1922 年的中學不分初高中，統一為四年。《學校系統改革案》公佈後，各地中學陸續實行三三制。《國語文類選》和《白話文範》都為四年制中學教學而編，不適合三三制中學使用，實行三三制的中學需要新編教科書。據《民國時期總書目·中小學教材》，1922～1927 年間共出版 7 套初中國文教科書，〔註6〕列表如下：

書　　名	出版時間	冊數	編　　者	出　版　社	文言／白話
初中國語文讀本	1922 ～ 1924 年	6	仲九、俍工	上海：民智書局	白話
初級古文讀本	1923 ～ 1924 年	3	沈星一	上海：中華書局	文言
初中國語教科書	1923 ～ 1924 年	6	周予同、吳研因、范善祥、顧頡剛、葉紹鈞	上海：商務印書館	文言白話兼選
言文對照初中國文讀本	1923 年	3	秦同培	上海：世界書局	文言

〔註 4〕 何仲英：《初中國文教學問題》，《時事新報》1923 年 5 月 5 日。
〔註 5〕 周予同：《中國現代教育史》，福建教育出版社，2007 年。第 66 頁。
〔註 6〕 世界書局 1923 年出版的秦同培編《中學國語文讀本》，共 4 冊，係按舊學制編輯，本文一併討論。

現代初中國文教科書	1924 年	6	莊適	上海：商務印書館	文言
新編國文讀本	1924 年	6	雷瑨、雷瑊	上海：掃葉山房	不詳
初級國語讀本	1924 ～ 1925 年	3	沈星一	上海：中華書局	白話

　　據時在教育部編審處任職的黎錦熙說：「商務中華兩家所出，經部審定，最通行耳。」〔註7〕故本表所列教科書，應該具有代表性。〔註8〕這些教科書大都不分單元，沒有詳細的助讀系統，〔註9〕本文對其內容的討論，多依賴當時的輿論。

第一節　新文化提倡者的「文學史」觀與初中文言教科書

　　雖這一時期初中國文教學大量採用白話文，但除少數激進者外，多數人認為初中國文課上仍須教學文言文。1920 年，胡適為中學國文每周設定教學時間 5 小時，其中 3 小時為古文教學，國語文的教學僅在一二年級每周佔用 1 小時。〔註10〕1922 年，周予同設計的中學國文教學，僅第一學年每周 3 小時學習國語文，後三學年都學習文言文。〔註11〕1923 年，葉紹鈞起草，課程標準起草委員會復訂的《新學制課程標準綱要初級中學國語課程綱要》規定，初中國文文言白話兼教，白話文從初一至初三所佔份額分別為 3/4，2/4，1/4。

　　原則上說，《課程綱要》是指導教學的官方權威文件，儘管在 20 年代，「《新

〔註 7〕　黎錦熙：《三十年來中等學校國文選本書目提要》。
〔註 8〕　這些教科書中，雷瑨、雷瑊《新編國文讀本》現已查找不到，也未見研究者提及，本文暫不討論。
〔註 9〕　《國語文類選》，仲九、很工《初中國語文讀本》，秦同培《中學國語文讀本》僅有選文，沒有注釋。葉紹鈞等《初中國語教科書》、沈星一《初級國語讀本》、莊適《現代初中國文教科書》將較艱深的字義、典故及人名地名附注於每篇課文的後面。沈星一《初級古文讀本》除注釋外，「於必要之際，附錄『題解』，於作者初見之際，附錄『作者生平事實』。文中精要之處，旁加圈點，以助欣賞」（《編輯大意》）。而《白話文範》則有配套的參考書。秦同培《言文對照初中國文讀本》大體採用民初教科書的編輯方法，文中有圈點、夾批，文後有「要旨，評論，注釋」，僅課後增加「譯俗」，即正文的白話翻譯。
〔註10〕　胡適：《中學國文的教授》，《教育叢刊》（第 2 集），1920 年 3 月。
〔註11〕　周予同：《對於普通中學國文課程與教材的建議》。

學制課程綱要》也還無約束的力量」。〔註12〕但對於初中國文文言白話兼教這一規定，大多數一線教員是認同的。1923 年，東南大學附中國文課每周 6 小時，其中 3 小時教學白話文，2 小時教學文言文。1923 年，春暉中學初中二年級，除以仲九、俍工《初中國語文讀本》爲教材外，還「兼選文言文」，白話文言「約爲 4：1 的比例」。〔註13〕據學生回憶，1924 年，朱自清在春暉中學任教，「開始時他爲我們選授幾課白話文。他自己念，或叫同學念給大家聽。有問題時停下來給大家講解。後來他認爲我們已能看懂白話文及報紙時文，徵求我們的意見說：『文言及舊詩詞經過幾千年洗練，很有些好東西。』大家一致同意讀先生選出來的『好東西』。」〔註14〕

　　既然有學校需要，出版社當然得編輯出版文言教材。在 20 年代的初中國文文言文教科書中，有兩部半影響較大。兩部是沈星一《初級古文讀本》和莊適《現代初中國文教科書》，半部是葉紹鈞等《初中國語教科書》中的文言部分。這些教科書於每個朝代都有選文，在選文來源上於民國初年的中學國文教科書有所繼承，但也出現了若干新特點。

　　首先，這些教科書仍然選有大量唐宋八大家和桐城派之文。《初級古文讀本》有唐文 7 篇，其中柳宗元 6 篇，韓愈 1 篇；有宋文 26 篇，其中蘇軾 8 篇、歐陽修 3 篇，司馬光 2 篇，王安石·曾鞏各 1 篇；有清文 49 篇，其中薛福成 4 篇，侯方域、戴名世、方苞各 2 篇，姚鼐、曾國藩、吳汝綸、劉開、郭嵩燾、吳德旋各 1 篇。《現代初中國文教科書》中有唐文 26 篇，其中韓愈文 13 篇，柳宗元文 7 篇；有宋文 21 篇，其中歐陽修 7 篇，王安石 3 篇，司馬光、蘇軾各 2 篇，曾鞏、蘇洵各 1 篇；有清文 61 篇，其中方苞 4 篇，魏禧、黎庶昌各 3 篇，管同、薛福成、林紓各 2 篇，侯方域、汪琬、姚鼐、劉開、梅曾亮、龍啓瑞各 1 篇。《初中國語教科書》唐文部分選韓愈 2 篇，柳宗元 1 篇；清文部分選方苞、梅曾亮各 2 篇，侯方域、魏禧、姚鼐、薛福成、黎庶昌、林紓各 1 篇。可見，這些教科書中的古文數量雖不及民初林紓、吳曾祺、許國英等人所編教科書中的多，但仍佔了相當大的比例。新文化運動提倡者極力反對的「桐城謬種」，其實並沒有從中學國文教科書中消失。

〔註12〕 朱自清：《中等學校國文教學的幾個問題》，《朱自清全集》（第 8 卷），江蘇教育出版社，1993 年。第 389 頁。

〔註13〕 劉薰宇：《1923 年度中學教務上的一個報告》，《浙江省春暉中學》，人民教育出版社，2008 年。第 81 頁。

〔註14〕 徐伯鋆：《對幾位授業老師的片段回憶》，《浙江省春暉中學》。

　　其次，跟民初中學國文教科書相比，經史子部文獻的比例有所提高。編者們一致看中《史記》和《戰國策》，這跟民初教科書多從《左傳》選文的情況很不相同。在具體選擇上，3 套教科書的編者根據自己的喜好，其選文也有所側重。《初中國語教科書》側重《孟子》、《論衡》，從《論衡》中選 6 課，這在中學國文教科書中極爲罕見，大概緣於胡適對王充無神論的大力表彰。《現代初中國文教科書》多選《新序》、《說苑》，跟當時莊適正爲商務印書館校點《新序‧說苑》有關。而沈星一的選文傾向則跟民初中學國文教科書的編者近似，《論衡》與《新序》、《說苑》都沒有進入《初級古文讀本》。

　　再次，詩詞曲的比例大幅提高。民初中學國文教科書中，僅劉法曾、許國英、劉宗向的教科書選歷代詩詞。劉法曾、姚漢章《中華中學國文教科書》「略擇著名之詩歌附焉」，〔註15〕選詩多達近 200 首，但僅爲附屬。劉宗向《中等學校國文讀本》與此相同，詩詞曲另在別錄 2 卷，不在正文 15 卷中。許國英《共和國教科書國文讀本》「每冊列入數首」〔註16〕詩詞曲，四冊共有 20 多首，不足 10 課，占全書的 4%左右。而莊適和沈星一編輯的教科書中，詩詞占到全書的 25%左右。詩詞的比例爲什麼會提到如此之高呢？我們可從白居易詩歌入選比例的變化看出端倪。民初 3 套選詩詞的中學國文教科書中，白居易的詩歌僅出現兩次，〔註17〕可見人們對白居易的評價並不高。而《現代初中國文教科書》選白居易詩 16 首，遠遠超過以 7 首排名第二的蘇軾。沈星一《初級古文讀本》選白居易詩 6 首，在數量上也佔了該書同類作品的第一位。只要我們明白胡適在建構白話文學史時對白居易詩濃墨重彩，就可推出莊適和沈星一等人選白居易詩最多的原因。所以，20 年代初中國文教科書大量入選歷代詩詞曲，大概跟胡適等人將此作爲明清以前白話文學史的主體有關。

　　第四，同代人的文言作品進入教科書。除《初級古文讀本》外，其他兩套教科書都收文言翻譯。這或許是受胡適「讀了一部《茶花女》比讀了一部《古文辭類纂》還好」這一說法的影響。莊適《現代初中國文教科書》中的 9

〔註15〕劉法曾、姚漢章：《編輯大意》，《中華中學國文教科書》（第一冊），中華書局，1912 年 8 月。

〔註16〕許國英：《編輯大意》，《共和國教科書國文讀本》（第一冊），中華書局，1913 年 8 月。

〔註17〕分別爲劉法曾《中華中學國文教科書》中的《畫竹歌並引》，劉宗向《中等學校國文讀本》中的《寄殷協律》。

課文言翻譯小說，有 5 課選自《馨兒就學記》，〔註18〕其他 4 課都爲林譯小說。《初中國語教科書》文言翻譯也有 9 課，來自《域外小說集》的就有 5 課。這說明同爲選擇文言翻譯小說，莊適傾向於林紓、包天笑等舊派人士，而葉紹鈞等人則傾向於以周作人爲代表的新派人士。兩套教科書對於同代人創作的文言文，側重點也不一樣。《初中國語教科書》文言創作最爲推重蔡元培。莊適大概一方面參考了本館出版的《初中國語教科書》，另一方面對前者選文傾向「一派同志」有所不滿（從他選林紓和包天笑的譯作可見他的傾向），故選同代人的文言文時，有意減少蔡元培、吳稚暉、劉復等人作品的比重。

一方面每個朝代都有選文，另一方面經史子、詩詞曲的比例大幅提高，且選入了同代人的文言文，卻也不排除唐宋八大家及桐城派的文章，這說明什麼呢？結合當時的輿論，我們可以推測，這些教科書設計的內容，是新文化提倡者重構的中國文學史。

1920 年，胡適在關於中學國文的演講中將中學國文教材分爲國語文和古文。他認爲中學第一年應以近人文言文作古文教材，「如梁任公、康有爲、章太炎、章行嚴、嚴幾道的散文。若是高小辦得好，任公的淺近文字一定已經能看。小說如林琴南早年譯的《茶花女》、《黑奴籲天錄》、《戰血餘腥記》、《撒克遜劫後英雄略》也可以讀。琴南早年譯筆還謹慎，不像現在的潦草。所以我說讀了一部《茶花女》比讀了一部《古文辭類纂》還好。」第二、三、四年，「應該有古文選本按時代順下或追溯——這我不敢定，看實驗的結果——不分論辯序跋種種的類，選那些文法通順的有內容的有文學興趣的文章。從《老子》《論語》《檀弓》一直到曾國藩，每時代重要文體的變遷，都要有代表，這就是具體的文學史。」〔註19〕其「具體的文學史」一說，代表了當時的普遍看法。

1921 年，沈兼士在討論中學國文教科書的編撰時，將文言作品劃分爲周秦至西漢，東漢至六朝，唐至清，清末至現代四個時期，「除各代文法及字義

〔註18〕　《馨兒就學記》，義大利作家亞米契斯的小說《Coure》的第一個中文譯本，譯者爲通俗小說大家包天笑。後來夏丏尊將此書譯爲《愛的教育》，風靡一時。《馨兒就學記》於 1909 年自《教育雜誌》創刊號開始連載，載畢即由商務印書館出版單行本，「前後出至達 18 版之多。另外還有除商務出版以外各地盜版翻印的，總銷數高達幾十萬冊」（張建青：《晚清兒童文學翻譯與中國兒童文學之誕生》，復旦大學博士論文，2008 年。第 65 頁）。包天笑採用意譯方式，不僅將人名、地名完全中國化，在譯文中摻雜部分創作，還通過小說「提倡舊道德」（張建青：《晚清兒童文學翻譯與中國兒童文學之誕生》。第 62～65 頁）。

〔註19〕　胡適：《中學國文的教授》，《教育叢刊》（第 2 集），1920 年 3 月。

和現代迥相懸殊者外，其餘於各時期中均應選數家以代表當時的文潮，所選篇數，有三百首左右就夠了。──凡是於一派者，只講授其代表作品，其餘附錄於次，以備學生自己參考就是了。──但必須受一番科學的裁判，凡立言不合邏輯，說辯不重分析的文，概不可選。」「選文時最須注意的一點，就是知道文章潮流有『明潮』『暗潮』『正流』『別流』的區別，自來古文家明瞭其傳授源流，叫做『明潮』，雖不明其傳授源流，而彼此直接或間接確有因果關係者，叫做『暗潮』。自來古文家承認其爲文章正宗者，叫做『正流』。古文家不承認其文章正宗，然在當時確能獨立成派，或其影響有關於後世某派文章者，叫做『別流』」。他所舉的「明潮」「正流」的例子是《法言》、《文選》、唐宋八大家及桐城派文、王闓運文、章炳麟文，因其有明顯的師承。「暗潮」、「別流」的例子是《論衡》、《通典》、佛經、語錄、戴震王念孫之「疏證文」、梁啓超文。後者的師承關係雖不如前者明顯，卻也隱然有所繼承，有所開啓，如《論衡》繼承《墨子》，《通典》開啓疏證文。他認爲四派文章均應「起廢鈎沉，平等選取」，好處在於「(1) 不至束縛學生的性靈及文筆。(2) 可以顯出歷代文章之眞價值。(3) 可以作一部文學史觀」。並告誡「萬不可拿『論著類的文章以孟莊韓蘇爲宗；敘記類的文章以左傳通鑑爲宗』一類桐城派的眼光來抹殺眾流，定於一尊。」〔註20〕

　　1922 年，周予同在討論中學國文教材時，主張「以時代爲主綱，以歷代藝術文和學術文爲內容」，在編排順序上按時代逆溯，他主張分四個時期，「第一期自春秋的老子一直到後漢的仲長統，人物大概是哲學家或政論家，文章大體可稱爲『著述文』，《老子》、《易繫辭》、《墨子》、《孟》、《荀》、《莊》、《韓》、《呂氏》、《淮南》、《論衡》、《昌言》等可以代表。第二期自前漢的司馬相如一直到初唐的王、楊、盧、駱，人物大概是『朝廷侍從之臣』，文章大體可稱爲『藻飾文』而每帶有貴族的色彩，蕭統的《文選》一書可爲代表。第三期自中唐的韓愈一直到清末的吳汝綸，人物大概是科第出身的書生，文章大體可稱爲『格詞文』而每帶有山林的色彩，姚鼐的《古文辭類纂》等書可爲代表。第四期自明末的顧炎武一直到近人章炳麟康有爲，人物大概是學者，文章大體可稱爲『考證文』，《日知錄正續》、《清經解》、《潛研堂集》、《國故論衡》、《新學僞經考》等書可爲代表。我以爲在中學二三四年級教授文言，一四兩期的文章應該多選，可各延長至一學年之久；二三兩期的文章因爲沒有

〔註20〕沈兼士：《中學國文之選授方法（續）》， 1921 年 9 月 12 日《晨報副刊》。

實學而免不了空疏或纖巧的毛病，可以並在一學年內教授。」〔註21〕

同時，新文化提倡者對於不能選入教科書的文言文，進行了嚴格規定。錢玄同認為，「即國文一科，雖可選讀古人文章，亦必取其說明精粹，行文平易者。彼古奧之周秦文，堂皇之兩漢文（『堂皇』二字，用得不切，兩漢文章，動輒引經，或擡出孔夫子來嚇人，正可稱為『擺架子』而已），淫靡之六朝文，以及搖頭擺尾之唐宋八大家文，當然不必選讀。」〔註22〕錢玄同給出這一清單，不僅將「桐城謬種」「選學妖孽」排斥在外，還將周秦兩漢之經史辭賦排除掉。半年後，劉半農列出不應入選教科書的文言文有：矯揉造作者，駢儷文及堆砌典故者，違逆一時代文筆之趨勢者，極意模倣古人者，思想不合現代生活者，迷信鬼神者，不脫神權時代之習氣者，陳義過高已入哲學專門研究範圍者，卑鄙齷齪之應酬文干祿文，諛墓文（為友朋家屬所撰確有至性者除外）。〔註23〕周予同和沈兼士也劃出了一個不能入選教材的文言文範圍。1922 年，周予同認為不應入選的文言文有：「思想學說帶有神權或君權的色彩，不適合於現代生活，或不足為將來生活的指導的」，「違反人道或激起獸欲的文章」，「卑鄙齷齪的應酬文章和干祿文章」，「虛誕浮誇的紀傳碑志及哀祭文章」，「陳義過高，措辭艱深，已入哲學專門研究範圍」者。〔註24〕沈兼士則認為「文學的文」「略選數篇足以陶冶性靈潑活精神就夠了」，不必多選，他所謂的「文學的文」指「於客觀的事物之中，加以主觀的情感，用有藝術組織的文字表示出來，使閱者自然發生一種同情」的文字，範圍上包括「描寫情感的，詩詞戲曲……等及一部分的駢散文」。〔註25〕這些意見顯然受胡適、陳獨秀的影響，以新文化的眼光重構文學史，並決定國文教科書的選文標準。

上述兩套半教科書，不排斥唐宋八大家和桐城派作品，提高經史子部文獻與詩詞曲的比例，選入同代人的文言作品，並從其對白居易、王充等人作品的選擇來看，這些教科書體現了胡適、沈兼士、周予同等人的意見，其主要內容，是新文化人重構的「文學史」，這跟民國初年中學國文教科書設計的古文作法、保存國粹等內容自然就大不一樣了。

〔註21〕 周予同：《對於普通中學國文課程與教材的建議》。
〔註22〕 《通信》，《新青年》第 3 卷第 5 期，1917 年 7 月 1 日。
〔註23〕 劉半農：《應用文之教授》，《新青年》第 4 卷第 1 期，1918 年 1 月 15 日。
〔註24〕 周予同：《對於普通中學國文課程與教材的建議》。
〔註25〕 沈兼士：《中學國文之選授方法》，1921 年 9 月 11 日《晨報副刊》。

第二節　《新青年》與最早兩套中學白話國文教科書

一

已有研究普遍認爲，商務印書館出版的《白話文範》是第一部中學白話國文教科書。黎錦熙認爲《白話文範》「爲專選語體文作中學課本之最早者」。〔註26〕後來的研究者都認同這一說法。〔註27〕至於中華書局朱毓魁〔註28〕的《國語文類選》，有論者大概都沒有看到其版權頁，只用了模糊的「1920 年」作爲其出版時間，並將其定於《白話文範》之後。〔註29〕但據我們考證，《國語文類選》四編的出版時間都應爲 1920 年 4 月，〔註30〕而《白話文範》四冊的出版時間分別爲 1920 年 5 月、8 月、9 月、12 月。所以《國語文類選》比《白話文範》要早。

《國語文類選》共選 95 篇作品，其中來自《新青年》29 篇，《解放與改造》13 篇，《新潮》10 篇，《新教育》8 篇，《星期評論》7 篇，《時事新報》6 篇，《每周評論》5 篇，《建設》和《中華教育界》各 4 篇，《教育潮》3 篇，其他 9 篇分別選自《晨報》、《國民公報》、《少年中國》、《新中國》、《新社會》、

〔註26〕黎錦熙：《三十年來中等學校國文選本書目提要》，《師大月刊》1933 年第 2 期。

〔註27〕參見錢理群《五四新文化運動與中小學國文教育改革》（《中國現代文學研究叢刊》2003 年第 3 期），鄭國民《從文言文教學到白話文教學——我國近現代語文教育的變革歷程》（北京師範大學出版社，2000 年，第 120 頁），蔡可《現代中國語文課程與文學教育的演變》（北京大學博士論文，2005 年，第 78 頁）等文。

〔註28〕朱毓魁，即朱文叔。1895 年生於浙江桐鄉，曾在浙江一師上學，跟豐子愷、楊賢江同學。1921 入中華書局，任中小學教科書編輯，30 年代編輯多套中學國文教科書，並參與編纂、修訂《辭海》。1949 年後，先後任教科書編審委員會委員、出版總署編審局編審、人民教育出版社副總編輯，對中小學教科書的編撰貢獻較大。

〔註29〕鄭國民認爲它與《白話文範》「遙相呼應，起到了推波助瀾的作用」（鄭國民：《從文言文教學到白話文教學——我國近現代語文教育的變革歷程》。第 121 頁），從「遙相呼應」一語來看，似乎《國語文類選》出版於《白話文範》之後。

〔註30〕好幾個圖書館收藏的《國語文類選》都沒有版權頁，筆者看到的《國語文類選》前兩編都沒有版權頁，但第三、四編則標明是 1920 年 4 月發行。一般說來，教科書爲了方便學生使用，是按照第一編到最後一編的順序依次出版，所以第一編出版時間不應晚於 1920 年 4 月。編者爲該書所寫的《例言》落款爲 1920 年 4 月 6 日，可見，第一編出版時間不會早於 4 月。

《閩星》、《曙光》、《民風》和《國語統一籌備會議案》。這些刊物都是新文化運動的陣地。至於作者，中華書局的廣告中說，「做的人有胡適、蔡元培、陳獨秀、蔣夢麟、張東蓀、張一麐、胡漢民、羅家倫、朱希祖、周作人、劉叔雅、李大釗、戴季陶、沈兼士、高一涵、陶行知、任鴻雋、周建人等，都是新文學大家。」〔註31〕按選文多少排序：胡適 14 篇（其中譯作 1 篇），戴季陶 6 篇，高一涵 6 篇（包括譯作 1 篇），張東蓀、李大釗各 5 篇，周作人、陳獨秀、胡漢民、蔣夢麟、羅家倫各 3 篇。

編者朱文叔在《例言》中說：「這些新文字，什麼雜誌，什麼日報，東一篇，西一篇，要找他一個系統，好不容易，編者斗膽為之，將他來整理一下，『分門別類』，使讀者易於檢閱名著，不至散失，希望是如此希望，不過深恐名不副實罷了。」〔註32〕至於怎樣「分門別類」，正如中華書局的廣告所稱，「這部書是選集現在最流行國語文：分文學，思潮，婦女，哲理，倫理，社會，教育，法政，經濟，科學，十類」。〔註33〕對於這樣的編排方式，有論者感歎：「《國語文類選》的分類中單設了『文學』一類，共十一篇文章，有三篇文學總論性質的文章（羅家倫《什麼是文學》、胡適《建設的文學革命論》、胡適《文學改良芻議》），剩下是涉及小說、詩歌、戲劇的體裁分論。有意思的是，『文學』這一類別中並沒有一篇文學作品；整部《國語文類選》中也沒有一篇文學作品！」〔註34〕其實，這正是編者有意為之。「這『國語文』底發達，和新思潮底澎漲，恰好做個正比例，真是國民自覺底表現，群治改造的先鋒。」〔註35〕在編者看來，國語文的價值，在於其承載了新思潮，因此在具體編選過程中，編者「重論理而略敘事，所以論文中有敘述事實底地方，大半從略，此實為謀讀者底時間經濟起見。」〔註36〕

朱文叔的選材和分類標準，跟他在讀的浙江一師不無關係。浙江一師國文教員沈仲九在 1919 年說：「國文研究的材料，以和人生最有關係的各種問題為綱，以新出版各種雜誌中，關於各問題的文章為目。這種問題和文章，

〔註31〕 任鎔等編：《新教育教科書國文讀本》，封三廣告，1921 年 7 月，第 5 版。
〔註32〕 《例言》，《國語文類選》（第一編）。
〔註33〕 任鎔等編：《新教育教科書國文讀本》，封三廣告。
〔註34〕 蔡可：《現代中國語文課程與文學教育的演變》。北京大學博士論文，2005 年。第 80 頁。
〔註35〕 《例言》，《國語文類選》（第一編）。
〔註36〕 《例言》，《國語文類選》（第一編）。

要適合學生的心理，現代的思潮，實際的生活，社會的需要，世界的大勢，而且要有興味。」〔註37〕而當時浙江一師的國文課程，據曹聚仁回憶說：「頂熱鬧的卻是開討論會，國文課變成了社會問題研究會。後來，上海新文化書局出版的社會問題討論集、婦女問題討論集，那是我們的國文講義。」〔註38〕

　　中學國文課堂為什麼會變成討論各種社會人生問題的場所呢？以前的研究注意到這種現象，但從未深究這種現象產生的原因。我們認為，其原因有二：一是為了落實《新青年》在1920年前有關國文教學的觀念，二是這些觀念在具體落實中遇到了困難。

　　以前我們研究新文化運動和中小學國文教學的關係時，會特別關注胡適的觀點對於國文教學的影響。胡適第一次關於中學國文的意見發表在1920年9月1日出版的《新青年》8卷1號上，這篇名為《中學國文的教授》的文章由胡適於1920年3月在北京高師附中的一次演講整理而成。〔註39〕朱文叔編輯的《國語文類選》在1920年4月初就已定稿，這本書體現出的國文教學觀念顯然還沒有受到胡適的影響。

　　其實，在胡適介入中學國文教學之前，《新青年》同仁已高度關注國文教學。這些關注凝聚在劉半農的《應用文的教授》〔註40〕中。已有研究大都提到了這篇文章，但一方面沒有注意到它比胡適的《中學國文的教授》早發表兩年，另一方面沒有注意到兩者觀點的不同之處。劉半農《應用文的教授》的主要觀點是將文章分為應用文和文學文，並認為國文教學應以應用文為主。那什麼是應用文？什麼是文學文呢？陳獨秀認為：「文之大別有二，一曰應用之文，一曰文學之文，劉君以詩歌戲曲小說列入文學範圍，是即余所謂文學之文也，以評論文告日記書簡等列入文字範圍，是即余所謂應用之文也。」〔註41〕劉半農和錢玄同等人都認同這一劃分。〔註42〕

　　在這些討論的基礎上，劉半農在《應用文之教授》中抨擊當時國文教學

〔註37〕仲九：《對於中等學校國文教授的意見》，《教育潮》第1卷第5期，1919年11月。

〔註38〕曹聚仁：《我與我的世界》，北嶽文藝出版社，2001年。第148頁。

〔註39〕這次演講的記錄曾刊於1920年3月北京高師《教育叢刊》第2集。但影響不及《新青年》上的文本大。

〔註40〕發表於《新青年》第4卷第1期，1918年1月15日出版。

〔註41〕陳獨秀：《劉半農〈我之文學改良觀〉附識》，《新青年》第3卷第3期，1917年5月1日。

〔註42〕錢玄同：《通信》，《新青年》第3卷第5期，1917年7月1日。

說：「說到前輩先生教授國文的方法，我卻有些不敢恭維，他們在科舉時代做『猢猻王』的怪現狀，現在不必重提，到改了學校制度以後，就教科書教授法兩方面看起來，除初等小學一部分略事改良外，幾乎完全在科舉的舊軌道中進行；不過把『老八股』改作了『新八股』。他認為應用文是家常飯，文學文是大魚大肉，現在學生之所以「不能寫通暢之家信，看普通之報紙雜誌文章」，是因為「天天不吃飯，專吃肥魚大肉」害的。所以他提出國文應該教授「應用文」。〔註43〕

劉半農等將應用文和文學文區別開來，並以應用文作為中學國文教授的主要材料和目的，這實際是對民初中學國文教學的反叛。民初中學國文教學，大多注意探究選文的具體作法，駢文辭賦講究音韻格調自不必說，就是桐城古文，也得講求義法筆法、神理氣味。劉半農認為如此教學導致學生讀書數年「能做『今夫』『且夫』，或『天下者天下人之天下也』的濫調文章，而不能寫通暢之家信，看普通之報紙雜誌文章」，「學實業的，往往不能譯書；學法政的，往往不能草公事，批案件；學商業的，往往不能訂合同寫書信；卻能做些非驢非馬的小說詩詞」，他用《新青年》式的激烈語調抨擊：「此等『謬種而非桐城，妖孽而非選學的』怪物，是誰造就出來的？是誰該入地獄？」〔註44〕這就將文學革命與國文教學聯繫起來，為中學國文教學下達掃清「桐城謬種」、「選學妖孽」的「革命」任務。要求學生通過國文學習能夠寫書信，草公事，訂合同，需要以應用文的學習為主。那什麼樣的應用文適合於教學呢？劉半農在《應用文的教授》中舉出範文選擇標準12條，雖無文言白話的界限，但給劉半農此文以啟發的錢玄同，則認定應用文「以國語為之」。〔註45〕綜合兩人看法，作為中學國文教材的應是白話應用文。

劉半農這種觀點很快在中學中得到實驗。有學生反映：「我們同班的人，從前也曾討論過，用分組的法子去選擇材料，將文章體裁分作『論理』『言情』『記事時間』『記事空間』四組，每組預定選出百篇，合可共得四百篇，盡可

〔註43〕 有意思的是，劉半農在文末說，「此文所舉種種辦法，有一部分得諸沈尹默先生之匡助，書此致謝。」沈尹默為北大教授，1914～1915年間，任職於教育部教科書編纂綱要審查會與教授要目編纂會，現又為新文化運動的健將。劉半農以沈尹默為支持，無疑使這篇文章更具權威感。

〔註44〕 劉半農：《應用文的教授》，《新青年》第 4 卷第 1 期，1918 年 1 月 15 日。

〔註45〕 錢玄同：《通信》，《新青年》第 3 卷第 5 期，1917 年 7 月 1 日。

供中學四個年級的教授有餘」。〔註46〕所謂「『論理』『言情』『記事時間』『記事空間』」，都屬廣義的應用文，確定標準後，他們「選了兩個學期，通共計算，還不上八十篇；而且這八十篇中，不見得篇篇都可以用得著，這實在怪不得我們不努力，確是中國的文學實在沒有什麼可以教人的」，「現在要想就中國的文字挑選出四百篇淺近白話，和思想新穎的，確是萬難。即令勉強挑出，恐怕仍脫不掉什麼『文以載道』的老圈套，要拿來教現在的人，一定是方枘鑿圓，仍舊的不行咧。」〔註47〕

實驗的失敗說明，僅從《新青年》時代前的文章中選擇白話應用文作為中學國文教材是行不通的。於是有了從當時出版的「什麼雜誌，什麼日報，東一篇，西一篇」〔註48〕地選擇白話應用文的辦法。這其實也未嘗沒有劉半農的啟示：「就不佞之意，凡科學上應用之文字，無論其為實質與否，皆當歸入文字範圍。即胡、陳、錢三君及不佞今茲所草論文之文，亦係文字而非文學。」〔註49〕朱文叔在《國語文類選》第一編選10篇文學論文，大概即受此啟發。由此看來，朱文叔有意「重論理而略敘事」，跟 1920 年前《新青年》國文教學的觀念正好契合。

但是，如此選文和編排的結果，卻改變了劉半農等人的國文教學宗旨。劉半農規定的國文教學目的是「只求在短時期內使學生人人能看普通人應看之書，及其職業上所必看之書；人人能作通人應作之文，及其職業上所必作之文。」而朱文叔分選文為十類，實際上卻將國文教學變成了討論問題和主義的場合。

劉半農等人的國文教學目的之所以在實踐中被改變，是因為當時的客觀條件還不成熟。

首先，陳獨秀列舉的「評論、文告、日記、信箚」〔註50〕等應用文在當時大多還用文言寫作。即使白話文的提倡者，用白話寫作信箚、日記、文告的也非常少。正如朱自清在 40 年代所說，應用文字的解放，「遠在詩、小說戲劇、小品散文以及長篇議論文之後，直到近年才開始」。〔註51〕除「長篇議論文」外，

〔註46〕 孫光策：《章厲生先生國文教授雜記》，《教育叢刊》第 1 集，1919 年 8 月。
〔註47〕 同上。
〔註48〕 《例言》，《國語文類選》（第一編）。
〔註49〕 劉半農：《我之文學改良觀》，《新青年》第 3 卷第 3 號，1917 年 5 月 1 日。
〔註50〕 獨秀：《劉半農〈我之文學改良觀〉識》，《新青年》第 3 卷第 3 號，1917 年 5 月 1 日。
〔註51〕 朱自清：《〈胡適文選〉指導大概》，《朱自清全集》（第 2 卷），江蘇教育出版社，1996 年，第 2 版。第 290 頁。

20 年代白話的應用文還沒有發展出來。要學生學習時人的白話應用文，只能以「長篇議論文」爲材料。這正是《國語文類選》產生的客觀條件。

其次，白話文遇到了如何教授的困難。新式中學教學文言文，一般延續私塾時代的教學方式。比如福建省立第十一中學的國文教授；「講讀次序，先講題目之事實，次講文中之難字句，寫其音義於黑板，使學生抄錄，次講明文體，及全篇或每段之批評，其次美讀，教員朗讀全文二遍，再任指一優等生，分段朗讀，某生讀畢，令全班學生齊讀，其次令學生自讀並有未明瞭者，令其質問，如此一篇文章告終。」〔註52〕但教學白話文時，這樣的方式就不適用了。「教的是文言，這其間自然短不了一番翻譯的工夫，國文教員講壇上的生活有十分之八七便消磨在這種翻譯的工夫上頭，能叫騰出十分之二三的工夫去用在抑揚頓挫照應起伏上頭已經是不可多得的了。但是這種教授法一到了白話文出場的時候便全然失其效用；因爲白話是用不著翻譯的；勉強譯了去講只有使學生瞌睡，決不會引起趣味。」〔註53〕

如何解決白話文在教學方法上遇到的困難呢？沈仲九的看法很有代表性：「自從白話提倡以後，有許多吃國文教員飯的，根本上雖然贊成他，但很覺得在教授上不能教。因爲教白話卻又用不著從前教古文的翻譯法了；教古文可以叫學生抄典故，現在典故又用不著抄了。翻譯不要翻譯，典故不要查考，那末教員還有什麼事可做呢？這幾年來，教授白話文很困難的聲浪，常流動在教育界中，而白話文教授很不易普遍的原因，也大半爲此。在眞主張白話文的，不忍不教白話文，於是不得不以『演講』代替『翻譯』。文章的逐字逐句的意義，不容詳加解釋，只好專就其中的意義加以發揮。」〔註54〕

可見，中學國文課堂如何教學白話文，多數人還沒有找到有效的方法。僅像教學文言文那樣，疏通語言文字，是行不通的。於是只得「就其中的意義加以發揮」。《國語文類選》將提倡新文化的文章按問題和主義性質的不同歸納在一起，實際上是將白話文的教學變成了問題和主義的教學，將國文課堂變成鑄造新思想的場合，滿足了學生對新思潮的興趣和參與欲望，也解決了白話文如何教學的問題。這雖不失爲一條路子，卻以犧牲劉半農等人所擬

〔註52〕鄭定謨：《福建泉州調查報告書》，《教育叢刊》第 1 集，1919 年 8 月。

〔註53〕常乃德：《中學校國文教授之我見》，《中等教育》第 2 卷第 1 期，1923 年 3月 1 日。

〔註54〕沈仲九等：《國文科試行道爾頓的說明》，商務印書館，1925 年。第 5 頁。

定的國文教學目的爲代價，並影響了此後的國文教學。

　　一月之後，商務印書館出版《白話文範》，打破了《國語文類選》僅選應用文的局面。

二

　　1920 年 2 月，商務印書館主辦的《教育雜誌》12 卷 2 期上，發表了洪北平〔註55〕《中等學校與白話文》、《新文談》，何仲英〔註56〕《白話文教授問題》3 篇有關國文教學的文章。兩位南開學校的國文教員一致贊成中學國文採用白話文。洪北平說：「中等學校絕對的應當採用白話文」，〔註57〕何仲英認爲：「現在中等學校，有人完全贊成白話文，固屬大謬；若是說一二年級不妨斟酌教授白話文，三四年級非講文言文不可，或是白話文只可當課外教材，不能施於課內，亦屬膽怯。我們要奮勇直前，建築新文學的基礎，千萬不要因『積重難返』，就懷疑不前。這是我們所最希望的。」〔註58〕

　　除表明立場外，他們還就如何選擇白話文教材發表了意見。何仲英將白話模範文分成六類。一是「散見於現在報章雜誌裏，篇幅不過長，寓意精確，並有很好的結構者」，「如錢玄同《嘗試集序》，陳仲甫《人生眞義》，孫少侯《懺悔文》，任叔永《讀杜威講演的感言》，《湘江評論創刊宣言》，以及種種有趣味有思想的時評、隨感錄、新文藝等。」二是《水滸傳》、《西遊記》、《三國演義》、《紅樓夢》、《老殘遊記》等小說中「有高尚的思想，優美的結構，能自成段落」的文字。三是唐宋人詩詞中「語辭自然，或完全用白話者」。四是王陽明《傳習錄》等「格言式」的文章。五是《梁任公講壇》，《蔡孑民演說集》等零零碎碎的小冊子。第六類最有意思：「其實，《盤庚》、《大誥》何嘗不是當時的白話告示？《國風》、《楚辭》何嘗不是當時的方言土語？若從廣義的白話文看，這些

〔註55〕洪北平，1893 年生，安徽歙縣人（一說江蘇儀征人），辛亥革命後由柳亞子介紹加入南社，爲《民權報》、《獨立周報》、《中華報》、《民極報》撰文，「頗欲以政論家自見」，不久厭倦政治，專攻文學。1915 年進南京高等師範國文專科。畢業後至南開學校擔任國文教員。

〔註56〕何仲英，北京高等師範畢業，曾受業於錢玄同。1920 年在南開學校擔任國文教員。

〔註57〕洪北平：《中等學校與白話文》，《教育雜誌》第 12 卷第 2 期，1920 年 2 月 20 日。

〔註58〕何仲英：《白話文教授問題》，《教育雜誌》第 12 卷第 2 期，1920 年 2 月 20 日。但何仲英後來改變立場，力主中學國文僅教學文言文。

類文皆可選授。」〔註59〕洪北平也擬出了一個編選範圍，他認爲語錄、短評、長篇記事、小說、劇本等都可選擇，並須「有體裁，有結構」，「有思想，有情感」，「切近人生」，或「與學科或問題有關」。〔註60〕

這些議論發表於 1920 年 2 月 20 日。3 月，胡適在北京高師附中作了題爲「中學國文的教授」的演講。他設定中學一、二年級應每周教學 1 小時國語文，其教材「應該帶文學的性質」，包括三類：一是小說，主要是《儒林外史》、《紅樓夢》等明清白話小說，二是白話的戲劇，三是長篇的議論文和學術文。〔註61〕比較洪北平、何仲英和胡適關於中學國文教學的論述，可以發現他們的共同點：一方面贊成選入白話議論文和學術文，另一方面主張多選白話文學作品。也許正因爲洪北平、何仲英的上述論述跟胡適的觀點相似，所以他們編選的《白話文範》得以在商務印書館出版。

1920 年 5 月，《白話文範》和《白話文範參考書》開始陸續出版，至當年12 月，全書出齊。這套教材在當時影響很大。1923 年，穆濟波說：「我最近得到朋友自四川南充的信上說：『語體文前用《白話文範》，嗣以內容糅雜，應用時感不便；學生又嫌其材料枯乏毫無興趣，亦遂中止』」〔註62〕南充處於偏遠的川東北，人們思想向來比較保守，這套教材能傳到南充，充分說明了它在 20 年代初流通區域之廣大。

《白話文範》有意跟《國語文類選》不同。編者何仲英說：「現在我聽說一個中等學校，全教授白話文，他選材的方法，是以和人生最有關係爲綱，以新出版各雜誌中關於某一問題的文章爲目。他的現用分類法是：人生問題、婦女問題、文學問題、科學問題、道德問題……依著問題去尋材料。大約每問題選集了七八篇文章；教授的時候，不過講解一二篇，其餘的學生作參考。」〔註63〕這個中學如果將他們的國文講義編訂成冊，大概跟《國語文類選》差不多。何仲英對此表示不滿，「這種教授方法，我很贊成；不過拘拘以問題爲單位，似乎『喧賓奪主』。況且問題別有專科；國文一科，何能『包羅萬象』？長此以往，大家皆歡喜討論問題，發揚虛氣；恐怕和國文教授宗旨，越走越遠。我覺得現在選取教材，不必限於既往，也不必限於現在，總要以有文學的意味爲前提。」

〔註59〕同上。
〔註60〕洪北平：《中等學校與白話文》。
〔註61〕胡適：《中學國文的教授》，《教育叢刊》第 2 集，1920 年 3 月。
〔註62〕穆濟波：《通訊》，1923 年 5 月 15 日《時事新報·學燈》。
〔註63〕何仲英：《白話文教授問題》。

〔註64〕正是「文學的意味」，將《白話文範》跟《國語文類選》區別開來。

　　《白話文範》四冊選文 130 篇，其中，同代人的作品 83 篇。雖僅《今》、《人生眞義》兩篇與《國語文類選》重複，但有 50 篇都是議論文，性質跟《國語文類選》所選文章相似。其餘 33 篇跟《國語文類選》體裁不同，屬多帶「文學的意味」之文，又可分爲三類。第一類爲隨感錄 10 則。隨感錄是隨現代報刊雜誌產生的一種新文體，五四時期，有很多刊物都設置了「隨感錄」（或稱「隨便談」、「短評」）欄目。《白話文範》所選 10 篇隨感錄，來自《每周評論》、《新青年》、《新生活》三種刊物的「隨感錄」欄及《星期評論》的「隨便談」和「短評」欄。這些隨感錄篇幅短小，編者將它們放在二程和朱熹語錄之後，大概覺得兩者之間具有相似性。第二類爲小說、人物傳記和新詩 15 篇。《白話文範》選了 9 篇小說。其中 6 篇譯作，3 篇創作。嚴格說來，創作中鳴劍《早晨的社會》與寒星《寫給 Mr. G. C. Willang 的一封短信》都屬於小品文，僅沈仲九《自決的兒子》才算得上小說。兩篇傳記分別爲胡適《許怡孫傳》和《李超傳》。3 首新詩也都來自《新青年》和《新潮》。此外，《白話文範》還從《新青年》上選了劉半農譯、英人虎特著《縫衣曲》。第三類即 8 篇遊記。梁啓超的《歐遊心影錄》1920 年在《時事新報》和《晨報副刊》上連載，《白話文範》從中選了 4 篇。《白話文範》中的遊記還有周作人《遊日本雜感》、《遊日本新村記》，任鴻雋《致每周評論記者》，李哲生《東行隨感錄》等 4 篇。

　　《白話文範》中有 47 篇古人白話文。其中包括語錄 17 篇，除來自王陽明《傳習錄》外，還選有二程、朱熹語錄及《呻吟語》、《菜根譚》中的部分段落。書信 13 篇，包括鄭燮 5 篇，曾國藩 4 篇，楊繼盛 2 篇，朱熹、謝枋得各 1 篇。小說 12 篇，其中 5 篇選自《老殘遊記》，4 篇選自《儒林外史》，《西遊記》、《鏡花緣》、《文明小史》各選 1 篇。詩歌 4 首：《爲焦仲卿妻作》、《木蘭歌》、《石壕吏》、《兵車行》。此外還有鄭燮道情 1 首。

　　這幾類選文說明《白話文範》的編選深受《新青年》作者群特別是胡適的影響。胡適在《建設的文學革命論》中說，「有志造國語文學的人」應「多讀模範的白話文學」，「例如《水滸傳》、《西遊記》、《儒林外史》、《紅樓夢》；宋儒語錄，白話信箚；元人戲曲，明清傳奇的說白。唐宋的白話詩詞，也該選讀。」〔註65〕這在《白話文範》中得到體現。《白話文範》的篇目，多是《新

〔註64〕同上。
〔註65〕胡適：《建設的文學革命論》，《新青年》第 4 卷第 4 期，1918 年 4 月 15 日。

青年》同人作爲白話範文所列舉的。其所選 4 首詩歌，就曾被胡適、錢玄同等人高度評價。《白話文範參考書》評價《爲焦仲卿妻作》爲：「這是一篇古代（當作於漢建安時）最著名的白話樂府；也是一篇很好的短篇小說，記事言情，面面俱到。」這抄自胡適《論短篇小說》中的：「韻文中《孔雀東南飛》一篇是狠好的短篇小說，記事言情，面面俱到。」此外，《白話文範參考書》對《木蘭歌》、《石壕吏》的介紹也來自胡適的《論短篇小說》。在 4 首詩後，《白話文範參考書》有一附錄，稱「正篇所選的古詩，只有數首；此外古詩中明白如話，可作白話詩讀的尚多，再除詩之外，尚有詞、曲、小令、套數、雜劇等，亦多話體，明白可誦，茲就各體中，補選十數篇，附錄在後面，供讀者參考。」附錄首選《上山采蘼蕪》，在介紹中原文抄錄胡適《論短篇小說》中對該詩的分析。胡適在《中學國文的教授》的演講中，認爲國語文的教材包括「二十部以上，五十部以下的白話小說」，並將其篇名列舉出來。《白話文範》所選的五部明清白話小說，都在胡適列舉的範圍之內。

可見，《白話文範》之所以跟《國語文類選》不同，多帶「文學的意味」，是因爲它受到胡適等人「白話文學史」觀的影響。但對選文的具體處理上，它跟胡適的想法卻不盡相同。

胡適強調分析寫作技巧，而洪北平、何仲英不僅強調分析作品的寫作技術，更重視內容的剖析。胡適認爲，「小說和戲劇都由教員指定分量，由學生自修。課堂內只有討論，不必講解」。比如討論《西遊記》前八回爲什麼好看，嚴貢生臨死伸出兩個指頭的「好處究竟在什麼地方」，「此外如一切佈局、描寫、用意、人物，都可以作討論的內容」。應通過教學戲劇練習「發音說話」，「並且討論他的佈局體裁等」。學習長篇議論文和學術文，應注重「本文的剖析」，分段分節，「注重材料的搜集」、「注重論理的組織」。〔註66〕可見，胡適將注意力集中在寫作技術的分析上。洪北平不僅要求分析寫作技術，更強調內容的分析。他認爲，學生「懂的是白話，至於白話文，文的內容，文的做法，未必能夠全懂。我每每講一篇千字左右的白話文，如陳獨秀《人生眞義》、蔡元培《杜威博士生日講演辭》等，要用四五小時，若照原文念一遍，大約五分鐘便夠了，然而學生如何得懂呢？」〔註67〕在具體操作中，洪北平要求「對於文的內容——敘的事，說的理，狀的物，寫的情——加以研究」，「對於文的形式——體裁，結構，作

〔註66〕胡適：《中學國文的教授》，《教育叢刊》第 2 集，1920 年 3 月。
〔註67〕洪北平：《中等學校與白話文》。

法，修辭──加以研究。」〔註68〕何仲英不贊成完全自修討論，因爲他也強調文章的內容：「有些考據說理的白話文，其中引證西洋哲學和中國古代書籍的甚多，試問學無根柢的人，如何懂得？雖說中學生的知識有限，不能教授這些材料，然而在這知識饑荒時期，學生求知心切，什麼人生問題、社會問題、文學問題……都喜歡研究，如若不酌量討論，恐怕陷入歧途，反爲不美，這是我們應當供給需求的唯一機會，非教授不可！」〔註69〕《白話文範參考書》「酌量討論」所選作品時，主要採用兩種方式。一是解釋文中出現的專業名詞，如在戴傳賢《戰後太平洋問題序》後，解釋「海上自由」、「海軍根據地」、「門羅主義」、「東方優越權」等詞。二是列出與課文主題相同的作品。比如在郭虞裳《廢兵運動》後，列出《時事新報》中張東蓀的《廢兵裁兵》（節錄）和《新潮》中傅斯年有關去兵問題的幾段文字，在胡適《非個人主義的新生活》後，列出周作人《新村的理想與實際》與童一心的相關批評。而這兩種方式，其實都指向對作品內容的理解。

也就是說，胡適通過國文教學分析寫作技巧的設想，沒有被洪北平、何仲英完全接納。何仲英所謂「文學的意味」，主要表現在選了一些純文學作品上。除部分抄自胡適等人的評論外，《白話文範參考書》對選文的分析，側重其思想內容方面。當然，這也跟編者的文學鑒賞能力有關。《白話文範》編選時，《狂人日記》、《孔乙己》、《藥》已經發表於《新青年》，《明天》已經發表於《新潮》，《一件小事》已經發表於《晨報週年紀念刊》。《白話文範》從《新青年》選13篇，從《新潮》選4篇，從《晨報週年紀念刊》選3篇，但魯迅小說卻 1 篇都沒有選。兩位編者對新文學的鑒賞能力不高，導致他們在主觀上雖力圖將《白話文範》與《國語文類選》區別開來，但客觀上差別不大，《白話文範》亦側重各種問題的討論。

通過上述分析，可見劉半農和胡適所代表的《新青年》不同階段的兩種國文教學觀點，都對當時的中學國文教科書編寫產生了巨大影響。以前的研究雖然沒有注意區分兩種國文教學觀點的不同之處，但都注意到了產生影響這一事實。但是，爲人們所忽略的是，《新青年》的國文教學觀點，並沒有完全貫徹到國文教科書的編寫中去。我們對當時國文教學的研究，並不能止步於剖析《新青年》的國文教學觀點。由於編者水平、愛好等主觀原因和白話

〔註68〕同上。
〔註69〕何仲英：《白話文教授問題》。

文發展實際、白話文教授方法的困境等客觀原因，無論是白話應用文的教學，還是「白話文學史」的教學，《新青年》的倡導都沒有完全落實。最早兩套中學白話國文教科書，將問題和主義的討論定位爲主要編寫目的，反映了白話文初次出現在中學國文教學中的實際情況。

第三節　20 年代初中國文教科書中的新思潮與新文學

　　浙江一師的國文課，是討論新思潮的場合，作爲學生的朱文叔，編出了《國語文類選》，作爲教師的沈仲九，後來則聯手孫俍工合編了市面上最早的初中國文教科書——《初中國語文讀本》。〔註70〕這套教材面世後影響很大，胡山源說：「1923 年至 1924 年我在松江景賢女子中學教國文時，用的課本是民智書局出版的三厚冊中學讀本，編者便是沈仲九。這完全是新型的國文讀本，裏面沒有一篇文言文，盡是『五四』以來的白話論文、詩歌和小說。這套讀本對於傳統思想的改造有很大的作用，對於新文學的學習也有很大的影響。我很佩服編者的認識正確，也以獲得了這種好讀本而感到愉快。」〔註71〕當時兩所名校，東南大學附中和浙江春暉中學，在 1923 年，都使用它作教科書。〔註72〕

　　沈仲九、孫俍工都要求初中國文完全教授白話文。沈仲九認爲：「中學課程，應該注重各專科共通的基本智識，若要教授古文，養成看古書的能力，

〔註70〕 這套教材第一編、第三編 1922 年 8 月出版，第二編、第四編 1923 年 1 月出版，第五編 1924 年 3 月出版，第六編 1923 年 3 月出版，第一編 1928 年 3 月出至第 6 版，第五編 1930 年 2 月出至第 3 版。可見，這套教科書在 20 年代具有一定的市場。編者沈仲九是新文化運動的積極參與者，《星期評論》的主要撰稿人，著名教育雜誌《教育潮》的編者。1922 年，他在上海吳淞中學擔任國文教師。編者孫俍工，1894 年出生於湖南，1916 年考入北京高等師範學校。他是五四時期活躍的小說家、新詩人，於北京高師在讀期間編輯《平民教育》周刊與《工學》月刊，並與上海《星期評論》社有聯繫。1920 年，孫俍工被《星期評論》社戴季陶、邵力子介紹至漳州第二師範作國文教員，不久，被北京高師同學匡互之召至湖南一師，隨後，又來到上海吳淞中學擔任國文教師，與沈仲九同事。

〔註71〕 胡山源：《文壇管窺：和我有過往來的文人》，上海古籍出版社，2000 年。第 206 頁。

〔註72〕 東南大學附中的情況見本文後面的分析。春暉中學的情況見劉薰宇《1923 年度中學教務上的一個報告》，《浙江省春暉中學》，人民教育出版社，2008 年。第 81 頁。

那是專為研究文科的預備，不是設立中學的本意了。照以上的理由說來，可以決定中等學校學生畢業以後，多數人不必看古書，所以中等學校，不必教授古文，養成看古書的能力。」〔註73〕「我以為中國的古書，只足以作專門家研究的材料，而不足以作為中學生的誦讀之書。他好像是一堆瓦礫場，他好像是地底下的礦產。他裏面未始沒有好東西，但是要待人們去整理去採掘。以整理古書的目的去看古書，古書才能於我有用；但是這種責任，中學生能夠擔負嗎？復古的思想，在中國的國民心裏，尚有很大的潛勢力，如果教一般判斷力，別擇力不曾充足，志趣未定的青年去看古書，恐怕會把許多違背時代潮流的荒謬的思想，囫圇吞棗的吸收到腦筋裏去，而復古運動將成為一有力的運動，這不能不說是中國前途的隱憂呵！」〔註74〕孫俍工認為：「從文藝底本身上說，初中底國文教學應該完全是國語的，這有兩種說法，一是從來好的文藝都是國語的，一是要是國語的文藝才是真的文藝」；「從思想上說，初中國文教學應完全是國語的，古代底文章裏沒有好的思想，縱然有一點，不是勉強附會的，便是不合適現代的生活」；「古文與科學是矛盾的」，「學生一面研究科學，一面學古文，能力不夠」。所以，他「主張初級中學底國文教授，無論教的學的應該都是國語的，而且完全是國語的，（不教古文，而且不兼教古文）」。〔註75〕正因為此，《初中國語文讀本》容量很大，預備填滿初中國文教學的絕大部分時間，沒有為古文教學留下餘地。

《初中國語文讀本》的「選材標準，是內容真實而不背時代精神，形式合法而充分表現個性。」〔註76〕孫俍工補充的教授大綱也稱，國文教學「對於知的方面以『啓發思想，並且瞭解現代思潮底大概』為主旨，對於情的方面，以『培養美的情感，並且瞭解彼底變遷和性質』為主旨，對於意的方面以『發表情思，記敘事物』為主旨。」〔註77〕

讓學生「瞭解現代思潮底大概」，正是《初中國語文讀本》前四編的編選宗旨。由於所選作品較多，本文不打算一一羅列，僅從穆濟波對該書使用情

〔註73〕仲九：《對於中等學校國文教授的意見》，《教育潮》第1卷第5期，1919年。
〔註74〕沈仲九：《中學國文教授的一個問題》，《教育雜誌》第16卷第5號，1924年5月20日。
〔註75〕孫俍工：《初級中學國文教授大綱的說明》，《中等教育》第2卷第5期，1924年2月1日。
〔註76〕孫俍工、沈仲九：《編輯大意》，《初中國語文讀本》（第一編）。
〔註77〕孫俍工：《初級中學國文教授大綱的說明》。

況的考察中，以窺一斑。1923 年，穆濟波在東南大學附中擔任國文教員時，使用《初中國語文讀本》第三編。他分四單程教學，並對前三個單程的教學過程作了詳細介紹。第一單程 4 星期學完，「示以時間最易喪失，人生不可不覓一正當生活道路。東方孔老之教訓，有足以提振吾人奮興有爲之精神，破除一切成敗得失之見者在，吾人企圖不朽，並非甚難，惟當盡其所能，爲社會做一番事業。」﹝註 78﹞教材爲《初中國語文讀本》中的法國囂俄著、奎章譯《沙葬》，李大釗《今》，梁漱溟《一個人的生活》，梁啓超《知不可而爲主義與爲而不有主義》，胡適《不朽論》，並另從《小說月報》選王思砧《風雨之下》。第二單程教學時間爲 4 星期，試圖讓學生懂得：「生命要求我們無間的工作，工作來到世間是人們應該一律分任的，無論何人都不得自由。偷墮退卻，都是弱者。吾人爲工作而生活，在此未完的大業中，盡管努力做去，縱令社會惡劣，但當認識未來，企望未來，爲人類全體，今日吾人即有重大之使命在。」﹝註 79﹞教材爲《初中國語文讀本》中的顯克微之著、周作人譯《二草原》，鄭振鐸《自由》，陳獨秀《自殺論》，朱執信《人類的將來》，張崧年譯《精神獨立宣言》，愛羅先珂講、李小峰宗甄甫合記《知識階級的使命》。第三單程教學時間爲 4 星期，試圖讓學生明白：「社會制度，把一般同生共命的人類，強分出無限智愚強弱的主奴階級來，要免除人類的悲苦，便要將這一層層的障壁打倒，一切不合理的思想，制度，都給完全解放改造，重新再鑄文明。如能將人類之狹隘的習慣一一破除，庶幾乎才有一種正當的生活。」﹝註 80﹞教材爲《初中國語文讀本》中的魯迅《故鄉》，胡適《新思潮的意義》，胡漢民《習慣之打破》，愛羅先珂著、魯迅譯《狹的籠》。

　　以問題爲中心組織選文，應是沈仲九的主張。1919 年，沈仲九在浙江一師時就「以和人生最有關係的各種問題爲綱」﹝註 81﹞搜集和組織國文教材。此後幾年，他一直堅持認爲，國文教學的目的是讓學生瞭解「現代思潮」。與其讓學生「讀《莊子》、《墨子》、《荀子》等，不如叫他讀《胡適文存》、《獨秀文存》這一類書；因爲一則難懂，一則易解；一則未必合於現代思潮，一則可以當作現代思潮的一部分的代表。就輕重緩急論，要做一現代的人，不

﹝註 78﹞ 穆濟波：《道爾頓制實驗班國文教學計劃》，《中華教育界》第 13 卷第 6 期，
　　　　 1923 年 12 月。
﹝註 79﹞ 同上。
﹝註 80﹞ 同上。
﹝註 81﹞ 仲九：《對於中等學校國文教授的意見》。

懂《莊子》、《墨子》等的學說，卻不要緊；不懂國語文提倡的理由，不懂女子解放問題、貞操問題、婚姻問題、禮教問題、勞動問題等，卻是要做一時代的落伍者。」〔註82〕這跟《國語文類選》的宗旨是相同的。但另一方面，《初中國語文讀本》跟《白話文範》相似，選了很多文學作品。前四編 199 篇作品，按作者統計，周作人 19 篇（著 10 篇，譯 9 篇），魯迅 19 篇（著 16 篇，譯 3 篇），胡適 16 篇（著 12 篇，譯 4 篇），蔡元培 8 篇，梁啓超、李大釗、葉紹鈞、郭沫若、俞平伯各 5 篇，沈玄廬、錢玄同、劉復、鄭振鐸各 4 篇，冰心、劉大白、戴季陶、朱自清、任鴻雋各 3 篇。周作人和魯迅的作品超過了胡適、蔡元培、李大釗的作品。魯迅的 19 篇作品中，不僅包括《孔乙己》、《藥》、《故鄉》、《風波》4 篇小說，還有 8 篇隨感錄。葉紹鈞、冰心的作品全是小說，郭沫若、俞平伯的全是新詩，錢玄同的全是隨感錄。從來源刊物統計，跟同一時期其他白話文教科書相似，《新青年》是該書選文的主要來源。此外，該書中有 19 篇選自《覺悟》，15 篇選自中國新詩社《詩》，10 篇選自《小說月報》。《覺悟》屬新文學四大副刊之一，《小說月報》和《詩》都是純文學刊物。作者和來源刊物的排序說明，《初中國語文讀本》前四編是一本以新文學作品爲主的中學國文教科書。

　　選文以新文學作品爲主，跟當時白話文教材的匱乏有關。何仲英在編選《白話文範》的過程中，發現在各種體裁的白話文中，只有小說最適合做教材。何仲英將白話文分爲散文、韻文、戲劇、小說四種。他認爲，散文本應成爲教科書的主要選文，但「議論文長短不均的居多；短的一覽無餘，無甚意義，長的又是冗雜者多，詳細者少，皆是長篇而有很好的思想，縝密的結構未嘗不可令學生自己研究，條分縷析，鍛煉他們的腦筋，比較一部死板板的論理學好，又可惜太少了，寫情文在國語的散文中，最爲少見；就是有的，也是遊記體、雜記體，隨感而發，無甚精彩。記事文大都犯冗長的毛病，好的模倣西文，妞妞捏捏，醜的尖刻輕狂，風格太低。學術文比較的純粹無流弊，唯第一要敘述得有頭有尾，乾乾淨淨；第二要深入顯出，容易瞭解；有此二條件，那就難了。況且學術文只能教授一部分學生，不能及於全體。白話應用文尚未通行，材料除書牘廣告類文字外殊少」。此外儒釋語錄，尺牘簡記，都不可取，韻文戲曲，也很少有適合做教材的，僅小說方面，「比較他項

〔註82〕沈仲九：《中學國文教授的一個問題》。

材料實多一點」。〔註83〕但《白話文範》所選小說畢竟不多，何仲英這一經驗留給了沈仲九與孫俍工。

　　但是，當文學作品大量進入初中國文教科書後，它本身的價值也會逐漸被髮現。

　　常乃德認爲，小學畢業生就已經能做白話文了，如果中學還要教學白話文，應將「重點放在文學上」，並進一步認爲：「能做好文字與否固然不是中學生重要的問題，確實鑒賞和辨別文學作品的能力是不可缺的。中學校所造就的是普通的人民，普通的人民若對於文學的興味一點沒有，則結果必造成乾燥無味的社會；而且也絕不出偉大的文學天才，因爲天才是要在社會的獎進底下才能產出來的，故鑒賞力實爲中學國文教授不可缺的目的。」〔註84〕同是主張以文學作品爲主要教材，如果說何仲英是迫不得已，常乃德是爲了培養鑒賞力，那麼孫俍工則是爲了新文學的長遠發展。孫俍工認爲：「在中等學校底國文科裏純文學應該占十分之六七，不然，至少應該與雜文學並重。」「我這裡所說的『文藝』，就是最近代所流行的『純文學』，彼底眞實的內容就是詩歌、小說、戲劇三者。」至於爲什麼要占這麼高的比重，孫俍工的出發點是新文學的發展。他說：「我以爲在中國現代的文學界裏，如果不極力把文藝的意義闡明到眞確的時候，把文藝底生命擴張到了人們全體的時候，把文藝底基礎弄到極穩固的時候，不但永遠沒有眞正的純粹的文藝呈現出來，甚或至於連現在所流行的時髦的白話文底聲浪也將要毫無聲息地消沉下去。」「我們唯有如前書所說把彼從已經死去了的境地當中蘇醒過來，培養灌溉，使彼的再生的生命發展到人們底生命中間去。這是我們唯一的責任。要實現這個責任，第一步的辦法，我敢說非把彼在中等教育中的位置從等於零的地位增加到極高不可；換句話說，就是文藝在中等教育中，此後應該占一個極重要的位置。」〔註85〕

　　明白了孫俍工的觀點，我們就可以理解《初中國語文讀本》五、六編選文的由來了。兩編「爲國外小說名作的翻譯，而另外輔之以長篇翻譯劇本及詩歌」，

〔註83〕何仲英：《國語底教材與小說》，《教育雜誌》第 12 卷第 11 號，1920 年 11 月 20 日。

〔註84〕常乃德：《中學校國文教授之我見》，《中等教育》第 2 卷第 1 期，1923 年 3 月 1 日。

〔註85〕孫俍工：《文藝在中等教育中的位置與道爾頓制》，《教育雜誌》第 14 卷第 12 期，1922 年 12 月 20 日。

〔註86〕在編輯上「以作家的國別和時代爲準」。〔註87〕第五編選 15 篇作品。法國小說 7 篇，其中都德、莫泊三、考貝各 2 篇，弗朗士 1 篇。德國作家滋德曼的小說 1 篇。俄國小說 7 篇，其中契訶夫 3 篇，屠格涅夫、陀思妥耶夫斯基、托爾斯泰、科羅連珂各 1 篇。第六編選 23 篇作品。俄國小說 5 篇，包括梭羅古勃、高爾該、安特來夫、庫普林、阿爾支拔綏夫各 1 篇。挪威小說 2 篇，其中包以爾、般生各 1 篇。瑞典作家斯忒林培克的小說 1 篇。愛爾蘭小說 2 篇，其中夏芝、唐珊南各 1 篇。義大利作家鄧南遮小說 1 篇。波蘭小說 3 篇，其中顯克微之 1 篇，魯普斯 2 篇。猶太作家賓斯奇小說 1 篇。新希臘作家靄夫達利阿啼斯小說 1 篇。芬蘭作家明那亢德小說 1 篇。印度泰戈爾作品 2 篇。日本作品 4 篇，其中國木田獨步、佐藤春夫、加藤武雄、武者小路實篤各 1 篇。這 38 篇作品中，13 篇來自《小說月報》，8 篇來自《東方雜誌》，5 篇來自《點滴》，4 篇來自《新青年》，3 篇來自《覺悟》，2 篇來自《少年中國》，來自《新潮》、《晨報副刊》、《新的小說》各 1 篇。《點滴》是周作人的翻譯小說集，其餘刊物大都是新文學的主要陣地。孫俍工爲這些作品設計的作業中，包含分析「所含蘊的思想問題、所表現的人生問題及學生對於本篇的感想和批評」，「注意作家略歷、作家的思想學說、作家藝術上的主張（人生的藝術或藝術的藝術）及派別（浪漫派、自然派或新浪漫派等）、作家所受時代精神與環境的影響」等。〔註88〕五、六編的選材、組織和作業設計，完全是外國文學作品的欣賞與研究。這既跟《國語文類選》迥異，也跟《白話文範》不同，自此，新文學作品在中學國文教科書中才眞正取得了地位。

可見，《初中國語文讀本》的內容，正如編者所說，一方面是「瞭解現代思潮底大概」，另一方面是「培養美的情感，並且瞭解彼底變遷和性質」。以新思潮和新文學爲內容，正是這一時期初中國文教科書的共同特點。

世界書局《中學國語文讀本》與中華書局《初級國語讀本》的編輯，都受《初中國語文讀本》的影響。

《中學國語文讀本》編者秦同培，江蘇錫山人，民國初年曾爲商務印書館編輯初等小學修身、國文教科書，收入商務印書館的共和國教科書系列。新文化運動時期，他似乎沒有發表過文章。《中學國語文讀本》共四冊，爲「小

〔註86〕同上。
〔註87〕孫俍工、沈仲九：《編輯大意》，《初中國語文讀本》（第一編）。
〔註88〕孫俍工：《文藝在中等教育中的位置與道爾頓制》。

學後數年，及初級中學可以通用的教材。」〔註89〕在《編輯大意》中，秦同培說：「本書對於內容方面，專取教材新穎，可以得到新知識的，凡舊有汙濁的迂拘的謬誤的種種成見，一概把他打破，給學生以種種平坦寬廣的大路，像對社會對世界，什麼自治互助等緊要覺悟，都直接間接的，與以明示或暗示，目的都是認定要使學生自立，要使學生知道將來重大發展的方向。」似乎內容在於討論新思潮，但接下來，秦同培又說：「對於形式方面，在引得文學的濃深趣味，常人以爲語體文，總不外是赤裸裸的，直率單調的罷了，不知道從我們文學的眼光看起來，那語體文中間，也仍舊是五花八門，有的是以寫實見長的，有的是以表情見長的，有的是以說理見長的，有的是以描景見長的，各有各手法，各有各本領，決不是隨便寫上幾句，就可以算數的，本書對於白話種種文體，大要略備，目的也就在這一點上面，又書中於有趣味的小說遊記一類，搜羅得特別多，意思也是這樣。」〔註90〕秦同培對白話文的理解頗爲獨特，似乎白話文的形式是「文學」，內容是新思潮。通過新文學來理解新思潮，恰好也正是仲九、倪工《初中國語文讀本》的特色。

　　《中學國語文讀本》中有78篇作品跟仲九、倪工《初中國語文讀本》相同，占《中學國語文讀本》選文總數119篇的近2/3。據我們判斷，這78篇作品都是直接從《初中國語文讀本》中抄過來的。原因有三。一，這些作品的排序與其在《初中國語文讀本》中的排序大致吻合。二，78篇作品中，魯迅《從老到死》、《大恐懼》、《保存國粹》、《藥》、《孔乙己》，蔡元培《我的新生活觀》、《記紹興志學會的三大願》，錢玄同《中國派的醫生》，任鴻雋《何謂科學家》，郭沫若《新月》、《雨後》、《白雲》，鄭振鐸《自由》，梁啓超《歐遊心影錄楔子》，徐特立《留法老學生之自述》，俞平伯《牆頭》，大悲《哭中的笑聲》等17篇作品，《初中國語文讀本》沒有標明來源，《中學國語文讀本》也沒有標明。餘下的61篇，《初中國語文讀本》標明了來源，《中學國語文讀本》也標明了。三，78篇外的其他作品來源非常狹窄。41篇作品中，來自《青光》27篇，而爲梁紹文所作的就有18篇。某一刊物或某一作者的作品在教科書中的比例如此之高，是非常少見的。秦同培解釋說：「本編遊記文字，採取梁紹文先生的特別多，因其描景寫實表情各方面，都能作良好模範，又所述南洋對外情形，兼可與學者以甚深的刺激，諒梁先生定是歡迎這種宣傳的，

〔註89〕《編輯大意》，《中學國語文讀本》，世界書局，出版年不詳。
〔註90〕同上。

原文採自《青光》，諒青光社也決取解放主義，要人們這麼宣傳的，本局謹代表學者諸青年多多感謝」。〔註91〕餘下的作品中，6 篇來自胡適《嘗試集》，3 篇來自《時事新報・學燈》。

　　1923 年，白話刊物已成席卷之勢，秦同培除抄錄現成教科書選文外，僅從有限幾種刊物中選材，而他所推崇的梁紹文，並非知名作者，說明世界書局面對新的國文教育思潮，其實並沒有準備好，只能倉促上陣。

　　《初中國語文讀本》對 20 年代初中國文教科書編輯的影響，還體現在中華書局的《初級國語讀本》上。編者沈星一，跟秦同培相似，在新文化運動中似乎沒有發表過文章。《初級國語讀本》所選作品，「以記敘文、抒情文為主，參用議論文、說明文。第一冊是今人淺顯的作品，以期和小學銜接。第二冊兼采舊說部，使學者略識國語文演進的歷程。第三冊兼采譯作，並略注重於探討問題研究學理之文，使學者益瞭解國語文在現今實際上的應用。」〔註92〕根據文類的不同，可將《初級國語讀本》的 118 篇作品分為論說文、小說與傳記、新詩、遊記與小品文四類。40 篇論說文中，有 16 篇跟《初中國語文讀本》所選篇目相同，37 篇小說與傳記，有 21 篇已經出現在《初中國語文讀本》中。《初中國語文讀本》創作小說推崇冰心、葉紹鈞與魯迅，翻譯小說推崇周作人，《初級國語讀本》所選小說也以此四人的最多。28 首新詩中，有 9 首已經出現在《初中國語文讀本》中。13 篇小品文、遊記和調查報告中，有 5 篇也為《初中國語文讀本》所選。也就是說，《初級國語讀本》中有接近一半的作品跟《初中國語文讀本》是相同的，其餘作品，多以類相從。可見《初級國語讀本》也以新思潮和新文學為內容。

　　跟中華書局和世界書局安排某一位內部職員獨立編輯初中國文教科書的做法不同，商務印書館聘請了五人編輯新學制頒佈後的第一套初中國文教科書。1923 年 2 月，商務印書館《初中國語教科書》開始出版，至 1924 年 2 月出齊。《初中國語教科書》出版後風靡一時，不僅成為輿論焦點，也為各地中學廣泛採用。1925 年 2 月，在孟憲承所調查的江蘇 46 所中學中，以該書為教材的有 10 校。〔註93〕1926 年，地處邊遠的雲南省立第四師範學校也使用它為

〔註91〕同上。
〔註92〕《編輯大意》，《初級國語讀本》（第一冊），中華書局，1924 年 8 月。
〔註93〕孟憲承：《初中讀書教學之研究》，《新教育》第 10 卷第 3 期，1925 年 4 月。

教材。〔註94〕1929 年 3 月，第三冊出至第 65 版。1932 年九一八事變後，出版「國難後」的新版本，1932 年 10 月，第四冊出至「國難後」第 9 版。

　　《初中國語教科書》由胡適、王雲五、朱經農校訂，第一二冊由周予同、吳研因、范善祥編輯，第三至第六冊由顧頡剛、葉紹鈞編輯。周予同時任《教育雜誌》編輯。吳研因長期從事小學國文、歷史等教科書的編輯，並起草了《新學制課程標準綱要小學國語課程綱要》。顧頡剛是整理國故的幹將，為胡適當時最得意的弟子。葉紹鈞是著名的新文學作家，並長期從事中小學國文教學工作，起草了《新學制課程標準綱要初級中學國語課程綱要》。這是一個引人矚目的編輯群體。至於為何由周予同、吳研因、范善祥編輯前兩冊，顧頡剛、葉紹鈞編輯後四冊，外界曾有過猜測。「我看這套書一共由范善祥、吳研因、周予同、顧頡剛、葉紹鈞五位先生合編的，似乎最初由一人主持，酌采其他一二人的意見，便倉促出了第一冊書；其後主持者不願意幹了，把自己所選的一點稿子又交給第四人第五人，而第四人第五人接辦之初，迫於出版的亟促，不暇改弦更張，便依樣葫蘆，出了第二冊書，又其後才放心做去，各選其心中所愛讀的文章，而為第三冊第四冊第五冊，而第六冊出版較遲，內容較富，尤可代表續編者的心理，但與最初編輯大意，不知相差幾何了」。〔註95〕對於這一猜測，商務印書館編譯所回應說：「其實這正是我們編輯本書的深意所在，斗膽說起來，或者可算是本書的特長，因為初中國語教學之目的，在能下接小學，上接高中；惟其下接小學，所以最初一二冊須用編輯小學國語教科書的方法，不能不以對於小學教育有經驗的人擔任編輯，篇幅取其短，內容取其清淺有趣，亦因此故；惟其上接高中，所以最後一二冊對於國故的篇章不能不酌量選入，尤不能不以對於國故有特別興趣的人擔任編輯，加以歐化的文藝在我國現今著作界中，已經自樹一幟，也有相當的價值，要使初中學生對於此種文體有欣賞和認識的能力，也就不能摒置不選，我們因為初中國語教科書既有前述的多方面需求，所以本著供求相應之旨，依序插入各種教材；區區之意，正所以便於下接小學上接高中，並養成學生欣賞和認識各種文體的能力，此種辦法，亦係慎重討論後所得結果，特此說明，

〔註94〕何振基：《關於初中國語教科書》，《新教育評論》第 3 卷第 15 期，1927 年 3 月 11 日。

〔註95〕何仲英：《評初中國語教科書》，1924 年 5 月 3 日、5 月 6 日《時事新報・學燈》。

以供教育界參考。」〔註 96〕商務印書館的這一說法，不僅表明了五位編者分冊編輯，正是精心安排的結果，而且揭示了他們初中國文教科書的編輯方針：以新文學作品為主，酌量選取「國故的篇章」。

　　《初中國語教科書》共 259 課，123 課白話作品除來自商務印書館《少年叢書》有關世界名人軼事的 4 篇白話傳記和從文言作品翻譯而來的 9 篇白話作品外，其餘 110 篇作品中，議論文 11 篇，學術文 4 篇，小說 11 篇，新詩 9 首，散文 11 篇，翻譯作品 22 篇，古白話文 42 篇。雖有相當多的作品也選入了《初中國語文讀本》、《初級國語讀本》等教科書中，但《初中國語教科書》中的議論文在同類教科書中是最少的，其純文學作品卻是同類教科書中最多的。如果說《國語文類選》偏重新思潮，那麼《初中國語教科書》大部分都是新文學作品。而《白話文範》、《初中國語文讀本》、《中學國語文讀本》、《初級國語讀本》四套教科書處在上述兩套教科書之間，論說文與新文學作品都佔了一定比例。

　　除在論說文和新文學作品的比例上有差別外，由於教科書編者各自所在社會網路的不同，其所呈現的新思潮和新文學的面貌也不相同。

　　首先，這些教科書打上了編者所在文化圈的烙印。朱文叔、沈仲九來自浙江一師，沈仲九還是南方新文化界的主要人物。孫俍工在北京高師畢業，在學期間就開始在新派刊物上發表文章，對於北方文化界非常熟悉，而且結識了南方的戴季陶等人，具有南北文化圈的背景。所以《國語文類選》、《初中國語文讀本》不僅選了很多蔡元培、胡適、李大釗的作品，也選了沈玄廬、戴季陶、劉大白的作品。但沈星一《初級國語讀本》和葉紹鈞等《初中國語教科書》與此就大不一樣了，這兩套教科書的編者明顯偏袒北方作者群落。《初級國語讀本》雖然選了劉大白、沈玄廬、郭沫若等人及來自《建設》、《解放與改造》等刊物中的作品，但都包括在《初中國語文讀本》裏了。僅在《初級國語讀本》中出現的作品，大多來自《新青年》作家群和文學研究會作家群活躍的《新青年》、《小說月報》、《晨報副刊》等刊物，這說明沈星一對《新青年》和文學研究會的刊物比較熟悉，對南方《建設》、《解放與改造》、《民國日報‧覺悟》、創造社刊物則比較陌生。他選南方作家的作品，很可能是照抄《初中國語文讀本》的。葉紹鈞等《初中國語教科書》中白話文的作者幾

〔註96〕商務印書館編譯所國文部：《答何仲英先生》，1924 年 5 月 14 日《時事新報‧學燈》。

乎都為北京大學同仁或文學研究會作家群，戴季陶、張東蓀、沈玄廬、劉大白等人的作品都沒有出現。所以何仲英批評《初中國語教科書》的選文傾向於「一派同志」。〔註97〕新文化運動中，北京大學影響下的《新青年》、《新潮》、《小說月報》固然是主力，南方的《解放與改造》、《星期評論》、《民國日報·覺悟》也起了相當大的作用。後人書寫現代文學史時，對於《新青年》作家群和文學研究會作家群往往濃墨重彩，南方的努力卻一筆帶過甚或根本不提。這跟《初中國語教科書》的選文情況類似。上述幾套教科書中，《初中國語教科書》影響最大。後來中學國文教科書選新文學作品，往往不及南方作家，應該跟《初中國語教科書》有關。

其次，這些教科書中的翻譯作品以周作人所譯最多，對於文學研究會之外其他作家的譯品，選得很少。

對於中學國文教科書應不應該選翻譯作品，當時曾展開過討論。何仲英不同意選翻譯作品。「西洋中學讀本中兼選非本國的名著，為數不多，而且語言文字相同，或是相近，比較地迻譯尚能保存原文之美；漢譯則較難，他們所選的譯著多係前代名人手筆，經久論定；似乎像我國現在人才恐慌的時候，幾個初出茅廬暴發戶的作家譯家，還不配列入教科書，丟國家的臉。」對於這樣的觀點，葉紹鈞回應說，「至於我們採取翻譯文的理由：一、外國文學抒寫表達的質料和技能往往有與我國異致的，兼收並蓄，意在使學者擴充欣賞的範圍；並非以為自國文學的遺傳已淘汰到再沒有可選的地步了。二、初中作文，包有譯文一項。教材中採取翻譯文，可為這一項練習的模式。——選編一種書籍，自不能不有所取捨；若要把遺傳下來的好文學十分滿意地盡行納入一部書中，事實上是不可能的。現在我們以自國文學為主；為著上述兩個理由，參加一些翻譯文學（第三冊六篇，第四冊七篇，約占全冊篇數六分之一），當也是可邀諒解的。」〔註98〕葉紹鈞的觀點被普遍接受，後來編輯出版的初中國文教科書，除30年代傅東華的《復興初中國文》等少數幾套外，大都選了翻譯作品。

這些教科書中的翻譯作品，以周作人所譯最多。《初中國語教科書》連同文言在內的31篇翻譯作品中，周作人就有13篇。何仲英對此意見很大：「既迷信

〔註97〕何仲英：《評初中國語教科書》。
〔註98〕葉紹鈞：《關於〈初中國語教科書〉的陳述》（1924年6月5日發表），《葉聖陶集》（第16卷），江蘇教育出版社，1993年。第9頁。

一二名流的表揚，崇拜周作人的文字，認爲翻譯正宗，盡可幹乾脆脆地就叫學生各備一部《域外小說集》，一部《點滴》，……課外自由閱讀，得益較多；何必雞零狗碎，東鱗西爪，使他不成片段，散見於各冊之中，把這位偶像擡得高高地，在本書裏坐第一把交椅呢？」〔註99〕其實，這不是《初中國語教科書》的一家看法。《初中國語文讀本》第五、六編所選33篇翻譯作品中，周作人翻譯的就有10篇，而且第五、六編按國別排序的編輯方式，也跟《點滴》的編排方式相同。《初級國語讀本》所選12篇翻譯小說中，周作人翻譯的就有5篇。這充分說明了周作人的翻譯作品在當時中學國文教學中的重要地位。

　　第三，對於胡適等人有關「古白話文」的界定，及哪些作品屬於「古白話文」，教科書編者的看法還不統一。古白話文，即歷史上的國語文學，是胡適等人爲論證新文學的合法性，建構起來的一種稱謂和體系。莊適與沈星一在編輯專選文言文的教科書時，將其作爲文言文選了進去，說明這些作品在胡適等人看來是白話，在另一些人看來卻是文言。當時的教科書編者對此看法很不一致。《國語文類選》、《初中國語文讀本》、《中學國語文讀本》就都不選這些作品。《初級國語讀本》僅選了語錄和小說，對於古人書信和《孔雀東南飛》、《木蘭詩》等民歌都沒有選。《白話文範》則選了民歌、語錄、書箚和部分明清長篇小說片段。《初中國語教科書》不選語錄、書箚。在周予同看來，語錄不入選的理由是：「A. 宋元人的語錄雖是白話，但研究是宋元人的白話，和現代稍微不同。在現在國語運動未成熟與南方學生未學好國語之前，是否對於學業成績和國語統一前途上，不至發生障礙？B. 語錄每每是短促的格言式，很少篇章的組織。」〔註100〕《初級國語讀本》與《初中國語教科書》都選明清小說，但僅《儒林外史》中王冕一段相同。《初級國語讀本》節選了《水滸傳》，周予同不同意選，「《水滸》雜了許多宋元時代山東一帶的方言」。對於《紅樓夢》，周予同也不同意選，「作者的藝術手腕太高，每每引讀者化身入大觀園，而無暇細細研究它藝術上描寫的方法。」〔註101〕除《木蘭詩》等民歌和部分明清長篇小說選段外，《初中國語教科書》還選有絕句、律詩等近體詩和宋元南戲、元明散曲和明傳奇。《初中國語教科書》選戲曲作品，黎錦熙覺得很好。他在論述平話小說、小曲、戲劇之後說：「現行坊本國語教科書

〔註99〕何仲英：《評初中國語教科書》。
〔註100〕周予同：《對於普通中學國文課程與教材的建議》。
〔註101〕同上。

中知道選這路材料的還很少，只有商務館《新學制國語教科書》第六冊選了
元睢景臣《漢高祖還鄉》中的『套數』一篇」，「『小令』中很多絕唱，竟還沒
有選的。」「又《新學制國語教科書》第六冊，選了明施紹莘《花影集》中的
一篇《吟雪》的套數，高明《琵琶記》中《吃糠》的一段，《六十種曲》中《牧
羊記》的《望鄉》一段，王世貞《鳴鳳記》的《寫本》一段，在坊本中，算
較爲特別的。」〔註 102〕其實《初中國語教科書》的編者之一周予同並不贊成
選詞曲作品，理由是「詞曲有格調聲律的限制，不是中學生所能領悟，也似
乎不必領悟。」〔註 103〕但顧頡剛、葉紹鈞並沒有考慮他的意見。這說明，胡
適等人建構的「白話文學史」，雖然影響了中學國文教學，但其內涵還比較模
糊，各家對此看法尚不一致。

綜上所述，20 年代不同初中國文教科書呈現新文學和新思潮的側重點其
實並不相同。

第四節　學界對 20 年代初中國文教科書的批評

上述教材出版後，文言教材受到的批評較少，而白話教材受到的非議較多。
這些教科書既不劃分單元，也沒有指示教學方法。雖給教師在創生「教學內容」
上留下了較大空間，但因選文偏重新思潮和新文學，必然導致兩種後果。

第一種後果是將國文教學變成鑄造思想的場合，以穆濟波的教學實踐爲
代表。

穆濟波在東南大學附中教學《初中國語文讀本》第三編前三單程時，略
去了冰心《超人》、《煩悶》，成仿吾《一個流浪人的新年》，土統照《我不醉
又將如何》、《記憶的邊緣》，徐玉諾《到何處去》，朱自清《心悸》，鄭振鐸《空
虛之心》，葉紹鈞《隔膜》，王星拱《科學的起源和效果》，任鴻雋《科學方法
之分析》。除後兩文外，這些不被講授的課文都是抒情氣味較濃的新詩和小
說。穆濟波不僅在教學中減少了文學作品的比重，還擠壓語法學習時間，「學
者治精讀書已費『參考』『研究』『討論』『批評』各項手續，記錄時間已占預
計之倍，『語法』與『泛覽』自無從研習。」〔註 104〕從第三單程起，乾脆停止

〔註 102〕黎錦熙：《代序》，胡適《國語文學史》，安徽教育出版社，2006 年，第 2 版。
　　　　　第 12、14 頁。
〔註 103〕周予同：《對於普通中學國文課程與教材的建議》。
〔註 104〕穆濟波：《道爾頓制實驗班國文科比較教學的報告——南京東大附中初二

了語法的學習。東大附中本來規定該學期國文教學首要目的在「明瞭論證之方術而且有論辯的能力」，次要目的在「對現實的人生現實的世界有深厚的同情與責任心，能自己建立完美確定的人生觀」，但穆濟波在教學過程中主次顛倒了，「以思想的鑄造爲主，而以技能的練習爲輔」。〔註105〕

穆濟波擠壓文學作品和語法知識的教學時間，將國文教學變成鑄造思想的場合，這源於他獨特的國文教學觀念：「語文的本身絕不是教育的目的所在」，國文教學「在人生教育上，須使明瞭人生現實之可貴，及社會的共存，與個人應有之責任。」「在國家教育上，須使明瞭國民資格之修養，職業的聯合，及今日國際的侵略與壓迫的危險，起謀自衛。」「在民族教育上，須使明瞭民族之特有精神，及現世的墮落現象與其補救的方法。」「注意社會現象的觀察，獎掖青年能力可能以內的救濟。」「注意青年團體的團結，與共同生活應有的知識與修養。」〔註106〕

這種教學觀念不僅應用在白話文教學上，教學文言文時，穆濟波也能將學生引向社會問題的探討。比如他自述教學袁枚《祭妹文》等文的經驗，「我卻用來作子女婚嫁男女婚姻問題的材料，『汝生於浙而葬於斯』，又惹起喪葬覓地的問題，歸葬問題以及生死問題，這雖然支衍得可笑，也可見我絕不肯放鬆一步的精神，我總高興這樣玩著，我認爲這是我的教學法。」「我同他們讀孟子時，總引到近代人生問題中來討論，譬如我問他們在孟子時代你們相信『不嗜殺者能一天下』這句話不？回答『相信』，秦始皇何以又統一天下，答『以力服人能殺人者，但不必即能一天下，以其仍以殺止殺故』，假使現在有一督軍不嗜殺人，能一天下否？答『不能』。何以不能，他們總不能說得充分詳盡，這正好發揮古今人群底組織不同，國體不同，人民底思想不同，和二十世紀以後慈善主義之不行，眞正的人道，眞正的人底世界將來是何種趨向。」〔註107〕顯然，穆濟波的國文教學內容是新思潮。

以新思潮爲國文教學內容在1920～1924年間特別具有代表性。1923年，河南開封第二中學的國文教員張岸勤將他所選的國文教材分爲勞工問題號，人生問題號，戰爭問題號，婚姻問題號等種類。他認爲如此編排教材的優點

級》，《中華教育界》第13卷第9期，1924年3月。
〔註105〕同上。
〔註106〕穆濟波：《中學國文教學問題》，《中等教育》第2卷第5期，1924年2月1日。
〔註107〕穆濟波：《我和我的學生》，《中等教育》第2卷第1期，1923年3月1日。

在於能夠「養成學生研究問題的興味和解決問題的能力」，並且說明了這樣做的原因。「我從前對於國文教育上很著重形式的，以爲學生能作一篇清通文字無文法上之背謬，只要形式上有點講究便做得到。至於文藝，也非注重形式之美不可。我從前主張著重形式的，大概就這些理由。然而我近來的主張改變了。近來我覺得非著重學生之思想不可。思想是立乎形式之先的一椿東西，形式不過是發表思想的一種工具。學生有了思想，興致是蓬勃的，意味是溢發的，再和他講究怎樣把此思想發表出來的工具便事半而功倍。就發表——作文——上面說，要得注重思想。而且國文教育，會作文祇是一個目的，最要緊的還是叫學生讀書。讀書最貴思想聯絡——由甲思想以引起乙丙丁各種思想而聯絡之。那麼也非著重思想不可。看起來，思想在國文教育上之關係，畢竟是比形式重要些。」〔註108〕

以新思潮爲旨歸的國文教學，必然產生如下後果：「新國文教師，又不得不注意思潮，所以好些教師來宣傳各種主義，討論各種問題，教國文祇是離開文章來講演主義討論問題了。辭句的解釋，視爲無用；文法章法，也不值得注意；因爲這都要被學生討厭而引起反對的。結果中學生最出風頭的，都有主義了。有所謂『基爾特社會主義』、『馬克司主義』、『安其那主義』、『波爾希維克主義』、『世界主義』、『人道主義』等等，在報刊上大出風頭了。其次的中學生，也愛討論問題。有所謂經濟問題、勞動問題、婦女問題、貞操問題、遺產問題、親子關係問題，還有最切身而最受歡迎的戀愛問題、婚姻問題等等，鬧得天翻地覆，如雷震耳了。有些教師竟把『瞭解人生眞義和社會現象』視爲中學國文教學的目的。有些教師也不得不去信仰幾種主義，找得幾個問題，來應付學生的需要了。實際上那時所謂新思潮，人生哲學和社會問題，幾乎佔了全部的地位；從報紙上抄下來的文章，也多是討論主義問題的新思潮。還有好些教師，不知白話文如何講法，倒不如拿些主義問題，可以離開文字，憑空口講。只要學生歡迎，便是一等教師，一等新教法！」〔註109〕

而新文學的教學，則可能導致部分學生在作文中帶上了濃重的「文藝腔」。

雲南教員何振基發現，「學生已經是多熏染報紙文習氣，（賣報文圖說得爽快，字多錢多，不計文章後來身價）若於讀本上不示以嚴整，越發助他放

〔註108〕張岸勤：《一個月國文教材的計劃及教學上經過的實況》，《中華教育界》第13卷第12期，1924年6月。

〔註109〕阮眞：《時代思潮與中學國文教學》。

肆，一下筆便露輕佻，無誠實的氣概。」具體來說，作文呈現如下問題：「冗長——記敘文更容易犯。」「滿紙堆砌形容語——寫景文最易犯，抒情文一部分中亦常見犯。」「拉扯閒語及旁事——抒情文、議論文最易犯。」「漫罵——近來成了學生風氣。」「不據事實的說——寫景文、議論文多見犯。」「一味減削中國古來的一切事，不加審查。也是成了一種閉著眼打和聲的風氣了。」

何振基舉了一個具體的例子，他有次出作文題爲《蜘蛛的網》，有個學生寫成：「近來這幾天，因爲齷齪的環境關係，使我靈敏活動的心思不開展，我健康強壯的身體，也就隨著他困倦。好了！有一天那雪白的粉壁上，直直的掛著一個長方平直的寒暑表，標示出和氣溫一樣的符號，給人家曉得。我就睜著靈活有光的眼子細一看，那光亮亮的水銀柱剛升到八十五度。我便乘此溫暖慈愛的天氣，解散我十幾天來的困悶。提一把雪白帆布的靠兒，置在清潔透明一點灰塵不染的玻璃窗下，綿軟軟的靠著。拿著一本布面洋裝一厚冊的《水滸傳》，在那溫暖可愛的太陽，從東方斜射來的光下底下，翻閱沉思。我的心神滲透透了書中的意，迷醉了書中的情。這時候我的又幽靜又醒豁的靈魂兒，只有緊緊黏定在這大厚冊的書裏，不曉得窗外什麼的景色了。像這樣專心致志的讀了一會，我猛然擡起頭來，……」

何振基批評說：「你看起初就從形容話上講了幾句，接著怪會扯來牆上寒暑表又形容一陣。自近來這幾天……到專心致志的讀了一會，那一節不是形容文，那一句不是形容語。說了多少，還沒有到題。像這樣堆砌，好似五十老妓，臉皮打皺，她拿絲線繃著額角，把香粉搽了又搽，燕脂點了又點。她越發極力苦心的裝扮，看他的人越發噁心。所以這些滿紙堆著癢腸癢肚的形容詞，讀他令人發噁心翻胃，我叫他『老妓傅粉』，不冤枉吧。」何振基將這種現象歸結爲商務印書館《初中國語教科書》的影響：「學生讀了這兩本教科書（指第一二兩冊），好的他不學，專門傳神在這些上，眞是太誤事了！這便是學生受的影響。」〔註110〕

何振基觀察到的現象具有代表性。沈仲九在 1925 年說：「我曾看見過有這樣的學生，小說、詩歌、戲曲即能做得像煞有介事，而寫一張通告條子竟寫不通，記一段會場的記事都記不清，草一宣言也草不來。那樣的文藝自然不會好，但是他還能做，至於記敘文、議論文竟是做都做不出來。這是不可

〔註110〕何振基：《關於初中國語教科書》，《新教育評論》第 3 卷第 15 期，1927 年 3 月 11 日。

不注意的事呵。」〔註111〕阮眞後來也談到：「學生的白話文，往往做得洋洋數千言，長的有做到二三萬字的，不注意篇章的結構，辭句的修飾了。教師也就沒有工夫替他一一修改，只好略略看一遍，讓他過去了。實際上那些複雜糾纏的長文，決不能從篇章結構上去修改，正如一堆瓦礫，一束亂麻，從何清理起？」〔註112〕沈仲九、阮眞所說的情況，大概跟何振基所舉的例子相似。

自1924年起，學界就開始認眞反省以新思潮和新文學爲內容的初中國文教科書了。

1924年，孟憲承認爲，仲九、俍工《初中國語文讀本》代表了「專搜集討論現代問題的文字」的教科書。「有了這種教材，教法自然隨之變更。舊式教學，先生講，學生聽，國文課往往是最枯窘的。新的教材，有的可以講解，有的可以討論，有的還可以表演。教師口才好的，往往逞其雄詞博辨，來宣傳新主義，解決新問題，或則妙語解頤，利用小說故事材料，來破國文教室的沉悶。這是興趣論在國文教學上已奏的靈效。」但「國文科的訓練，本注重思想的形式上，至於思想的內容，是要和各科聯絡，而受各科供給的。現在專重社會問題的討論，是否不致反忽了形式上的訓練，喧賓奪主，而失卻了國文科主要目的，很是一個問題。此外還要注意的，人生思想內容，很複雜而很多方面的，單以這一類的問題爲中心，是否不致養成偏見和武斷，對十三四歲的兒童宣傳社會上政治上種種主義，是否不揠苗助長，阻礙思想自由發展，又是一個問題。」〔註113〕

一年後，沈仲九自己也有所反思。「有人以爲這幾年來國語文對於學生的影響，國語文本身還是其次，最重要的是思想問題。因爲國語文雖然能載舊思想，但近年的作品卻是新思想的居多數。因此，學生思想的轉變，得力於國文科很不少；而國文科爲有些學校所重視，原因就在於此。而且凡是思想豐富的學生，他雖不注意於國文的法則，而國文往往很暢達，可見內容如果充實，形式是容易的。這樣說來，學習國文，究竟注重內容的好。」「以上一說，很有些理由。學生思想須改造，我是很同意的。不過有幾事須注意：改造思想，不僅靠國文，如歷史科、法制經濟科、公民科，只要教科書編得好，

〔註111〕沈仲九：《初中國文教科書問題》，《教育雜誌》第17卷第10號，1925年10月20日。

〔註112〕阮眞：《時代思潮與中學國文教學》，《中華教育界》第22卷第1期，1934年7月。

〔註113〕孟憲承：《初中國文之教學》，《新教育》第9卷第1、2期合刊，1924年。

教員的見解高，都和改造思想有關係，這是一種。改造思想，並不是國文科
唯一目的、主要目的，我們不要以爲他就可以盡國文的能事了，這是二種。
思想開發的學生，即使做文章，他所做的，往往限於議論文，做敘記文的能
力仍舊缺乏，那末，所謂國文的能力可以說還不曾完具，這是三種。至於說
只要有內容而自會做文，那不免是一種偏見，上文已經說過了。」〔註114〕

　　1925 年，穆濟波在東南大學附中的同事陳燮勳也開始反思穆濟波式的國
文教學：「現在教國文的人，往往離開本題，去和學生討論社會問題。對於學
生讀書的方法；作文的技術；反忽略不講。所以講讀書呢？則學生不曉查字
典。講作文呢？則課卷錯字滿篇。試問這個國文基礎問題，還沒有弄好，還
能談到旁的社會問題嗎？討論社會問題，固然於學生思想方面，也有益處。
然而以本末先後言。當然要先求文字外形方面清順，然後再充實他的內容。
雖有時爲求學生瞭解文中意義起見，不能不涉及本科以外的問題。但也要有
所歸宿，不應失卻國文教學旨趣。現在有一種學生，看平易的書報還不能領
略大意；作文則詞不達意，字多錯誤；偏不從此等短處用功，專愛聽國文本
身以外什麼主義，什麼問題。這眞是大惑不解！我奉勸現在的中學學生，如
果所作的文，還不能達意表情，只好多做一點識字功夫；多研索幾篇平易的
文章；留心多作幾篇自己能力和經驗都夠得上的文字；這才是自己切身受用
的所在哩！」他同時強調：「讀書作文，不生困難。這是國文教學唯一的目標。
認定這個目標做去，不論教的學的兩方面，自然會有好結果。」〔註115〕

　　對這幾套教科書的批評一直持續到 30 年代初。1931 年，宋文翰說，「商
務的《初中國語教科書》，在教材的選擇和編制上都很過得去，所以採用的學
校特多。然而編者究竟是憑理想的，所以三年級下期用的第六冊，一般教師
對之只得割愛，因爲它內容廣博艱深，較上一冊的程度至少要相差一年，決
非初三學生所能領會，中華的《初級國語讀本》，亦一時曾被各學校採用，而
結果，都認爲一部分的教材亦太深」。而仲九、俍工的《初中國語文讀本》，「一
年級的教材，一疊選上《美國的婦人介紹》、《桑格爾夫人》、《珊格夫人自傳》、
《女子的根本要求》、《母》五篇討論婦女問題的文章。同樣，在某一本裏又
選上《人生的目的何在》、《人生眞義》、《今》和《不朽論》四篇討論人生問
題的文字。像討論這樣大問題的文章，我想當國文教師的誰都會承認那些不

〔註114〕沈仲九：《初中國文教科書問題》。
〔註115〕陳燮勳：《中學生學習國文問題》，《新教育》第 10 卷第 2 期，1925 年 3 月。

可以當初中低年級教材的事實。」〔註116〕

　　可見，新文化運動催生出來的初中國文教科書，在內容上側重新思潮和新文學，忽略閱讀和寫作能力的訓練，這固然迎合了部分學生的興趣，卻被批評為導致了學生國文程度的低落。學界對此的反省預示著 30 年代的初中國文教科書會有新的內容出現。

〔註116〕宋文翰：《一個改良中學國文教科書的意見》，《中華教育界》第 19 卷第 4 期，
　　　　1931 年 10 月。

第三章 30年代初中國文：思想道德教育、文學教學與文章作法

在 20 年代中期學界普遍反省初中國文教科書側重於新思潮和新文學，而忽略「形式上的訓練」之後，接下來新出版的教科書，在內容上是否會有所不同呢？

我們綜合《民國時期總書目·中小學教材》和已有研究成果，找到 1927～1939 年間上海、南京、北平、天津出版的冠以「國文」或「國語」名的初中教科書 39 套，列表如下：

教 科 書 名	出版時間（年）	冊數	編 者	出 版 社
新時代國語教科書	1928～1929	6	胡懷琛、陳彬龢、湯彬華	上海：商務印書館
國語與國文	1928～1929	6	朱文叔	上海：中華書局
初中國文	1929	6	朱劍芒	上海：世界書局
現代初中教科書國語	1930	6	莊適	上海：商務印書館
初中混合國語	1930～1932	6	趙景深	上海：北新書局
初中北新文選	1931	6	姜亮夫、趙景深	上海：北新書局
初中國文讀本	1931	6	北京師大附中	北平：文化學社
初中國文	1931～1932	6	江蘇省揚州中學國文分科會議	南京：南京書店
國文評選	1931～1932	3	王靈皋	上海：亞東圖書館
基本國文教科書	1931～1933	6	傅東華、陳望道	上海：商務印書館
初中國文教本	1932	6	張弓	上海：大東書局
基本教科書國文讀本	1932	6	周頤甫	上海：商務印書館

初中國文教科書	1932	6	孫俍工	上海：神州國光社
創造國文讀本	1932	6	徐蔚南	上海：世界書局
開明國文讀本	1932～1933	6	王伯祥	上海：開明書店
新亞教本初中國文	1932～1933	6	陳椿年	上海：新亞書店
初級中學國文讀本	1932～1934	6	張鴻來、盧懷琦	北平：師大附中國文叢刊社
初中國語教科書	1933	6	戴叔清	上海：文藝書局
初中國文教科書	1933	6	馬厚文	上海：光華書局
初中國文選本	1933	6	羅根澤、高遠公	北平：立達書局
新生活初中國文教科書	1933	6	周祜、黃駿如	上海：大東書局
朱氏初中國文	1933～1934	6	朱劍芒	上海：世界書局
初中國文讀本	1933～1934	6	朱文叔	上海：中華書局
復興初中國文	1933～1935	6	傅東華	上海：商務印書館
初中國文教科書	1934	6	孫怒潮	上海：中華書局
開明國文講義	1934	3	夏丏尊、葉聖陶等	上海：開明書店
初中當代國文	1934	6	施蟄存等	上海：中學生書局
初中國文讀本	1934	6		北平：崇慈女中
初中國文教科書	1934～1935	6	葉楚傖等	南京：正中書局
實驗初中國文讀本	1934～1935	6	沈榮齡等	上海：大華書局
初中標準國文	1934～1935	6	江蘇省教育廳	上海：中學生書局
國文百八課	1935～1938	6	夏丏尊、葉聖陶	上海：開明書店
初中國文教科書	1935	6	顏友松	上海：大華書局
南開中學初中國文教本	1935	6		天津：南開中學
初中國文讀本（增注本）	1935～1936	6	朱文叔、宋文翰	上海：中華書局
初中新國文	1936	6	朱劍芒	上海：世界書局
新編初中國文	1937	6	宋文翰	上海：中華書局
初中國文教本	1937～1939	6	夏丏尊、葉聖陶	上海：開明書店
蔣氏初中新國文	1937～1939	6	蔣伯潛	上海：世界書局

由上表可見，30 年代最大的教科書出版商商務、中華、世界、開明四家出版社共出了 19 套教科書，占當時同類出版物數量的一半左右。這 39 套教科書，都是文言白話混選，文言文數量按年遞增，且按是否分單元，課後是

否附語法修辭和文學知識的不同，這些教科書又可分爲不同的類別。但文體分配和編排方式都不是本文主要關心的問題。本文的宗旨，是究明這些教科書的內容，及其在初中國文教科書發展演變中所處的環節。

　　按內容的不同，上述教科書可分三類。第一類繼承了 20 年代突出新思潮的編寫理念，以思想道德教育爲主，但跟 20 年代相比，其內涵已經有所變化。第二類繼承了 20 年代突出新文學的編寫理念，以文學作品爲主要內容，但受 1930 年前後時代背景的影響，其具體篇目和所體現的趣味跟 20 年代教科書中的新文學已經大不相同。第三類教科書在數量上最多，流通最廣，它們呼應了 20 年代中期輿論對國文教科書的批評，以文章作法爲主要內容。商務印書館、中華書局、世界書局、開明書店四大教科書供應商在一番摸索後，都轉到了以文章作法爲主導的編寫軌道上來。但這些教科書主要介紹了文章作法知識，而非實實在在的寫作能力訓練，所以「形式上的訓練」並未落到實處。

第一節　思想道德在 30 年代初中國文教科書中的地位

　　1927～1939 年的初中國文教科書中，大東書局《初中國文教本》、正中書局《初中國文》、中學生書局《初中標準國文》、大華書局《實驗初中國文讀本》和新亞書店《新亞教本初中國文》〔註1〕都以思想道德爲主要內容。

　　《新亞教本初中國文》編者「確認國文教學的目的在訓練思想，養成對於實生活上種種問題的批判及正確表達的技能」，〔註2〕「用社會化方法，全以問題或中心思想爲單位」，〔註3〕「合若干組成一冊，一冊也有它的中心」。

〔註 1〕　大東書局《初中國文教本》1932 年初版，張弓編，蔡元培、江恒源校訂。新亞書店《新亞教本初中國文》1932～1933 年出版，陳椿年編，陳彬龢校，計劃編輯六冊，我們只找到了前三冊。《實驗初中國文讀本》，江蘇省立蘇州中學初中部國文教學研究會沈榮齡、汪定弈、周侯于、張聖瑜、諸祖耿、劉壬林編選，汪懋祖、吳元滌、張繩祖、沈維鈞、胡煥庸、沈潤洲、戴增元、金立初審校，大華書局 1934～1935 年出版，世界書局發行。正中書局《初中國文》1934～1935 年初版，葉楚傖主編，汪懋祖編校，孟憲承審校，實際負責編輯工作的是周侯于、沈榮齡、汪定奕、張聖瑜、許夢因。許夢因生平不詳，其他四人爲蘇州中學國文教師，也是《實驗初中國文讀本》的編者。《初中標準國文》按江蘇省教育廳國文教學進度表編，王德林、向紹軒、李達九、徐聲越、張煦侯、洪北平、吳得一注釋，中學生書局 1934～1935 年初版。

〔註 2〕　《致教者》，《新亞教本初中國文》（第一冊），新亞書店，1932 年。

〔註 3〕　王恩華：《國難後中等學校國文選本書目提要》，《師大月刊·卅二週年紀念專號》，1934 年 12 月 17 日。

〔註4〕其中心分別為：「實生活的體認」（一冊）、「生活態度的訓練」（二冊）、「問題的檢討」（三、四冊）、「社會的批判」（五冊）、「文化的批判」（六冊）。張弓《初中國文教本》「以培養初級中學生『敬己』『愛群』『創造』（即廣義的藝術的革命的精神）的態度為中心」。「初一年級：於事實中暗示敬己，愛群，革新的種種意味。初二年級：分明提述『自我』『家庭』『社會』等等問題，並略示具體解決方法。初三年級：指示『文化運動』『思想陶冶』『書籍涵詠』『文學味識』『藝術鑒賞』等等的『真義』及『要法』。」〔註5〕《實驗初中國文讀本》選材「以青年心理為本位，社會環境為對象」，並「將教材多方組織，聯絡一貫，使學生習得適應時代及改造社會之需求，更注意於民族復興之訓練，以完成國文教學之新使命。」〔註6〕正中書局《初中國文》三學年的教學目的分別為：「參照學生生活之經驗，供實際的體會」；「引申青年既有之思想，求較深的瞭解」；「闡發生活理想之涵義，作系統的整理。」〔註7〕《初中標準國文》大部分選文後有「題解」，從「題解」的指向性來看，其內容跟上述4套教科書近似。

儘管各家表述不同，或為「實生活上種種問題的批判」，或為「廣義的藝術的革命的精神」的發揚。但還是可以歸納出三種相似的內容：引導學生處理群己關係，進行道德教育；培養習慣，陶冶身心，進行美的教育；指導學生認識現實，進行智力教育。因編者不同，這些內容的具體展開也不一樣。

家庭關係是群己關係的重要部分。除《新亞教本初中國文》外，其餘4套教科書都試圖指導學生如何處理家庭關係。張弓《初中國文教本》分十五組教學，第一組「常態的生活」包括15篇作品，「展示家庭學校的平常生活，啟發學生對於家庭學校應有的純愛情緒為總旨」。一方面「披露父母撫護訓導兒女的歡樂境或艱苦狀，以表闡春暉般的慈愛，和大海樣的愛力；一面對照著，揭出兒女們對父母的天真爛漫的愛慕的影像或是悱惻纏綿的心情的寫真，以發揮『純孝的情緒』」。另一方面「披開弟對兄，兄對弟的別後重逢的痛快生活，以顯出怡怡的友愛的情趣。」〔註8〕在第七組「美與愛的認識」中，

〔註4〕《致教者》，《新亞教本初中國文》（第一冊），新亞書店。
〔註5〕《編輯條例》，張弓《初中國文教本》（第一冊），大東書局，1933年，第11版。
〔註6〕《編輯大綱》，《實驗初中國文讀本》（第一冊），大華書局，1934年。
〔註7〕《編輯大意》，《初中國文》（第一冊），正中書局，1934年。
〔註8〕《第一組〈常態的生活〉組序》，張弓《初中國文教本》（第一冊），大東書局，1933年，第11版。

「引《母》與《游子吟》，以作母親『愛子之心無所不至』一片純篤之愛的例子。」〔註9〕《實驗初中國文讀本》第一冊第二組、第二冊第三組共選 12 篇作品，均題爲「家庭之愛」。正中書局《初中國文》第一、二冊各分四單元，各有一單元題爲「親愛精誠」，「凡敘述親族朋友之愛，及闡發濟物利群之精神者屬之」。〔註10〕第五冊題爲「人倫與社交」的第一單元也有很多作品內容涉及「家庭關係」。《初中標準國文》不分單元，但很多集中在一起的作品也討論「家庭關係」。這 4 套教科書用來引導學生如何處理家庭關係的範文大都相同：4 套教科書都選葉紹鈞《母》、《小蜆的回家》；有 3 套選朱自清《背影》，黃宗羲《萬里尋兄記》，蔣衡《鞭虎救弟記》，王拯《嬰碨課誦圖序》，白居易《燕詩》、《慈烏夜啼》，陸隴其《崇明老人記》；有 2 套選包公毅《掃墓》，葉紹鈞《伊和他》，汪兆銘《秋庭晨課圖跋》，陳東原《板橋至性》，宋濂《猿說》，韓愈《祭十二郎文》。這些以母子關係、父子關係、兄弟關係、姐弟關係等「家庭關係」爲內容的作品，彰顯著孝慈友悌等傳統倫理道德。

　　個人與民族國家的關係是群己關係的另一重要部分。除張弓《初中國文讀本》外，其他 4 套教科書都將其作爲重要內容。《新亞教本初中國文》題爲「民族解放」的單元設計如下討論題目：「（一）帝國主義的侵略：（1）政治的，（2）經濟的，（3）文化的。（二）民族的出路：（1）取消不平等條約，（2）改革現社會經濟組織。」〔註11〕《實驗初中國文讀本》第一冊第五組，第二冊第六組均題爲「民族精神」，目的是「培養國家觀念」。〔註12〕正中書局《初中國文》前兩冊，均設「民族意識」單元，第三冊第四冊，均設「民族德性」單元，各占該冊 1/4 篇幅。《初中標準國文》也選了些民族英雄的傳記及反映民族戰爭的文學作品：來自中國古代的有《晉書》中祖逖的傳記，《宋史》中岳飛、文天祥的傳記及岳飛《滿江紅》、《五嶽祠盟記》，文天祥《正氣歌》、《指南錄後序》等文學作品；來自近代的有黃遵憲《臺灣行》、《哭威海》，羅惇曧《中日兵事本末》中有關甲午戰爭的段落；部分作品屬文化界對五卅慘案的反應，像蔡元培《五

〔註 9〕　《第七組〈美與愛的認識〉組序》，張弓《初中國文教本》（第三冊），大東書局，1933 年，第 5 版。

〔註10〕　《編選說明》，《初中國文》（第二冊），正中書局，1935 年。

〔註11〕　陳椿年：《新亞教本初中國文》（第三冊），新亞書店，1933 年。引文中的標點符號爲編者所加。

〔註12〕　《第一冊編選說明》，沈榮齡等《實驗初中國文讀本》（第一冊），大華書局，1934 年。

卅烈士墓碑》，葉紹鈞《五月卅一日急雨中》，鄭振鐸《街血洗去之後》、《止水的下層》，俞平伯《雪恥與禦辱》，楊振聲《濟南城上》等。《實驗初中國文讀本》選了生活書店《人物述評》中心水的《現代中國的模範軍人》、《悼殉國壯士李潤青》、《悼中國名將梁忠甲》3 篇作品，前兩篇寫李潤青，後一篇寫梁忠甲，均歌頌1929～1930 年間中蘇衝突中表現突出的東北軍將領。除中國歷史上有關「民族意識」的傳記和作品外，一些翻譯作品也承擔著培養「民族意識」的功能。胡適翻譯的寫普法戰爭中法國人民愛國情懷的《二漁夫》與《最後一課》都被3 套教科書選入。《初中標準國文》在《最後一課》的題解中說：「本篇譯自法人名著，寫師生於亡國時緊張之狀，而難在大禍將臨之際，仍是教學不輟，尤其於祖國語言文字，敬守不忘。」〔註13〕

除群己關係外，這些教科書還設計「學業修養」、「冒險精神」、藝術美和自然美等單元。

正中書局《初中國文》前四冊各有一單元為「學業修養」，第五冊第二單元為「學修與勞作」，都是「關於學問及人格之修養」〔註14〕的。五個單元共選53 篇作品。其中以梁啟超的作品最多，包括《為學與做人》、《敬業與樂業》、《最苦與最樂》、《學問的趣味》、《毅力》、《納爾遜軼事》、《科學精神》7 篇，大都是他晚年的演講。蔡元培3 篇，分別為《我的新生活觀》、《自由與放縱》、《有恒與保守》，都來自《蔡孑民先生言行錄》。朱光潛3 篇，分別為《談讀書》、《談作文》、《談動》，都來自《給青年的十二封信》。其他作品按性質分，有教人嚮學的，如因公《孫中山先生好學的精神》，彭端淑《為學》，顧炎武《與友人論學書》，宗白華《學者的態度與精神》；有教人立志的，如嶺梅《志氣》，高一涵《立志》，張爾岐《辨志》；有教人讀書方法和體會讀書樂趣的，如胡適《讀書》，朱熹《讀書法》，翁森《四時讀書樂》。正中書局《初中國文》的選文具有代表性。其他4 套教科書都選有《最苦與最樂》與《談讀書》。張弓《初中國文教本》選《最苦與最樂》是為了「激勵學人，當本著單純不雜的心靈，持著沉默有恒的態度，捉住現時，創造偉業，永遠以吃苦為產生大能力的源泉，藉吃苦以換得大幸福的契券。時時自吃苦，時時自求福。」〔註15〕此外，有3 套也選了《學問的趣味》、《敬業與樂業》、《我的新生活觀》、《為學》、《習慣說》、《享福與吃

〔註13〕《初中標準國文》（第一冊），中學生書局，1934 年。
〔註14〕《編選說明》，《初中國文》（第一冊），正中書局，1935 年，第33 版。
〔註15〕張弓：《初中國文教本》（第二冊），大東書局，1933 年。

苦》；2 套選了《爲學與做人》、《談作文》、《談動》。

　　正中書局《初中國文》側重「學業修養」，其他 4 套教科書或側重自由平等精神，或側重冒險精神，或側重創造發明，或側重自我表現。《新亞教本初中國文》側重「自由」、「平等」、「眞理」的意識和「義勇」精神的培養。第二冊題爲「自由」「平等」「眞理」「義勇」的 4 個單元每單元選 4～6 篇作品，並設計問題討論對這些概念的理解、各自的意義和實現的途徑。《實驗初中國文讀本》第二冊第八單元爲「冒險精神」，「選奇險動人之記事，凡空中、陸地以及山陵、海洋中冒險之事迹，無不包羅。」〔註 16〕所選作品包括《水滸傳》中的《景陽岡》，《鏡花緣》中的《蓬萊島》，孫毓修《勇敢的納爾遜》。《勇敢的納爾遜》還被張弓《初中國文教本》和《初中標準國文》選入。《初中標準國文》的題解是「本篇記述納爾遜之勇敢精神，少年人當以此自勵。」〔註 17〕該文在張弓《初中國文教本》中屬「變局的應付」單元，這單元共選 14 篇作品，多爲中國古代有關奇人異事的短文，「以展示處變局下，營救他人之勇氣氣概，暗指處變局下實現眞愛之正大衢路爲總旨」，目的乃「望學人感會全組總義，而自然的培養活躍的智力，訓練重要技術，以備遭逢變局實現眞愛之需，免致臨變倉皇，空有對人愛莫能助之慨。」〔註 18〕《實驗初中國文讀本》第三冊第八單元爲「創造發明」，選《發明藥沫滅火機的薛震祥君》、《創制中國電風扇的楊濟川君》、《創制味精的吳蘊初君》、《一個自己做成的人物》、《照耀世界的五十週年紀念》等作品。張弓《初中國文教本》除設計「變局的應付」單元外，還設計「瑣屑的觀察、細小的審愼、平凡裏的偉大的認識」單元，「冀望學人研讀各文後，能用深細的觀察法觀察事象，和世態人情，藉便根據這來批判四圍的環境，鍛煉一己的生力。」〔註 19〕設計「實地的蹈履」單元，「激勵學人，當本著單純不雜的心靈，持著沉默有恒的態度，捉住現時，創造偉業，永遠以吃苦爲產生大能力的源泉，藉吃苦以換得大幸福的契券。時時自吃苦，時時自求福。」〔註 20〕設計「自我表現」單元，「以明曉『自我表現』的眞實意義，培育『自我表現』的

〔註 16〕　《第一冊編選説明》，《實驗初中國文讀本》（第一冊）。
〔註 17〕　《初中標準國文》（第一冊）。
〔註 18〕　《第二組〈變局的應付〉組序》，張弓《初中國文教本》（第二冊）。
〔註 19〕　《第四組〈瑣屑的觀察、細小的審愼、平凡裏的偉大的認識〉組序》，張弓《初中國文教本》（第二冊）。
〔註 20〕　《第六組〈實地的蹈履〉組序》，張弓《初中國文教本》（第二冊）。

眞實態度爲教學總旨」。〔註21〕

除「學業修養」、「冒險精神」外，這些教科書還注重引導學生欣賞自然和藝術美。

《實驗初中國文讀本》第一冊有兩個單元分別爲「自然享受」與「藝術欣賞」，第二冊有一單元爲「自然享受」。正中書局《初中國文》第一、二冊設「身心陶冶」單元，「關於欣賞，健體，娛樂均屬之」，〔註22〕第三、四冊設「休閒生活」單元，第五冊設「遊賞與美感」單元，各占全書篇幅的 1/4；第六冊設「文藝與人生」單元，占全書篇幅的 1/3。張弓《初中國文教本》第五組「善境的設想」，以「暗引學人『構設美善的理想境界』，發揮特殊的個人風韻」〔註23〕爲總旨。第七組「愛與美的認識」，「以鑒賞一切眞美的現象，感應人間純愛的偉力，從而擴大自家純愛純美的精神爲教學總旨。」〔註24〕第十三組「文學品鑒」，「以說明文學本質和體裁，並指示品鑒和創作的方法，及觀察新文學的趨向爲總旨。」〔註25〕第十四組「藝術鑒賞」，「以展陳各種藝術的境界與精神，暗示鑒賞各種藝術的方法爲總旨。」〔註26〕第十五組「書籍涵詠」，「以展示讀書純正態度，指示讀書緊要方法爲總旨。」〔註27〕《初中標準國文》雖然沒有明確設置這樣的單元，但也選入了大量同類文章。只有《新亞教本初中國文》這方面的意識較爲淡薄。

在引導學生欣賞自然美和藝術品的教材中，作爲總論常被選入的，是梁啓超《美術與生活》，蔡元培《美術與科學》、《以美育代宗教說》等文。「自然美」的範文大都爲歷代遊記與寫景狀物的小品文。像《老殘遊記》中的《桃花山》、《黃河上打冰》、《大明湖》、《大鼓》、《濟南的四大名泉》；徐蔚南《山陰道上》、《快閣底紫藤花》、《初夏的庭院》，王世穎《虎門》、《如此湖山》；〔註28〕蘇雪

〔註21〕《第八組〈自我表現〉組序》，張弓《初中國文教本》（第三冊）。

〔註22〕《編選說明》，《初中國文》（第一冊），正中書局。

〔註23〕《第五組〈善境的設想〉組序》，張弓《初中國文教本》（第二冊）。

〔註24〕《第七組〈愛與美的認識〉組序》，張弓《初中國文教本》（第三冊）。

〔註25〕《第十三組〈文學品鑒〉組序》，張弓《初中國文教本》（第六冊），1933 年 2 月再版。

〔註26〕《第十四組〈藝術鑒賞〉組序》，張弓《初中國文教本》（第六冊）。

〔註27〕《第十五組〈書籍涵詠〉組序》，張弓《初中國文教本》（第六冊）。

〔註28〕王世穎和徐蔚南的作品均來自他們合著的散文集《龍山夢痕》，開明書店 1926 年 10 月出版，30 年代很多初中國文教科書從中選文，《初中當代國文》將其列入初一閱讀書目。

林《扁豆》、《禿的梧桐》；朱自清《荷塘月色》、《秋》、《綠》等作品都是常選篇目。作爲欣賞「藝術品」的範文，入選頻率較高的有宋起鳳《核工記》，魏學洢《核舟記》，林嗣環《口技》，黃淳耀《李龍眠畫羅漢記》及蔡元培《雕刻》、《圖畫》、《建築》、《裝飾》等作品。一些關於文學的論文，如周作人《人的文學》、胡適《什麼叫做短篇小說》、葉紹鈞《詩的泉源》，則被用來引導學生如何鑒賞和創造文學作品。

　　這5套教科書在什麼是學生最需要關注的社會、政治問題方面差別較大。《初中標準國文》幾乎沒有設計這方面的內容。正中書局《初中國文》只設置了「社會與政治」「國家和正義」兩個單元。〔註29〕其他3套教科書民間色彩較濃。張弓《初中國文教本》第四、五冊都以引導學生分析社會現象爲目的。第四冊分兩組，「婦女解放」組「以看清婦女解放對於人類社會文化的重大關係，認明婦女解放之職業、教育、道德的三條大路爲教學總旨。」〔註30〕「家庭改善」組「以深明改善家庭是改造社會之基礎，認知改善家庭的組織和生活的出發點爲教學總旨。」〔註31〕第五冊也分兩組，「社會建設」組「以考察個人與社會的關係，及對社會應負的責任。並探求建設新美社會的基礎及其原動力之所在而鞏固之，陪護之，爲教學總旨。」〔註32〕「文化運動」組「以『闡明文化的本質與眞義』及『指示文化運動的正軌』爲教學總旨。」〔註33〕《新亞教本初中國文》第一、三冊都以引導學生認識各種社會現象爲目的。第一冊爲「實生活的體認」，分三組，分別爲「經濟方面」、「社會方面」、「政治方面」，每組選文 10 篇，單元后討論經濟生活、經濟制度、生產與分配、家庭組織、財產繼承、婦女地位、兒童教育、人口販賣、童養媳與童工、貞操、壓迫的系統、租稅制度、官僚政治、內戰與兵役等問題。第三冊除「民族解放」單元外，還有「勞工」、「勞農」與「戰爭」等單元，每組選文 6～8

〔註29〕前一單元選 15 篇作品，現代人所作 6 篇，其中，孫中山 3 篇，陳布雷、梁啓超、叔琴各 1 篇。後一單元選 12 篇作品，現代人所作 3 篇，其中 2 篇爲國民黨中央政府宣言，1 篇爲國民黨高級將領邵元沖所作。可見，正中書局《初中國文》多以政府的意見來指導學生認識社會問題。
〔註30〕《第九組〈婦女解放〉組序》，張弓《初中國文教本》（第四冊），大東書局，1933 年，第 4 版。
〔註31〕《第十組〈家庭改善〉組序》，張弓《初中國文教本》（第四冊）。
〔註32〕《第十一組〈社會建設〉組序》，張弓《初中國文教本》（第五冊），大東書局，1933 年，第 4 版。
〔註33〕《第十二組〈文化運動〉組序》，張弓《初中國文教本》（第五冊）。

篇，討論問題包括農工的苦痛與出路，戰爭的原因與實現和平的途徑等。《實驗初中國文讀本》第一冊第四組為「社會環境」，選文7篇，第二冊第五組為「社會問題」，選文6篇，各占該冊1/8的篇幅。第五冊以「社會問題」為內容，「共分四組：第一組生活問題；第二組職業問題；第三組制度問題；第四組特殊問題。生活問題分衣食，居住，行旅三類；職業問題分耕作、商賈、仕宦三類；制度問題分瞻養、喪葬、婚嫁三類；特殊問題分婦女、勞動、戰爭三類；共十二類。」「十二類中，每類選文三篇，代表近代、中古、古代三時期。」「可以窺見各時期關於各問題之實況及其見解，以為眼前解決本問題之助。」〔註34〕這3套教科書中，作為編者引導學生認識社會問題的材料，主要是小說、詩歌等文學作品和雜感。比如，鄭振鐸《苦鴨子》被作為社會問題的範文討論，《孔雀東南飛》被作為婦女問題的範文討論，安徒生《賣火柴的女兒》被作為探討社會環境的材料，左拉《失業》被作為探討勞工問題的材料，李華《弔古戰場文》被作為戰爭問題的討論材料，《呂氏春秋》中的《去私》被作為社會建設問題的討論材料。

以思想道德為教科書的主導內容，是對20年代以中學國文教科書傳播新思潮這一觀念的延續。20年代教科書中的新思潮帶上了鮮明的五四時代色彩。這5套教科書對此有所繼承，而跟30年代的激進思潮保持了一定距離。像勞工、勞農問題，社會不平等問題，其實也是左翼關注的問題。而這些教科書所選作品或來自20年代初期的報刊雜誌，或來源於傳統典籍，〔註35〕沒有觸及農民所面臨的最新問題和當時進步力量關於農民問題的最新思考。但隨著時代的不同，上述教科書所討論的問題跟20年代中學國文的新思潮又很不一樣，比如對孝慈友悌等傳統倫理道德的彰顯，對民族意識的培養，就都不是20年代的初中國文教科書所能涵蓋的了。

張弓《初中國文教本》1932年6月被教育部審定，並多次再版，第一冊於1933年5月已再版11次，黎錦熙評為：「此書排列教材，以內容實質為主，於進度及聯絡上似均特別分明」，「亦頗新穎」。〔註36〕正中書局《初中國文》

〔註34〕《第五冊編選說明》，《實驗初中國文讀本》（第五冊），大華書局，1935年。
〔註35〕比如《新亞教本初中國文》第三冊第二組討論勞農，選8篇作品，除《觀刈麥》、《苦旱行》、《除莊長說》3篇古代作品外，劉大白《渴殺苦》，玄盧《十五娘》、《李成虎小傳》、《衙前農民協會宣言》和徐玉諾《到何處去》等其餘5篇作品，都創作於五四時代。
〔註36〕黎錦熙：《三十年來中等學校國文選本書目提要》。

第一冊至1935年8月已出到33版，修正後於1935年12月被教育部審定，蘇州中學初二、初三年級於1935年曾用它做教材。《初中標準國文》出版後，淮安中學、常州中學、揚州中學、蘇州中學初一年級在1935年曾採用它爲課本。這些教科書所代表的國文教學傾向，在各地中學廣泛流行著。1930年左右，北平藝文中學的初中國語，第一學年「以『青年生活』爲中心問題」，第二學年「以『現代社會』爲中心問題」，第三學年「以『文學研究』爲中心問題。」〔註37〕1935年，寧波效實中學有位方餘甫老師，上國文課時「很少講解課文，一般總是在課文中引出一個話題，然後七扯八扯，扯到社會中的實際問題上去。」〔註38〕就都是以思想道德爲中學國文的教學內容。

第二節　編者的文學趣味對教科書內容的影響

　　1931年，程其保觀察到，「中學校的一種普遍趨勢，就是過於趨重文學的教學而忽視國語的教學。」〔註39〕當時出版的特別重視文學教學的初中國文教科書以王靈皋《國文評選》，傅東華、陳望道《基本教科書初中國文》，徐蔚南《創造國文讀本》爲代表。

　　徐蔚南〔註40〕認爲，1929年《初級中學國文暫行課程標準》所擬定的三條目標中，第三條「養成閱讀書報的習慣和欣賞文藝的興趣」最難實現，「專載社會穢聞的朝報，不用訓練，學生看得津津有味；見神見鬼的小說，不用誘導，學生百讀不厭。如果說要對於正正當當報告世界政治、經濟、科學等新聞的報紙，養成閱讀的習慣，那就爲難了，要對於要仔細深味的文藝作品，養成欣賞的興趣，那就爲難了。因爲愈是高級的書報，愈是嚴肅，愈是不肯遷就人，那就是愈難養成閱讀的習慣；愈是優良的文藝，愈是高潔，愈是澹

〔註37〕　《藝文中學初中國語課程大綱》，《道爾頓制實施概況》，藝文中學校，1933年。
〔註38〕　徐開壘：《在我起步的時候》，《我們怎樣學語文》，作家出版社，2001年。
〔註39〕　程其保：《初級中學課程標準之討論》，《教育雜誌》第23卷第9期，1931年9月20日。
〔註40〕　徐蔚南（1900～1952），江蘇人。早年留學日本，歸國後在紹興浙江省立第五中學、復旦大學實驗中學任教，文學研究會會員。1924年由柳亞子介紹加入新南社。1927年，與傅彥長、朱應鵬等編輯《藝術界》。同年，在世界書局出版《黨化教育》。1928年入世界書局任編輯，主編《ABC》叢書。由於他擔任過中學國文教員，是活躍的散文家，跟當局靠得近，所以世界書局請他編輯初中國文教科書。

遠，那就是愈難養成欣賞的興趣。」〔註41〕對此，徐蔚南的解決方案有二：
一是「除選文外，復插入多數字畫照片，或爲作者之小像，或爲作者之簽名
墨迹，或爲與文中有關係之藝術作品，務使本書具有躍入的生命，不僅成爲
教師當教，學生當讀之書，且復成爲教員愛教，學生愛讀之書」；二是選文要
適當，他「考察國民革命成功後所出之初中國文教科書」，「覺得教材的選材，
還不免因襲舊書」，所謂「舊書」，指 20 年代出版的《初中國語文讀本》、《初
中國語教科書》、《初級國語讀本》等教科書。徐蔚南認爲這些教科書不符合
「國文教育的目標以及學生的心理和程度」，〔註42〕決定編輯《創造國文讀
本》。對於第一點，屬技術問題，暫不討論。本文僅就《創造國文讀本》的選
文略微展開，考察其不因襲「舊書」之處及特點。

　　《創造國文讀本》選材「重文藝，多小品」，〔註43〕所選 242 篇作品中，
明清小品文較多，且多來自《陶菴夢憶》、《笠翁偶集》、《長物志》。熟悉當時
文壇情況的讀者當能明白，《創造國文讀本》的選文傾向跟周作人一派的文學
趣味近似。

　　《創造國文讀本》選《陶菴夢憶》最多，計 16 篇。《陶菴夢憶》爲周作
人及其弟子所激賞。1926 年，俞平伯重刊《陶菴夢憶》時說：「作者家亡國破，
披髮入山，『遙思往事，憶即書之，持向佛前，一一懺悔，』作書本旨如是而
已。而今觀之，奇姿壯采，於字裏行間俯拾即是，華穠物態，每『練熟還生
以澀勒出之』，畫匠文心兩兼之矣。」又稱「此書校讀得燕大沈君啓無之助，
更得啓明師爲作序，兩君皆好讀《夢憶》者。」〔註44〕周作人爲俞平伯重刊
《陶菴夢憶》的序中說：「我們讀明清有些名士派的文章，覺得與現代文的情
趣幾乎一致，思想上固然難免有若干距離，但如明人所表示的對於禮法的反
動則又有很現代的氣息了。張宗子是大家子弟，《明遺民傳》稱其『衣冠揖讓，
綽有舊人風軌，』不是要討人家歡喜的山人，他的灑脫的文章大抵出於性情
的流露，讀去不會令人生厭。《夢憶》可以說是他文集的選本，除了那些故意
用的怪文句，我覺得有幾篇眞寫得不壞，儻若我自己能夠寫得出一兩篇，那

〔註41〕徐蔚南：《關於初中創造國文讀本》，《創造國文讀本》（第一冊），世界書局，
　　　　1932 年。
〔註42〕同上。
〔註43〕黎錦熙：《三十年來中等學校國文選本書目提要》。
〔註44〕俞平伯：《重刊陶庵夢憶跋》，《雜拌兒》，開明書店，1928 年。

就十分滿足了。但這是歆羨不來，學不來的。」〔註45〕評價極高。《創造國文讀本》1932年10月出版第三冊，1933年2月出版第四冊。其間，沈啓無編選的《近代散文鈔》於1932年12月由北平人文書店出版。《近代散文鈔》分上下兩卷，下卷選張岱作品28篇，比周作人極推崇的袁中郎還多4篇，數量位於全書17位作家之首。《創造國文讀本》和《近代散文鈔》都將張岱放在首位，體現了兩位編者在文學趣味上的近似。《近代散文鈔》選李漁作品5篇，《創造國文讀本》選李漁作品6篇，其中《竹》、《柳》爲兩書都選的篇目。此外，《創造國文讀本》第六冊選廖燕《小品自序》。僅筆者所知，此文入選1912～1949年中學國文教科書僅此一次，但它也被選入了先此出版的《近代散文鈔》。在《陶菴夢憶序》中，周作人談到他1897年初讀《陶菴夢憶》時，《長物志》也是他「所喜歡的書」。《長物志》爲明末文人文震亨所作，有學者認爲它是「晚明文房清居生活方式的完整總結，集中體現了那個時代士大夫的審美趣味，堪稱晚明士大夫生活的『百科全書』」〔註46〕就筆者所見，當時的中學國文教科書中僅《創造國文讀本》選《長物志》之文，且多達5篇。

　　僅就《創造國文讀本》選張岱、李漁、文震亨、廖燕之文，就可看出徐蔚南跟周作人一派文人趣味的近似。不僅如此，《創造國文讀本》還選入了11篇周作人的作品。二三十年代的初中國文教科書一般都會大量選入周作人的作品。這些作品主要有兩個來源，一是收入《域外小說集》、《點滴》、《現代小說譯叢》、《空大鼓》中的翻譯作品，二是《小河》、《山居雜詩》、《西山小品》等寫於五四時期，後來收入《過去的生命》中的詩歌和小品文。但《創造國文讀本》與此不同，除譯作《一滴的牛乳》來自《新青年》外，其餘10篇，都來自《雨天的書》、《看雲集》、《澤瀉集》、《自己的園地》四個集子，卻並非這些集子中如《碰傷》一類「凜冽」的雜文，而是《故鄉的野菜》、《北京的茶事》、《苦雨》等「平淡自然」〔註47〕的小品文。

　　除選周作人11篇作品外，徐蔚南還從《舊夢》、《舊詩新話》及《當代詩文》中選劉大白詩文11篇。1932年2月，劉大白去世，3月，他的摯友徐蔚南將其書信編訂成《白屋書信》，5月由大夏書店出版，其間，《創造國文讀本》第一冊於1932年4月出版。在《白屋書信》弁言中，徐蔚南說，在一二八戰火造成

〔註45〕周作人：《陶庵夢憶序》，《澤瀉集》，河北教育出版社，2002年。
〔註46〕張燕：《〈長物志〉的審美思想及其成因》，《文藝研究》1998年第6期。
〔註47〕周作人：《自序二》，《雨天的書》，河北教育出版社，2002年。

的「神經極度緊張裏，大白淒涼之死，卻總也一刻不能忘記，幾次提筆想寫一點紀念大白的文字，卻總是寫不完成。」〔註48〕這不能忘卻的「大白淒涼之死」，影響了正在編選《創造國文讀本》的徐蔚南。翻開《創造國文讀本》，每隔十多篇課文，總能看見劉大白的詩歌和詩話，這從一個側面體現了徐蔚南作為文人的「真性情」，也是他的文學趣味在《創造國文讀本》中的印迹。

值得注意的是，《創造國文讀本》對魯迅、郭沫若、茅盾等左翼作家的作品都沒有選入。儘管郭沫若、茅盾的作品很少進入當時的教科書中，但不選魯迅作品的教科書卻非常罕見。《創造國文讀本》出版前幾個月，魯迅曾點名批評徐蔚南：在日本佔領東三省後，「然而終於『上海文藝界大團結』了。《草野》（六卷七號）上記著盛況道：『上海文藝界同人，平時很少聯絡，在嚴重時期，除各個參加其他團體的工作外，復由謝六逸，朱應鵬，徐蔚南三人發起，……集會討論。在十月六日下午三點鐘，已陸續到了東亞食堂，……略進茶點，即開始討論，頗多發揮，……最後定名為上海文藝界救國會』云。」〔註49〕被魯迅嘲諷為「沉滓」的徐蔚南，在《創造國文讀本》中不選魯迅作品，而對於魯迅批評過的黃震遐，〔註50〕卻選了他的《一二八之夜》、《藍衣的弟兄們》兩文。

從《創造國文讀本》對晚明小品、周作人散文、劉大白詩文和魯迅作品的不同處理來看，在徐蔚南這裡，編輯國文教科書成為展示自己立場和趣味的機會。他試圖通過《創造國文讀本》，抹煞魯迅為領導的左翼文學，引導學生親近周作人一派的文學趣味。這正是他不「因襲舊書」的目的所在。這樣的內容在當時具有一定的代表性。1931年，有人批評說，「現代中學文學的教學，大都有傾向休閒目標而忽略社會目標的趨勢。」〔註51〕指的大概就是《創造國文讀本》這種傾向。

在《創造國文讀本》出版的同時，陳獨秀的親密追隨者高語罕〔註52〕也

〔註48〕徐蔚南：《弁言》，《白屋書信》，大夏書店，1932年。

〔註49〕魯迅：《沉滓的泛起》，《魯迅全集》（第4卷），人民文學出版社，2005年。第332頁。

〔註50〕魯迅：《「民族主義文學」的任務和命運》，《魯迅全集》（第4卷），人民文學出版社，2005年。第321～323頁。

〔註51〕程其保：《初級中學課程標準之討論》，《教育雜誌》第23卷第9期，1931年9月20日。

〔註52〕高語罕，1888年出生，新文化運動的積極參與者，早期中共黨員，陳獨秀的忠實追隨者。1916～1923年，在安徽省立第五中學等校擔任教師，編輯《白話書信》、《語體文作法》等國文教材。1929年，與陳獨秀等人被開除黨籍，

以王靈皐的筆名編出了初中適用的《國文評選》，〔註53〕由亞東書局出版。高語罕雖與徐蔚南的立場截然不同，卻跟徐蔚南的做法近似，也試圖將自己的立場注入其所編的初中國文教科書中。

《國文評選》45篇課文，多爲文學作品。〔註54〕高語罕認爲，國文教學的主要目的是文學作品的閱讀、欣賞和寫作，「國文教師的責任，不僅在於給青年學生解字釋句，若果如此，那學生只要每人買一部字典與辭源就夠了，何必要教師來做這種機械的解釋，費時失業；也不僅在於教學生讀幾篇文章，做幾篇策論式的課題，是在於引起青年研究文學的興趣，啓發他們文學的天才，指導他們研究文學的門徑並借著做文以觀察青年的實際生活的活動，使他們敍述他們實際生活的活動，養成他們思辨，批評，分析，綜合的能力。」〔註55〕而養成這一能力的關鍵在於培養綜合聯繫的觀點、動態的觀點和明確的立場。

關於動態的觀點和綜合聯繫的觀點，在高語罕看來，是將現象放在其所處的時代，放在政治經濟社會的各種關係和發展中綜合考慮。對於綜合聯繫的觀點，高語罕認爲：「一個國文教員必須有充分的自然科學與社會科學常識。譬如我們講到《狗約》一篇，就要把基督教在歐洲中世紀的黑暗歷史中的作用及與在近代資本主義的社會關係（按，這句話有語病，但原文如此）；講到《性的環境》一篇，就要同生理學，社會學與心理學聯繫起來，就是要從生理，心理與社會學的見地說明性的問題之應注意，對於青年的性生活應當如何解放，如何指導，如何使之不妨礙其自然的發展而又不致崩潰橫絕，有害生長；講到鄭板橋的《五言絕

此後，陪陳獨秀閒居上海，《國文評選》三冊即在此期間所選。1932年，陳獨秀被捕，高語罕逃往香港。

〔註53〕《國文評選》共三冊，第一冊1931年8月出版，第二、三冊1932年1月出版。《國文評選》出版後，高語罕選取其中17篇課文，編爲《文章及其作法》，1933年2月由光華書局出版。1935年10月，《文章及其作法》更名爲《文章評選》由光華書局出版。這兩書課後「結構」和「批評」部分抄錄了《國文評選》中的相關內容。

〔註54〕第一冊選文23篇，第二、三冊各選文11篇，共45篇，可分爲明清小說戲曲、近人創作和翻譯作品三類。其中近人創作16篇，明清小說戲曲15篇，翻譯作品14篇。翻譯作品中絕大部分爲小說，除左拉《貓的天堂》外，其餘都不見於同時期的其他中學國文教科書中。在編輯體例上，「惟哲學及科學文字少選；長篇文藝作品及普通學術論文較多。選文篇後附結構及批評：結構項下，將選文通篇大意逐段分析；批評則注意於作者之思想及文章之內容」（王恩華：《國難後中等學校國文選本書目提要》）。

〔註55〕《序言》，《國文評選》（第一集），亞東圖書館，1931年。

句四首》，就要從社會學、歷史學、經濟學上說明鄭氏的文學是當時社會關係的
反映；講到《太湖上的風波》就要說明《水滸後傳》之時代的，社會的，政治的
關係，說明它與《水滸傳》之思想上的異同；講到《請大家來照照鏡子》就要批
評作者思想的謬誤，或是從其中提出幾個可以討論的問題，讓學生去批評；講到
《劫巴士底堡》就要從最下層民眾的立場說明法國大革命的原因，結果，及它對
於世界的民主運動的影響，它的不朽處以及它的缺點來做我們中國的革命青年的
指示。」〔註56〕至於發展的觀點，高語罕也有舉例，「如《殺父母的兒子》一篇，
那個為父母所拒絕，社會所不齒的『上流人』的苦孩子，就舊社會的倫理觀念說
來，當然是大逆不道，然而在工業發達的民主國家，雖然是黑暗逼著他不能不殺
人，不能不被處死，然而已經有人提出這個問題，意思是在暴露這種社會的罪惡，
為什麼呢？時代變了呀，社會的關係變了呀。然而這還是十九世紀所謂民主社會
的現象。到了二十世紀，現象更不同了。白倍兒的那篇小說《信》上所說的親子
的關係，完全又大變了，不但拿著封建社會的觀點不能瞭解它，即拿現在民主社
會的觀點，也是不能瞭解它，因為時代大變，社會關係大變了，我們的觀察也就
要隨著時代與社會關係而不同。」〔註57〕這兩段文字中所舉的篇目，都是《國文
評選》中的課文。高語罕為每課所作的「批評」，基本上按照上述思路寫作。他
稱這種學習國文的方法，為「『思想的方法』──反形式邏輯的方法。」所謂「思
想的方法」，實際上來自辯證法和歷史唯物主義的方法論。在選進第一冊的托爾
斯泰著、耿濟之譯《難道這是應該的嗎》的「批評」中，高語罕引用了「一位社
會科學家」評論托爾斯泰的文字作為自己的觀點，實際上，這段文字來自列寧的
《托爾斯泰像俄國革命的一面鏡子》。〔註58〕將列寧稱為「一個社會科學家」，自
然是礙於當時的環境。在《國文評選》中，高語罕很少將別人的觀點當做自己的
理論直接引用。此處的破例揭明瞭他的理論來源。

　　高語罕認為，讀一篇文章，讀者應有自己的立場，「譬如，《劫法場》罷，
在統治者，壓迫者，或官僚地主看來，自然是要大喊道：『這還了得！』然而
在一個文學歷史家，或社會家看來，便不同了。他們不祇是喊叫，還要研究

〔註56〕同上。

〔註57〕同上。

〔註58〕《國文評選》第一冊《難道這是應該的嗎》後引用列寧論托爾斯泰一方面是
　　　　清醒的現實主義，一方面宣揚宗教等觀點的文字，來自列寧的《托爾斯泰像
　　　　俄國革命的一面鏡子》，筆者使用的是列寧著、立葦譯：《列寧論托爾斯泰》
　　　　第2～5頁，中外出版社，1952年。翻譯略有出入。

這種現象的社會根源；若是一個同情於民眾，貧苦不堪其虐的民眾的人看來，至少要吐一口，叫一聲『痛快』！人們的見解爲什麼這樣的不同呢？那就是立場不同的原故呀！」「譬如，柏林的影戲院所演的《西線無戰事》，國家社會黨（即法西斯帝黨）人看了要大罵，工農群眾，尤其是參加過一九一四——一九一八年大戰的工農群眾，要痛哭流涕，莫能仰視，因爲他們的社會關係不同，他們的立場也就不同了，因而對於這一影片的觀察就有善惡是非的兩個極端的見解。」〔註59〕這段引文列舉的篇目中，《劫法場》來自《水滸傳》，爲《國文評選》第一冊所選。《國文評選》第二冊選了《還鄉》、《歸隊》兩文，都來自雷馬克著，洪深、馬彥祥譯《西線無戰事》。《還鄉》爲第七章的部分內容，《歸隊》爲第九章。此外，高語罕選李一塵《太平天國革命運動史引言》，曾國藩《湘鄉昭忠祠記》、《湖口縣楚軍水師昭忠祠記》，王光祈譯、李鴻章著《遊俄記事》第四章中的《拳亂與舊俄的遠東政策》等 4 篇作品，意在讓讀者辨明，對於天平天國運動和義和團運動這樣的重大歷史事件，由於各人所處的地位不同，其立場也就不一樣。

　　高語罕提醒學生注意作品的立場，是爲了引導學生獲得一種特殊立場。他從《西線無戰事》這部著名的反戰小說中選兩篇課文，表現其反戰「立場」。他說，讀了《西線無戰事》，「我們不能不痛哭流涕，我們不能不心膽俱摧，我們對於那些大戰負責人及其階級不能不怒髮衝冠，更不能不與之不共戴天。這便是這篇文章，也就是《西線無戰事》全部的描寫之偉大的成功。」〔註60〕高語罕的反戰，在當時的局勢下，表現對「和平統一」的追求。在《石達開軼事》後的「批評」中，高語罕說：石達開和太平天國的失敗，「我們祇是歎息痛恨是不夠的，我們要研究它所以致此的原因，也就和我們現在對於『和平統一』的遲遲不能實現一樣，不要徒事慨歎，而要追求它的原因，尤要追求它的實際：(1)什麼是和平？爲誰和平？（2）什麼是統一？爲誰統一？誰來統一？」〔註61〕

　　除對自己政治立場的直接交底外，高語罕的「立場」，還表現在通過選文對胡適、魯迅等同時代人的評價上。他在《序言》中說：「我對於胡適之先生的白話文，可算是佩服已極，然而對於他的思想的謬誤卻不願因感情而忽視。因爲一篇文字，任憑它的作者是怎樣一個絕地通天的思想家，都不能不受時代，環

〔註59〕　《序言》，《國文評選》（第一集）。
〔註60〕　《還鄉》課後批評，《國文評選》（第二集），亞東圖書館，1932 年。
〔註61〕　《石達開軼事》課後批評，《國文評選》（第三集），亞東圖書館，1932 年。

境與其他社會關係的限制，那它就不能完全無疵。」〔註62〕除翻譯外，他選了胡適《黃梨洲論學生運動》、《請大家來照照鏡子》、《孫行者與張君勱》、《不朽》等 4 篇作品。他認為胡適在《孫行者與張君勱》中的「形式邏輯」是孤立的、靜止的，「只在萬有的迹象形式上做功夫」，〔註63〕會把人們帶到絕路。批評胡適《不朽》中所表現的思想是「從唯心論者的社會哲學脫胎出來的」。〔註64〕高語罕選梁啓超的《異哉所謂國體問題者》，承認「我們四十歲以外的人，當辛亥以前，稍稍對於民族革命有些認識的，十有八九是梁先生的功勞。」但同時提醒讀者注意梁啓超的某些觀點「充分的表現了統治階級的一般的立場」，〔註65〕是需要警惕的。選汪精衛的《人類共存主義》，批評其「非拔本塞源之論，而不免於與一般人道主義的空想家同其窠臼。」〔註66〕通過《阿Q正傳》，評價現代中國最傑出的文學家魯迅：「阿Q之死，不過是劣紳土豪，即城市與鄉村已得政權的有產者不准貧民革命的一個武裝示威而已。我覺得這種描寫是魯迅對於時代的貢獻。但是他雖然這樣地描寫，也不過如莫泊桑之暴露黑暗社會的寫實作品而已，沒有透露給我們以光明的前途。又有人說魯迅後來果然轉變了，由暗淡變成光明，由消極變成積極，這正是小資產階級動搖的政治意識之必然結果，他的一憂一喜，一左一右，一消一長，都是他的動搖不定的政治路線之十足的表示。至於魯迅的文學技術，在現代中國的文學中似乎很難找到對手。他的深刻，雋峭，能曲曲的傳出人心的深處，這並不能僅僅以什麼『纖巧』『俏皮』等等評語抹殺它。因為在言論不能充分自由的時候，一種深刻的，含蘊的，深藏不露的描寫技術便是十二分的需要。司馬遷的《史記》，曹雪芹的《紅樓夢》，以及 K.M.在《萊茵報》上的文字，都是用這種記述表現他們偉大的天才的。」〔註67〕胡適、梁啓超、魯迅、汪精衛屬於當時中國最具影響力的人物，高語罕通過對他們的批評，使《國文評選》帶上了鮮明的傾向性。

在《國文評選》的《書後》中，高語罕說，學生對於當時面臨的各種社會問題和民族危機，應有清醒的認識，而「區區的《國文評選》中所包孕的

〔註62〕 《序言》，《國文評選》（第一集）。
〔註63〕 《孫行者與張君勱》課後批評，《國文評選》（第二集）。
〔註64〕 《不朽》課後批評，《國文評選》（第三集）。
〔註65〕 《異哉所謂國體問題者》課後批評，《國文評選》（第三集）。
〔註66〕 《人類共存主義》課後批評，《國文評選》（第二集）。
〔註67〕 《阿Q正傳》課後批評，《國文評選》（第三集）。

批評精神，所暗示的批評方法，至少可以助大家一臂之力。」〔註 68〕可見，作為初中國文教科書的《國文評選》，其所承擔的功能，是讓學生學會通過閱讀文學作品，掌握具有高語罕特色的分析社會現象、政治問題的方法。

　　徐蔚南、高語罕都重視文學作品，並帶有鮮明的立場。商務印書館出版的傅東華、陳望道〔註69〕的《基本教科書國文》，立場不如徐蔚南、高語罕鮮明，後者具有鮮明的派系色彩，前者的內容則是系統的文學概論和作文知識，正如黎錦熙對它的評介：「但以文學及文學常識為主，思想則只求其不發生惡影響而已。」〔註70〕

　　《基本教科書國文》，1931 年 12 月至 1933 年 2 月陸續出版。相比於此前出版的教科書，《基本教科書國文》的「新嘗試」，在於它的課後「說明」。「說明」作為國文教科書助讀系統的一部分，這並不新鮮。商務印書館 1928 年出版的胡懷琛《新時代國語教科書》，其部分課文後也有「說明」。但《基本教科書國文》課後「說明」的內容，確為獨創。「這些說明雖然散在各篇，合之自成系統，便是把一部文學概論和作文論分散開來，具體地灌輸給學生知道」；同時，「中國及世界文學上最粗淺的常識——如各種文體及詩體的名字，及世界第一流作家和作品的名字，——我們認為在初中時代已有逐漸灌輸的必要，所以書中有一部份的教材是為這個目的選入的，也無非欲在無形中為學生預備將來欣賞文學的基礎」。〔註71〕《基本教科書國文》同其他中學國文教科書的不同之處，正在於設計了「文學概論和作文論」及各種文學知識等內容。

　　《基本教科書國文》第一冊以「說明、描寫、敘述各種簡單和合成的文體」〔註72〕為內容。說明文以蔡元培《國文的將來》、《圖畫》，胡適《讀書的四到》等為範文，探討說明文的命題及命題的證明方法。描寫文以魏學洢的《核舟》明方位、顏色、姿態描寫，宋起鳳《核工記》明情態描寫，彭士望

〔註68〕《書後》，《國文評選》（第三集）。

〔註69〕傅東華（1893～1971），文學研究會會員，20 年代曾在上海大學、上海中國公學等校任教，後擔任商務印書館編譯員。陳望道（1891～1977），1919 年曾擔任浙江一師國文教員，是著名的翻譯家和語言學家，他的《作文法講義》、《修辭學發凡》對中學國文教育影響很大。陳望道和傅東華還是當時文壇的活躍人物，編完這套教科書不久後就都成為大型文學刊物《文學》的編委會成員。

〔註70〕黎錦熙：《三十年來中等學校國文選本書目提要》。

〔註71〕《編輯大意》，《基本教科書國文》（第一冊），商務印書館，1931 年。

〔註72〕《生機》「注釋與說明」，《基本教科書國文》（第二冊），商務印書館，1932 年。

《砥戲記》等明動態描寫，梅曾亮《遊小盤谷記》、林紓《記翠微山》明觀察點，《儒林外史》中《馬二先生遊西湖》明人物描寫。在描寫的基礎上講詩歌，並區別律詩、絕句等詩體。描寫和說明合成科學文，以賈祖璋《魚類的游泳》、裴元嗣《汽車》等爲範文。在描寫和敘述的基礎上講傳記、小說、史詩、童話等文體，範文主要來自《儒林外史》、《紅樓夢》、《拍案驚奇》、謝六逸譯《伊利亞特的故事》等作品。編者認爲「各種文體都有個程度深淺的分別」，區別點在於主觀和客觀。「主觀的文字比客觀的文字程度深些，因爲後者祇是外面事物的如實記錄，前者卻把作者所感的情趣和所見的意義放在裏邊。」〔註 73〕第一冊的範文多爲客觀的，第二冊的範文多爲主觀的。第二冊主要爲抒情文、小品文、抒情詩、賦。它們「加入了感情的元素，那就不僅是應用的科學的文字，而是具有美術性質的文學作品了。」〔註 74〕作爲範文的，有魯迅《風箏》、《鴨的喜劇》，周作人《西山小品》、《山中雜詩》，冰心《寄小讀者》、《笑》，朱自清《荷塘月色》，歸有光《先妣事略》、《葬寒花志》、《項脊軒志》等。

第三冊談文學方法，主要是讓學生欣賞和瞭解文學作品的取材、剪裁和佈局。前 27 課以第 3 課胡適《文學的方法》爲綱，該文屬《建設的文學革命論》中的一個段落，將文學的方法分爲集收材料的方法、結構的方法、描寫的方法。集收材料的方法，又分爲「推廣材料的區域」，「注重實地的觀察和個人的經驗」，「要用周密的理想作觀察經驗的補助」。結構的方法分剪裁、佈局。描寫的方法分寫人、寫境、寫事、寫情。第 4～17 課講剪裁。有經驗剪裁，劉文典譯《弗蘭克林自傳》是以「經驗的價值」作剪裁標準的範文，朱自清《背影》、朱琦《北堂侍膳圖記》的剪裁方式爲「用一點經驗作爲出發點，聯想到有關係的事，但同時不能忘記回到出發點」。有情緒剪裁，以蔡琰《悲憤詩》爲範文。有題目剪裁，以方苞《獄中雜記》爲範文。第 18～27 課側重描寫方法，梁啓超《歐遊心影錄楔子》爲「用情寫景」，程敏政《夜渡兩關記》爲「用境寫情」，杜甫《羌村》爲「用事寫情」，蔣士銓《到家》爲「用情寫事」。第 29～54 課以第 28 課胡適《什麼叫做短篇小說》爲綱，〔註 75〕皆爲注重佈局的小說、詩歌，如《木蘭辭》、《孔雀東南飛》、《上山采蘼蕪》、《石壕

〔註 73〕 同上。
〔註 74〕 《基本教科書國文》（第二冊）。
〔註 75〕 《什麼叫做短篇小說》爲胡適《論短篇小說》第一部分，胡適論文重結構，這一部分探討小說的佈局。

吏》、《二漁夫》、《最後一課》等。

第四冊討論文學內容。「順次讀去，就可以曉得怎樣觀察，並且怎樣去說明你們周圍的世界，因而曉得怎樣增富你們的文學材料」。其順序為：「因受春天的力量的感動，便引起了人生的問題。問題一起，便要研究怎樣去解決。解決問題的第一步，就是認識問題，所以先講怎樣暴露現實的情狀。解決問題是要思想的，所以講到科學的方法。既曉得科學的方法，就覺悟了現在是怎麼一個時代，我們所處的是怎樣的一種境地。於是乎我們因自己的憤激而同情於古人的憤激，但是我們明曉得突然憤激是沒有用的，因而想起怎樣去改革。於是乎就產生了幻夢，產生了理想，最後仍舊宕了轉身，回到怎樣實現理想的問題上來。這樣一個大圈子，可以說是已經畫出全部人生的範圍，也可說是已經畫出全部文學的範圍。」〔註76〕並以魯迅《風波》、《孔乙己》，沈玄廬《十五娘》，左拉《失業》，西班牙作家皮康《恫嚇》等「暴露現實情狀」。以《呂氏春秋》中的《察今》、《察傳》，王充《書虛篇》，嚴復譯《天演論‧察變》，任鴻雋《科學方法之分析》等為「科學的方法」的範文。以葉聖陶《五月卅一日急雨中》、《倪煥之》等明瞭「時代」「境地」。以宗臣《報劉一丈書》，楊惲《報孫會宗書》等明瞭「古人的憤激」。以周作人譯、須萊納爾著《沙漠間的三個夢》，周作人譯、庫普林著《帝王的公園》，嚴復譯《天演論‧烏托邦》等為「幻夢」「理想」的例文。以周作人譯、斯特林堡格著《改革》，《國語‧越語‧句踐棲會稽》，《戰國策‧趙策‧趙武靈王胡服騎射》等為「改革」現實的範文。

第五冊討論文學技巧，「前部講音節，中部講技巧，後部講風格，都是沒有法度可說的」。〔註77〕以劉勰《文心雕龍》中的《物色》、《聲律》為「音節」理論指導的文章。以歐陽修《祭石曼卿文》、韓愈《祭十二郎文》為「散文韻文化」的例子。以《楚辭‧卜居》為「韻文散文化的」的例子。講技巧、風格的部分，選入了茅盾《大澤鄉》、《叩門》，魯迅《吶喊‧自序》、《說鬍鬚》，這幾篇作品在當時的初中國文教科書中出現頻率都比較低。

第六冊的內容是「文學傳統的知識」。包括三方面，「（一）在形式方面，是文字的歷史；（二）在內容方面，是學術思想以及一般文化的歷史；（三）

〔註76〕《文明的曙光》課後說明，《基本教科書國文》（第四冊），商務印書館，1933年。

〔註77〕《文理》課後說明，《基本教科書國文》（第五冊），商務印書館，1933年。

在趣味方面，是風格的歷史。」〔註78〕作為例文的 40 篇作品，前 3 篇為許慎、章太炎、周作人關於文字學的文章，第 4～14 篇，有關中國文學史的變遷，第 15～40 篇，或闡述中國文化史、學術思想史，或為某家思想的代表作。《基本教科書國文》將文學放在文化傳統中去理解，拓展我們對文學的理解。

《基本教科書國文》教給學生關於文學創作、欣賞與研究的知識和技能，這非常獨特。傅東華在隨後的教科書編纂中卻並沒有貫徹下去。1930 年，朱自清認為初中國文教科書的編輯，應「用分體辦法；體不必多，敘事、寫景、議論三種便夠。因為初中學生對於文字的效用還未了然；這樣做，意在給他打好鑒賞力和表現力的基礎。類目標明與否，無甚關係，但文應以類相從。」〔註79〕雖在細節上或有出入，但以敘述、議論、說明為綱編輯初中國文教科書，逐漸成為幾大書局的共識。

第三節　由思想道德教育、文學教學到文章作法

《基本教科書國文》發行量不大，30 年代商務印書館最暢銷的初中國文教科書是隨後傅東華編輯的《復興初中國文》。《基本教科書國文》第六冊於 1933 年 2 月出版，3 個月後，《復興初中國文》第一冊出版。至 9 月，僅僅四個月，該冊已出至第 30 版。第二冊 7 月出版，至 1934 年 6 月已出至 55 版。這套教科書抗戰時期仍被廣泛採用。1938 年，葉聖陶在重慶巴蜀中學，1944 年，季鎮淮在昆明某中學，都用《復興初中國文》做教材。〔註80〕

比較傅東華編輯的兩套國文教科書，我們發現《基本教科書國文》中的很多純文學作品和學術文在《復興初中國文》中不見了，《復興初中國文》新選了一些普通文。

周作人作品在兩套教科書中都很多，《基本教科書國文》選 16 篇，《復興初中國文》選 10 篇，但僅 4 篇相同。跟《基本教科書國文》相比，《復興初中國文》選周作人的作品時去掉了小說、詩歌和文學論文，增加了平淡雋永

〔註78〕《中國文字的源流》課後說明，《基本教科書國文》（第六冊），商務印書館，1933 年，第 2 版。

〔註79〕朱自清：《論中國文學選本與專集》，《朱自清全集》（第 2 卷），江蘇教育出版社，1996 年。第 81 頁。

〔註80〕葉聖陶：《渝滬通信·第六號》（1938 年 3 月 8 日），《葉聖陶集》（第 24 卷），第 131 頁；季鎮淮：《教書雜記》，《國文月刊》第 31、32 期合刊，1944 年 10月。

的散文。《基本教科書國文》中的 6 篇周作人翻譯小說——《賣火柴的女兒》、《童子林的奇迹》、《改革》、《帝王的公園》、《晚間的來客》、《沙漠間的三個夢》，以及《平民的文學》、《女子與文學》、《兩個掃雪的人》、《山居雜詩》等詩歌和文論，《復興初中國文》都沒選。《復興初中國文》增選了《烏篷船》、《愛羅先珂君》、《唁辭》、《金魚》、《志摩紀念》、《沉默》等散文作品。

魯迅作品在兩套教科書中的變化情況與此相似，小說少了，散文多了。《基本教科書國文》選 8 篇魯迅作品，《復興初中國文》選 6 篇，除《風箏》、《鴨的喜劇》外，《基本教科書國文》中的《吶喊·自序》、《孔乙己》、《風波》、《說鬍鬚》、《娜拉走後怎樣》及譯文《魚的悲哀》在《復興初中國文》中不再出現。《復興初中國文》比《基本教科書國文》多出了《秋夜》、《聰明人傻子和奴才》、《維新與守舊》（即《熱風·隨感錄四十八》）、《馬上日記》。

對周氏兄弟作品的不同選擇，表徵了兩套教科書內容上的不同。《復興初中國文》對周氏兄弟的翻譯作品都不收錄，源於它「譯品一概不收」〔註 81〕的編輯理念。〔註 82〕當時中學國文教科書，所收「譯品」多為小說、詩歌等純文學作品，對此「一概不收」，自然捨棄了不少文學作品。同時，《基本教科書國文》中第六冊為灌輸「文學傳統的知識」而選入的文化史、學術思想史方面的作品，《復興初中國文》也不再選取。為填補剔除這些作品後留下的空白，《復興初中國文》從《一般》、《中學生》、《生活周刊》等刊物選取了大量議論文、說明文及記述文。而《基本教科書國文》僅從上述三種刊物中選了朱光潛的《談情與理》1 篇作品。

《復興初中國文》中《報紙的言論》、《現有教育制度的罪惡》、《教育革命的徹底主張》等 3 篇作品來自《生活文選》（第一集）。〔註 83〕鄒韜奮在《生活文選》的《弁言》中說，「我們常接到熱心朋友的來信，表示希望能將《生活周刊》上比較的尤可適宜於一般青年閱看的文字——就思想和文筆方面說——彙編單行本，俾作國文課本或課外讀物之用。」該書由議論文和記事文兩編組成，文字淺顯明白，較少專業知識和文學色彩。《復興初中國文》選《生活文選》中的 3 篇作品，大概因其「適宜於一般青年閱看」。《復興初中國文》選了多篇《一

〔註 81〕《編輯大意》，《復興初中國文》（第一冊），商務印書館，1933 年。
〔註 82〕這一編輯理念受到的抨擊較多，王恩華認為「全書不收譯述作品，似不無商量之餘地也」（王恩華《國難後中等學校國文選本書目提要》）。後來的教科書，很少有不收譯作的。
〔註 83〕《生活文選》（第一集），生活書店，1933 年。

般》上的作品。不僅有朱光潛《談情與理》，還有夏丏尊《藝術與現實》、豐子愷《美與同情》、李石岑《缺陷論》、薰宇《告失望的朋友們》、叔琴《一般與特殊》。《復興初中國文》有很多課文來自《中學生》雜誌。不僅有《中學生》「卷頭言」中的《自發的更新》、《希望與顧慮》、《青年的憧憬》，還有無靈《國家的出路和個人的出路》，夏丏尊《你須知道你自己》、《受教育與受教材》，葉聖陶《假如我有一個弟弟》，李石岑《青年的三大修養》，朱自清《盧森》，豐子愷《飯廳生活的回憶》、《爲什麼大家要學圖畫》，巴金《獅子》等 12 篇作品。《一般》1926 年 9 月創刊，1929 年 12 月停刊，立達學會主編，主要面向青年，刊發的作品「注重趣味，文學作品不必說，一切都用清新的文體，力避平板的陳套，替雜誌界開個新生面。」〔註84〕《中學生》1930 年創刊，夏丏尊、葉聖陶等編輯，開明書店出版，目的是「替中學生諸君補校課的不足；供給多方的趣味與知識；指導前途；解答疑問；且作便利的發表機關」。〔註85〕可見，跟《生活文選》相似，《一般》、《中學生》也是面向青年讀者，「適宜青年閱看」的刊物。不從當時的文學刊物或文學作品中，而從面向青年讀者的雜誌上選文，這在1930 年代的初中國文教科書中具有代表性。〔註86〕

選文的不同，說明傅東華的初中國文教科書編輯思路已有較大調整。《復興初中國文》課後「暗示」跟《基本教科書國文》課後「說明」在形式上一脈相承，但內容上變化很大。綜合各課的「說明」，可成一部系統的文學概論和作文法。而「暗示」的目的，卻在「誘導學生對於教材內容作分析，綜合，比較之研究，期使獲得透徹之瞭解及深入之欣賞。」不再標明「文學概論」的功能。《基本教科書國文》課後的「文法和修辭」，多從「所讀文中自然引出」，「雖然分散在各篇之後，合起來自能成爲一部系統的文法和一部系統的修辭學。」《復興初中國文》不再將「文法和修辭」分散在每篇精讀文章之後，而是每冊設計 20 篇習作課，穿插在精讀文後，「供給語法文法及文章作法之教學及練習材料」。「文章作法」是新加進來的。在傅東華看來，「文章作法」包括兩方面內容：一是「語法，文法，句法，章法等等，都屬文章組織的研究」，二是文章體裁的研究。正是「文章作法」，而非「文學概論」，成爲《復興初中國文》的編輯綱領。

〔註84〕《〈一般〉的誕生》，《一般》創刊號，1926 年 9 月。
〔註85〕夏丏尊：《發刊辭》，《中學生》第 1 號，1930 年 1 月。
〔註86〕30 年代發表的文學作品很少進入中學國文教科書。

　　《復興初中國文》雖跟《基本教科書國文》有很多課文重複，但這些課文在兩套教科書中卻承擔了不同的功能。《復興初中國文》第一冊選《水滸傳》中的《景陽岡》，並將此文跟葉紹鈞《籃球比賽》對比，目的在學習記述文的方法。而《基本教科書國文》則以此文爲例，介紹小說的三要素：背景、人物、情節。《復興初中國文》第二冊以葉紹鈞《蠶兒和螞蟻》爲例，說明「記敘文的一種主要性質」在於能抓住讀者，誘導讀者不斷讀下去。《基本教科書國文》第一冊也選了《蠶兒和螞蟻》，但企圖通過這篇作品，讓學生學會區別童話和寓言。《復興初中國文》第四冊選入宗臣《報劉一丈書》，暗示爲：「用記敘體描寫一個類型的人物，用記敘代替說明。讀者不但可得一個概念，還可得一個活潑鮮明的印象。」這篇文章也被《基本教科書國文》第四冊所選，該冊的任務是學習「文學內容」，並將文學內容分爲暴露、理解等，《報劉一丈書》被作爲「直接暴露」的例文。《復興初中國文》第五冊選入《孟子·陳仲子》，目的爲教會學生「做議論文立論須顧到實際，不可太近理想。」《基本教科書國文》第四冊教學「文學內容」，理想主義或烏托邦爲「文學內容」之一，《孟子·陳仲子》即作爲批評烏托邦的例文。《復興初中國文》第六冊選蘇東坡《前赤壁賦》，讓學生明瞭議論和抒情的混合。《基本教科書國文》第五冊也選《前赤壁賦》，卻被用來作爲「風格」的例文。

　　可見，《基本教科書國文》的主要內容，是文學創作、欣賞和研究的知識和技能。《復興初中國文》的主要內容，是敘述文、說明文、議論文等普通文章作法。傅東華這一教學思路的變化，在30年代具有代表性。

　　中華書局在1928年8月至1929年9月，陸續發行了朱文叔《國語與國文》。〔註87〕1933年7月，朱文叔編輯《初中國文讀本》開始由中華書局出版，至1934年8月出齊。〔註88〕1935年8月至1936年，《初中國文讀本》增注本陸續出版，編者中增加宋文翰，注者爲張文治、喻守眞、張愼伯。這三套教科書的主編都是朱文叔。通過對它們的比較，我們發現了1928～1936年間以朱文叔爲首的中華書局編輯群體的初中國文教科書編輯思想的變化軌迹。

　　《國語與國文》的選文，「略依其《初級古文讀本》《初級國語讀本》兩

〔註87〕這套教科書銷路較好，至1932年4月，第一冊已出至12版。
〔註88〕1934年6月，《初中國文讀本》第一冊已出至第9版；10月，第六冊出至第5版。

書之舊，增刪而改編之」，〔註89〕顯然還保留了 20 年代中期的風格。但《國語與國文》中的大多數選文在《初中國文讀本》中都不再出現了。

相比於《國語與國文》，《初中國文讀本》中的文言文作品數量減少。《國語與國文》中一些比較高深的作品，像王粲《登樓賦》，庾信《小園賦》，姚鼐《古文辭類纂序》，章學誠《古文十弊》，王國維《人間詞話節錄》，劉知幾《敘事》，劉勰《物色》，王充《藝增》，佛經中的《百喻經二則》，《淨土浴池》等在《初中國文讀本》中都不再出現。

兩套教科書都收譯文。《國語與國文》收譯文 33 篇，多為五四時期翻譯的小說、詩歌、戲劇等純文學作品，如周作人翻譯的《一文錢》、《燕子與蝴蝶》、《父親在亞美利加》，胡愈之翻譯的《街之樹》、《我的學校生活的一斷片》，劉半農翻譯的《貓的天堂》、《法國馬賽革命歌》等。《初中國文讀本》收譯文 16 篇，分為 17 課，在數量上大大減少。《國語與國文》中周作人、胡愈之、鄭振鐸、沈雁冰、魯迅、田漢等五四時代的譯作，絕大部分在《初中國文讀本》中不再出現。《初中國文讀本》新增的一些譯作，除阿佐林著、徐霞村譯《一個農夫》，阿哈洛年著、胡仲持譯《運命》等少量文學作品外，像伊林著、吳朗西譯《小五年計劃與大五年計劃》，亨丁登著、潘光旦譯《飢饉薦臻的華北》，張迪盧譯《沒有時鐘的世界》，松岡洋右著、陳東林譯《「青年宰相」印象記》，謙本圖著、孫毓修譯《日本風俗》、《耶路撒冷》等都是應用文或遊記、印象記等普通文。

此外，朱文叔「特約多人，按照初中程度，分別撰述既富興味，又有內容之文字，編入各冊，藉矯從來偏重文藝文之趨向。」〔註90〕專門邀請名家為教科書撰文，這在當時中學國文教科書編撰中屬於特例。《初中國文讀本》中「特約」的 41 篇作品，除吉田絃二郎著、文叔改譯的《思母》為抒情文，廖勒尼亞著、愼伯改譯的《莫斯科的女孩兒》為小說，熊佛西《枯樹》為戲劇外，其他都不是純文學作品。按內容劃分，這 38 篇作品可以分為 5 類，包括陳兼善《進化論淺解》、周昌壽《物理學和人生》、竺可楨《天氣》、黃雲駭《紡織》、張耀翔《喜怒憂懼》、余雲岫《病》等 10 篇科普文；聞一多《青島》、孫福熙《夏天的生活》、金兆梓《風雪中的北平》等 9 篇描寫自然風光和地方

〔註89〕黎錦熙：《三十年來中等學校國文選本書目提要》。

〔註90〕《新課程標準適用初中國文讀本編例》，朱文叔《初中國文讀本》（第一冊），中華書局，1933 年。

特徵的描寫文。廖世承《青年生活》，陸費逵《敬告中等學生》，顧頡剛《懷疑與學問》，王世穎《合作運動》等 8 篇指示現代人應有素質的議論文；陳望道《修辭》、黎錦熙《文法》、劉復《應用文及其作法》、孫俍工《習作方法論》等 6 篇作文方法和文體知識的說明文；韋息予《李鴻章》，袁昌英《樸朗吟教授》，金兆梓《陳朝玉傳》等 5 篇人物傳記。這些作者中，張耀翔是著名的心理學家，余雲岫被稱為「中國醫學的播種者」，黃雲騄是國內棉紡高支紗的開拓者之一，周昌壽是著名的物理學翻譯家，陳兼善是著名的動物學家，竺可楨是著名的氣象學家。他們大都不是文學家，「特約」他們為國文教科書撰文，自然淡化了國文教科書中「偏重文藝文之趨向」。

淡化文藝文後，《初中國文讀本》強調「注重民族精神之陶冶、現代文化之理解」。〔註91〕而事實上則增加了記敘、說明、議論等普通文和應用文，為增注本添進文章作法準備了條件。

1935～1936 年，中華書局出版了《初中國文讀本（增注本）》。跟《初中國文讀本》比較，增注本第一個變化是刪去了個別敏感課文。比如刪除伊林著、吳朗西譯《小五年計劃與大五年計劃》，增蔡元培《建築》與豐子愷《市街形式》，刪白薇《長城外》，增都德著、胡適譯《柏林之圍》。但這一變化不是主要的，主要的變動在於，「每冊備有文章作法教材，供習作時間講授之用，惟為教學便利計，不分屬於課間，而總列於書後，其次第視學生對於語言文字上知識之需要及瞭解之程度，定第一年講語法、文法，第二三年講文章體制。」〔註92〕第一、二冊講文法。第三冊講記述文，分記述文的意義、種類，材料的積儲、收集、選擇，記述文的組織、開端和結束及文學的記述文等 8 方面。第四冊為敘述文，分敘述文的意義和種類，敘述文和記述文的區別，敘述文的要素，題材的取捨，組織的順序，首尾的安置，觀點的一致和移動，敘述的快慢，敘述的流動和中止等 9 方面。增注本第五、六冊查找不到，按順序應設計說明文、議論文的教學。

這三套教科書的變化情況表明，朱文叔等人所設計的初中國文教科書內容，文學教學逐漸淡化，文章作法逐漸增加。

除上述兩家外，世界書局，開明書店、北新書局等出版社的初中國文教

〔註91〕同上。
〔註92〕《新課程標準適用初中國文讀本編例》，朱文叔、宋文翰《初中國文讀本（增注本）》（第一冊），中華書局，1935 年。

科書內容也出現了相似的變化。

朱劍芒〔註93〕編輯的新主義教科書《初中國文》由世界書局於 1929 年 6 月開始出版，8 月出齊。1930 年 9 月，遵照教育部批示，《初中國文》訂正出版，至 1932 年 6 月，訂正第一冊出至 13 版。《初中國文》設計了兩方面的內容。一是文學教學。文言文按時代逆序編選，〔註94〕以「引起其研究古代文藝的興趣」，〔註95〕並對中國文學史有感性認知。每冊中的文藝文份額爲 30%～40%，「誘導讀者對於小說、詩歌等文藝作品，更奮發其熱烈的研習與欣賞。」二是思想教育，《初中國文》每冊各有側重：或「激發青年的進取」，「指示前進的途徑使力求新的生活」；或「描寫人生一切，指示青年認識人和社會間的關係」，「並對於舊社會被壓迫的農工，抱有相當的同情」；或「藉以誘導讀者對於人生觀，常抱無窮的樂趣」；或「灌輸革命知識」，「鼓勵現時代的革命精神」；或「討論人生問題」，「使讀者對於人生的眞義，更有充分的瞭解」；或「誘導讀者對於國家狀況，具有深切的觀念，並激發其愛護國家的熱忱」。

《初中國文》按時代逆序編選文言文，是借鑒民初中學國文教科書的編法；分選文爲文藝文和實用文，是借鑒沈仲九、孫俍工《初中國語文讀本》的編法；每冊各以某一內容爲主旨，則跟朱文叔《國語文類選》和穆濟波所設計的教學內容相似。看來，它雜糅此前中學國文教科書內容，企圖承擔文學教學、思想道德教育等多重功能。

1933 年 8 月，朱劍芒編輯的《朱氏初中國文》開始由世界書局出版，1934 年 4 月出齊。跟新主義教科書《初中國文》相比，《朱氏初中國文》有兩個變化。第一，《朱氏初中國文》淡化了思想道德教育。《朱氏初中國文》「各冊中，均選列發揚民族精神的文字三數篇，以期青年學子，在此國難期間，有所警

〔註93〕 朱劍芒（1890～1972），江蘇黎里鎮人，自小聰穎，1906 年開始在鄉間任塾師。辛亥革命時，參與創辦黎里平民小學，編輯《褉粹報》，組織禁煙分會，加入南社，並一度在蘇州博文學校和桃塢中學任職。1919 年到上海，執教於環球中國學生會日校、競雄女校和市北中學等校，兼任上海世界書局編輯。除編輯課本外，朱劍芒還考證、校訂、編纂《國學叢刊》等。工作之餘，朱劍芒向《大世界》、《新世界》等刊物撰寫各類文稿。

〔註94〕 《初中國文編輯綱要》稱該書文言文「略依時代排列，第一冊以現代爲限，第二冊以清代爲限，第三冊以明代爲限，第四冊以宋代爲限，第五冊始由唐代上溯至兩漢，第六冊兼采周秦間的作品」（朱劍芒《初中國文》（第一冊），世界書局，1929 年）。

〔註95〕 《本冊提要》，朱劍芒《初中國文》（第六冊），世界書局，1929 年。以下有關該教科書的引文均來自各冊提要，不特別注明。

惕；對於振興民族，常抱有積極的思想」。〔註96〕每冊選列「三數篇」發揚「民族精神」的作品，相比於《初中國文》每冊各側重某方面內容的編選方式，不僅比重大大減少，而且目標單一得多。第二，朱劍芒不再區分文藝文和實用文的比重，不再按照時代逆序選擇古文，而按題材編選文章。「凡同一題材或內容相近的作品，必集兩篇以上列於一起，以資教學上的連貫。」所謂「同一題材或內容相近」，是從文章學的角度來說的。「本書各冊內容，均依由簡及繁由近及遠的原則為次序：如寫景，先列鄉村，城市，次及國內名勝與國外名勝；敘事，先敘片段的少數人的事實，漸進至整個的多數人的事實；抒情，先寫由景物感發的情緒，漸進至由事實感發的情緒；說理，先從物理的解釋，漸進至事理的解釋等」。〔註97〕新主義教科書《初中國文》每篇後僅注釋字詞，《朱氏初中國文》「各篇注釋後，更附以重要參考材料」。「自詞性辨別，標點種類，句式構成，成語使用，篇章結構，以至修辭方法，條舉縷析，分列於各冊各篇，並隨時摘出課文恰有的材料，以為例證」，〔註98〕重點在辨析「文章作法」。朱劍芒編輯的第三套初中國文教科書──1936年12月至1937年出版的《初中新國文》，跟《朱氏初中國文》相比，除大幅削減教材分量外，內容幾乎沒有什麼變化。三套教科書的比較表明，朱劍芒系列初中國文教科書的內容，逐漸從思想道德教育、文學教學轉向了文章作法。

　　開明書店第一套初中國文教科書，是王伯祥編輯的《開明國文讀本》，1932年7月開始出版，1933年4月出齊。「第一二冊注重於文章之體裁，凡記敘、抒情、解釋、議論以及應用文等，無不具備，期使讀者習得敘說事理及其表達情意之技能。第三四冊於體裁外，更注重於文章之組織及風格，期使讀者得進一步究明作文之技術及養成欣賞文藝之興趣。第五六冊更進而及於歷代名著之選讀，俾讀者得以瞭解我國過去之典籍之一斑」。〔註99〕王伯祥為該套教材另編參考書六冊，現僅見前三冊，「特別注重於文法之詞性、詞位，造句、作文之方式，文言文與語體文之比較，修辭學上之組織法，藻飾法，文體之分類、比較及文學批評概略，文學史概略等」。〔註100〕可見，《開明國文讀本》的內容，不僅有「究明作文之技術」、「養成欣賞文藝之興趣」與「瞭解我國

〔註96〕《編輯大意》。《朱氏初中國文》（第一冊），世界書局，1933年。
〔註97〕同上。
〔註98〕同上。
〔註99〕《編輯要旨》，《開明國文讀本》（第一冊），開明書店，1932年。
〔註100〕同上。

過去之典籍之一斑」，也有「文學批評概略，文學史概略等」。開明書店的第
二套中學國文教科書，是夏丏尊、葉聖陶、宋雲彬、陳望道合編的《開明國
文講義》，1934 年 11 月初版，共三冊。「第一、二兩冊注重在文章的類別和寫
作的技術方面，第三冊注重在文學史的瞭解方面，通體閱讀之後，就可以得
到關於國文科的全部知識。」「在第一、二兩冊裏，每隔開四篇選文有一篇文
話，用談話式的體裁，述說關於文章的寫作、欣賞種種方面的項目，比較起
尋常的『讀書法』『作文法』來，又活潑，又精密，讀了自然會發生興味，得
到實益。在第三冊裏，每隔開三篇選文有一篇文學史話，注重文學的時代和
社會的背景，並不瑣屑地作對於文家和文篇的敘述，不像一般文學史那樣枯
燥呆板，讀了自然會窮源知委，明瞭大概」。〔註 101〕比起王伯祥的《開明國文
讀本》來說，雖「瞭解我國過去之典籍之一斑」，「文學批評概略」等內容都
不再出現，但仍有「文學欣賞的教學」，「文學史知識的教學」等內容。開明
書店的第三套中學國文教科書，是《國文百八課》，1935 年 6 月開始出版，1938
年 9 月出至第四冊，後兩冊未見書。跟前兩套教科書不同之處在於，這套教
科書認為「中學裏國文科的目的，說起來很多，可是最重要的目的只有兩個，
就是閱讀的學習和寫作的學習」，〔註 102〕並「徹頭徹尾採取『文章學』的系統」，
〔註 103〕不再提「文學欣賞的教學」，「文學史知識的教學」等內容。開明書店
的第四套中學國文教科書，是夏丏尊、葉聖陶主編的《初中國文教本》，1937
年 6 月開始陸續出版，1939 年 6 月出至第三冊，後三冊未見書。文章法則是
該書的編輯綱領，「本書含有精讀範文及文章法則兩項教材。文章法則又分甲
乙二部，甲部提示文法要項，乙部提示文章理法，皆按照範文分別安插；即
以範文為例證，打成一片」。〔註 104〕這就表明，選文不承擔文學教學、思想道
德教育等功能，而是「文章法則」等內容的「例證」。比較開明書店出版的四
套中學國文教科書的內容，前兩套豐富多元，多項並存，但每項都不突出，
後兩套則突出「文章法則」。

　　北新書局趙景深《初中混合國語》的改版也體現了相似的變化。

〔註 101〕《編輯例言》，《開明國文講義》（第一冊），開明書店，1934 年。
〔註 102〕《文話——文章面面觀》，《國文百八課》（第一冊），開明書店，1938 年，新
　　　　　1 版。
〔註 103〕葉聖陶：《關於〈國文百八課〉》，《葉聖陶集》（第 16 卷），江蘇教育出版社，
　　　　　1993 年。第 35 頁。
〔註 104〕《編輯大意》，《初中國文教本》（第一冊），開明書店，1937 年。

　　《初中混合國語》，共六冊，趙景深編，青光書局出版，北新書局發行。第一冊於1930年9月初版，至1932年8月出至第10版。對照第1版和第10版的《初級中學國語教科書編輯大意》，可發現趙景深作了些小改動。第二條「本書尤注重文法與修辭」，改爲「本書尤注重文法與作文法」。第四條「本書因係混合編制，故所附文法修辭法等，較爲簡要，教者可參用《中等國文典》（章士釗，商務）、《國語文法》（黎錦熙，商務）、《作文法講義》（陳望道，民智）、《文章作法》（夏丏尊，開明）、《修辭格》（唐鉞，商務）等書闡發之。」改爲「本書因係混合編制，故所附文法語法文章作法，較爲簡要，教者可參用《中等國文典》（章士釗，商務）、《國語文法》（黎錦熙，商務）、《作文法講義》（陳望道，民智）、《文章作法》（夏丏尊，開明）、《論說文作法講義》（孫俍工）、《語體寫景文作法》（錢謙吾，南強）、《應用文作法講義》（陳子展，北新）等書闡發之。」兩處改動，可見第10版特別注重作文法。而增加的《論說文作法講義》、《語體寫景文作法》，《應用文作法講義》都是討論文章作法的，對文章作法的強調，有可能擠壓小說、詩歌等純文學和學術文的空間。這從《初中混合國語》第五、六冊初版本和改版本選文的變化可以證實。

　　《初中混合國語》的初版本和改版本比較，前四冊變化不大，但五、六冊絕大部分選文都變了。第五冊1932年5月初版。初版本共30課，包括李公佐《南柯太守傳》，牛肅《吳保安傳》，薛瑩《鄭德璘傳》，馬致遠《跌雪》，〔註105〕馬中錫《中山狼傳》，馮夢龍《徐老僕義憤成家》，周清原《姚伯子至孝受顯榮》，張大復《刺字》、《交印》，〔註106〕洪昇《尸解》，〔註107〕丁西林《北京的空氣》，聞一多《太陽吟》，戴望舒《雨巷》等文學作品。1934年5月，第五冊改版，7月出至第6版，共36課。初版本穿插修辭法，改版本沒有修辭法，但穿插了書信文和日記文的有關知識與寫作方法。爲了配合這兩種文體的教學，改版新選了大量日記和書信，初版本中的唐傳奇、元雜劇、新詩、話劇，就都被刪除了。《初中混合國語》第六冊1932年5月初版，34年5月改版，6月出至第4版。初版本選詩經、楚辭、唐詩、宋詞、元劇，新詩，翻譯小說及梁啓超《情聖杜甫》，蘇雪林《愛國尚武的詩人陸放翁》，徐嘉瑞《岑參》等學術文，穿插修辭法和文體的教學。這裡的「文體」，主要爲

〔註105〕即《黃粱夢》第三折。
〔註106〕這兩課選自清人張大復的傳奇《如是觀》，寫岳飛事。
〔註107〕選自《長生殿》。

作家風格，包括「沉鬱」、「清新」、「淡泊」等 12 種。改版後，不講修辭和文體，卻穿插議論文的相關知識和寫作方法。為配合議論文教學，新增劉蓉《習慣說》、蔡元培《理想與迷信》、梁啓超《科學精神與東西文化》等論說文，初版本選入的歷代具有代表性的文學作品和近人的文學論文都被刪除了。《初中混合國語》改版本在初版本的基礎上大量刪除文學作品和學術文，增加議論文等普通文體，正是為了配合文章作法的教學。

綜上所述，這五家出版社的初中國文教科書預設的教學內容都從文學教學、思想道德教育、典籍閱讀等轉向敘述文、說明文、議論文等普通文的文章作法。商務印書館、中華書局、世界書局、開明書店名列當時教科書銷量最大的五家出版社中，北新書局《初中混合國語》銷量也很好。這充分說明文章作法已成為 30 年代中期初中國文教科書的主要內容。

第四節　文章作法在教科書中的表現形式

在商務、中華、世界、開明、北新等主要書局的初中國文教科書內容轉向文章作法後，30 年代中期出版的絕大多數初中國文教科書都以文章作法為綱編選課文。這些教科書包括：神州國光社孫俍工《初中國文教科書》，商務印書館傅東華《復興初中國文》，中華書局朱文叔《初中國文讀本》、孫怒潮《初中國文教科書》、宋文翰《新編初中國文》，世界書局朱劍芒《朱氏初中國文》、《初中新國文》、蔣伯潛《初中新國文》，開明書店《國文百八課》、《初中國文教本》，北新書局趙景深《初中混合國語》以及南開中學 1935 年的初中國文教本。其中，孫俍工、傅東華、朱文叔、孫怒潮、趙景深所編教科書及《朱氏初中國文》都被教育部審定，占 30 年代教育部審定初中國文教科書總數的 2/3。

按具體內容的不同，上述教科書可分三類：一是純以文章作法為內容；二是表面以文章作法為內容，實質卻為思想道德教育；三是以文章作法為主要內容，文學為輔助內容。

純以文章作法為內容的教科書，以朱劍芒《朱氏初中國文》為代表。

《朱氏初中國文》每冊分若干組，第一冊 18 組，此後逐冊增加，第六冊多達 28 組。所有作品都包括在記事文、敘事文、說明文、抒情文、議論文、應用文 6 類之中。記事文分佈在前 5 冊，包括天象氣節描寫、風景描寫、人

物描寫、想像的描寫、議論的描寫。其中天象氣節描寫包括春、夏、秋、冬、曉日、夕陽、夜象、月的描寫等 8 類。風景描寫包括樹木、花卉、山水、湖景、江景、溪景、池景、岩洞、山景、瀑布、海洋、農事、物品畫幅、幻象的描寫等種類。敘事文、說明文、議論文每冊都有。敘事文包括傳記、歷史、逸事漫談、小說、遊記、他敘式小說、雜記、劇的敘事文、抒情的敘事文、議論的敘事文、想像的敘事文等種類。抒情文包括為家庭感發、為景物感發、為動物感發、為環境感發、為自己感發、為友朋感發，為離別感發、為亡者感發、為國家感發、為人類感發等種類。說明文包括事端的、意象的、誘導的說明與雜說等種類。議論文包括評論、辨疏、主張、攻擊、諷刺等種類。應用文分佈在後兩冊，包括書牘、緣起、文告、宣言檄文、頌祝詞、發刊詞、誄詞等種類。其中書牘又包括記事的、敘事的、抒情的、說明的、議論的、有所聲明的、有所抗議的等種類。正如余冠英所評，《朱氏初中國文》儼然一部「描寫辭典」。〔註108〕

表面以文章作法為內容，實質卻為思想道德教育的，以南開中學 1935 年初中國文教本與朱文叔《初中國文讀本》為代表，我們以後者為例說明。

朱文叔《初中國文讀本》每冊 8 組，六冊共 48 組。其中 34 組可歸為 5 類。包括「自然現象的描寫」、「植物的描寫」、「四時景色的描寫」、「動物的描寫」等 10 組描寫文；「社會風俗文化的記述」、「物質文明上人物制度的記述」、「人工和自然物的記述」、「風土人情的記述」等 9 組記敘文；「青年生活的論述」、「做人態度的表白和議論」、「人生態度志趣的論述」等 5 組議論文；「家人間情感的抒寫」、「夫婦之情的抒寫」等 4 組抒情文；「政治觀念的闡明」、「文章作法的說明」、「天演人生和治學方法的說明」等 6 組說明文。

值得注意的是，有些「描寫」組題下有抒情文，如「動物的描寫」組，就包含了芳草《被繫著的》與鄭振鐸《海燕》；有些「記述」組題下包含議論文，如「婦女的社會生活的記述」組，就選有陳衡哲《新時代的女子》。除這 34 組外，還有一些根本不以文章作法為綱的單元。像第五冊第七組為「生與死之觀照」，所選 5 篇課文，分屬記敘、議論、抒情 3 種文體，第八組「民族之體質與民族之道德」，所選 6 篇課文，分屬說明、議論、記敘 3 種文體。混合選文的目的，不是某一文體作法的學習，而是思想道德教育。像「民族之

〔註108〕余冠英：《坊間中學國文教科書中白話文教材之批評》，《國文月刊》第 17 期，1942 年 11 月 16 日。

體質與民族之道德」組，就以「民族體質之改善及民族道德之發揚爲柱意」。其實，思想道德教育正是《初中國文讀本》的重要內容。

曾編過《國語文類選》的朱文叔，很難完全放棄以思想道德爲內容的教科書編寫理念。《初中國文讀本》即「注重民族精神之陶冶、現代文化之理解」。〔註 109〕據朱文叔在每冊教材支配表中對各組教學內容的介紹，《初中國文讀本》在思想道德上有四方面的具體內容。一爲鼓勵青年勤奮學習，嚮往光明。「自然現象的描寫」組中巴金《海上的日出》、《繁星》等文，均爲「感發其尋求光明之志趣」。「青年生活的論述」組中，廖世承《青年生活》「論述現代青年之責任」；吳敬梓《王冕的少年時代》、不除庭草齋夫〔註 110〕《佛蘭克林做徒弟的時侯》及朱文叔本人署名如一所寫的《葉澄衷》均爲「傳述中外名人少年時代刻苦求學之生活」；彭端淑《蜀二僧》、歐陽修《賣油翁》「暗示爲學在立志，技能在熟練」；陸費逵《敬告中等學生》「就教育的見地以闡明中學生地位之重要」，這些作品「皆含有激勵青年之意味。」二爲培養民族精神。「社會風俗文化的記述」組本是敘述文教學單元，所選 6 篇作品，大半爲遊記，王世穎《虎門》寫沿海要塞，冰心《東京紀遊》寫國外都市，李石岑《旅居印象記一則》寫國外風俗，但主旨皆爲「振起民族精神」。「戰事的描寫及敵愾的表抒」組本爲記事文及抒情文單元，但所選《岳飛郾城之戰》、《岳飛之軼事》、翁照垣《一月二十八夜》、王錫禮《一月二十九日》、吳鐵城《航空救國》及 6 首「唐宋人雄壯的小詩」「皆以喚起民族精神爲中心」。其他「民族精神的發揮」、「民族之體質與民族之道德」等單元，都爲培養學生的民族精神。三爲培養科學精神。「物質文明上人物制度的記述」組所選張迪盧譯《沒有時鐘的世界》、不除庭草齋夫《愛迪生之死》等文，「皆所以使學者理解現代之文物制度，並引起其研究科學之興味。」「天演人生和治學方法的說明」組選唐鉞《達爾文軼事》、梁啓超《慧觀》、陳兼善《進化論淺解》、李石岑《人》、周昌壽《物理學與人生》等 5 篇作品，均「以科學精神的培養爲主旨」。四爲忠孝悌義等倫理觀念的教育，如「家人間情感的抒寫」、「夫婦之情的抒寫」、「友誼的慮寫」等組，就都以此爲目的。

以文章作法爲主要內容，以文學爲輔助內容的教科書，以孫俍工《初中國文教科書》、傅東華《復興初中國文》、孫怒潮《初中國文教科書》及《國

〔註109〕《新課程標準適用初中國文讀本編例》，朱文叔《初中國文讀本》（第一冊）。
〔註110〕陶行知的筆名。

文百八課》為代表。

孫怒潮《初中國文教科書》「採用單程教學制，每冊分為九單程，每單程內含主要文體一種，或某種文體之一部分，平均每單程有教材四篇，足供二周精讀教學之用，每冊共文三十六篇（短篇詩歌數首合為一課），全書共文二百一十六篇」。〔註111〕每單程末尾，「附教學做三項舉要」：「教」「略述每單程教材概況及與教材有關係之補充作品並注明其出處」；「學」包括「語法、作文法、修辭舉例」，「一年級授以語法初步及記敘文作法，二年級授以語法細目及說明文、抒情文作法，三年級授以修辭舉例及議論文、應用文作法，復句分析法」；〔註112〕「做」即練習。統攝全書的，是「作文法」，即記敘文、說明文、議論文等普通文的文章作法。

我們所找到的該書前五冊基本按照記事文、敘事文、說明文、抒情文、議論文的種類和作法組織課文。第一冊注重記事文的教學，分「風景描寫」、「天象季節描寫」、「人物描寫」等單程。第二冊探討敘事文的要素、目的、方法及與記事文的區別，分「敘事文中的人物傳記」、「敘事文中史實的記載」、「敘述人物」等單程。第三冊討論說明文的定義、要件、種類等，分「說物」、「說理」、「雜說」等單程。第四冊注重說明文、抒情文的學習，分「原理的說明」、「帶教訓意味的說明」等單程。第五冊主要討論題式、演繹、歸納、證據等議論文要素，分「主張的議論文」、「攻擊的議論文」、「辯解的議論文」等單程。

《初中國文教科書》在以記事文、敘事文、說明文、議論文、抒情文為綱組織選文的同時，每冊都有專門的小說詩歌單程，為文學作品的學習留下了一定的空間。這些文學作品，大多具有鮮明的時代色彩，體現了編者通過文學作品引導學生關注時局和社會問題的意圖。比如，編者在第二冊第六單程的「學」項中點明選擇《在蘊藻浜的戰場上》等四篇作品的目的，「被壓迫的讀者們呵，你們應該覺醒了吧！」又如，編者在第三冊第四單程的「學」項中說，《被蹂躪的中國大眾》「是作者替鐵蹄下的中國民眾大放一聲反抗的狂吼」，《馬將軍》「是紀念有功邊疆之將的頌歌」，「讀此，不禁為今日負守土之責的人羞死愧死！」此外，編者還指示理解和欣賞文學作品的特殊方法。比如，在第五冊第五單程的「教」項中，編者說，《失業》「是一篇法國自然主義派的代表作，這種作品底教法，教者應先把法國當時資本主義底歷史，劃一個輪廓，然後叫學者自己

〔註111〕《編輯例言》，《初中國文教科書》（第一冊），中華書局，1934年。
〔註112〕同上。

去默誦一遍，把每段大意，作下筆記，再來討論問題，儻若祇是尋章摘句式的去講給學生聽，包管夢見周公，用不著今晚再到寢室去了。」

在我們所討論的教科書中，夏丏尊、葉聖陶《國文百八課》最受教育學者關注。夏、葉的編輯思路很明確，他們一方面反對「雜亂地把文章選給學生讀，不論目的何在」；另一方面反對通過國文教學進行思想道德教育：「時下頗有好幾種國文課本是以內容分類的。把內容相類似的古今現成的文章幾篇合成一組，題材關於家庭的合在一處，題材關於愛國的合在一處。這種辦法，一方面侵犯了公民科的範圍，一方面失去了國文科的立場，我們未敢贊同。」〔註113〕這兩種方式，在他們看來都是不科學的，「在學校教育上，國文科向和其他科學對列，不被認爲一種科學，因此國文科至今還缺乏客觀具體的科學性。」所以《國文百八課》「最重要的一點就是想給與國文科以科學性，一掃從來玄妙籠統的觀念。」〔註114〕

《國文百八課》的「科學性」，在於以文章作法爲綱組織選文。《國文百八課》每冊十八課，每課即一單元，「內含文話，文選，文法或修辭，習問四項，各項打成一片。文話以一般文章理法爲題材，按程配置，次選列古今文章兩篇爲範例；再次列文法或修辭，就文選中取例，一方面仍求保持其固有的系統；最後附列習問，根據著文選，對於本課的文話、文法或修辭提舉復習考驗的事項」。〔註115〕編者對於文話的寫作，破費苦心，「每課文話話題的寫定，就費去了不少時間。本書預定一百零八課，每課各說述文章上的一個項目。哪些項目需要，哪些項目可略，破費推敲。至於前後的排列，也大費過心思。」〔註116〕文話是《國文百八課》最突出的特點，正如呂叔湘所說：「文話是編排的綱領，文選配合文話，文法修辭又取材於文選，這樣就不但是讓每一課成爲一個單元，並且讓全書成爲一個有機的整體。」〔註117〕至於這些文話的具體安排，呂叔湘的介紹很到位：「第一冊從『文章面面觀』開始，接著講文言體和語體以及文章的分類，這是個總引子。接下去用不多幾篇講最常用的應用文：書信。這以後就是本冊的重點：用九課的篇幅講記述和敘述，講題材，講順序，講倒錯，講快慢，講觀點的一致與移動。第二冊仍然接著

〔註113〕葉聖陶：《關於〈國文百八課〉》，《葉聖陶集》（第16卷）。第34頁。
〔註114〕《編輯大意》，《國文百八課》（第一冊），開明書店，1938年，新1版。
〔註115〕同上。
〔註116〕葉聖陶：《關於〈國文百八課〉》，《葉聖陶集》（第16卷）。第32頁。
〔註117〕呂叔湘：《國文百八課》，《國文百八課》，三聯書店，2008年。

講記敘文。上來先講三種記敘文的體式：日記，遊記，隨筆；然後接著講直接經驗和間接經驗，講立足於第一人稱，第二人稱，第三人稱。接下來講記敘文中的感情抒發，記敘文中的景物描寫和人物描寫。第三冊開頭講小說，記敘文的一個特種形式；略講韻文和散文的區別以及詩的本質；然後轉入本冊的重點：說明文。講單純的說明文以及說明和記述、敘述、議論的異同分合；講說明的對象即事物的各個方面：它們的異同，它們的關係，它們的過程，以及抽象的事理。這一冊的十八篇文話有十三篇是講說明文的。第四冊的重點是議論文，可是對議論文的說明，只用了最後的六課。在這之前講了好些不能簡單的歸入記敘、說明、議論三類的文章學術文，儀式文，宣言，對話，戲劇，抒情詩，敘事詩。」〔註118〕

呂叔湘注意到了《國文百八課》中，有好些單元都「不能簡單的歸入」文章學的系統，可見，編者所謂《國文百八課》的編輯是「徹頭徹尾採取『文章學』的系統」〔註119〕並不屬實。呂叔湘所舉的第四冊「不能簡單歸入議論、記敘、說明三類的文章」中的，有四個單元是戲劇、抒情詩、敘事詩、律詩。這幾個單元的文話部分都詳細介紹該種文學體裁的演變、特點。所選的範文，像田漢《蘇州夜話》，陶潛《歸園田居》，《木蘭詩》等都是純文學作品。明白了《國文百八課》中對純文學作品專門設置單元，就可以知道第三冊第一、二課之所以選小說，除了呂叔湘按照該課「文話」所得出的因其為「記敘文的一個特種形式」這一原因外，還因為小說屬於文學作品的主要種類，必須設置單元教學。此外，第二冊第三課的「隨筆」，也帶有純文學作品的性質。

可見，《國文百八課》除主要按照文章作法組織單元，選擇範文外，還設置了純文學作品單元。準確的說，《國文百八課》預設的教學內容以文章作法為主，以文學教學為輔。已有研究過分依賴編者的追述，以為《國文百八課》完全是文章學的體系，〔註120〕而沒有注意到它對文學作品的重視。

〔註118〕同上。

〔註119〕葉聖陶：《關於〈國文百八課〉》，《葉聖陶集》（第16卷）。第35頁。

〔註120〕比如黃光碩《〈國文百八課〉的體系和選文》（刊《課程・教材・教法》1986年第6期），張復琮、曾祥芹《〈國文百八課〉文章學系統——評夏丏尊、葉聖陶的七十二篇「文話」》（刊《河南財經學院學報》1986年第4期），王倩《體上求用用中見體——〈國文百八課〉「文話」系統對作文教學的啟示》（刊《首都師範大學學報》（社會科學版）2003年第3期），岳輝《〈國文百八課〉文話研究》（北京師範大學碩士論文，2005年），王榮生《從文體角度看中小學作文教學——從〈國文百八課〉說起》（刊《上海教育科研》2008年第3

　　綜上所述，除《朱氏初中國文》純以文章作法為內容外，30 年代以文章作法為綱的初中國文教科書，大多容納其他兩類教科書的內容，或兼具思想道德，或以文學為輔，幾乎都沒有「徹頭徹尾採取『文章學』的系統」，這使得它們在很大程度上實際繼承了 20 年代中學國文教科書的編寫理念。且以記敘文、說明文、議論文等「文章學系統」為綱的教科書，其實多是介紹文章作法的知識，並非實實在在的「形式上的訓練」，所以沒有被 40 年代中學國文教科書採用，反倒是思想道德和純文學作品，作為輔助內容，被繼承了下去。

期）等文都強調《國文百八課》的「文章學系統」，而忽略其所選的純文學作品。

第四章 20 年代高中國文：國故、國學與「國勢」

　　1923 年，胡適應新學制課程標準起草委員會之邀，草擬了《高級中學公共必修的國語課程綱要》，儘管對當時各地高中教學約束力不大，但因其代表了官方意見，仍值得考察。

　　在這份綱要中，胡適將高中國文必修課程分為讀書、文法和作文三個板塊，並重點設計了「讀書」，要求學生通過高中國語的學習，最少應精讀、略讀各 8 種名著。所謂精讀，指「須有詳細的瞭解，並應注重文學的技術。上課時，由教員與學生討論問答。」略讀「但求瞭解欣賞書中的大體」。他詳細列舉了應讀書目。在《水滸傳》、《儒林外史》、《鏡花緣》、古白話文選、近人長篇白話文選等 5 種中略讀 1 種。在諸子文粹、四書、古史家文粹、王充、史通、韓愈、歐陽修、王安石、蘇軾、朱熹、王守仁、清代經學大師文選、崔述（以《考信錄》提要為主，而採他文附之）、姚鼐、曾國藩、嚴復的譯文選錄、林紓譯的《撒克遜劫後英雄略》等 17 種中精讀 6 種，略讀 5 種。在《詩經》（節本）、唐以前的詩（選本，注重古樂府）、唐詩（選本，注重李白、杜甫、張籍、韓愈、白居易、杜牧諸大家）、唐以後的詩（注重蘇軾、陸游、范成大、楊萬里、李東陽、吳偉業、黃景仁……諸大家）、詞與曲（選本）、戲曲（雜劇，傳奇）中，精讀 2 種，略讀 3 種。

　　從這份書單中，可見胡適為高中生規定的國文教科書，並非坊間流行的文章選本，而是整理過的整本的書。這是胡適長期以來對於中學國文教學思考的結果。在 1920 年發表的《中學國文的教授》中，胡適將中學二三四年級的國文

教材分爲選本和古文自修書兩種。雖然他也擬定了一個選本的範圍，但同時卻對選本式的教材進行了抨擊。他將中學國文教學沒有成績的原因歸結爲「中學堂用的書只有那幾本薄薄的古文讀本」,「古文的選本都是零碎的，沒有頭腦的，不成系統的，沒有趣味的。因此，讀古文選本是最沒有趣味的事。因爲沒有趣味，所以沒有成效。」他主張用「看書」代替「講讀」,認爲中學生應看「(a)史書：《資治通鑑》或《四史》（或《通鑑紀事本末》）。(b) 子書：《孟子》、《墨子》、《荀子》、《韓非子》、《淮南子》、《論衡》等等。(c) 文學書：《詩經》是不可不看的。此外可隨學生性之所近，選習兩三部專集，如陶潛、杜甫、王安石、陳同甫……之類。」在當時的胡適看來，這些典籍應讓學生「自己翻查字典，自己加句讀，自己分章，分節」。〔註 1〕經過兩年的實驗和調研，胡適發現,《中學國文的教授》中的計劃「很像是完全失敗了。」〔註 2〕但他不將失敗歸結爲教材分量的多寡，也不歸結爲學生自修的難以實行，而歸結爲「沒有相當的設備」。比如《資治通鑑》,「宋本，百衲本，局本，石印，——哪一部可以供普通中學學生的自修呢？」比如《詩經》,「經過朱熹的整理，又經過無數學者的整理，然而至今還祇是一筆糊塗賬；專門研究的人還弄不清楚，何況中學學生呢？」所以，胡適希望對古書有一番整理,「古書不經過一番新式的整理是不適宜於自修的。」他指出古書整理的方式爲：加標點符號、分段、刪去不必要的舊注、加入不可少的新注、校勘、考訂眞假、作介紹及批評的序跋。此外，胡適還列出了 31 部需要整理的古書。《高級中學公共必修的國語課程綱要》所列書目即在此基礎上增刪而成。綱要認爲所列典籍都得經過一番整理才能作爲教材，整理方式爲：「(1) 標點，(2) 分段，(3) 校勘，(4) 簡明的注釋，(5) 詳明的引論。」並強調說,「古書不經過這樣的整理，皆不便於學生自修。」這也是胡適長期以來觀察和思考的結果。

　　胡適在《再論中學的國文教學》中認爲，經過一番整理的功夫，就可以有一套「中學國故叢書」了。其實，編輯一套「中學國故叢書」,是胡適長期以來的想法。1921 年 4 月 30 日，南開中學教務主任俞鑒跟胡適談及中學國文問題。俞鑒認爲中學國文教學「最困難的是沒有適當的讀物」。胡適深表贊同：「這個問題在今日眞不易解決。我們現在想編纂的《國故叢書》,也是爲此。

〔註 1〕 胡適：《中學國文的教授》,《新青年》第 8 卷第 1 期，1920 年 9 月 1 日。
〔註 2〕 胡適：《再論中學的國文教學》,《胡適文集》（第三冊）,北京大學出版社，1998年。

我們這件事業沒有辦成之先，這個問題是無法解決的。」〔註3〕1921 年 7 月
20 日，胡適旁聽商務印書館編譯所會議，「他們討論《國文讀本》時，我略貢
獻一點意見。我勸他們多設法編一些『中學國文參考叢書』。例如《詩經新注》、
《詞選》、《名家文》、《中國古史考》等書。我說，中學學生決不能從《中學
國文讀本》裏學得國文，我們不能不設法引他們多看書，而現在實無中學生
可看的中文書。」〔註4〕

　　胡適希望商務印書館主持「中學國故叢書」的編輯工作，但直到 1925 年，
商務印書館才開始陸續出版由王雲五、朱經農主持的「學生國學叢書」。參與
叢書編寫工作的茅盾回憶說：「此書的主要計劃人是朱經農，留美學生，胡適
的朋友，也許這部叢書的計劃也反映了胡適對國學的態度。」〔註5〕其實，這
套叢書不僅計劃上，實際操作過程也體現了胡適的影響。

　　《學生國學叢書編例》稱：「中學以上國文功課，重在課外閱讀，自力攻
求，教師則爲之指導焉耳。惟重篇巨帙，釋解紛繁，得失互見。將使學生披
沙而得金，貫散以成統，殊非時力所許；是有需乎經過整理之書篇矣。本館
鑒此，遂有《學生國學叢書》之輯。」〔註6〕無論是國文功課「重在課外閱讀」，
還是要求有「經過整理之書篇」，都跟胡適的觀點相同。《編例》又說：「本叢
書所收，均重要著作。略舉大凡：經部如《詩》、《禮》、《春秋》，史部如《史》、
《漢》、《五代》，子部如《莊》、《孟》、《荀》、《韓》，並皆刊入；文辭則上溯
漢、魏，下迄近代，詩歌則陶、謝、李、杜，均有單本，詞則多採五代、北
宋，曲則擷取元、明大家，傳奇、小說，亦選其英。」茅盾認爲：「把孟子與
莊子、荀子、韓非子並列，視爲諸子之一，而不認其爲『經』，這倒有點打破
宋元以來傳統思想的精神；而且把傳奇（唐人傳奇）、小說（明朝的三言二拍）
列爲國學，也同樣有打破傳統思想的意味。」〔註7〕其實，胡適在《再論中學
的國文教學》中，正是將《孟子》放在子書之中。而把傳奇、小說當作「國
學」，並作爲學生的國文教材，也是胡適所極力主張的。

　　除緣起和叢書範圍深受胡適影響外，這套叢書的編輯方式和編輯人選也

〔註3〕　《胡適全集》（第 29 卷），安徽教育出版社，2003 年。第 223 頁。
〔註4〕　《胡適全集》（第 29 卷）。第 372～373 頁。
〔註5〕　茅盾：《五卅運動與商務印書館罷工》，《新文學史料》1980 年第 2 期。
〔註6〕　《學生國學叢書編例》，莊適《晏子春秋》，商務印書館，1926 年。
〔註7〕　茅盾：《五卅運動與商務印書館罷工》。

跟胡適有關。叢書「諸書均爲分段，作句讀，以便省覽。」〔註8〕除分段句讀外，每冊都有編者序跋，介紹作者、版本、內容情況。這跟胡適整理古書的思路契合。叢書中最早面世的是葉紹鈞選注的《荀子》、《禮記》，繆天綬選注的《詩經》、《孟子》，唐敬杲選注的《韓非子》、《管子》、《墨子》，沈德鴻選注的《莊子》、《淮南子》，章錫琛選注的《文史通義》，計碩民選注的《公羊傳》。這些編者既非舊派學者，亦非「昌明國粹」的學衡派人，而爲直接參與或跟新文化運動有關的年輕人，這也充分說明其跟胡適關係非同一般。

　　但胡適代表官方擬定的課程綱要，以及隨後商務印書館出版的學生國學叢書，並沒有引起重視，各地中學似乎很少正式採納。1930年，朱自清說，胡適「力主學生多讀參考書。後人便紛紛開書目，又分出精讀泛讀等名目。中學如此，大學自然更該如此。但實際上學生讀那些課外參考書的，截止現在，似乎還不多。」胡適抨擊選本，但朱自清觀察到，當時中學國文「大體還是以選本爲主，只不過讓學生另外知道些書名而已。選本勢力之大，由此可見；雖反對選本的人也不能否認。」〔註9〕1932年，胡適發現當時國文教材，不是由他這樣的專家所定，而「皆書店老闆所定」，並承認「我在十二年前，就已提倡整理中學教科書，但迄未動手，的確是教育界上之一大損失。」〔註10〕所以，我們除探究胡適等代表官方所擬定的課程綱要、規定的教學內容及相關實踐外，更得考察各地高中建制之後，課程如何設置，內容如何規定，輿論如何看待，在此基礎上具體考察出版社所編高中國文教科書，才會更接近事實。

第一節　以「國故」爲主要內容的20年代高中國文課

　　《高級中學課程總綱》由鄭宗海、胡明復、廖世承、舒新城、朱經農、陸士寅、陸步青、朱斌魁、段育華起草，新學制課程標準委員會復訂。總綱將以升學爲主要目的者稱爲普通科。普通科分兩組，第一組注重文學及社會科學，第二組注重數學及自然科學。兩組都實行學分制。第一組中至少30學

〔註8〕《學生國學叢書編例》。
〔註9〕朱自清：《論中國文學選本與專集》，《朱自清全集》（第2卷），江蘇教育出版社，1996年，第2版。第80頁。
〔註10〕《胡適第三次演講中學國文教學法》，《大公報》1932年8月8日第2張第5版。

分，〔註 11〕各校可自由開課。這因應了各地高中課程設置和教材選擇各自為政的現實，反過來又鼓勵了這種風氣。

　　自高中建制至 1930 年左右，各地高中課程設置和教材採用情況很不一樣。為了切合事實，本文選擇南京、北京、天津、上海、蘇州、長沙等地六所著名中學，逐一考察其高中國文課程設置及教材使用情況。

　　1923～1924 年間，東南大學附中高中部的國文課程分公共必修和文科選修兩種。〔註12〕必修國文課時分配及教學內容為：

年級	課時分配	主　要　教　學　內　容
高一	每周 4 學時：古文 2 學時，應用文 1 學時，演說辯論和作文筆記 1 學時。	精讀唐宋元明清近代古文 30 篇，《論語》，唐宋詩 30 首（注重李白，杜甫，白居易，蘇軾，陸游諸大家）；略讀《水滸傳》，《大學》，《中庸》，《新文藝評論》（民智書局），《域外小說集》，《梁任公近著（第一輯）》（上下兩冊）。〔註13〕
高二	每周 4 學時：古文 2 學時，應用文 1 學時，作文筆記 1 學時。	精讀苧田氏選《史記菁華錄》（商務），吳增祺選《左傳菁華錄》（商務），《漢書》選錄 10 篇，《楚辭》選錄 5 篇；略讀《詩經》（節本），《國語》《國策》（節本），《禮記》（節本）。〔註14〕
高三	國學概論 1 學時，包括六藝概論，史傳概論，諸子概論，集部概論四部分。	六藝概論：《漢書·藝文志·六藝略》，《隋書·經籍志（經）》，《文史通義·原道》。史傳概論：《隋書·經籍志（史）》，《四庫提要史部總敘》，《文史通義·書教》等。諸子概論：《漢書·藝文志》中諸子略、術數略、方技略，及《隋書·經籍志（子）》，《史記·司馬談論六家要旨》。集部概論：《隋書·經籍志（集）》，《四庫提要集部總敘》，《文史通義·文集》，《文史通義·詩話》等。且以章太炎講《國學概論》為輔助教材。
	文學概論 1 學時。	中國文學概論之部以劉永濟《文學論》為依據；西洋文學概論之部以溫士德《文學評論之原理》為依據。

　　文科組設 6 門國文選修課：

〔註11〕每周上課 1 小時，滿半學年者，為 1 學分。
〔註12〕下列材料來源於中華書局 1924 年《施行新學制後之東大附中》第 69～106 頁。
〔註13〕陳燮勳《東大附中初高兩級必修國文課程綱要草案》（刊《中等教育》第 2 卷第 5 期，1924 年 2 月 1 日出版）中，精讀教材與此同，略讀教材為：《水滸傳》，《大學》，《中庸》，《近人長篇白話文彙選》（中華書局出版）。
〔註14〕陳燮勳《東大附中初高兩級必修國文課程綱要草案》中，精讀教材選《漢書》20 篇，《楚辭》10 篇，其他相同。

課程名	開課年級	學分	教　學　內　容
國學常識	高一	4	以何仲英《中國文字學大綱》、王筠《文字蒙求》、曾毅《中國文學史》、許國英《國文讀本評注》、沈恩孚《國文自修書輯要》及陳鍾凡《古書校讀法》爲範圍，「由教者刪繁就簡，提要鉤玄，做成測驗式問題，或問話式問題多種（略如東南大學入學試驗國學常識）。在教室或課外與學者共同研討，或指定某書重要部分，先令學者閱讀，然後再在課室討論，或徑出題測驗。」
文字學	高二	4	包括聲韻論，形體論，義訓論。
文學史	高二	4	自先秦文學至近代文學。
諸子述略	高二	3	「於諸子中選定最要七家（老、孔、墨、孟、荀、莊、韓），就近代人專研某家學術之著述文爲主，依科學方法，分期演述與討論。」
群經發凡	高二	3	不詳。
古代文學作品及批評	高三	3	作品包括詩歌、小說、戲曲；批評部分以梁啓超《情聖杜甫》、甘蟄仙《白香山的文藝》等爲主要教材。
近代文學作品及批評	高三	3	作品部分譯作和創作並重；批評部分以孫俍工《新文藝評論》爲主要教材。

　　阮眞認爲，東南大學的國學課程，「除《史記》一篇，《文史通義》幾篇外，大部分的教材，只有乞靈於三篇大文，這便是《漢書藝文志》、《隋書經籍志》、《四庫提要總敍》了。我以爲這是國學書目概論，卻不是國學概論。」〔註 15〕其實，本文稍後討論到的澄衷中學也以《漢書・藝文志》爲教材，並以章太炎《國學概論》爲輔助讀本。這兩所學校的學生都以考入東南大學爲目的，其國文課程的內容自然有相似之處。

　　1926 年左右，北京師範大學附屬中學高中部普通科第一部（文科）必修國文課時分配和教學內容如下。〔註 16〕

年級	課　時　分　配	教　學　內　容
高一	每周 5 學時：模範文選 3 學時，文論集要 1 學時，作文 1 學時。	以《國語》、《國策》、前四史、《資治通鑒》等爲主教材，以諸家別集副之。
高二	每周 4 學時：模範文選 3 學時，作文與文論集要 1 學時。	以先秦兩漢諸子爲主教材，以諸家別集副之。

〔註 15〕阮眞：《中學國文各學程教學研究》，民智書局，1930 年。第 30 頁。
〔註 16〕材料來源於 1926 年《國立北平師範大學附屬中學一覽》。

高三	每周 4 學時：模範文選 2 學時，作文與閱書質疑 1 學時，古書文法舉例 1 學時。	以群經為主教材，以諸家別集副之。

　　該校普通科第二部（理科）每周國文 3 學時。高一、高二每周模範文選 2 學時，作文 1 學時。高三模範文選 1 學時，常識文選 1 學時，作文與文論集要 1 學時。其中模範文教材跟文科相同。同時，該校文科組設 6 門國文選修課程：

課程名	每周學時	開課年級	教　學　內　容
修辭學	2	高一	導論、文格論、批評論、餘論（校讀古書）。
文學文	2	高一上	現代之詩歌、戲劇、小說。
		高一下	元明清之詩、詞、曲、小說。
		高二上	漢魏六朝之樂府、古詩、賦。
		高二下	《楚辭》、《詩經》。
文字學	2	高二	導言、聲韻、形體、訓詁釋例。
國語發音學	1	高二	緒論、發音機關、聲母、韻母、拼音、聲調、書法體式、結論。
學術文選〔註17〕	2	高二上	先秦諸子。
		高二下	先秦諸子，兩漢儒家、道家。
		高三上	魏晉南北朝及唐代之儒家、玄學、佛學，宋明理學。
		高三下	宋明理學，清代之漢學、宋學。
文學概論	2	高三上	總論——什麼是文學，研究文學的幾條路徑，文學概觀（包括文學之要素、文學與思潮、文學與生活），文學之三方面（想像論、賞會論、形態論），詩，小說，戲劇與童話，結論。
文學史	2	高三	自先秦文學至現代文學。

　　1928 年左右，上海中學高中部公共必修科國文高一、高二每周 5 小時，高三每周 4 小時，其教學目的有三：「宜進求其『文字』『文法』『學識』三者根本之培植，一也。增進閱讀古書，研究古代學術思想之能力，二也。顧及應用，三也。」具體來說，高一瞭解「現代思潮之概況」及「文章之義法，增進文學之美感與興趣，並施之於述作」；高二「明瞭古今學術思想之概況與

〔註17〕除所舉教學內容外，「史學由教者便宜，隨時代補充」。

趨勢」與「古書類別，及讀古書之旨趣與方法」；高三「研究古代學術思想」
與「標點，整理，批評，審定古書及文學之名著。」教材「選文以具有眞見
解，眞感情，眞藝術，及有根據，合邏輯，不違反現代之精神者爲標準。其
於已死之文體，如『九錫文』，『符命』或難治之文；及『武斷』『含混』『奇
詭』『臺閣』『堆砌』之類者，概宜避忌。魏晉六朝之文，選其寫情親切，描
繪精緻，倫理明核者。周秦兩漢文字，選其富有思想情感與經驗，切於想像，
批評，創造者。選文宜取已經整理之書本，如有新標點，分段落，簡明之注
釋，詳盡之引論者爲佳。」〔註18〕該校高中普通科文史地組國文設 3 門必修
課、2 門選修課。必修課爲：高一文字學，每周 2 小時；高二文學史大綱，每
周 2 小時；高三國學概論，每周 3 小時。選修課爲：高一新文學，每周 2 小
時；高二聲韻學，每周 2 小時。〔註19〕教學內容和教材使用情況不詳。

　　1929 年左右，南開中學高中文科組除必修國文每周 4 學時外，開設下列
國文選修課：

課程	學時	年級	教 學 內 容	閱 讀 書 目
文學概論〔註20〕	3	高二上	文學園之開闢、疆界、區劃及價值等。	王希和《西洋詩學淺說》，黃侃《文心雕龍箚記》（選讀），魯迅譯《苦悶的象徵》，俞寄凡《學術綱要》。
		高二下	文學園與自然、人生、藝術之關係。	
		高三上	中國文學園裏的妙趣與特彩。	朱熹《詩經集注》，王逸注《楚辭》，《古詩源》，《古唐詩合解》，《唐宋詩醇》，《注疏唐詩三百首》，《白話詞選》，《人玉屑》，《要籍題解》（詩經‧楚辭兩部），葛遵禮《中國文學史》。
		高三下	關於文學園的耕作，遊賞的重大問題。	《詩品注》，《文心雕龍箚記》（選讀），《養一齋詩話》，《人間詞話》，《李笠翁曲話》，《自己的園地》，陳鍾凡《文學批評史》，王希和《詩學原理》，《小說法程》，余上沅《戲劇論集》，曾國藩《求闕齋日記》（品藻，文藝兩部）。

〔註18〕中央大學區立上海中學校 1928 年《高中部必修國文課程綱要》。
〔註19〕1930 年《江蘇省立上海中學一覽》。
〔註20〕該課程所列書目爲必讀，學生需「依教者規定之期限」，「仔細研味，作成系統的筆記或報告，送交教者批閱。」

名著選讀〔註21〕	3	高二上	文學名著	詩經、楚辭、曹植詩、陶潛詩、李白詩、杜甫詩、白居易詩、南唐二主詞、辛稼軒詞、中國名劇選（吳梅選）、琵琶記、詞選（張惠言選）、唐賢三昧集（王士禎選）、文心雕龍。
		高二下	哲學名著	論語、孟子、荀子、莊子、墨子、韓非子、老子、宋元學案（商務節本）、明儒學案（新會梁節本）、公羊傳。
		高三上	史學名著	左傳、戰國策、史記、後漢書、禮記、史通、文史通義。
		高三下	語言學名著	說文之部、經傳釋詞、古書疑義舉例。

　　1930 年左右，蘇州中學高中普通科國文必修課程教學目的為「中國文字學術上較高深的研究」。〔註22〕高一每周 6 小時，以集部為主，「依文學史的體例由古溯今選讀各時代著名作家各體文字之代表作品以明中國文學變遷之大概。」高二每周 5 小時，以史部為主，「選讀《尚書》、《左傳》、《國策》、《史記》、《漢書》、《通鑑》以下史籍文字及集部中關於典志碑傳等巨著以明各種史法之大概。」高三每周 4 小時，以經子為主，「自六經諸子下及宋明理學、清儒考證學、各家論學文字以明中國學術思想之大概。」此外，該校普通科設 8 門國文選修課程。

課程	學時	年級	教 學 目 標	教 　 學 　 內 　 容
文字學	2	高一上	使學生明瞭本國文字組織構造之大概及其衍變之歷程。	文字之本源（生成期），文體之組合（發達期），文字之運用（完成期），文字之淘汰及增添，文字之改革及因襲，文字之比較。
學術文	2	高一下	為國學概論之預選學程，選讀有關各時代學術思想之重要文字，使學生略明本國學術遞變之情形。	胡適《國學季刊發刊宣言》，梁啓超《治國學的兩條大路》，戴望《顏先生傳》，戴震《惠定宇先生授經圖記》，顧炎武《與友人論學書》，黃宗羲《明儒學案姚江學案序論》，王守仁《拔本塞源論》，朱熹《大學章句序》，張載《西銘》、《東銘》，韓愈《原道》，《晉書·阮籍傳》，戴逵《放達非道論》，《後漢書·王充傳》，劉歆《移讓太常博士書》，董仲舒《春秋繁露仁義法》，司馬談《論六家要旨》，韓非子《六反》，墨子《兼愛

〔註21〕要求學生就所列 34 種書中，「任選十種，由淺入深參互讀之，所用版本以最通行而簡便者為主。」
〔註22〕材料來自 1930 年 1 月修訂版《江蘇省立蘇州中學學程綱要》。

				上》，荀子《天論篇》，孟子《許行章》、《公都子章》、《富歲子弟多賴章》，《論語》中的《言志章》、《晨門章》、《荷蕢章》、《楚狂接輿章》、《長沮桀溺章》、《荷蓧丈人章》，《莊子・馬蹄篇》，老子《道德經》第一、二、三、二十八、三十六章。
國學概論	2	高二	深切的明瞭本國學術思想的流變及其統系。	孔子與六經，諸子學之源流，秦人之焚書坑儒，兩漢經生今古文學，晚漢之新思潮，魏晉清談，隋唐之佛典翻譯及經學注疏，宋明理學，清代考證學，最近期之學術思想。
美術文	2	高二上	使學者瞭解本國美的文體以抒其情感而養成模倣創造之能力。	詩、詞、曲、駢文。
應用文	2	高二下	使學生諳習現今社會上各種實際應用文字之體裁款式且能運用確當。	公牘，函簡，契約及其他。
文學史	2	高三	使學生深一層明瞭本國各時代文學的大概及其承接轉變之所以然。	
古書示要	2	高三上	使學生明瞭古書內容之大概，辨別古書之眞偽，養成研究古書之能力。	「自編講義分經子古史依次教授之」，「擇要指示諸家目錄及評論」。教學群經時注意「舉大意及其家法」；教學諸子時注意「述學思想、辨流別、考眞偽」；教學古史時「舉最有用者指示內容概要」。
國學問題	2	高三下	介紹學生以最近國學界上討論的幾個問題，使能明瞭依著時代潮流研究國學的門徑和標的。	1、古史，內容包括古史辨，古史討論集要，經學上的今古文問題，尚書、老子、左傳、國語、屈原、竹書紀年諸書之眞偽，井田辨，漢族西來說辨。2、其他古代文：甲骨、鍾鼎、篆籀的問題。3、諸子，內容包括諸子不出王官辨，名墨同異辨，墨翟姓名籍貫辨，陰陽五行之起源。4、宋學和漢學。5、東西文化根本上之辯論。6、其他。

　　1930 年左右，湖南私立明德中學高中部公共必修科國文教學情況如下：

〔註23〕

〔註23〕1930 年《湖南私立明德中學校一覽》。

年級	每周課時	教 學 目 標	教學內容	閱　讀　書　目
高一上	上課 4 時，作文 1 時。	對於歷代名家之代表作品得一較有系統之觀察，求出個人對於作品作家興趣之所在，以使自行瀏覽或繼續研究。	自現代溯自上古，歷代文學代表作品均宜包括在內，成一系統。	《常識文範》,《青年修養錄》,《白話文學史》,《歐洲文藝復興史》,《新文學概論》,《文學評論之原理》,《歐洲文學史》,《西洋小說發達史》,《文藝史概要》,《近代文學十講》,《文藝論集》,《新文藝評論》,《戲劇短論》,《宋春舫論劇》,《詩之研究》,《中國小說史綱》,《中國小說史略》。〔註24〕
高一下		概括認識「諸子之學說文體及其思想方法」。	儒道墨法諸家中重要篇章。	
高二上	上課 4 時，課外作文 1 次。	概括認識「中國重要史籍史論」。		《中國詩選》,《詞選》,《中國文學源流》,《古文辭類纂》,《古書源》,《歷代詩評注讀本》,《詞選》,《白香山詞箋》,《十八家詩鈔》。〔註25〕
高二下		概括認識「中國重要經書」。		
高三上	上課 3 時，課外作文 1 次。	概括瞭解「中國文學之演變及現狀」。		《楚辭》,《中國文學史大綱》,《昭明文選》,《經史百家雜鈔》,《文史通義》,《文心雕龍》,《中國文學批評史》,《中國韻文通論》,《中國六大文豪》,《中國婦女文學史》。〔註26〕
高三下		概括瞭解「文學之一般性質」。		

　　此外，明德中學高中部還設置 4 門國文選修課：文字學，3 學分；韻文作法，3 學分；古書閱讀，4 學分；國文修辭學，3 學分。具體內容和教材使用情況不詳。

　　綜合上述材料，20 年代高中國文課內容的豐富和教材的深度絲毫不亞於現在的大學中文系。當時有人站在教育學的立場，從五方面指責這一現象：一是「淺的太淺，深的太深，程度相差過遠」；二是「新的太新，舊的太舊，易於引起青年思想之分歧偏激」；三是「分量過重者，毫無門徑之中學生，實難於擔當」；四是「當先讀的，反後讀；當後讀的，反先讀；當精讀的，反略讀；當略讀的，

〔註24〕高一上需從中閱讀 100 萬字，高一下閱讀 150 萬字。
〔註25〕兩處的《詞選》，可能前者為張惠言選，後者為胡適選。高二上需從中閱讀 200 萬字以上，高二下 250 萬字以上。
〔註26〕高三上需從中閱讀 300 萬字，高三下 400 萬字。

反精讀；未免失倫」；五是「空懸讀書招牌，名不副實」。總體來說，「漫無標準，各行其是。於是腦筋極純潔之青年學生，往往爲先入之見所誤，於是妄加批評，或者門徑未通，躐等以進，恣談國故，詆謀孔孟；其害何可勝言。」〔註27〕這一說法雖大體反映了當時高中國文教學「各行其是」的實際情況，但其實還是可以清晰地辨出主線來：20年代高中國文的主要教學內容，是包括經史子集在內的「國故」，所用教材以古籍爲主，近人學術論著爲輔。處在新舊鬥爭激烈的時代背景下，這些現象必然引發人們的關注。

第二節　高中國文教學的三種輿論

　　1924年2月5日，《學生雜誌》編輯楊賢江在該刊發表《國故毒！》，批評上海澄衷中學國文會考試題。這些試題側重考察學生對古代典籍的熟悉程度，且命題者摻進了自己的價值判斷。〔註28〕3月29日，與《學生雜誌》關係密切的《中國青年》第24期發表署名華男的《受「國故毒」的學生聽著》一文，批評澄衷中學乙組部分側重「國故」知識的國文會考試題。〔註29〕

〔註27〕洪芸仙：《高中國文教材之研究》，《師大月刊》第24期，1936年1月30日。
〔註28〕第一題：「問國學載籍分經史子集四部，所以提綱領而納條流，便學者也。能言其分合之意歟？何謂群經？何謂諸子？史有編年正史之別，集有總集別集之分，各部之分類以綱群書，能言其條理歟？孔子爲經，諸子爲子，其故何在？諸子中亦有稱爲經者，能言其異同高下歟？中國學術，莫盛於周季，諸子皆其時作者，後亦有作者，可列於諸子者歟？各就所知，擇一條以答，或並全題答之。」第二題：「問國學詩文字三者，皆以美術之道行之，此可誇尚於全地球者。創之者賴先人，繼之者賴後人。以文字論，經之道高而文亦最工，道與藝若相符焉。諸子道名家，文亦特異。諸子之文，能言其派別歟？由周秦降而西漢，其文之精實，遠不逮焉。西漢之博大豐偉，後世又不逮焉。時代之差，若此爲甚。西漢文之著者，能言其流派歟？降而唐宋，文不逮古，其著者諸家能言其得失歟？亦擇一或全體答之。」第三題：「問《漢書・藝文志》所載諸書，今之亡者多矣，能舉今之所有者而數之歟？今雖有之，或同其名，異其實，或出後世僞作者，亦有之歟？《藝文志》謂太史試學童，能諷書九千字以上，又以六體試之，此漢時教小學識字考試之法也。夫讀書必先識字，今之識字益寡，匪獨不及九千，或不及九百焉，然則考試識字之古法，亦可行於今歟？五言始西漢，今如李陵蘇武枚乘之詩，不一採入，何歟？外之如四皓紫芝未採入諸詩，能舉之歟？高祖歌詩二首，能舉其爲何詩歟？陰陽、刑法、醫占、數術，《藝文志》所載漢代之書多矣，殆皆不傳，後世術亦益卑，不知今猶有得漢人之傳者歟？擇其能言者答之。」作文題：「讀後漢書橋玄傳論劫質事。（劫質之質音至，質，押信也，古謂劫質，今爲虜贖，又謂綁票，又謂請財神。）」
〔註29〕「（十一）開元天寶係何帝年號？（十二）宋太祖之後，復即帝位者何人？（二

　　兩份雜誌所披露的試題引發了人們的討論，其話題有三：一，高中國文教學和大學招考的關係；二，使用《漢書·藝文志》等古籍做教材與當時整理國故思潮之關係；三，高中國文教學目的何在。

　　3 月 19 日，上海澄衷中學校長曹慕管在答書中稱澄衷中學會考如此出題是為了提高升學率。〔註30〕在隨後討論中，有人對此表示理解：「中學和大學，有直接的關係，對於課程上，學力上，應有需要和供給相等的必要，假使那樣試題是大學校應有的，那末中學校的國文教材，就不得不從舊書堆裏去尋求。」〔註31〕北京大學的沈作乾認為：一是因為「澄衷中學的畢業生，比內地水平高」；二是因為當時高校入學考試國文試題比較難，所以澄衷中學的試題可以理解。〔註32〕既然沈作乾提到了國文試題，那具體情況究竟如何呢？我們整理出如下兩表。

　　1922 年部分高校入學考試國文試題：〔註33〕

校　名	題號	試　題　內　容
東南大學	第一題	國學常識選擇題 20 道（略）。
	第二題	翻譯《詩經·蓼莪》中四句為散文。
	第三題	翻譯《尚書·無逸》一段為白話文。
	第四題	從「利人莫大於教，成身莫大於學」、「常人安於故俗，學者溺於所聞」、「凡為文以意為主以氣為輔，以詞采章句為兵衛」3 題中任選 1 題作文。
北京女高師	第一題	作文：略述最近十日間之日記（文言白話不拘，但須加標點符號）。
	第二題	從「者」「之」「的」「然」「焉」「於」「以」「而」八個虛字中選四字說明用法，並舉例。
	第三題	試言女子積弱之故，及今後應取之途徑。
北京高師（直接投考之部）	第一題	選《說苑·辨物篇》100 字左右，要求句讀並解釋大意。
	第二題	從「試述經過學校教授國文之略況」與「我為何以教員生活為終身之職業」中選做 1 題。

　　十）何謂漢學？何謂宋學？」作文：「立憲國家政黨之異同。」
〔註30〕《曹慕管致本社社員楊賢江函》，《學生雜誌》第 11 卷第 3 期，1924 年。
〔註31〕汪寶瑄：《對於國立大學招考新生國文試題之懷疑》，1924 年 4 月 11 日《時事新報·學燈》。
〔註32〕沈作乾：《曹先生怎麼提倡國故》，1924 年 4 月 10 日《時事新報·學燈》。
〔註33〕此表和下表均據《學生雜誌》中的材料整理而出。

北京高師（各省區選送復試之部）	第一題	試發表個人對於新文學之意見。
	第二題	給《論衡・累害篇》中 100 字左右的段落加句讀。
南開大學	第一題	從「學生於思想起於疑說」與「我之學生自治觀」中選作 1 題。
	第二題	翻譯袁枚《歸家即事》為散文。
	第三題	解釋 4 句文言（略）。
	第四題	3 道國學常識答問（略）。

1923 年部分高校入學考試國文試題：

校　名	題　號	試　題　內　容
北京大學預科	第一題	作文：你們在中學時代研究國文的經過和心得，把他擇要寫出來。
	第二題	為《史記・平原君列傳》中一段 400 字左右的文字加標點，解釋加著重號者。
北京師範大學	總一題	作文：近今中等學校教授國文選擇教材，或偏重國故之闡明，或偏重新知之輸入。諸生曾受教中等學校，想能知其利弊，試明己意加以批評。（必須分段，並加新式標點符號。）
北洋大學	總一題	作文：中央集權與地方分權利弊論。
廈門大學	第一題	作文：國學科學並重論。
	第二題	為段玉裁《說文解字注》中一段 200 字左右的文字加標點。
南開大學預科（上海招考試題）	總一題	作文：論新文化對於國故之影響。
	第二題	我國學術以戰國時代為最發達，汨乎漢代，頓行衰落，其故安在？
	第三題	為《韓詩外傳》中一段 50 字左右的文字加新式標點。
東南大學預科（第一次）	第一題	國學常識填空（略）。
	第二題	給出四句沒有標點的古文，要求改正句中錯誤（略）。
	第三題	給《宋史・食貨志》一段 350 字左右的文言文標點並翻譯。
	第四題	從「善學者儘其理，善行者究其難」，「山林皋壤，實文思之奧府」，「仁者樂山，智者樂水」中任選一題作文。
東南大學預科（第二次）	第一題	給《史記・儒林列傳》中一段 350 字左右的文字標點翻譯。
	第二題	從「自述『學歷』及『將來之希望』」，「曾國藩李鴻章論」，「調合新舊文化之爭」，「『大學教育普及』與『大國民之風度』」，「秦以急農兼天下漢以屯田併西域論」選 1 題作文。
	第三題	國學常識填空（略）。

　　上述兩表表明，當時高考國文試題對於閱讀古書的能力極爲看重，同時，受新文化運動影響，對思想文化界的動態和國文教育本身的情況也比較關注。相比之下，東南大學的國文試題的確較爲「保守」。當時接受新知的青年對於東南大學的試題有過批評。有人稱他們同學幾個的學習成績「在中學畢業生裏面，總算很好，就以國文一項講，他們能做清順無疵的長篇論文，並且有自由發表思想的能力」，但在參加東南大學的入學考試後，連「國文題目都看不懂，繳了白卷」。他們感歎說，「我們要早知如此，從前也不在初小高小念書，直接跑到鄉下，跟一個四書先生，念十年八年的古貨，然後再到中學裏混張文憑，現在也就沒有這樣的失望了！」〔註34〕這樣的感歎，其實是質疑東大試題挑戰了新式教育制度。

　　東南大學的入學試題雖較爲「保守」，但其「保守」的程度還比不上澄衷中學的會考試題。東南大學要求回答國學常識，標點翻譯古文，都可以看成考察學生閱讀和理解古籍的能力，但澄衷中學國文試題中所謂「國學詩文字三者，皆以美術之道行之，此可誇尚於全地球者」，所謂「經之道高而文亦最工」之類文字，就不僅僅是考察能力，而有嗜古的傾向了。其實澄衷中學的主持者曹慕管，對新文化極爲反感。

　　曹慕管回敬楊賢江說：「君以此種考試爲國文教育上的復辟行爲，當然以庸妄人之教授性欲小說《金瓶梅》、《紅樓夢》（大觀園只有一對石獅子是清白的故云），盜賊小說《水滸》、《儒林外史》爲革命興味，而爲貴報之所主張者，但僕對此種革命行爲是否有益青年之身心，不能無疑且不敢承教。」〔註35〕除致信楊賢江外，曹慕管還在《時事新報・學燈》發文表明態度。他一方面聲明「鑒於學生國文程度，逐漸退化」，所以「屬行會考，以圖補救」，對於會考考題「自謂無咎」。〔註36〕另一方面認爲胡適於革命文學的議論，都自章實齋來，而胡適於章實齋的本意，並未完全領會，但「自適之新文學之一名詞出，天下乃大回應，近更聯絡巨子，改革學制，憑藉部令，益肆推廣，而記者因其行文之易，教員取其講授之便，文家貪其買稿之利，相與鼓吹利用不竭，於是乎所謂新文學者，遂不脛而走天下矣，此適之之政治手腕助之也」，「勢屢變則屢卑，文愈繁則愈亂，學者貪於檢閱之易，而不知實學之衰，狃

〔註34〕汪寶瑄：《對於國立大學招考新生國文試題之懷疑》。

〔註35〕《曹慕管致本社社員楊賢江函》。

〔註36〕曹慕管：《國文教授問題》，1924年3月25日《時事新報・學燈》。

於成名之易，而不知大道之散，百家雜藝之末流，識既庸闇，文復鄙狸，三集既興，九流必混，學術之迷，豈特黎邱者有鬼，歧路亡羊而已耶。」〔註37〕曹慕管鄙視新潮，力挽舊學的保守傾向，激起了新文化人的憤慨。沈雁冰反駁說：「一部文學作品是超乎善惡道德問題的，凡讀一部小說，是欣賞這本小說的藝術，並不是把它當做歷史教科書讀」，曹慕管對於《紅樓夢》、《水滸傳》、《儒林外史》的評價，「正足以證明曹慕管非但沒有文學上的常識，連看小說的能力也沒有；真是笑話！」〔註38〕

　　當曹慕管本人攻擊新潮之時，他的支持者卻將澄衷中學的國文教學比附為「整理國故」。有中學教師認為：「在中學裏，學生年齡較長，腦力充足」，應當研究國故的「主要原理學說和歷史」。〔註39〕這是對澄衷中學教員項衡芳觀點的回應。項衡芳認為：「研究國故而整理之，茲事體大，非中學所敢任，然愛護國故之素養，中學生所當具有；示以入門之初階，中學教師亦優為之，以有系統之方法，使之分類，使之比較，使之知吾國學術之梗概，此其目的與方法，不可謂為束縛的與無常識的。」〔註40〕也有人說：「我以不論為升入大學之預備，與非盡入大學，而為養成健全的國民，國故在中等教育上，當然有相當注重的必要」。〔註41〕

　　其實，就在項衡芳等人發表這些看法之前，《文學》同仁已經辨明澄衷中學國文教學與「整理國故」不是一回兒事。「原來曹先生的國故，祇是『詩文字三者……可誇尚於全地球』的國故，祇是『經之道高而文亦最工』的國故；那麼『用心苦矣』的曹先生也祇是老學究的見解，不禁使我大失所望。」「人家談國故，他也談國故，不管人家所談的是怎麼一回事，他所談的又是怎麼一回事，總自以為我是站在時代前面的人。」〔註42〕「所謂國故，一定要加一個『治』字，才確合國故大家們所做的工夫。」〔註43〕「研究國故不是復古，不是吳稚暉先生說的『洋八股』，乃是真切研究中國歷史的一切材料，確實地找出一個逐漸演化的迹象來。今曹先生會考國文的三道策問，令人讀了

〔註37〕曹慕管：《論胡適與新文學》，1924 年 3 月 25 日《時事新報‧學燈》。
〔註38〕沈雁冰：《紅樓夢水滸傳儒林外史的奇辱！》，《文學》第 116 期，1924 年 4 月 7 日。
〔註39〕朱旭：《關於國故的話》，1924 年 4 月 16 日《時事新報‧學燈》。
〔註40〕項衡芳：《國文與國故會考》，1924 年 3 月 31 日《時事新報‧學燈》。
〔註41〕錢振聲：《我對於中等教育上的國故觀》，1924 年 4 月 1 日《時事新報‧學燈》。
〔註42〕H：《策問式的國故》，《文學》第 114 期，1924 年 3 月 24 日。
〔註43〕李茂生：《國故大家應負的責任》，《文學》第 115 期，1924 年 3 月 30 日。

恍如置身場屋中博功名，簡直回到了原來八股時代的老路了。」所以，曹慕管的國文會考，「眞是盲目的胡調，即使有謬阿於研究國故方面的人出來說話，對此也絕不能稍有顧瞻而不說是『國故毒』了。」〔註44〕

　　將曹慕管同「國故大家」區別開來，並不意味著「國故大家」就沒有責任。有人認爲，曹慕管的國文教學方式之所以能夠風行，跟「國故大家」提倡「整理國故」不無關係。正如吳梅在北京大學教授曲學，天橋拉曲子的也趁機多賺幾個錢的道理一樣。「我尤其痛心的，就是你們侵佔了教育上的權力，你們於中學的課程中塗上了國故的色彩；待與學生們作演講，開書目，又復『筆鋒常帶感情』，是不是個個學生都要走上你們的路，才算得平平常常正正當當的人，這問題且不要論他，（如要論一論你們已當不起了。）只問你們自以爲金針度人，到底能夠承受你們的金針的有幾？住在寄宿舍中，伏在圖書室裏，捧著線裝書，看下去實在無聊，不看又覺得背時，因而悶悶不樂，只覺青年之就萎的，到底有多少人，我們是無從知道的。」〔註45〕所謂「作演講」，「開書目」，「筆鋒常帶感情」，則指向胡適、梁啓超等對中學國文的意見和影響，本文稍後會有所論及。

　　同時，有人從學生實際出發，認爲「中學生的才力或者可以研究國故；但是時間上有所不能」，「學生每日自上午九時起到下午三時止，大約都是上課的時間，和吃飯休息的時間，決沒有餘時去研究國故，三時至四時，只能做休息的時間，恢復上課時的疲勞，四時至五時溫習英文，五時至六時爲吃飯的時間，六至七……至九，三個小時，要復習算題，及溫習其餘的物理化學等等，哪有時間再來研究國故呢？九至第二日早上五時半爲睡眠時間，五時半至六時爲盥洗時間，六至八兩個小時，只能復習昨天的課和預備今天的課，八至九則爲吃飯時間，照這樣看來，一日之間，哪能還有餘時再去研究國故呢？」〔註46〕

　　部分人之所以不要青年走上「國故大家」之路，是另有所急。有人說：「鄉先生丁福保仲祜常對我說，目前青年所應該研究而且急需的，便是科學，至於國故，只能讓我輩中年以上的文人，整年累月去搜討研索，得些成績來彙報給你們，因爲青年的光陰多少寶貴，空用在這無謂的工作裏，實在是最傷心，丁

〔註44〕H：《策問式的國故》。
〔註45〕李茂生：《國故大家應負的責任》。
〔註46〕袁敦甫：《國故研究問題》，1924 年 4 月 3 日《時事新報・學燈》。

先生這層意思，我最佩服，所以研究國故，決不是中學教育的目的。」〔註47〕
《文學》同仁也認為：「今日的名儒所看不到的，不是人生不應當做無益的學問，
而是所謂國故的無益於人生。」〔註48〕「試問，中學校的學生所需要的是什麼？
我想誰也不能不說是要適切生活的知識與技能，因為他們畢業出校，未必個個
升學，即使個個升學了，也盡有研究理科一類的東西的，怎麼能夠把他們悉數
驅而納諸國故之中！」〔註49〕「研究現代學問的人，如果他不想把他自己的精
力和時光無端耗費，或者有意消遣，於過去的人的陳舊的說理談玄的文章或無
聊的遊戲消遣的篇什中，他自然沒有研究國故的必要。現代的學者所必需具備
的現代的智識，已經夠費盡他的畢生的精力與時光而有餘；我們有什麼充足的
理由去驅逼著現代的人拋棄了現代的必要的智識，而回過頭去希求千百年前的
不適用的智識？」〔註50〕「至於在一個中學堂裏，則應當教授的基本知識太多
了，除了把應用的國文也看作根本知識之一種而列於課程內，國故的講授實是
最不合理的事情，出那種『經之道高而文亦高……』一類的策問式的考題，不
但絕對不會使中學學生得到國故的智識，反而要把其他的智識弄得迷離惝恍，
毫無所得，只有把其他的智識耽誤而已。」〔註51〕

　　所以，《學生雜誌》和《中國青年》對澄衷中學的做法要求「革命」。楊賢
江說：「這種考試乃是國文教育上的『復辟』行為，凡不甘受束縛的教育的青年
學生，應該對於這種行為豎起反叛之旗，大喊一聲革命！」《中國青年》的文章
說：「這種國文會考的背景，實在代表了一種反動黑暗的勢力。中國國勢已經危
機的了不得，而這般老學究們還在那裡提倡『國故』『國故』，這簡直是昏庸已
極的事情。素以凡有血性有覺心的青年學生，應該起來反抗這種考試。徹底些
說，就是反抗黑暗的勢力。」〔註52〕他們的觀點是有一定的群眾基礎的。

　　結合胡適的觀點和這次討論，可見當時輿論有關高中國文教學出現三種
思路。第一種思路為「國故」教學，部分高中的主持者不贊成新文化，仍然
用舊式的觀點和方法教學未經「整理」的「國故」。第二種思路是「整理國故」，
通過高中國文教學用新的眼光解讀古籍。第三種思路認為，高中國文不應花

〔註47〕孫祖基：《國文與國故》，1924 年 3 月 29 日《時事新報‧學燈》。
〔註48〕嚴既澄：《國故與人生》，《文學》第 117 期，1924 年 4 月 14 日。
〔註49〕H：《策問式的國故》。
〔註50〕嚴既澄：《國故與人生（續）》，《文學》第 119 期，1924 年 4 月 28 日。
〔註51〕嚴既澄：《國故與人生（續）》。
〔註52〕華男：《受「國故毒」的學生聽著》，《中國青年》第 24 期，1924 年 3 月 29 日。

費精力在「國故」上，而應學習「應用的國文」和對「國勢」有所瞭解。三種思路在當時教科書的編寫中都有反響。

第三節　教科書中的「國故」與「國勢」

　　乘著這次討論，商務印書館和中華書局相繼推出了他們的高中公共必修科國語教科書。在 1928 年前，高中國文教科書出版得很少。黎錦熙曾經感歎：「商務於本期中，竟未編出高中分年讀本焉。」〔註 53〕《民國時期總書目・中小學教材》僅收錄吳遁生、鄭次川編，商務印書館出版的《近人白話文選錄》（1924 年）與《古白話文選》（1924 年）；穆濟波編，中華書局出版的《高級古文讀本》（1925～1927 年）與《高級國語讀本》（1925 年）；及錢基博編、中華書局出版的《國學必讀》等 5 套，且錢基博《國學必讀》還不屬於高中公共必修國語教科書。

　　《高級古文讀本》和《古白話文選》的編者回應了當時整理國故的思潮。前者按梁啟超、胡適所開國學書目編選課文，後者自己動手「整理國故」。

　　《高級古文讀本》共 3 冊，「第一年多選諸史；第二年多選諸子；第三年多選群經；另由各朝集部選輯名作，分佈於相當年度內，庶有統貫的研究與相互的參證」，「材料均從梁胡諸家書目中，取其重要名著，精心選擇；其篇目均為有意義之排比與連接，俾學者可資比較。次序略以時代為先後，取便與文學史相合」。〔註 54〕所謂「梁胡諸家書目」，主要指胡適《一個最低限度的國學書目》與梁啟超《國學入門書要目及其讀法》。

　　對於經部文獻，穆濟波選《詩經》26 篇，《禮記》11 篇，《孟子》6 篇，《尚書》、《周禮》、《左傳》各 4 篇，《易經》、《公羊傳》、《穀梁傳》各 2 篇，《論語》1 篇，共 62 篇。此外還有鄭玄《詩譜序》、杜預《春秋左氏傳序》，算是《詩經》、《左傳》的導讀。這幾部書在梁啟超和胡適的書目中都提到了。

　　《一個最低限度的國學書目》開列多部明清小說，但不列史部文獻，這引起梁啟超的非議，「我最詫異的：胡君為什麼把史部書一概摒絕！一張書目名字叫做『國學最低限度』，裏頭有什麼《三俠五義》、《九命奇冤》，卻沒有《史記》、《漢書》、《資治通鑒》，豈非笑話？若說《史》、《漢》、《通鑒》是要『為國學有

〔註 53〕黎錦熙：《三十年來中等學校國文選本書目提要》。
〔註 54〕《編輯大意》，《高級古文讀本》（第一冊），中華書局，1925 年。

根柢的人設想』才列舉，恐無此理。若說不讀《三俠五義》、《九命奇冤》便夠不上國學最低限度，不瞞胡君說，區區小子便是沒有讀過這兩部書的人。我雖自知學問淺陋，說我連國學最低限度都沒有，我卻不服。」〔註55〕穆濟波的看法跟梁啓超接近。《高級古文讀本》沒有一篇元明戲曲和明清小說，卻選了不少史部文獻。分別為《漢書》20篇，《史記》11篇，《後漢書》6篇，《戰國策》3篇，《五代史》、《資治通鑒》、《史通》各2篇，《三國志》1篇，共47篇。值得注意的是，對於史書，《高級古文讀本》不僅選入大量寫人記事文，還分6課節選《漢書》中的《刑法志》、《地理志》、《食貨志》。如果瞭解到胡適在《國學季刊》發刊宣言擬出的中國文化史系統包括經濟史、政治史、制度史，就能明白《高級古文讀本》選上述三志的緣由。

《高級古文讀本》選子部文獻22篇，包括莊子、韓非各6篇，荀子4篇，墨子3篇，老子、公孫龍子、《淮南子》各1篇。這都是胡適《中國哲學史大綱》重點討論的對象。

《高級古文讀本》中的集部文獻包括三類。一是楚辭、《樂府詩集》和唐宋詩詞。《樂府詩集》10首，其中《木蘭辭》、《孔雀東南飛》、《陌上桑》也常被當時其他中學國文教科書選入。杜甫詩6首，其中4首屬「三吏三別」。宋人詩詞4首，分別為岳飛《滿江紅》，陸游《示兒》、《書憤》，文天祥《正氣歌》。可見，穆濟波選唐宋詩詞時，著眼處在思想內容。第二類是唐宋八大家、桐城派的古文。第三類是傳統文論，包括《文心雕龍》4篇，《文史通義》2篇，《詩品》1篇。此外，穆濟波選入的《古文辭類纂序》、《經史百家雜鈔序》及《離騷》和《九歌》後面所附王逸的序，也都是傳統文論的重要篇章。

梁啓超、胡適書目中提到的有些著作，穆濟波卻沒有選。《一個最低限度的國學書目》將所開書目分為工具之部、思想史之部、文學史之部；《國學入門書要目及其讀法》分修養應用及思想史關係書類、政治史及其他文獻學書類、韻文書類、小學書及文法書類、隨意涉覽書類。兩個書目中提到的工具之部和小學書及文法書類，穆濟波一概不選。《一個最低限度的國學書目》中，胡適列出了大量佛經書籍，穆濟波也沒有選。這說明即便在擁護梁胡書目的穆濟波看來，其中也有很多是不適合中學生閱讀的。

《古白話文選》分上下兩冊，1924年3月初版，1927年6月4版。〔註56〕

〔註55〕梁啓超：《評胡適之〈一個最低限度的國學書目〉》。
〔註56〕《古白話文選》編者為吳遁生與鄭次川。吳遁生，生卒年不詳，1921年同高

全書分書信、語錄、詩、詞、曲、小說等六部分。書信、語錄作者以宋明理學家、心學家爲主。詩歌來自詩經、南北朝民歌與唐宋詩。詞來自五代兩宋。曲爲《西廂記》中《賴婚》、《琴心》兩段與《桃花扇》中《哭宴》、《餘韻》兩段。18篇小說都選自《水滸》、《儒林外史》、《三國演義》、《西遊記》、《紅樓夢》、《鏡花緣》、《老殘遊記》等明清長篇白話小說。

　　錢玄同對這些選文很不滿意：「如曾國藩的家信，實在不值得入選；漢魏六朝的第一等的白話詩，大可以多選幾首；邵老道的《擊壤集》雖是白話的，但沒有什麼文學的價值，卻選得不少；《西遊記》僅選了一篇，而《鏡花緣》倒反選了三篇之類。」〔註57〕其實，編者對這些篇目有過一番斟酌。他們認爲《尚書》《楚辭》中也有「當時的白話文在內」，但「不如秦漢的文言文易懂，所以本書一概不取」，此外，「公文、契約也有用白話文的，但材料很難覓取，而且文字過於質樸，所以本書暫不採取」。〔註58〕說部分先秦白話文還不如秦漢文言文易懂，似乎跟人們對白話文言的共識不一致；至於白話文文字過於質樸的也不採取，那麼選擇範圍只能以歷代白話文學作品爲主。但正如錢玄同所批評的，他們的文學欣賞力其實並不高。

　　《古白話文選》對選文做了一定的處理。「舊時小說用白話文的，只有章回體的長篇，當然不能全錄，今選其中一二回，或於一回中選取一兩段，便成一篇短篇小說，然爲節省篇幅起見，也有再加刪節的，又如所選林沖一篇，其中有和洪教頭比武一段，以在本文中不甚重要，也刪去了。再如《火燒赤壁》一篇，原文很好，祇是寫周瑜對付孔明的地方，竟把一個很雅量高致的周郎，寫成一個陰賊險狠的鄙夫，所以都給刪去了。」〔註59〕不僅《林沖》和《火燒赤壁》被刪減了。錢玄同以《玉臺新詠》、《樂府詩集》和《古詩紀》爲底本對校，發現《古白話文選》中的《孔雀東南飛》被刪去49句。在錢玄同看來，很多地方刪得莫名奇妙：比如「『恨恨那可論』下刪『念與世間辭』

　　　　語罕、陳德徵等15人組成蕪湖學社，創辦《蕪湖》半月刊。20年代後半期在上海滬江大學教授詩詞。30年代爲商務印書館編輯學生國學叢書《十八家詩鈔》等。鄭次川（1887～1925），浙江衢縣人，早年就讀上海中國公學，1917年，赴日本東京帝國大學教育系學習，1919年回國，後在上海商務印書館編譯所任職，曾翻譯多部教育、時政方面的著作，著有《歐美近代小說史》。
〔註57〕錢玄同：《不完全的「蘇武古詩第三首」和「孔雀東南飛」》，1924年5月22日《晨報副刊》。
〔註58〕《古白話文選凡例》，《古白話文選》（上冊），商務印書館，1924年。
〔註59〕同上。

到『漸見愁煎迫』二十八句。刪去這一大段，不知是何意思。我不懂，爲什麼府吏與他的妻訣別之後，不許他對他的母親說怨恨的訣別話？」不僅如此，對於某些標點，錢玄同也不滿意。比如「念母勞家裏」、「渠會永無緣」、「君還何所望」、「吾獨向黃泉」幾句後面有省略號，錢玄同質疑說：「既未刪節文章，亦非語氣未完，爲什麼要用這『……』號？」〔註60〕

從錢玄同的批評來看，《古白話文選》編得很倉促，編者「整理國故」的功夫還不夠。

如果說《高級古文讀本》和《古白話文選》回應了當時整理國故的思潮，那麼《近人白話文選》和《高級國語讀本》則回應了當時高中國文教學討論中的第三種思路，其內容不在「國故」，而在新文學、新思潮與「國勢」。

《近人白話文選》，上下兩冊1924年4月初版。選文共8類。評論5篇，演講 4 篇，探討文學、女權、人權、勞動者、青年軍、政治運動、社會運動等問題。按作者排序，胡適 3 篇，梁啓超、戴季陶、朱經農、陳望道、陳大齊、韓衍各1篇。序傳8篇、記述5篇、書信6篇。按作者排序：胡適6篇，周作人、梁啓超各 2 篇，陳獨秀、蔡元培、顧頡剛、《每周評論》、戴季陶、徐志摩、任鴻雋、王平陵、章錫琛各1篇。上述五類爲應用文，此外小說12篇，短劇2篇，詩歌32首。小說中創作5篇，包括葉聖陶2篇，冰心、盧隱、郭沫若各1篇。譯作7篇，包括周作人4篇，胡適、魯迅、胡愈之各1篇。短劇 2 篇，分別爲楊寶三《一個村正的婦人》（選自《新青年》）和《人類的愛》（作者和發表處不詳）。32首新詩包括冰心8首，胡適4首，劉半農3首，宗白華、汪靜之、聞一多各 2 首，周作人、俞平伯、康白情、沈尹默、徐志摩、陳衡哲、郭沫若、劉延陵、雙明、均吾、雪峰各1首。

跟葉紹鈞、顧頡剛等人編輯的《初中國語教科書》相似，《近人白話文選》主要從北京大學同仁和文學研究會會員的作品中選擇，在演講評論書信等應用文體方面推崇胡適，翻譯小說推崇周作人，創作小說推崇葉聖陶，新詩推崇冰心、宗白華。對於《覺悟》、《星期評論》與創造社的作品，編者比較陌生。此外，兩位編者對新文學的發展情況把握得不夠，文學鑒賞力不高。創作小說中，魯迅的作品1篇也沒選。選周作人新詩不選《小河》，卻選了《東京炮兵工廠同盟罷工》。從編者的閱讀範圍看，魯迅已經發表的小說和周作人的《小河》，他們都應該知道。

〔註60〕錢玄同：《不完全的「蘇武古詩第三首」和「孔雀東南飛」》。

　　穆濟波在東南大學附中教初中國文時，以仲九、俍工《初中國語文讀本》為教材。但他認為，「教科書所輯教材太固定呆板，別無容納新教材之餘地。且不習國事，尤為眼前一般中等學校本國言文科所有教材的共同之缺憾。以此不合國家的教育，不明國際地位受壓迫之種種危害的實況，而高談愛國運動，學生焉得不流為叫囂虛妄？欲促起青年救國的至誠，非於本國言文科中作切實的國民訓練不可。」至第三編第三、四單程時，刪除《科學的起源和效果》、《科學方法之分析》，各發「補充教材六篇」。第三單程補充的教材為：「1. 怎樣才是好人，2. 學生會的任務及其組織，3. 華洋貿易冊中可注意的事！4. 長江聯合艦隊與海軍示威，5. 中國還是一個獨立國家嗎？6. 怎樣打倒外力的侵略？」第四單程補充教材為：「1. 對於有志者的三個要求，2. 收回關稅主權的第一聲，3. 羅素的中美關係論，4. 中國的實力崇拜派，5. 學術與救國，6. 合作者宣言。」12 篇作品都來自《中國青年》。穆濟波認為：「上列諸篇補充教材，即係國內青年運動中最有力之論文，於青年修養，及國際時事均有極透闢之見解，適可以補充上期教學計劃之不及。」〔註61〕

　　穆濟波對《初中國語文讀本》的增刪情況說明，他所設計的中學國文內容呼應了楊賢江《國故毒！》與華男《受「國故毒」的學生聽著》等文的觀點，而跟五四時期「科學」、「民主」的問題域不同，重點在討論時事問題，這在他編輯的《高級國語讀本》中表現更為明顯。

　　《高級國語讀本》「供新學制高級中學公共必修或選修科國語文教學之用」，編輯目的有二：「（一）提倡民族獨立精神，（二）培養國民文學的藝術。」「第一年注重現代中國，第二年注重現代學術思想，第三年注重現代文藝。」〔註62〕第一冊於 1925 年 9 月由中華書局出版，〔註63〕目的在於「使學者在讀書生活中瞭解現代國家大勢，以長養其愛國憂時堅貞自勵之良習」。〔註64〕全書分 10 組，其「教學目的」分別為「青年生活的訓練」；「表現現代青年之使命，糾正其遺棄現實之非」；「由現實的社會狀況中提出最重要之三大問題：一匪二兵三民眾的失業」；「引導青年研究現代，根據史實，追求社會病象之總原因」；「瞭解與認識列強宰割下中國是何景象，見民族獨立與祖國復興運動之不可

〔註61〕 穆濟波：《道爾頓制實驗班國文科比較教學的報告——南京東大附中初二級》，《中華教育界》第 13 卷第 9 期，1924 年 3 月。
〔註62〕 《編輯大意》，《高級國語讀本》（第一冊），中華書局，1925 年。
〔註63〕 我們沒有找到後兩冊，本文僅討論第一冊。
〔註64〕 《高級國語讀本第一冊教材支配表》，《高級國語讀本》（第一冊）。

已」；「摭列今日國中爲造國運動，或救國運動者之宣傳，以備抉擇」；「標明民治建設之必然的途徑」（六七組）；「表樹建國計劃，及其托力的基礎」；「取最近事實爲全冊作結，艾炙眉頭，問國人究竟如何自處」。所選作品除作爲附錄的《建國大綱》外，29 篇正文中有 6 篇來自《中國青年》，來自《學生雜誌》、《國民外交小叢書》、《新建設》的各 2 篇。《中國青年》是中國社會主義青年團的機關刊物，使命在於「普遍的革命宣傳」。《學生雜誌》是當時影響最大的學生刊物，跟《中國青年》關係密切，編輯楊賢江與《中國青年》主編惲代英、蕭楚女同爲中共早期從事青年運動的著名領導人。惲代英編輯的《新建設》是《建設》停刊後又一宣傳國民黨主張的刊物，《高級國語讀本》選擇的汪精衛和但一的文章在《新建設》中較有代表性。穆濟波跟惲代英、蕭楚女曾於 1921 年在川南師範共事。在東南大學附中任教期間，穆濟波保持了與惲代英、蕭楚女的友好關係，並邀請他們到該校演講。惲代英和蕭楚女在東南大學附中演講的題目，「一個是『關稅問題』，一個是『治外法權』，一共講了近十次，在學校裏灑下了革命種子」。〔註65〕《國民外交小叢書》是中華書局 1924 年後出版的一套叢書，「可供高級小學和初級中學歷史科的補充讀物」，目的爲「灌輸一般國民對外應具的歷史常識，以激發其愛國思想」。〔註66〕單元目標設計和選文來源說明穆濟波認同北伐前國共兩黨的主張，並試圖將國文課堂變成其理論宣傳的陣地。所以一旦兩黨分裂，這套教材就「被禁止發行」。〔註67〕

像《近人白話文選》和《高級國語讀本》這樣以同代人的白話作品爲主的高中國文教科書，在 1925 年後就不再出現了。

第四節　五種高中國文教科書內容評析

1929 年，國民政府教育部頒佈中小學課程暫行標準。取消高中文理分科，選修課也逐漸取消，國文統一規定爲 6 學分。教育部聘請孟憲承、胡適爲高級中學普通科國文暫行課程標準起草整理及審查人員，製定並發佈了《高級中學普通科國文暫行課程標準》，但實際影響不大。

自 1928 年始，各出版社開始大量出版高中國文教科書。本文擇要討論

〔註65〕 汪季琦：《東大附中的革命活動》，許祖雲主編《青春是美麗的》（續集），華夏出版社，1997 年。
〔註66〕 《編輯凡例》，《近代中日關係略史》，中華書局，1924 年。
〔註67〕 黎錦熙：《三十年來中等學校國文選本書目提要》。

1928～1933 年間上海、南京、天津等地出版的 7 套教科書。〔註68〕這 7 套教科書預設了 5 種教學內容：思想道德教育、文章作法教學、文學教學、古文文體教學、學術思想教學。

以思想道德教育爲預設內容的，以南開中學 1929 年印行的高中國文教科書爲代表。1929 年前後，南開中學規定高二國文應討論「青年思想生活的重大問題」，高三國文「進而向問題的『根核』探究」。〔註69〕1929 年印行的《天津南開中學高二國文教本（上冊）》共 36 課，分五組，分別討論讀書做學問，人生和創造的關係，人性、人格，中國家庭和社會問題，三民主義及日本。

以文章作法爲主要內容的，以孫俍工編、神州國光社 1932 年初版《高中國文教科書》爲代表。除第五、六冊分別學習詩詞曲和詩經騷賦外，其餘四冊，各討論一種文體的作法。第一冊討論記事文作法，以「山嶽、江海的各種描寫法」，「人物的外表與行爲的描寫法」，「記載社會風俗的作法」等爲組題。第二冊討論敘事文作法，以「生活，思想和環境種種不同的人物底傳記」，「歷史傳記底取材和佈局」，「遺聞逸事底收集和表現方法」等爲組題。第三冊討論說明文作法，以「用主觀的見解，闡釋客觀的事端」，「原理的闡釋」，「多方利用題材廣取比喻以收說明的效果」等爲組題。第四冊討論議論文及應用文的作法，以「嚴正地系統地發揮自己底主張」，「痛快地嚴肅地駁斥敵論底謬誤」，「以冷靜的研究態度辨釋一切事理」等爲組題。無論記事文、敘事文、說明文還是議論文，編者都要求學生仿傚習作。即使詩詞教學，也要求學生能夠模倣。比如第五冊第一二單元教學抒情詩，編者就希望學生就「寒宵」、「祈禱」、「秋聲」、「新閨怨」等題目寫出抒情詩來。只有到了第六冊教學詩經騷賦時，才不再仿傚作文，而是撰寫研究性的小論文。

以文學爲主要內容的，以朱劍芒編、世界書局 1930 年初版的《高中國文》爲代表。朱劍芒說：「本書最大主張：在排除一切無系統的國文指導，務使讀

〔註68〕《民國時期總書目‧中小學教材》收錄 1928～1933 年間高中國文教科書 7 套，分別爲江恒源編、商務印書館出版《高中國文讀本》，南開中學《國文教本》，朱劍芒編、世界書局出版《高中國文》，沈頤編、中華書局出版《新中華國文》，北平匯文學校《國文教本》，徐公美等編、南京書店出版《高中國文》，孫俍工編、神州國光社出版《國文教科書》。本文考察除匯文學校《國文教本》外的 6 套高中國文教科書。此外，《民國時期總書目‧中小學教材》沒有提到姜亮夫編、北新書局出版的《高中國文選》，該書雖初版於 1934 年，但不按照1932 年的高中國文課程標準編輯，此處一併論述。

〔註69〕《天津南開學校中學部一覽》，1929 年 10 月 17 日。第 73 頁。

者能充實地瞭解文學的物質；並養成其對於任何一種名著，都能奮興其藝術上的欣賞。」並「認定『文章體式』，『文章和時代的關係』，『文章組成的原理』爲研究文學的三大重心，因即以『文體研究』『文學史』和『文學概論』作爲編輯的目標而分納於各冊之中。」〔註70〕第一冊按文體排列，上冊爲紀實文和敘事文，下冊爲說明文和論辯文。第二冊爲歷代文學作品選。編者將所選作品分爲「散文」和「律文」兩類，在教材選擇上，散文部分主要參考姚鼐《古文辭類纂》，「律文」部分則依據胡適《詞選》。第三冊爲「文學概論的編制」，分文學通論、詩論、小說論、戲劇論、批評論五個單元，主要以王國維、胡適等人的學術論文和相關翻譯作品爲課文。

以古文文體爲主要內容的，以沈頤編，中華書局 1930～1931 年發行的《新中華國文》爲代表。該書「專選文言文，——語體文初本並選，且曾試行編制，頗感龐雜疏略之弊，故卒刪去，程度現至高中，語體文本可自讀專著；如教授時需要確切，可另印單篇補充。」〔註71〕其實，不選語體，是爲了使得古文文體的教學更爲純粹。《新中華國文》3 冊共 36 單元，單元劃分基本以《經史百家雜鈔》劃定的論著、詞賦、序跋、詔令、奏議、書牘、哀祭、傳志、雜記、敘記、典志等 11 類文體爲標準。像第二冊第 11 單元，所選楊衒之《洛陽伽藍記（節錄）》、蘇軾《超然臺記》、吳定《半閣記》、王十朋《綠畫軒記》、歸有光《見村樓記》、薛福成《後樂園記》、陳衍《登泰山記》、馮煦《健康同遊記》8 課，全爲雜記中的山水亭臺記。像第三冊最後一單元，所選 11 課，全爲柳宗元、陳澧、劉大櫆的論辯文。〔註72〕有些單元雖不那麼純粹，將兩三種文體歸在一起，並摻雜各體詩歌，但仍可看出其背後的古文文體觀念。

以學術思想爲主要內容的，以姜亮夫編，北新書局 1934 年初版的《高中國文選》爲代表。姜亮夫稱該書「組織精密」，「每一年級皆以一種文體一家學說爲中心，一年級以墨家爲主，兼及儒家，二年級以道家爲主，並完成儒家，三年級以文化史爲中心，一方面收束一二年級，一方面擴大範圍，其他記敘文藝兩類篇章，亦足以輔助論說文，使讀者不僅能辨別文體，且可對於

〔註70〕《編輯綱要》，朱劍芒編《高中國文》（第一冊上），世界書局，1930 年。

〔註71〕《編輯大意》，《新中華國文》（第一冊），中華書局，1930 年。

〔註72〕分別爲柳宗元《論語辨二篇》、《辨列子》、《辨晏子春秋》、《辨鶡冠子》、《辨文子》、《辨鬼谷子》，陳澧《東塾讀書記》中的《辯論語》、《讀孟子》、《讀左傳》、《讀諸子書》及劉大櫆《焚書辨》。

各種學派得一系統之概念。」〔註73〕所謂「以墨家為主」，指第一冊選梁啓超的《墨學之根本觀念——兼愛》、《墨子的環境及其環境淵源》兩文及《尚同上》、《法儀》、《兼愛上》、《非攻》、《非樂》、《樂論》等文。所謂「兼及儒家」，具體表現為第二冊選了《論語・子路曾晳冉有公西華侍坐章》、《孟子・性善》及荀子的《天論》、《性惡》、《勸學篇》等文。第三冊「以道家為主」，其實只選了《道德經（節錄）》、《秋水》、《養生主》及司馬遷《老莊申韓列傳》。值得注意的是，這一冊還選了有關諸子的學術文章，分別為夏曾祐《儒家與方士之糅合》、章炳麟《論諸子的大概》、孫詒讓《墨子傳略》。

上述 5 套教科書在突出主要內容時，也有一些輔助內容。孫俍工《高中國文教科書》一方面在各單元的教學目標中偏重各類文體寫作方法的授予，另一方面，「二年級以學術思想為主，故偏重議論文說明文；三年級橫的方面以文藝各種體例為主，而縱的方面仍顧到文學史的常識底授予。」〔註74〕同樣，姜亮夫《高中國文選》的主要內容雖在於儒家、墨家、道家和文化史知識，但卻大量選入記敘文與文藝文。同時突出兩種或兩種以上內容的教科書，以江恒源《高中國文讀本》和南京書店《高中國文》為代表。

突出兩種內容的，以江恒源編，商務印書館 1928 年初版的《高中國文讀本》為代表。該書共兩冊，每冊分上下，供高中一二學年四學期用。江恒源為該書配套編輯了《高級中學國文讀本分周教學方法綱要》。黎錦熙評價它說，「商務館在前期所出高中讀本，僅有分類選輯者；此乃其創出之高中正式課本也。」〔註75〕從單元設計看，《高中國文讀本》內容有二：一是梳理書說文、敘記文及韻文在文學史上的存在形式及演變，教會學生「欣賞」〔註76〕與「瞭解本國歷代文章及學術之變遷與價值」；〔註77〕二是希望學生能在「人生品行，才識方面」獲益。〔註78〕

〔註73〕姜亮夫：《編輯大意》，《高中國文選》（第一冊），北新書局，1934 年。
〔註74〕《高級中學文體內容分配表》，孫俍工《高中國文選》（第二冊），神州國光社，1932 年。
〔註75〕黎錦熙：《三十年來中等學校國文選本書目提要》，黎錦熙認為「全書四冊，每冊分上下兩本，共計八本」，則明顯有誤。
〔註76〕《高級中學國文讀本分周教學法綱要》（第一冊），商務印書館，1928 年。第7 頁。
〔註77〕《高級中學國文讀本編著例言》，江恒源《高中國文讀本》（第一冊），商務印書館，1928 年。
〔註78〕同上。

　　突出三種內容的，爲 1931～1933 年南京書店初版的新學制中學國文教科書《高中國文》。該書第一年爲「各種文章體裁示範」，第二年爲文學源流，第三年爲「中國名著示例」。〔註79〕第一、二冊分別學習書牘、書序、記敘、傳志、論說、贈序、箴銘、碑記、墓表、祭文、奏疏、小說、小品、古今體詩等「各種文章體裁」。〔註80〕第三、四冊分別學習現代散文、清代之通俗文及譯作、清末之解放詩、咸同古文、清之小說、陽湖作家及駢文、桐城作家、清詩家、清初古文、明清傳奇、元明小說、元之散曲、兩宋詞、宋詩、宋之古文、唐五代詞、元白歌行、韓柳古文辭、李杜詩、魏晉六朝文、晉宋詩、曹氏父子詩文、漢代議對文、漢代辯難文。第五、六冊爲「中國名著示例」，大多數單元各集中學習某部著作。先學習《詩經》、《禮記》、《左傳》等經部著作；次學習《荀子》、《莊子》、《墨子》、《韓非子》等子部著作；次學習《史記》、《漢書》、《後漢書》、《五代史》等史部著作；最後學習《楚辭》、《昭明文選》、《樂府詩集》、《文心雕龍》等集部著作。

　　綜上所述，自 1929 年高中選修課逐漸取消後，高中國文教學「各自爲陣」的情況主要體現在 1928～1933 年初版的內容各不相同的教科書中。這一情況在 1933 年後得到改變。南京書店《高中國文》三年分別學習文章體裁、文學源流和中國名著，其編制方法已接近 1933～1936 年間的高中國文教科書了。

〔註79〕《中學國文教科書編輯大意》，《高中國文》（第一冊），南京書店，1931 年。
〔註80〕《第一冊說明》，《高中國文》（第一冊），南京書店，1931 年。

第五章　30年代高中國文：文章體制、文學源流與學術思想

　　1929 年中小學暫行課程標準頒佈後，原定以一年爲實驗期，期滿後根據各地報告修正，後又展期一年。至 1931 年 6 月，教育部組織中小學課程及設備標準編訂委員會，其中孫俍工、夏丏尊、周予同、馬涯民負責中學國文。委員會分別於 6、7 月開會兩次，但意見不能統一。1932 年，教育部重新聘請委員，中學國文科由孫俍工、夏丏尊、伍俶負責。委員會於 8 月 1 日起開會五日，修正各科課程標準，自 11 月起陸續公佈。1932 年課程標準公佈後，因各地中學意見較多，教育部於 1935 年 10 月約集實際辦學者及部分專家開會研討，約請的國文科專家爲喻傳鑒、夏丏尊，形成了一些報告。到 1936 年 2 月，教育部又請專家根據先前的報告和各地教學情況再加研討，這次聘請的專家中，國文科爲夏丏尊、楊振聲、伍俶。隨後頒佈了新的《高級中學國文課程標準》。1932 年的高中國文課程標準，規定高一學習文章體制，高二學習文學源流，高三學習學術思想。1936 年新標準對此做了較大調整，將文學源流作爲高中三年的國文教學內容，而文章體制、學術思想都不再出現。

　　自 1933 年起，各出版社開始依照 1932 年《高級中學國文課程標準》編輯教科書。《民國時期總書目・中小學教材》卷列出 1933～1936 年初版高中國文教科書 15 套。我們找到了世界書局杜天縻、韓楚原《杜韓兩氏高中國文》（1933～1934 年），立達書局羅根澤、高遠公《高中國文選本》（1933 年），中學生書局《高中當代國文》（1934 年）、《高中標準國文》（1934 年），中華書局劉勁秋、朱文叔《高中國文讀本》（1934 年），商務印書館傅東華《復興高中國文》（1934～1936 年），何炳松、孫俍工《復興高中國文課本》（1935

年），正中書局《高中國文》（1935 年）及北新書局《高中混合國文》（1935
～1936 年）等 9 套教科書，這些教科書所選文章絕大部分為文言文，且都按
1932 年《高級中學國文課程標準》的規定，「第一學年以體制為綱；第二學年
以文學源流為綱；第三學年以學術思想為綱：各授以代表作品」。依據 1936
年課程標準編輯的高中國文教科書，我們僅找到了世界書局蔣伯潛《蔣氏高
中新國文》（1937～1939 年）與中華書局宋文翰、張文治《新編高中國文》（1937
年）。〔註 1〕它們與 1933～1936 年間出版的高中國文教科書一起，同時流通。
為了論述方便，本章一併討論。

　　這些教科書雖在編輯方法上各有特點，但引起爭議的地方，主要是其內
容。對於「文學體制」、「文學源流」、「學術思想」，各家都有獨到見解。企圖
教給學生的知識體系和價值觀念不一樣，具體的內容自然就不相同。而究明
這些教科書的內容及其效果，正是本章的目標。

第一節　高一國文：「新舊雜糅」的「文章體制」

　　本章所討論的 1933～1936 年間的高中國文教科書，第一二冊都以文章體
制為綱。按文章體制分類標準的不同，可歸為兩類。

　　第一類在《古文辭類纂》和《經史百家雜鈔》分類的基礎上，加入小說、
詩歌、戲劇等純文學作品和發刊詞、宣言等現代應用文體。這類教科書包括
趙景深《高中混合國文》、劉勁秋《高中國文讀本》、《復興高中國文課本》、《高
中當代國文》、《高中標準國文》、立達書局《高中國文選本》，世界書局《杜
韓兩氏高中國文》等 7 套。

　　趙景深編輯《高中混合國文》第一二冊時，面臨如下問題：「在初中，我
們已經講過作文法了，我們也很清楚的能夠分別記事文、敘事文、說明文以
及議論文了；那末，再講文章體制，還有什麼可講的呢？」〔註 2〕為此，他「參
考任昉《文章緣起》，劉勰《文心雕龍》，徐伯魯《文章明辨》，吳訥《文章辨
體》，唐彪《讀書作文譜》，姚永樸《文學研究法》，吳增祺《文體芻言》，林
紓《畏廬論文》，楊啓高《中國文學體例談》，薛鳳昌《文體論》等書」後，

〔註 1〕　《蔣氏高中新國文》並沒有嚴格按照 1936 年課程標準編輯，前四冊以文學源
　　　　流為綱，後兩冊以學術思想為綱。
〔註 2〕　《高中混合國文》（第一冊），北新書局，1935 年。第 24 頁。

最終選擇了「姚鼐的十三分法」。〔註3〕

　　《高中混合國文》第一、二冊各9單元，每冊第1單元是總說，其餘16單元分別爲序跋、傳狀、哀祭、碑志、頌贊、箴銘、詩歌、辭賦、論辨、書牘、贈序、雜記、小說、戲劇、奏議、詔令。相比於姚鼐在《古文辭類纂》中的分類，趙景深多出了詩歌、小說、戲劇，並將《古文辭類纂》中的「書說」改爲「書牘」。這說明在趙景深看來，時代不一樣了，姚鼐的十三分法需要調整。「在這十三類裏，詔令、奏議等類都已失去時效，我們預備選用不遠時代性的文章；詔令不收妄自尊大，奏議不取阿諛奉容，此外，也講一點詩歌、小說、戲劇的分類。其餘比較專門一些的詞、散曲、文評、歌謠、民間故事、神話、彈詞、鼓詞、影詞、皮黃……等，此處都不曾詳敘，其實也無須詳敘；一般人最常用的究竟還是文章。」〔註4〕

　　除在分類上略有增改外，《高中混合國文》與《古文辭類纂》最大的不同，是通過選文所體現的文學觀念。《高中混合國文》「對於語體文亦極注重」，〔註5〕選了不少現代人的文言文。傳狀類沒一篇古人作品，所選4篇作品分別爲尚秉和《民黨死事傳》，章炳麟《徐錫麟傳》，宋慶齡《自傳一章》，汪兆銘《自述》。因「現代作家中寫序最好的是周作人先生」，故序跋類選入周作人《燕知草跋》、《雜拌兒跋》。書牘類選入周作人《郊外》，俞平伯《以漫畫初刊與子愷書》，胡適《歐行道中寄書之三》。雜記類選入巴金《威司利》，豐子愷《舊地重遊》。碑志類選入鄭振鐸《記黃小泉先生》，劉復《武七先生的人格》，章炳麟《贈大將軍鄒容墓表》。哀祭類選入梁啓超《祭蔡松坡文》。梁啓超的文章跟桐城古文完全不是一路風格。「啓超夙不喜桐城古文，幼年爲文，學晚漢魏晉，頗尚矜煉；至是自解放，務爲平易暢達，時雜以俚語韻語及外國語法，縱筆所至不檢束，學者競傚之，號新文體。老輩則痛恨，詆爲野狐。」〔註6〕選入梁啓超的文章，說明趙景深顯然不是依古文家眼光編選這套教科書的。此外，哀記中沈承《祭震女文》，雜記中姚希孟《山中嘉樹記》均來自明代鄭元勳編選的《媚幽閣文娛》，鄭元勳編輯是書，以爲文者，「供人愛玩」，「悅人耳目，怡人性情也。」〔註7〕這種文學觀念跟姚鼐等

〔註3〕　《混合國文編輯大意》，《高中混合國文》（第一冊）
〔註4〕　《高中混合國文》（第一冊）。第24～26頁。
〔註5〕　《混合國文編輯大意》，《高中混合國文》（第一冊）。
〔註6〕　梁啓超《清代學術概論》，中華書局，2010年。第128頁。
〔註7〕　鄭元勳：《文娛自序》，《媚幽閣文娛》，上海雜誌公司，1936年。

人大異其趣。況且，趙景深選入小說戲曲，古文家也不會看上眼。所以，趙
景深雖襲用了姚鼐的文章分類方法，跟其文學觀念卻大不一樣。

在中華書局 1934 年初版的《高中國文讀本》第一冊中，編者劉勁秋認爲：
「選文分類，始於昭明太子之《文選》，及任昉之《文章緣起》，是後代有變
更，至姚鼐《古文辭類纂》、曾國藩之《經史百家雜鈔》而始完備。姚氏類分
十三，曾氏增益而歸納之，別爲十一，較有系統，今從曾氏。惟以時間性之
關係，不能無所更張：因歸納『詔令』『奏議』於『書牘類』，易其名爲『書
說』，以『書』括之，從古制也；易『詞賦』爲『美文』，從今制也，餘仍其
舊。」〔註 8〕因此，《高中國文讀本》第一冊 75 篇作品，分別歸入論著、敘記、
傳志、書說、雜記、序跋、美文、典志、贈序、哀祭 10 類。跟趙景深相似，
劉勁秋也將同代人的作品歸入前人劃分的體系中，例如高一涵《立志》被歸
入論著類，汪兆銘《中國學報發刊辭》被歸入序跋類。這說明劉勁秋雖沿襲
了曾國藩的分類法，但跟曾國藩的文章觀念並不相同。

劉勁秋和趙景深在編選過程中，都用現代人的眼光發現「清人的文體分
類法」之「不科學」〔註 9〕處。趙景深說：「姚鼐的分類，不是依據一個標準，
而是依據好幾個標準而分的」，〔註 10〕像「《談動》、《談靜》都是『書牘』，但
內容卻是『論辨』，又如第一冊《祭夫徐敬業文》是『哀祭』，但形式卻是『辭
賦』。」〔註 11〕劉勁秋把論著等 10 類歸入記敘、議論、說明、抒情 4 大類中，
但有些小類，可能被切分入兩三個大類中。同爲序跋，劉因《莊周夢蝶圖序》
被歸入議論類，汪兆銘《秋庭晨課圖跋》被歸入記敘類，許慎《說文解字序》
則被歸入說明類；同爲典志，朱熹《崇安新置社倉記》被歸入記敘類，曾鞏
《襄州宜城縣長渠記》被歸入說明類；同爲書說，晁錯《論貴粟疏》被歸入
議論類，謝枋得《卻聘書》被歸入抒情類，蘇軾《擬校正陸贄奏議上進箚子》
則被歸入說明類。

第二類教科書糅合古今分類方法，自創一格，以傅東華《復興高中國文》
爲代表。

在商務印書館 1934～1935 年初版的《復興高中國文》第一、二冊中，傅

〔註 8〕 《第一冊編例》，《高中國文讀本》（第一冊），中華書局，1934 年。
〔註 9〕 《高中混合國文》（第一冊）。第 24 頁。
〔註 10〕 《高中混合國文》（第二冊）。第 15 頁。
〔註 11〕 《高中混合國文》（第二冊）。第 17 頁。

東華認為「體制」二字包含三層意義：體裁、體類和體性。體裁有三種解釋：一為語言性質上語體文、文言文、語錄體等；第二，從語言排列及聲律上分別，如文中散體、駢體，詩中古體，律體，絕體等；第三，從文章目的上可分為記敘文、說明文、議論文。體類「是文學因演進及習慣而構成的類型，舊的如文有《古文辭類纂》所分的十三類體，詩有歌行，樂府，謠，吟等類；新的如詩歌，小說，戲劇，傳記，小品文等類。」體性也有三種解釋，一是風格的區別，像「典雅」「遠奧」「精約」等，二因人而別，像《滄浪詩話》中的蘇李體、曹劉體等，三因時代而別，像《滄浪詩話》中的建安體、黃初體等。體裁屬於作文法及文學形態論研究的範圍，體類屬於文學進化論研究的範圍，體性屬於修辭學中風格論部分所研究的範圍。而體裁中的第三類，初中已詳細講過，體性要等高二講。所以高一學習的「文章體制」，實際上是體裁中的第一二類和體類。舊的分類法，像《文選》、《古文辭類纂》、《經史百家雜鈔》都不精密，何況現在處於新文學的建設時期，新的分類法需要符合兩個條件，一是標準統一，二是包括新舊一切文體。按照這兩個條件，傅東華將古今作品重新歸類。〔註12〕

著述文	智	思想的	專著	諸子書及近代哲學、宗教、科學的專著等。
			論辯文	論、駁、辯、難、議、說、策、解、釋、考、原、制義、教訓文、諷刺文，以及近代的政論、專論、學術的演說詞。
		批評的	專著	《文心雕龍》、《史通》及詩話、曲話、文話、史評等。
			序跋文	序、後序、跋、書後、後記、引題、讀、評、述、傳、注、箋、疏、例言、編輯大意、讀後感、書評等。
		記述的	歷史	正史、編年史、紀事本末、通史、別史、雜史、典志等。
			傳記	傳、自傳、小傳、評傳、別傳、外傳、家傳、述、行狀、事略、年譜、回憶錄、懺悔錄、言行錄等。
			雜記	遊記、日記、筆記、書事等。
	情	詩歌	詩	古體、律體、絕體、樂府、歌謠、竹枝詞、宮調、贊、頌、箴、銘、新體詩等。
			賦	賦、辭、騷、連珠等。
			詞	小令、中令、長令、長調等。
			曲	散曲、套數、佛曲、彈詞、鼓詞、民間小曲等。

〔註12〕材料來源於《文章作法——文章體制》，傅東華《復興高中國文》（第一冊），商務印書館，1934年。

著述文	情	小說	古代短篇小說、傳奇、平話、章回、近代短篇小說、近代長篇小說、寓言及童話、民間故事。	
		戲劇	院本、雜劇、傳奇、今劇、現代戲劇、現代話劇。	
		抒情散文	小品文、詼諧文。	
應用文	公文書	上行公牘	古代有奏、議、書、疏、表、箚子、封事、彈章、牋、對策，現代有呈文。	
		平行公牘	古代有牘、移、狀、札、貼、箚子等，現代有咨文公函。	
		下行公牘	古代有誥、詔、諭、令、教、敕、檄、策、命、告、牒、判、榜、示等，現代有公佈令、委任令、訓令、指令、布告、批示、判詞等。	
		雜項文件	古代有露布、赦文、鐵券文、勸農文、審單等。現代有就職宣誓詞、宣言書、建議書、請願書、通電、通牒、照會、備忘錄等。	
		規章	條約、法規、章程等。	
	私人文牘	社交的	書牘	書、簡、啓、牋、箚、貼、柬、文啓等。
			酬贈	贈序、壽序、聯語等。
			演說	演說詞、宣言詞、歡迎詞、送別詞等。
			哀祭	祭文、哀詞、弔文、祝文、祈禱文、願文、盟誓文、青詞、挽詞、輓聯等。
			紀念	碑文、刻文、碣、銘、墓誌銘、墓表、題名等。
		法律的		契據、合同、公約等。

在教科書的具體設計中，《復興高中國文》第一、二冊選文除《典論‧論文》、《古文辭類纂》爲總說「文章體制」外，其餘選文分別屬於詩歌、「史體」、「傳志體」、「記序體」、辭賦、論辯文、批評文、告語文與詞曲。這說明對於自己所建立的「體制」，傅東華在教科書中只列舉了部分。

像這樣將古今文體分類法混合在一起，受到部分人的指責。有人批評《杜韓兩氏高中國文》文體分類混亂且不全面：「連珠本賦之一體」，「楹聯既特設一組，何以獨缺駢文？唐代文學，律詩絕句既舉，胡不及乎傳奇？且變文，發現雖云較晚，而中國文學演變上實居重要地位，亦竟落選：是皆有待商量者。」〔註13〕其實，類似的問題普遍存在，並成爲30年代政府不予審定高中國文教科書的主要原因。負責審查教科書的國立編譯館於1936年底上教育部呈文中說：高中國文教科書「送審者僅四部，一經簽令修正，殊少再送審查

〔註13〕 王恩華：《國難後中等學校國文選本書目提要》。

者，推原其故，諒由文章體裁新舊雜糅，編者欠於分析，混其觀點，莫得指歸，爲其大梗。」〔註14〕

第二節　高二國文：不同立場的「文學源流」

本章討論的高中國文教科書第二學年內容爲文學源流。〔註15〕按編者立場的不同，可分爲兩類。一類以傅東華《復興高中國文》爲代表，以近代文學觀念重新觀照中國文學史。另一類以正中書局《高中國文》爲代表，仍站在桐城派的立場理解中國文學源流。

傅東華編、商務印書館1935年初版《復興高中國文》第三、四冊體現了編者對「文學」的價值判斷：風格清新，表情眞實自然，能夠反映時代的作品是好作品，無病呻吟、塗脂抹粉、矯揉造作、「載道」的作品是沒有價值的。他主要通過比較不同流派的作品來突出這些價值判斷。

傅東華以梁啓超《吾今後所以報國者》、黃遵憲《聶將軍歌》及嚴復《譯天演論自序》代表近代文學。在《吾今後所以報國者》後評到：「像這樣『雜以外國語法』的『新文體』，就是從古文到現代語體文學的一種過渡形態；我們從近代文追溯到古文，應以認識這種文體爲起點。又就本文而論，我們不但可以認識這種『新文體』，並可以認識這種文體所由產生的時代背景。這時代背景的認識，也是本學年精讀各文中所要特別注目的一點。」〔註16〕在《聶將軍歌》後評到：「精彩處在通篇都是具體的描寫。」這兩處評論，實際交代了傅東華的文學觀念：欣賞文學應顧及時代背景；文學作品要有「具體的描寫」。

在清代文學部分，傅東華特別注重桐城派、陽湖派和「性靈派」之間的對比。他以吳汝倫《嚴譯天演論序》、曾國藩《歐陽生文集序》、吳敏樹《與筱岑論文書》、姚鼐《登泰山記》與方苞《遊雁蕩記》代表桐城文章；以惲敬《遊翠微峰記》代表陽湖文章；以龔自珍《說京師翠微山》與袁枚《同金十一沛恩遊棲霞寺望桂林諸山》代表性靈文章。他認爲，「《說京師翠微山》的

〔註14〕《國立編譯館呈文》，《國立編譯館館刊》第20期，1936年12月10日。
〔註15〕中華書局劉勁秋、朱文叔《高中國文讀本》第二學年已查找不到。餘下的8套教科書中，立達書局《高中國文選本》與北新書局《高中混合國文》僅存第三冊。此外，中華書局宋文翰、張文治《新編高中國文》（1937年）全六冊，世界書局蔣伯潛《蔣氏高中新國文》（1937～1939年）前四冊也以「文學源流」爲綱安排課文，本節一併討論。
〔註16〕有關該書的引文均來自相關課後暗示，不一一注明。

作者將人情賦與了山」,《同金十一沛恩遊棲霞寺望桂林諸山》「將山神話化（第三節）」。這兩篇作品「都是想像作用,也就是所謂『性靈』,性靈就是『能解人意中鬱結』;人無可說或要說說不出,而我代他說出,便是有性靈的文章。」而像《遊雁蕩山記》中「遊山而覺『茲山不可記』,便是沒有性靈的自白。但知其不可記而記之,其旨在於示人以『聖賢成己成人之道』,這就叫做『見道之文』,也就是『文以載道』。從這課和前課的比較上,可以看出『性靈派』和『載道派』的一個鮮明的對照。」《遊翠微峰記》所代表的陽湖派古文作風「樸直」,這種「樸直的作風是桐城陽湖兩派的古文所共同的,因此這兩派的古文大都使人感到乾燥而無情趣。」姚鼐《登泰山記》「於樸素中見沖淡情趣,為桐城派古文的最高境界。」

在明代文學部分,傅東華特別注重性靈文學與歸有光等人作品的比較。他認為袁宏道《雪濤閣集序》中的「自伸其才」和歸有光《項思堯文集序》中的「自得」差不多。但《雪濤閣集序》「以為時變文即不得不變,故主張古不可復」;《項思堯文集序》「以為古人所以傳,為有所自得,我果有所自得,則亦古人矣,故主張古不可效而可追」。所以歸有光「雖與公安竟陵同在反對復古的立場,而風格究不一樣。」

跟《復興高中國文》不同,胡懷琛編輯,正中書局 1935 年初版的《高中國文》第三、四冊在勾勒文學源流時深受桐城派的影響。

胡懷琛認為,「清代散文,在其初期,猶未能盡除明末餘習;或頹廢,或叫囂,蕪雜殊甚（一二名家為例外）,至方苞而始歸於『清醇雅正』,其後姚鼐繼之,遂演成『桐城』一派,今人對於桐城文,或譽之,或毀之,觀點不同,殊難決定為誰是。總之,在該時代,不得不有此文,是桐城文乃時代之產物。論桐城文者當於此點著眼。」〔註17〕並稱讚「自姚鼐選《古文辭類纂》一書,分文體為十三類,乃始精密;而於各體復窮源竟委,詳為闡明,撰一序文冠於卷端,學者得此,對於中國文體之演變,可以知其大概。今選錄於此,以便誦讀。」可見他對桐城派的評價相當高,故選清文時著重於清初古文三大家及方苞、姚鼐與曾國藩。

胡懷琛論文特別注意理出古文文脈。他將「銘誄各體」之源溯至《禮》,故選《小戴·檀弓》11 則。將「紀傳銘檄」溯至《左傳》,故選《左傳·季札觀

〔註17〕《宣左人哀辭》題義,《高中國文》（第四冊）,正中書局,1935 年。本文有關該書引文,均來自各課題義,除特殊情況外,不再一一注明。

樂》。認爲「推理之文者，多導源於《孟子》及《莊子》」，像韓愈爲「得於《孟子》者」，蘇軾爲「得力於《莊子》者」，故選《莊子‧逍遙遊》與《孟子》5章。「欲溯中國抒情散文之源者，不得不窮究《史記》也」，故從《史記》中選《屈原傳》、《孫子傳》、《李將軍傳》。因「後之作記敘文者，除《史記》外，亦兼習三史」，故選《後漢書‧班超傳》，《三國志‧出師表》。在學習唐宋八大家與清代古文家作品時，胡懷琛特別著意作者風格來源。他區別韓柳甚爲細緻。「柳宗元之思想亦與韓愈不同。韓之思想純屬儒家；柳則多讀周、秦諸子書，故其文之佳者，多學諸子之寓言」。「柳宗元之散文，在唐代與韓愈並稱。然二家蹊徑不同。宗元文以遊山水小記爲最佳，蓋被謫於永、柳二州，其他亦多佳山水，謫居閒暇，得以縱覽泉石之勝，寫來筆下，盡成佳構。不特爲柳文特色，抑亦後世山水遊記之祖也。其源雖出於《水經注》，然《水經注》則不過偶爾一兩句，不及宗元能獨立成篇也。」他很注意區別宋代古文家和清初古文家各自文章的淵源。「老蘇之文，出於戰國策士」；東坡之文「有一二似莊子處」；「王安石文，出於先秦法家」；曾鞏「其文亦多源出於劉向」。侯方域之文「豪邁不拘，然亦間有草率處。於司馬遷爲近」；魏禧之文「凌厲雄傑，慷慨淋漓」；汪琬之文「從容不迫，頗能演歐陽永叔歸震川之餘緒也。」

　　在選近代文時，胡懷琛亦著力於跟桐城文的遠近。他認爲「清同、光以後，以至民國之初，文之尤可觀者，分爲數派：其一，演桐城之餘緒，自曾國藩而下，如吳汝綸以及桐城諸作者是也。其二，以周、秦諸子之文，譯西洋小說學術者，嚴復是也。其三，以唐人傳奇之文，譯西洋文學者，林紓是也。其四，以極通俗之文，暢談時務，梁任公是也。其五，從龔自珍入手，一變而爲奔放絕塵之筆，用以寫革命排滿之文，南社諸作者是也。此外派別尚多，難以盡述，而章士釗之政論文章，亦爲其一。」〔註 18〕於此五派中，他選嚴復譯《天演論導言七》、林紓譯《肉券》、章士釗《趙伯先事略》而不選梁啓超之文，即著眼於跟桐城派關係的遠近。

　　胡懷琛認爲清初散文未能盡除明末餘習，或頹廢，或叫囂，蕪雜殊甚，實際指向公安竟陵、袁枚李漁等人，自然不選其文。對於古代小說，胡懷琛也不看重，唐傳奇僅選《南柯太守傳》備格，〔註 19〕明清長篇小說節選《三

〔註18〕《趙伯先事略》題義，《高中國文》（第四冊），正中書局。
〔註19〕選入此文是因爲：「惟如就修養方面言，則殊無所益。今酌選《南柯太守傳》一篇，以備一格。此篇視人生如螻蟻，等世事於一夢。雖偏於消沉，然對於

國演義》一段。這雖跟傅東華《復興高中國文》截然不同，但在當時也非常
具有代表性。〔註20〕

可見 30 年代的高中國文教科書第三、四冊雖大都按「文學源流」編制，
但因編者所站立場或「正統」或新銳，教科書所呈現的「文學源流」實際並
不相同。

第三節　高三國文：「學術」與「思想」的兩歧

本章討論的高中國文教科書第五、六冊大都以「學術思想」爲綱組織內
容，〔註21〕據側重點不同，可分爲兩類：正中書局《高中國文》側重「思想」，
以《復興高中國文》爲代表的其他教科書均側重「學術」。

傅東華編、商務印書館 1936 年初版《復興高中國文》第五冊「所包種類爲
學術概論，文獻學，考證學，文字學，史學，及宋明理學心學；以時代言，爲
自現代上迄北宋」；第六冊「所包種類爲佛學，諸子學及經學；以時代言，爲自
唐上迄周秦。」〔註22〕這兩冊依據馮友蘭、胡適、梁啓超等近人的學術觀點，
勾連中國學術史。一面照顧時代線索，一面突出學派劃分。全書順序基本由清
代上溯先秦，於各代思潮各有側重。清代側重考證學、顏李學派、文字學、史
學。宋明側重理學心學。唐代學術不發達，傅東華沒有選講。漢末魏晉六朝側
重佛學、黃老與方術。先秦側重孔孟、荀子、老莊、韓非、公孫龍子、墨子。
爲了突出各學派，《復興高中國文》並不嚴格遵循時間順序。許愼是東漢人，爲
了集中學習文字學，卻將《說文解字敍》放在清代講。爲了集中講述理學心學，
將孫中山《知行總論》放在王陽明之後講。對於某些學派，《復興高中國文》並
沒有選其代表作品，而以後人研究成果來代替，比如講老子時，課文爲高一涵

熱中名利者，亦未始不爲一劑良藥也。」

〔註20〕何炳松、孫俍工編，商務印書館 1935 年初版《復興高中國文課本》對於唐傳
奇、宋元話本、明清小說一篇都沒選，編者雖然明白公安竟陵在晚明文壇不
能忽略，但仍不選其文，這跟胡懷琛的做法相似。

〔註21〕中華書局《高中國文讀本》，立達書局《高中國文選本》與北新書局《高中混
合國文》最後兩冊均已查找不到。餘下的 6 套教科書中，《高中標準國文》第
六冊也已查找不到。此外，世界書局蔣伯潛《蔣氏高中新國文》（1937～1939
年）第五、六冊也以「學術思想」爲綱，這裡一併討論。

〔註22〕《第五六冊編制說明》，傅東華《復興高中國文》（第五冊），商務印書館，1936
年。

《老子的政治哲學》，講墨子時，課文爲胡適《墨子小取篇新詁》。

在討論清代學術時，傅東華受梁啓超《清代學術概論》影響，特選其中「泛論清代學術之承傳分派」的一二節「作以後各課之總引」。〔註23〕傅東華將清代學術分爲漢學、顏李學派、小學與史學四大塊。漢學部分選入江藩《漢學師承記》以明「漢學傳統之概略」；以顧炎武《答友人論學書》「代表清代學者反對宋明心性之學的意見」；以《答李子德書》「見清代樸學家『實事求是』『無徵不信』的治學態度」；以《清朝先正事略》中《閻百詩先生事略》「示清代漢學家之考證方法」。顏李學派部分選入戴望《顏習齋先生別傳》，「所謂躬行實踐之學，可於此傳見之」；以顏元《學辯》「代表顏習齋一派之實用主義之教育主張」；以李塨《顏先生存學編序》「說明其師學說爲『復古道』」。小學部分以戴震《六書故序》、許慎《說文解字敘》、朱駿聲《轉注假借說》、王引之《經傳釋詞序》、周予同《關於甲骨文》「略窺中國文字學之梗概」。史學部分以王國維《古史新證總論》、章學誠《史釋》、何炳松《中國史學之演化》說明治史的態度及史學之演化。

在討論宋明學術時，傅東華深受馮友蘭的啓發，並將理學、心學當作宋明學術的重心。因馮友蘭說：「周濂溪蓋取道士所用以講修煉之圖，而與之以新解釋，新意義。此圖說爲宋明道學中有系統著作之一。宋明道學家講宇宙發生論者，多就此推衍」，故選入周敦頤《太極圖說》。因馮友蘭認爲「明道伊川兄弟二人之學說，舊日多視爲一家之學。但二人之學，開此後宋明道學家所謂程朱陸王」，故節選《明道語錄》與《伊川語錄》。選張載《西銘》，課後「暗示」中引馮友蘭之語稱張子之學「以氣爲萬物之本體」，注重「除我與非我之界限而使個體與宇宙合一」。選陸九淵《與李宰第二書》及楊簡《絕四記》，引馮友蘭「象山哲學中雖只有一世界，而仍言所謂行上行下。至慈湖則直廢此分別」以明陸楊異同。因馮友蘭說：「陽明之學，徹上徹下，致良知三字實可以包括之」，「其學之主要意思，見於所著《大學問》一篇」，故選王守仁《大學問》。

傅東華對於先秦至魏晉六朝學術的理解也多受胡適、梁啓超等人的影響。討論魏晉學術時選入梁啓超《中國佛學之發達及其特色》。胡適在《中國哲學史大綱》中說，「孔子學說的一切根本，依我看來，都在一部易經」，「一部易經只有三個基本觀念，（一）易，（二）象，（三）辭」，傅東華深以爲然，故在《復興高中國文》先秦學術部分選入《易·繫辭》。

〔註23〕有關本書的各引文均來自該書相關課文的課後暗示。

　　與《復興高中國文》不同，穆濟波編，正中書局 1935～1936 年初版的《高中國文》第五、六冊雖也以「學術思想」爲綱，但側重「思想」。

　　該書出版前，穆濟波就有關中學國文教科書出版事宜託人與商務印書館接洽。1934 年，柳詒徵致信商務印書館編輯何炳松，「近晤穆濟波先生談及中學教科書亟須改良，穆先生創一新體，分編六十組可供師生自由教授自由研究之用，解說參考均極詳備，其要旨尤在使一般學子得知吾國民族根本及歷史文化演進之要。詒徵歎爲從來中等國文教科未有之良法，茲將其油印樣本寄呈臺覽，幸以教育家眼光詳加審訂，如貴館能採用此種課本，穆先生願以出版之事相屬，其如何訂約之處希與穆先生直接商榷。聞穆先生另有函致執事，詒徵因此書體裁精善，特再具書介紹，希冀爲中等教育國文教法開一新紀元，想高明不以鄙意爲過當也。」〔註 24〕但商務印書館並未出版穆濟波所編教科書，倒是半年後正中書局出版，穆濟波所編的《高中國文》第五、六冊，著力點確在「吾國民族根本及歷史文化演進之要」。

　　《高中國文》第五冊前六篇作品爲其他高中國文教科書所未曾選，「俱爲有關吾國古史較早之傳說，凡述我民族之開化者必將有取於是。」〔註 25〕《國語・魯語上・展禽論祀爰居》「揭示之『禘』『郊』『祖』『宗』『報』五種祀典，爲我民族立國立教之精神所在，與世界其他民族之崇拜一神或多神者之宗教觀念絕異。蓋完全出於崇德報功之『人文的』『倫理的』思想，而非沿於迷信故也」。《國語・楚語・觀射父對昭王問》表明「吾族文化精神自古即極端注重人事」。《春秋左氏傳・剡子論官》「言我國古代官制之始也」。讀《易・繫辭傳下・古者包羲氏章》「可知古之所謂『王天下』者，惟一要則爲能開發生產文化以裕民生」。《詩・商頌・長發》與《詩・魯頌・宓宮》「見吾國古代由氏族社會而進於封建社會時間之史實。其所歌頌者，不外生產文化之增進與民族膨脹力之開拓，祖德宗功，莫大乎是。」

　　該書討論儒家思想時重點彰明民本與「公天下」。穆濟波抓住《論語・季氏篇・季氏將伐顓臾章》中「不患寡而患不均」一句，認爲「二千年來，生民之禍愈演愈酷，皆不均不平之所致也。儒家公天下之心，徒見諸虛文，可歎也。」選《禮記・禮運・大同小康章》，「此孔門之師說，『小康』之治，僅

〔註 24〕　方繼孝：《商務印書館鮮爲人知的故事》，《中國收藏》2006 年第 2 期。

〔註 25〕　《易・繫辭傳下・古者包羲氏章》題義，《高中國文》（第五冊），正中書局，1935 年。本文有關正中書局《高中國文》的引文都來自相關課文後面的「題義」。

足以救亂於一時，必一返於『大同』之世而後可以根本弭亂。撥亂反正之功，一言以蔽之曰，『務公去私』而已。」認爲《孟子・萬章問・堯舜禪讓禹傳子章》「發揮聖人『公天下』之心，最爲透徹」，「中國之必爲民主的國家，即爲我民族固有的政治先天性之顯現作用，孟子啓之於二千年以前，中山行之於二千年以後，時代社會雖不同，其實質固一也。」認爲《孟子・梁惠王上・齊桓晉文章》「發揮孔門王霸之辨，指斥以力服人者縱可成功，亦絕非長治久安之策，王道精神在於生民而不在於殺民，在於以所養養而不以所養害其所以養。必以使民皆得其養，而後可謂行仁，故以制民之產足遂其生爲王政之本。」選《孟子・滕文公上・有爲神農之言章》，慨歎「今日之知識界，上不能爲孔孟，下不能爲陶冶，而殘羹冷炙不以爲恥，誠哉其不如荷蓧許行只能自食其力也。」選《孟子・滕文公下・夫子好辯章》，認爲「孟子與楊墨之爭，爲公天下而爭，非爲個人之見或爲一家學派異同之見而爭也。」

　　該書討論兩漢學術時，重點在政論家及今文經學家的事功方面。選賈誼《論積儲書》，「所云驅民於農，使得自食其力，使民有積儲而後可以給國用治安之要，完全注重於國民經濟之穩定。非僅剝削民力以供政府之積儲而已。」選晁錯《論守邊備塞書》，「漢興以來邊計之未備，乃倡選常居者，屯田築城，厚利祿，予匹敵，以安其居。行賞贖罪，以鼓其氣，使人民有效死樂生之心，庶可與國同休戚。今日邊患日急，備邊之法亦異，然徙民實邊，實爲不易之法，讀此文可作籌邊捍患者之一助。」以董仲舒《限民名田疏》「見儒家均平政策之經濟的思想之一般。」選賈讓《治河奏》，「漢人治經，以切實用爲主，不但引經斷獄，且治水亦按經義，後人但謂漢儒徒知訓詁，殆誣言也。」選劉向《極諫外家封事》，「漢儒治經術者，每喜言災異，蓋欲以天變可畏，救正人事之失，自董子以來，莫不如是。」選劉歆《移讓太常博士書》「切責當時儒者狹隘不容異己之弊甚切著。」

　　討論清代學術時，穆濟波選入黃宗羲的《原君》，這是該篇首次出現在高中國文教科書中。他認爲，「黃梨洲於鼎革之際，目擊亡國慘禍，乃痛切言之，以爲後世戒。然猶未敢倡無君之論，若道家言也。至十八世紀歐洲民約論出，民主政治思潮，席卷天下，與吾國固有民本思想暗相媾合，而中山先生民權主義，乃隨時代而產生，以型成後來之中華民國，則此文固代表一時代覺醒之精神，未可忽視也。」

　　穆濟波對玄學、佛學，宋明理學、心學均不熱心。其他教科書講魏晉南

北朝學術，重點在玄學與佛學，而穆濟波僅在副篇選梁啓超《佛教之初輸入》，正文四課幾乎都跟玄學佛學無關。宋明本是哲學史家和學術史家濃墨重彩的時代，但穆濟波也不看重，周敦頤、張載、二程、陸九淵等重要人物的作品都沒有選進來。

綜合穆濟波編《高中國文》第五、六冊的內容，與其說側重學術，不如說側重思想，「要旨尤在使一般學子得知吾國民族根本及歷史文化演進之要」。這兩冊教材所彰顯的「吾國民族根本」，是儒家的「公天下」與民本思想。不僅講先秦學術時隨處點明。宋代學術選歐陽修《本論》，清代學術選黃宗羲《原君》，也都爲究明「民本」思想在後代的演進之迹。

第四節　學界對 30 年代高中國文教科書的批評

自其出版至 1949 年，這些教科書被各地中學廣泛使用。1947 年，孫起孟、龐翔勳觀察到：「高中的選本，國定本還沒有，目下依舊是三家的天下：商務的《復興高中國文》，中華的《高中國文》，正中的《高級中學國文》」。〔註 26〕1946 年 3 月，正中書局《高中國文》第三冊出至 106 版。1946 年 12 月，《復興高中國文》第四冊出至 39 版，第六冊出至 34 版；1947 年 1 月，該書第三冊出至 49 版，第五冊出至 39 版。1943 年，項因傑在重慶教中學，「採用的課本，都是用學校原先選定的，用過商務的復興高中國文第二、三、四冊，及正中的高中國文第一、二、五冊。」〔註 27〕1947 年，浙江春暉中學高一、高二年級使用《復興高中國文》。〔註 28〕1948 年，徐中玉觀察到一所私立中學用《復興高中國文》第五冊爲教材。〔註 29〕

有些學校雖不使用這些教科書，也按高一授以文章體制，高二授以文學源流，高三授以學術思想的順序教學。抗戰時期西遷重慶的南開中學國文「高二課程，可說是一部中國文學史，從《詩經》、《楚辭》、樂府到明清的散文、戲曲，通過選讀各朝的代表作品，講述中國各期文學發展的簡貌。高三是一

〔註 26〕孫起孟、龐翔勳：《選本的閱讀》，《中學生》第 187 期，1947 年 5 月 1 日。
〔註 27〕項因傑：《研讀與寫作的矛盾——高中國文程度低落之一因》，《國文月刊》第 22 期，1943 年 7 月。
〔註 28〕《教務概況（1947 年）》，《浙江省春暉中學》，人民教育出版社，2008 年，第 2 版。第 190 頁。
〔註 29〕徐中玉：《國文教學五論》，《國文月刊》第 67 期，1948 年 5 月 10 日。

部先秦思想史，課本是孔、孟、荀、墨經典著作節選。」〔註30〕

　　但這些教科書及其體現的教學傾向很快成爲人們批評的焦點。1947 年，有人稱高中國文教學「簡直沒有一本教本可以適用」，〔註31〕這代表了輿論的普遍看法。

　　自 1932 年起，有關高中學生國文程度太差的反映不絕如縷。1932 年初，浦江清在日記中說：「今日一般人國文程度大壞，大學生幾如中學生」，〔註32〕陳寅恪「連歲校閱清華大學入學國文試卷，感觸至多。」〔註33〕陳寅恪表達比較含蓄，從前後文看，應是感慨考生國文程度太差。1933 年，參與高考閱卷的朱自清，批評考生作文「照例的發議論，自己似乎並沒有話說」，「至於運用文字，也極少熟練的；幾乎每篇都有些不順的句子，加上滿眼的別字。大部分文從字順的（雖然沒說明什麼東西），至多怕只有十分之一」。〔註34〕稍後幾年，阮眞在談到學生國文程度時說：「高中畢業生，我雖無統計研究，然據所教各班歷屆畢業生之觀察，亦甚清楚。大約文言能通者（白話亦通）百分之十；能作文言而未通者（白話有通有不通）百分之二十；作白話大致通順者（不能做文言者）百分之五十；作白話仍未通順者（不能作文言者）百分之二十。此今日初高中國文之實在程度也。」〔註35〕

　　高中生國文程度低落的現象，到 40 年代得到更多關注。1940 年 12 月，蔣伯潛說：「現在中學生國文程度之一般低落，幾乎成爲大衆公認的，無可諱飾的事實。每次文官考試後，我們常常在報紙上看到典試的先生們底談話，以爲國文試卷內有許多是文理不通的。我在浙江，曾四次主試中學生畢業會考的國文，也覺得成績一屆不如一屆。」〔註36〕1943 年 10 月 15 日，語文教育家葉倉岑在國立漢民中學演講中說：「近幾年來，中學生國文程度低落問

〔註30〕　朱永福：《激情孟夫子》，《沙坪歲月——重慶南開校園回憶錄》，中國文聯出
　　　　　版社，2003 年。
〔註31〕　孫玄常：《擬〈高中國文教本目錄〉》，《國文月刊》第 54 期，1947 年 4 月 10 日。
〔註32〕　浦江清：《清華園日記·西行日記》，1932 年 1 月 18 日條目，三聯書店，1987
　　　　　年。第 73 頁。
〔註33〕　陳寅恪：《與劉叔雅論國文試題書》，《金明館叢稿二編》，三聯書店，2001 年。
　　　　　第 249 頁。
〔註34〕　佩弦：《高中畢業生國文程度一斑》，《獨立評論》第 63 期，1933 年 8 月 27 日。
〔註35〕　阮眞：《阮眞致陸步青先生論中學國文教學》，阮眞：《中學國文教授法》，1936
　　　　　年 12 月初版，1943 年 3 月 4 版。筆者看到該書初版本沒有收此信件，可見阮
　　　　　眞這封信大約寫於 1936 年 12 月至 1943 年 3 月間。
〔註36〕　蔣伯潛：《自序》，《中學國文教學法》，中華書局，1941 年。

題，時常被一般教育界的人士談起，在報紙雜誌上，時常看到討論這個問題的文章，假如把這些文章通通搜輯在一起，想來可以印成很厚的一本冊子了」，「蔣委員長也注意到這個問題了，曾經手令教育部通飭各校：『現在中學國文程度低落，應令各種學校切實注意，並設法提高；以後凡大學招生，如有國文不及格者，不准錄取爲要。』」〔註37〕

在影響學生國文程度的諸多原因中，幾乎爲所有論者所強調的，是教科書。早在 30 年代，有人分析學生應用文寫作不佳時就說：「就單方面而論，中學生對於應用文寫作，缺少練習而『不行』，似乎是實情。此非學生之過，亦非教師之過，實係教材之過。」〔註38〕羅根澤參加評閱 1942 年高考國文試卷，驚訝於學生國文程度之低，提出三條改進意見，其中就「請求中學教員選講適合中學生程度的文章」。〔註39〕陳卓如雖不同意羅根澤的分析，但也認同中學生國文程度低落，責問：「今日之大學生頭腦多烘，侈談天道，試問是誰之過？」〔註40〕葉聖陶對此的解讀是：「這句話多少含著讀物選材不得其當的意思」。當然，葉聖陶也認爲：「國文教材有示範與供給材料的作用，對於學生的思想，似應多負一點責任。」〔註41〕徐中玉說得更直接：「中學生國文程度低落，教材的不適合應當負很大的責任」。〔註42〕

俞劍華認爲，30 年代出版的高中國文教科書缺點爲：「（一）誤認國文爲國故學；（二）誤認國文爲純文學；（三）誤認國文爲中國文學史；（四）誤認國文爲萬有文庫。」〔註43〕這代表了人們的普遍看法，其中，又以學術思想爲內容的高三國文教科書受到質疑最多。

阮眞認爲，高二以文學源流爲綱，高三以學術思想爲綱，標準都太高了，「只能望於國學專科學校，而未必能望於大學文科也，」〔註44〕更遑論高中。

〔註37〕 葉倉岺：《中學生國文程度低落的分析》，《國文雜誌》第 3 卷第 1 期，1944
年 4 月 1 日。

〔註38〕 其揚：《一個旁觀者的結論》，《中學生》第 54 號，1935 年 4 月 1 日。

〔註39〕 羅根澤：《搶救國文》，《國文雜誌》第 2 卷第 1 期，1943 年 7 月 15 日。

〔註40〕 陳卓如：《從「搶救國文」說到國文教學》，《國文雜誌》第 2 卷第 3 期，1943
年 9 月 15 日。

〔註41〕 葉聖陶：《讀羅陳兩先生的文字》，《國文雜誌》第 2 卷第 5 期，據我推測，該
期出版日期應爲 1942 年底。

〔註42〕 徐中玉：《國文教學五論》。

〔註43〕 俞劍華：《國文課本之改造》，引自孫起孟、龐翔勳《選本的閱讀》，《中學生》
第 187 期，1947 年 5 月 1 日。

〔註44〕 阮眞：《阮眞致陸步青先生論中學國文教學》。

他批評高三國文說：「高中三年級教材以學術思想為綱，若僅讀近代學術政論文字，與宋元明理學文字，文字本身無阻礙者，其困難只在學理。而國文教師所負責者，亦只能以常識為限。若涉及專門，則當由專科教師教之。若遽取於周秦諸子，則不獨習於白話文之學生不能讀，即通於漢魏唐宋古文之教師，讀之亦多有窒礙。論孟以子為經，固最易讀，然尚有一部分不可授學生者。墨子，荀子，則已難讀，可選者甚少。呂覽、淮南亦然，而其評議諸子處，則非有一貫之實力不可。至於老、莊、管、韓則尤難讀。老子文易而義奧，莊子文怪而義奧。若《齊物論》者真參看評注，細讀數過，而未能了然，彼所謂大師者能盡了然乎？韓非之文，字艱句澀。管子之文，幾非句句強解不可。是皆無助於學生之作文，而適足以益其不通者也。至於經書，則詩，禮，春秋間有可選；尚書，易經，萬不可教。至於學術通論，往往抽象概括，而文句故為玄奧，亦非高中學生所能讀之而得益者。今乃強令雜讀，而又白費一年之光陰，而無絲毫得益也。」〔註45〕浦江清讀了當時市面上流行的幾種高中國文教科書後說：「我看復興高中教本的第五冊、第六冊，就非常深，不知道中學裏到底用不用。這兩巨冊包括了先秦經子，南北朝佛教，宋明理學，清代文字音韻考據之學，範圍很廣。其中近人的文章如羅振玉《國學叢刊序》，古代的文章如荀子《非十二子》篇，《正名篇》，莊子《齊物論》，《天下篇》，《易經・繫辭》，周敦頤《太極圖說》，即在二十年以前的中學生也未必讀得上，而現在因為提倡國學的潮流中，所以選作中學國文教材。我們在上文已說，青年人需要學習科學太多；如果我們再把經史子集的重擔放在他們身上，各方面都要他們能，結果他們索性一概不理，早已打球看畫報去了。而且以前的中學生誠然是『孤陋寡聞』，但是他們的文字倒還通順，對於古書的瞭解力也比現在中學生強。現在的中學生眼界廣了，老早就要知道『雍郊獲鼎』，『洹陽出龜』，『和闐古簡』，『鳴沙秘藏』（羅振玉文中語），轉注假借之理，知行合一之教，墨子《小取》，莊子《齊物論》等（都在復興高中課本內），結果是文章十分不通。也有連盜賊的『賊』字，夫妻的『妻』字，都不知如何寫的，也有用之乎者也的『乎』字開句的，也有用『而』字收句的（前天看大學統一招生試卷的所得的實例），照這樣的程度，必欲責之以讀三千年以來的學術高深文字，不是陳義太高，期望太過嗎？」並說北新書局所出的

〔註45〕阮真：《阮真與汪典存先生論國文教學書》，阮真《中學國文教授法》。這封信大約寫於 1936 年 12 月至 1943 年 3 月間。

《高中國文選》，「不像是學習中文的讀本，而是中國文化史讀本了。這樣的讀本非國學專家不能教，非大學文科的學生不能讀。即使大學校哲學系的畢業生，完成了儒家道家沒有呢？中學生如何完成得了？」〔註46〕徐中玉認為《復興高中國文》第五冊「連一篇純文藝的東西也沒有！學術、思想、哲學、歷史、看起來真是堂皇得很，可是這樣就一定能使學生獲得『固有文化』的知識了？」〔註47〕李廣田批評中華書局《新編高中國文》與正中書局《高中國文》等「高則高矣，試問，適合於現代青年的接受能力嗎？這是現代青年所滿意的嗎？這會引起學生的興趣嗎？這可以作中學生作文的範文嗎？在課本上教授這樣的文章，而學生所作的卻是白話文，──教學做不能合一──兩套思想，兩套工具，這真是令人為難。」〔註48〕

　　這些學術文章不僅不適合學生的接受能力，在一些激進的人看來，還有害處。李何林認為：「先就『學術文』的教學情形來說，凡是教過這東西和學過這東西的人，大半都感覺到教者是吃力不討好，學者是頭痛腦裂，所得甚少。即使暫時似有所得，但過時不久，那勉強印入腦子裏的一些影像，也就恰似『白茫茫一片大地真乾淨』，煙消雲散了。即使暫時退一步說，有些受過高中教育和在大學一年級裏又讀過幾篇學術文的人，過了十年二十年以後，仍然記得些經史子集的書名篇名和作者，甚至對於作者的思想識見與詞句，還能有所瞭解和記憶；那我又要問：他所瞭解的是不是遺產的真相或本質？他所瞭解和記憶的那一些，對於他十年二十年來的生活有什麼幫助呢？除了在大學和研究院研究中國文學、哲學、歷史社會、政治、經濟、教育……等等的人們外，那些學農、工、醫、商、文、理、教育的人，如此接受的一些遺產，對於他們的所學與所業究竟能有些什麼補益？我看除了由於不正確的瞭解，中了一些國粹主義的復古的毒，養成了阿Q式的精神勝利法，說我們的精神文明怎樣好，別人的不過是些皮毛的物質文明，應該實行『中學為體，西學為用』法，因而形成了錯誤的世界觀，阻止了自己的進步，也阻止了中國的進步以外，是再沒有什麼好處了。如果有的話，那不過是作為茶餘飯後的談資，以顯示他學理工的人也知道些儒道墨的學說如何如何，莊子，韓非

〔註46〕浦江清：《論中學國文》，《國文月刊》第1卷第3期，1940年10月16日。
〔註47〕徐中玉：《國文教學五論》。
〔註48〕李廣田：《中學生國文程度低落的原因及其補救辦法》，《國文月刊》第28、29、30合刊，1944年11月。

子的文章怎樣怎樣，而那些如何和怎樣根本就是頗成問題的，反而因此在有意和無意之間散佈著復古的精神勝利的細菌，如此而已。」〔註49〕

以「文學源流」爲綱也受到普遍質疑。浦江清批評說：「另外一類教科書，不注重國學知識，而注重文學。或者按照文學史的順序，從古代作品選到現代，或者顧到文章淺深的層次，從現代作品逆選上去（前者例如中華書局的《新編高中國文》，後者例如《復興高中國文》第三四冊）。我比較贊成這一類教本，因爲文學可以引起多數人的趣味，而且讀了歷代文人的製作，間接地可以明瞭古人所處的環境，和古人的思想，也間接的瞭解了古代文化。但可注意的是我們不要使中學國文讀本，變成中國文學史讀本，否則又難免深與雜之病。因爲中國文學的歷史甚長，而且文體繁多，儻要使每個名作家都有一篇代表作品，又要使每種文體如詩、詞、歌、賦、騈文、散文、戲曲、小說等等都要詳備，非使這一個選本裏面，每一篇文章變換一個面目不可。這樣使讀者如走馬看花，徒然得了一個膚淺的中國文學史的輪廓，並不能細心學習，更不能下深厚的文字功夫。正如初學習字的人，漢唐碑帖，紛然雜陳，眞草篆隸，同時並習，結果連字也不會寫了。所以那種讀本仍是見聞之學，不是訓練文字的教本。」〔註50〕

有人批評高一的文學體制說：「既然以『體制爲綱』，自然須得騈文、古文、詩、賦、詞曲種種皆備；再詳加分析，則詔令、書表、牋牘、檄移、碑志、哀誄……也應齊備。這樣，五花八門，百貨雜陳，倒成了一本『文體樣品薄』，對學生到底有多少益處，我實在頗爲懷疑！譬如我們要學習書法，自然得揀一部好帖，數年臨習，才會有些成績。否則，今日學顏，明日習歐，准定沒有希望。難道學習國文也不當如此麼？（彷彿羅庸亦有此論，但亦不能記憶。）近時坊間課本，正中了注重『體制』的弊，以致內容龐雜，使學生無所適從，所以，反而及不上《古文觀止》、《史記精華錄》之類的功效。」〔註51〕

在批評者們看來，「固有文化知識」應該瞭解，但不一定非看原典。季鎭淮說：「聽說高中三年級，一般中學裏都在講學術文，我想這也是浪費心力，對於學生沒有什麼興味。學術文也是一種議論文：這些以說理爲主，特別是先秦部分包涵至廣。有玄學、邏輯學、倫理學、人生學，艱深的文字，抽象

〔註49〕李何林：《再來一次白話文運動》，《國文月刊》第 26 期，1944 年 3 月。
〔註50〕浦江清：《論中學國文》。
〔註51〕孫玄常：《擬〈高中國文教本目錄〉》，《國文月刊》第 54 期，1947 年 4 月 10 日。

的原理，即使教的人不覺得困難，但聽講者如高中學生恐怕十分之九是莫名
其妙。就是時代較後文字淺顯的如韓愈的原道、李翱的復性書、張載的西銘、
都不易講，不易懂。假使中學裏講學術文的目的，是要使學生知道一點學術
史上的常識，盡可以指導他們看一些常識的書，亦不必講學術文。」〔註52〕
葉聖陶認為：「如果有幾部很好的歷史教本，把我國的固有文化，不祇是古代
的，也連帶中古與近代的，記述得扼要而且正確，而歷史教師又善於利用教
本，指導得明白而且精到，那麼，學生雖不『讀解古書』，也一樣可以『深切
瞭解固有文化』。這樣說來，古書的讀解並非絕對必需的。」〔註53〕楊振聲建
議，「我們為什麼不能利用數人或數十人去選擇，整理，把我們過去文化的菁
英，用一般國民所能接受的語言傳授給大家呢？以數人或數十人的精力，便
可以節省下幾萬萬人每人半生的時間，這真是功在民間的事，又何樂而不為
呢？」〔註54〕而當時確實也有人用「一般國民」所能接受的語言整理「固有
文化」，朱自清的《經典常談》就是一例。

綜合上述看法，人們一致認為高中國文教學好高騖遠有百害而無一利。阮
真認為：「處今日而言中學國文教學，則只能達到最低限度之工具應用目的為已
足。」〔註55〕浦江清認為：「到底是文章寫通要緊，還是國學知識要緊？我們要
求太多，反而不好。鑒於現今中學生作文技術之惡劣，我們認為中學國文應該
是語文訓練的功課，而不是灌輸知識的功課，與理化史地等課程性質完全不同
的。」〔註56〕可見，他們認為高中國文教學應重在語文能力的訓練。

一些一線教師，也嘗試編輯淺顯的教科書。吳奔星在 1943 年說：「我在
柳慶師範的時候，曾經參閱過去及同時的國文教師所編的講義。內中語體文
占十分之九；且多係報紙副刊及文藝刊物上選下來的。」「其所以如是選材者
約有兩大理由，第一是該校係實驗性質的師範學校，第二是學生程度太低。
這是公開的，還有一個秘密的原因，是教員自身的程度太差，有些根本連坊
間所出的課本還看不懂！」〔註57〕龐翔勳在 1944 年談他的高中國文教學經驗
時說：「我完全拋棄部頒高中國文課程標準的系統，不以文學源流或文學史為

〔註52〕 季鎮淮：《教書雜記》，《國文月刊》第 31、32 期合刊，1944 年 10 月。
〔註53〕 葉聖陶：《國文隨談》，《葉聖陶集》（第 13 卷）。
〔註54〕 楊振聲：《文言文與語體文》，《國文月刊》第 19 期，1943 年 2 月 16 日。
〔註55〕 《阮真致陸步青先生論中學國文教學》。
〔註56〕 浦江清：《論中學國文》。
〔註57〕 吳奔星：《中學國文教學法的出路》，《國文月刊》第 23 期，1943 年 8 月。

經，有一級用《國文百八課》的辦法來選材，先講文話，再講文選。有一級用培桂中學時的辦法，高中一側重記述文和應用文，高中二側重抒情文和說明文，高中三側重議論文和應用文。有一級採用《古文觀止》，根據各體文章選讀。」〔註58〕看來，高中國文教科書內容的變革已是大勢所趨了。

〔註58〕龐翔勳：《我的中學讀文教學經驗》，《國文月刊》第 25 期，1944 年 1 月。

第六章　40年代中學國文：「黨化教育」、民主思想與語文技能

　　從上章討論可見，抗戰爆發至 1949 年，很多學校都在使用 1933～1938 年間初版的高中國文教科書。同時，1930 年代各書局編輯的初中國文教科書，也仍被廣泛使用。1938 年，葉聖陶在重慶巴蜀中學教初中國文，用商務印書館傅東華《復興初中國文》。〔註1〕1941 年，有人觀察到：「國內編印中學國文教科書者，有商務、中華、正中、世界……等書局，而尤以商務、中華兩書局，具有最大之權威，全國多數中學校皆仰給焉。」〔註2〕商務、中華 1940 年後就沒有新編過中學國文教科書，各校所「仰給」的，應爲 30 年代所編。1942 年，有人說，中學國文教科書「按廿二年正式課程標準而論製的，現在各校行用者尚多」。〔註3〕1943 年，「廣西全省，多係中華書局出版之國文課本。」〔註4〕1944 年，季鎮淮在昆明教中學，以商務印書館傅東華《復興初中國文》爲教材。〔註5〕1945 年，邵燕祥在北平上中學，用 1937 年中華書局出版的宋文翰《新編初中國文》爲教材。〔註6〕

〔註1〕　葉聖陶：《渝滬通信・第六號》（1938 年 3 月 8 日），《葉聖陶集》（第 24 卷），江蘇教育出版社，1994 年，第 1 版。第 131 頁。
〔註2〕　吳有容：《中學國文教科書革新芻議》，《國文月刊》第 8 期，1941 年 6 月 16 日。
〔註3〕　張清常：《對於坊間中學教科書所選「學術文」教材之商榷》，《國文月刊》第 18 期，1942 年 12 月 16 日。
〔註4〕　吳奔星：《中學國文教學法的出路》，《國文月刊》第 23 期，1943 年 8 月。
〔註5〕　季鎮淮：《教書雜記》，《國文月刊》第 31、32 期合刊，1944 年 10 月。
〔註6〕　邵燕祥：《中學〈國文〉瑣憶》，《過去的中學》。邵燕祥的記憶有誤，他認爲這套教材是正中書局出版的，可根據他提供的篇名，這套教材不是正中書局

　　但是，很多中學的國文課上都使用了新教材。1947 年，浙江春暉中學初中三個年級都使用了「國定本國文」。〔註 7〕「國定本國文」指國立編譯館編輯的《初中國文甲編》，是國民政府在抗戰期間編輯出版，並用行政手段命令全國使用的初中國文教科書。〔註 8〕

第一節　《初中國文甲編》中的「黨化教育」

　　抗戰爆發後，「政府西遷，各級學校教師隨同流入後方，所以西南、西北教育反而勃興，國民教育推廣很快。但是向來出版教科書的各大書局除正中外，最初都沒有遷往後方，於是教科書的印刷運輸都感困難，供應數量大量減少。一方面學校和學生數增加，另一方面教科書供應量減少，於是供不應求，形成普遍『書荒』。據說內地各書局的分局把民國初年的課本都掃數售出了，還是不敷分配。」新印的教科書，「版本縮小，紙張惡劣，印刷模糊。」〔註 9〕引起了普遍關注。馮玉祥在 1943 年給教育部長陳立夫的信函中指出，後方教科書「紙張印刷多不清晰，且易磨損，兒童目力實多傷害」，〔註 10〕要求教育部設法改善。

　　國民政府抓住這一時機，推行蓄謀已久的中小學教科書國定本發行制度。早在 1934 年，教育部就曾「組織教科用書編輯委員會，從事中小學教科用書之編輯，先後特約部外專家若干人，分別執筆。各書多數完成，其中一

　　　　的，而是中華書局 1937 年出版的宋文翰編《新編初中國文》。

〔註 7〕　《教務概況（1947 年）》，《浙江省春暉中學》，人民教育出版社，2008 年，第
　　　　2 版。第 190 頁。

〔註 8〕　本章討論《初中國文甲編》及開明書店 4 套新編國文教科書。《民國時期總書
　　　　目·中小學教材》還收 1940～1949 年國統區中學國文教科書 5 套：無錫縣立
　　　　中學《中學國文選本》（江蘇無錫：協成印書局，1939～1948 年），浙江省戰
　　　　時教育文化事業委員會《初中國文講義》（浙江金華：國民出版社，1940 年），
　　　　葉蒼岑《最新初中國文》（廣西桂林：文化供應社，1941 年），王季思《初中
　　　　國文講義》（福建南平：國民出版社，1943 年），朱廷圭《初中國文選讀》（上
　　　　海土山灣印書館，1946～1947 年）。由於這 5 套教科書現已不全，且影響不大，
　　　　暫不論述。

〔註 9〕　陸殿揚：《中小學國定教科書編纂之經過及其現狀》，《中華教育界》復刊第 1
　　　　卷第 1 期，1947 年 1 月 15 日。

〔註 10〕沈嵐：《馮玉祥關於改善小學教科書現狀與陳立夫往來函》，《民國檔案》2002
　　　　年第 3 期。

部分併經印行試用。」〔註11〕1935 年 11 月，國民黨第五次全國代表大會宣言第三綱「弘教育以培民力」中第一目即爲「實行教科書之統一與改良」。1938年，國民黨臨時全國代表大會在武昌召開，會議通過的《戰時各級教育實施方案綱要》指出：「對於各級學校各科教材須徹底加以整頓，使之成爲一貫之體系而應抗戰與建國之需要，尤宜儘先編輯中小學公民、國文、史地等教科書及各地鄉土教材，以堅定愛國愛鄉之觀念。」〔註12〕同年，蔣介石手諭教育部「改編中、小學語文、史地、常識諸科教科書。」〔註13〕教育部組織人員「草訂或修正各級學校各科課程標準，再依照課程標準訂定各科教材要目，以爲選擇教材及編輯教科書之標準」。〔註14〕復於同年夏「在漢口招考編輯人員」。〔註15〕隨後改組教科用書編輯委員會。1942 年 1 月，「擴大國立編譯館的組織，把教科用書編輯委員會併入國立編譯館爲教科用書組，由陳部長自兼館長，切實領導，積極進行。」〔註16〕「先後延聘張道藩、許心武二君爲本會主任委員，領導工作，聘梁實秋、李清悚二君爲本會中、小學教科書編輯組主任，主持編輯。」〔註17〕

　　部編教科書編輯陸殿揚回憶編輯過程爲：教育部命國立編譯館辦理，國立編譯館照課程標準編訂綱要，指定人員搜集材料，限期完成教科書編寫，初稿先由館內各科專家審閱修改，再送館外專家校訂，然後送教育部核定，這是暫行本。暫行本出版後，召集專家舉行修訂會議，向各研究機構，各學校寄問卷調查，國立編譯館根據反饋意見修訂，改版出書，是爲修訂本。修正幾次後，方成爲標準課本。暫行本、修訂本、標準本都在重慶出版。抗戰勝利後根據時局修正標準本，在上海出版。〔註18〕陸殿揚說得很愼重，但據

〔註11〕　《編輯經過》，國定本《初中國文甲編》（第一冊），重慶白報紙本，1946 年
　　　　　10 月，第 1 版。
〔註12〕　中國第二歷史檔案館：《中華民國史檔案資料彙編・第五輯第二編教育（一）》，
　　　　　江蘇古籍出版社，1997 年。第 14 頁。
〔註13〕　《編輯經過》，國定本《初中國文甲編》（第一冊）。
〔註14〕　中國第二歷史檔案館：《中華民國史檔案資料彙編・第五輯第二編教育（一）》，
　　　　　江蘇古籍出版社，1997 年。第 28 頁。
〔註15〕　吳伯威：《關於國定本中學國文》，天津《大公報》1947 年 2 月 21 日第 1 張第
　　　　　3 版。
〔註16〕　陸殿揚：《國定教科書編印經過及現狀》，《出版界月刊》第 1 卷第 6、7 期合
　　　　　刊，1944 年 8 月 15 日。
〔註17〕　《編輯經過》，國定本《初中國文甲編》（第一冊）。
〔註18〕　陸殿揚：《中小學國定教科書編纂之經過及其現狀》。

某些當事人回憶，很多過程僅爲走過場。作爲專家參與審閱的金兆梓說，教育部請他審閱初小國常課本，他以爲這套書根本不適於小學教學之用，非重編不可，但「我的主張固然未蒙採納，便是重編一層也因急於要國定，只令編譯館採取曾經校閱審查者的意見酌量修改，在短短半年內連修改並繪圖製版而刊行了。」〔註19〕其後「修訂本，標準本徒具名目，除形式外，內容仍不足道。」〔註20〕

在國定本教科書編輯出版達到一定規模後，教育部命令各省市，「小學各科及中學公民、國文、歷史、地理四科各校必須採用部編課本，不得歧異。」且「各出版家已將原有同科舊本的紙型封存銷毀，不再印售。」〔註21〕雖說中學國文必須採用部編教科書，但部編高中國文教科書既不見工具書著錄，又不見圖書館收藏，也沒有人說某校曾經使用，更不見研究者提起。〔註22〕本文所能研究的，僅國定本《初中國文甲編》。

鄭逸梅認爲：「『國定』教科書的編輯，完全由陳立夫指派自己的親信，組成國立編譯館，附設教科書委員會所產生的。」〔註23〕《初中國文甲編》的編輯人員中，「始終其事者，有桑繼芬、徐世璜二君；先後離職者，有彭皋午、羊達之、吳伯威、徐文珊、方皋雲五君。特約編輯參加指導者，有尹石公、陳仲子、朱錦江諸君。至於主持計劃，領導工作，整理校訂者，有主任委員許心武及主任梁實秋、李清悚三君。」〔註24〕該書在版權頁列出了長長的訂閱者名單，〔註25〕國民黨內的文化人幾乎都位於其中。該書共計六冊，由正中書局、商務印書館、中華書局、世界書局、大東書局、開明書店、文通書局所組成的國定中小學教科書七家聯合供應處在上海、重慶同時印刷發行。「預定以一年爲試用期間，再由國立編譯館加以修訂，以後並期每三年或

〔註19〕 兆梓：《我也來談談國定本教科書》，《新中華》復刊第 5 卷第 4 期，1947 年 2 月 16 日。

〔註20〕 徐天震：《所謂「國定本教科書」》，《大夏周報》第 24 卷第 7 期，1947 年 12 月 5 日。

〔註21〕 陸殿揚：《中小學國定教科書編纂之經過及其現狀》。

〔註22〕 據筆者掌握的文獻，僅覃必陶在回憶中稱部編中學國文教科書「高中本全採用古文」，不知是他回憶有誤，還是確曾出版，有待繼續調查。

〔註23〕 鄭逸梅：《正中書局推銷所謂國定本教科書》，《檔案與歷史》，1987 年第 2 期。

〔註24〕 《編輯經過》，國定本《初中國文甲編》（第一冊）。

〔註25〕 包括尹石公、王雲五、朱家驊、朱錦江、吳大鈞、吳俊升、吳鐵城、余井塘、沈其遠、侯塈、陳可忠、陳雷、陳仲子、陳果夫、梁實秋、常道直、許心武、黃覺民、葉溯中、葉楚傖、趙榮光、潘公展、盧前、錢少華、顧毓琇。

五年修訂一次，務期成爲一完善之課本。」〔註26〕就筆者所見資料來看，至
1947 年，已完成了第二次修訂。第二次修訂本由中華書局單獨印刷發行。由
於教育部禁止其他同類教科書發行，《初中國文甲編》發行量大，筆者所見的
上海白報紙本第六冊於 1945 年 10 月出第 1 版，至 1946 年 12 月，已出至第
140 版，創造了中學國文教科書印刷次數的新高。

　　《初中國文甲編》雖聲稱按 1940 年《修正初級中學國文課程標準》編輯，
但事實並非如此。林舉岱讀完《初中國文甲編》第一冊後發現：「按照部定標
準，初中國文教材的選擇是：『語體文與文言文並選，語體文遞減，文言文遞
增，各學年分量約爲七與三、六與四、五與五之比例』。這就是說，初中一年
級的精讀教材，文言文只能佔有百分之三十左右，到了三年級，頂高也不過
一個對比，文言語體各占百分之五十罷了。現在看本書的情形，三十六篇課
文中，屬於文言文的共有十九課半，其百分比爲百分之五一‧七，比原來部
定的比例，高出百分之二一‧七，甚至比較二年後初中三年級所應講習的文
言文，分量仍然超過。」〔註27〕其實，不僅第一冊文言所佔比例過半，其他
各冊所選文言都超過了部定比例。不僅文言白話沒按課程標準選編，《初中國
文甲編》各冊文體分配，跟課程標準的規定也不符合。《修正初級中學國文課
程標準》規定第一學年教學記敘文（包括描寫文）、說明文、抒情文（包括韻
文），不包括議論文，但《初中國文甲編》第一冊所選高一涵《立志》、朱光
潛《談讀書》，第二冊所選張治中《祝滑翔運動》、《大公報》社論《青年飛上
天去》、劉蓉《習慣說》、周敦頤《愛蓮說》都屬議論文。課程標準規定初二
教記敘文（包括描寫文）、說明文、抒情文（包括韻文）、議論文四種文體，
其中記敘文占 20%，但《初中國文甲編》第三冊 33 課，記敘文（描寫文）16
課，第四冊 32 課，記敘文（描寫文）13 課，卻都超過了 20%。

　　無論文白比例，還是文體分配，《初中國文甲編》都沒按《修正初級中學
國文課程標準》編排。有人批評《初中國文甲編》脫離學生實際。「現在初中
一年級的學生，已經不容易找到舊式私塾出生的人物，和所謂的『書香世家』
的子弟了；至於剛由新制小學畢業出來的，他們一向就沒有講習過文言文，
一跨進初中的教室，就要他們捧著一本文言文佔有大半的課本，這不但是學

〔註26〕　《編輯經過》，國定本《初中國文甲編》（第一冊）。
〔註27〕　林舉岱：《國定初中國文甲編第一冊商榷》，《國文雜誌》第 3 卷第 1 期，1944
　　　　　年 4 月 1 日。

智上的災難，有時我們甚至覺得有點兒殘酷。這大部分和口語迥然不同的教材，兒童既無從借助舊經驗以求理解，強迫施教，就難得有透徹的領悟，生活上更談不到能夠吸收；而最使我們擔心的，還會阻擾寫作技能的訓練，摧殘寫作的嫩芽。」〔註28〕批評者對「阻擾寫作技能的訓練」的擔心不無道理，但是我們應進一步思考，《初中國文甲編》爲什麼既不考慮學生實際情況，也不遵守《修正初級中學國文課程標準》的規定呢？這套教科書顯然另有目的。

《初中國文甲編》主要凸顯了抗戰時期國民政府的教育理念。

1939 年 1 月，國民黨五屆五中全會在重慶召開，會議主題是「整頓黨務」。蔣介石作了《喚醒黨魂、發揚黨德與鞏固黨基》及《整頓黨務之要點》的演講，提出「黨德」是「忠孝仁愛信義和平的八德」與「智仁勇三德」。「要說明黨德是什麼？我中華民族固有的道德，就是總理所說的『忠孝仁愛信義和平』的八德。但本黨是革命黨，革命黨是要擔負革命的責任的，因此革命黨又必有實踐的最高革命道德，這個革命道德是什麼？總理在軍人精神教育中所諄切提示的『智』『仁』『勇』三達德，乃是我們革命黨員要負擔非常責任所必具的黨德。總理勉勵我們革命同志要有眞知灼見合乎道德之智，要有舍生救國舍生救世之仁，要有不奪不懼決心犧牲之勇，過去本黨革命事業的成就，無不由於我們革命黨員能有大智大勇大仁的精神之所致，本黨現在之所以如此散漫凌亂，紀律廢弛，不但喪失了靈魂，幾乎連軀殼也不復存在，就是由於我們一般黨員既不智，又不仁，復不勇的緣故。」〔註29〕

「忠孝仁愛信義和平的八德」和「智仁勇三德」不僅是蔣介石對國民黨員的要求，也是他對青年學生的要求。此外，蔣介石還反覆提到早已提出的「禮義廉恥」，要求作爲各校校訓。1939 年 2 月 25 日，蔣介石在對四川省中等以上學校校長主任的訓詞中提出：「各級學校的校訓以後必須一律，並且要以禮義廉恥作爲校訓，一定要使各個先生學生都能知道禮義廉恥，國家才能復興，革命主義才能實現。如果有一個學生或是教員不能做到禮義廉恥，這便是全體的恥辱。大家要照禮義廉恥做去，才不能愧爲黃帝的子孫，才能抵抗強敵，復興我們的中華民族。」〔註30〕3 月 3 日，蔣介石出席第三次全國教

〔註28〕 同上。

〔註29〕 蔣介石：《喚醒黨魂、發揚黨德與鞏固黨基》，《五中全會宣言及總裁訓詞》，空軍軍官學校印，1939 年。

〔註30〕 《對四川省中等以上學校校長主任訓詞》，《總裁對全國教育界之指示》，教育部印發。第 36 頁。

育會議，在訓詞中再次強調要以「禮義廉恥」作爲各校校訓，「我們要陶冶國民人格，必須有一致的標準，在訓育上要提出簡單而共通的要目，訓育上的實施細則儘管可以因地域階段和學校性質而分別訂定，但訓育的目標最好能作共通的決定，現在我們各級學校往往各自製定各校的校訓，所取德目，互有輕重，非常的不一致，我個人的意見，認爲總理忠孝仁愛信義和平的八德，以及黨員守則，可訂爲青年守則一致信守以外，所有全國各級學校，可以禮義廉恥四字爲共通的校訓，這四個字既簡單又通行，包含了我國固有的國民行爲的基準。也包含了近代國民必具的品格，我們以『禮』的含義，教訓國民互助合作，守紀律，重秩序，以『義』的含義，教訓國民任俠果敢，負責任，肯犧牲，以『廉』的含義，教訓國民刻苦節約辨別公私，守職分，戒侵越，以『恥』的含義，教訓國民自強自立，能奮鬥，知進取，這樣因數千年來深入人心的教條，造成現代國民必備的品德，然後大小長短，可各盡其材，以求得國家民族的生存與發展。」〔註31〕

所謂「忠孝仁愛信義和平」、「智、仁、勇」、「禮義廉恥」，在時人看來，實質上是一致的。一本闡釋蔣介石教育思想的小冊子稱：「禮義廉恥四維是總裁倫理思想的骨幹，忠孝仁愛信義和平八德與禮義廉恥四維在淵源上是一貫的，在本質上是一致的，所以我們可以說四維八德都是總裁提倡的國民道德標準。」〔註32〕

《初中國文甲編》最後一課的題解爲：「今我國教育當局，秉承蔣委員長之指示，將禮、義、廉、恥訂爲全國各級學校共通之校訓，並以忠、孝、仁、愛、信、義、和、平八德以及青年守則十二條頒佈各級學校，作爲訓練青年之標的，則和我國教育之一貫宗旨，固仍先王立教之本意也。」〔註33〕這說明編者將「四維八德」作爲《初中國文甲編》的核心主題，是爲了體現當局的教育觀念。

《初中國文甲編》第四冊選蔣介石《新生活運動的目的》與陳立夫《新生活運動與禮義廉恥》。《新生活運動的目的》稱：「新生活運動的目的，第一是要使各個人做一個強健的國民。」「要做一個合乎時代的國民，強健的國民，就一定要做到新生活的規律。新生活運動的規律，如明禮儀、知廉恥，守規矩，愛

〔註31〕《廿八年三月三日對第三次全國教育會議訓詞》，《總裁對第三次全國教育會議訓詞》，出版社與出版年月不詳。第 20～22 頁。

〔註32〕張志智、姚欣宜：《總裁的教育思想》，國民圖書出版社，1942 年。第 26 頁。

〔註33〕《初中國文甲編》（第六冊），上海白報紙本，1946 年。

清潔等等，都是告訴大家做一個良好國民的道理。」《新生活運動與禮義廉恥》「闡明新生活運動所揭示之禮、義、廉、恥四大目標對於生活各方面之關係；俾國人對新生活運動之意義，能獲得更明確之認識。」〔註34〕這兩篇文章在全書中佔據核心位置。編者認為「四維八德」來自傳統思想，是「先王立教之本意」，為了強化「四維八德」的教育，除蔣介石和教育部長的文章外，《初中國文甲編》還選了部分古人和同時代人的相關文章。選顧炎武《廉恥》，題解為「廉恥為立人之大節，蓋不廉則無所不取，不恥則無所不為，無所不取，無所不為，則天下亂，亂則國必亡。是故人應養廉、知恥；能儉，則能養廉；能潔，則能知恥；蓋為不可易之至理也。」選孟子《人皆有不忍人之心章》，「闡發人本具有仁義禮智四端，但當擴而大之，乃可以匡時濟世。」選《戰國策》中《馮諼客孟嘗君》，贊馮諼「抱有卓越之政治理想，以辨義利為政治之起點，深得為政之要。孟子所謂『何必曰利，亦有仁義而已矣』，亦正同乎此。」

　　《初中國文甲編》幾乎每冊都有提倡孝悌的作品。第一冊選朱琦《北堂侍膳圖記》，「以為世之遠遊而忘其親者戒」，選王拯《媭碪課誦圖序》，「記其姊之教」；選胡適《我的母親》，蔣中正《慈菴記》兩篇紀念母親之作，且其間附以白居易《慈烏夜啼》、《燕詩》，寫小動物的護犢之情。第二冊選冰心《寄小讀者通訊（十）》，「係回憶兒時瑣事之敘述，就中寫母子之愛，極為摯切動人」；選葉紹鈞《地動》，也是寫親情的；編者感慨「孝悌係為我國固有之道德，而後世於為孝則易，為悌則難」，故選黃宗羲《萬里尋兄記》、蔣衡《鞭虎救弟記》兩文，「足以垂教友愛」。第三冊選歸有光《項脊軒志》，追念母親、祖母和妻子。第四冊選袁枚《祭妹文》與蔣士銓《鳴機夜課圖記》，前者寫兄妹之愛，後者「側重於母德、母行之記敘」。第五冊選朱自清《背影》與謝婉瑩《南歸序引》，前者令編者「倍覺親子之愛，高於一切」，後者寫母女之愛。第六冊選劉向《孝女緹縈傳》，編者贊其：「忠孝原為我國固有之美德，而出之一幼女子，誠屬難能，宜乎能上格孝文皇帝聽聞，而廢除肉刑也。」選班昭《為兄超代求疏》，編者稱其「哀婉淒切，友愛之情畢露紙上，宜其能收奉詔受代之效也。」可見，這些作品都被用來引導學生形成孝悌觀念。

　　蔣介石在《喚醒黨魂、發揚黨德與鞏固黨基》中對「智、仁、勇」的闡釋，直接來自孫中山《軍人精神教育》。《初中國文甲編》也從《軍人精神教

〔註34〕　《新生活運動與禮義廉恥》題解，《初中國文甲編》（第四冊），上海白報紙本，1946 年。本節所引文字，除特別說明外，均來自相關課文的課後「題解」。

育》選《勇》這篇作品，稱「國父以智、仁、勇爲軍人精神之要素，能發揚此三種精神，始可救國救民。本文申述勇之定義、勇之種類及軍人之勇三者，極爲詳盡，匪特可爲軍人教育之典，抑亦可爲青年訓練之南針。」此外，編者還選了很多有關「智、仁、勇」的作品。選梁啓超《爲學與做人》，說明「求學與爲人，均應以智、仁、勇三者爲基礎。」選李石岑《青年的三大修養》，「此文專對中學生而言，引證孔孟學說，以明智仁勇三達德之可貴，且足以爲立身之本者。」選孟子《魚我所欲也章》，題解爲：「『殺身成仁，舍生取義』，爲儒家之中心思想，賢者獨能爲之，此賢者所以爲大智、大仁、大勇之人也。此意與精神總動員之意義，及國父心理建設之主旨相吻合。」除這些內容直接涉及智、仁、勇的課文外，編者還能將所選傳記和文學作品中的人物解釋成「智、仁、勇」的楷模。選《固安一農婦》，寫抗戰時期一農婦手刃七名日本兵的事迹，編者贊其「以一人而刃七敵，其人則智勇兼備，其事則壯烈勵人。」選包公毅《亞美利加之幼童》，「本篇乃自《馨兒就學記》中選出。其主旨在示兒童愛其國家，當有具體表現。此書爲含有教育意味之小說，所敘多與兒童之立身、行事有關，期在造成兒童智、仁、勇三達德。」選陸次雲《費宮人傳》，編者贊其「以一身居宮禁之弱女子，而有過人之膽識，大智大勇，足爲後世之楷模，亦足爲天地存正氣，爲民族增光榮。」

除直接選文闡釋當局的教育理念外，《初中國文甲編》還選了不少蔣介石所崇拜的王陽明、曾國藩的作品。第二冊選曾國藩《寄沅季二弟》、《寄紀瑞侄》，第五冊選曾國藩《原才》。編者對於《寄沅季二弟》的題解爲：「此文爲曾文正公家書之一。氏之文學武功，已昭在史冊；而生平謙爲勤儉，不以富貴驕人，尤足多者。書中勉沅、季二弟勿傲、勿惰，藉以修身心，肅家規。並引證古人之得失，諄諄告誡兩弟，情辭極爲懇切，足以發人猛省。」第六冊選王陽明《新建預備倉記》，並從《訓蒙遺規》中摘出《訓蒙大意》，作爲全書的結束。這些文章除表露王陽明、曾國藩的文治武功外，對其個人道德信仰的強調，與蔣介石當時在公開場合對傳統道德的表彰是一致的。

四維八德和「智、仁、勇」是《初中國文甲編》的靈魂，也是國民黨在抗戰時期大力彰顯的傳統思想。同時，《初中國文甲編》還在兩個方面有所側重：一是選入有關抗戰中英勇行爲和歷史上民族英雄的文字。二是選入大量國民黨「黨義文選」。〔註35〕

〔註35〕當然，《初中國文甲編》中有些課文也是30年代中學國文教科書常選的篇目：

　　《初中國文甲編》選了不少反映抗戰中英勇事迹，激勵士氣的作品。選描寫正面戰場的孫怒潮《光芒萬丈的臺兒莊》，編者介紹說，「此一役，奠定國人勝利之信念。」選反映國民黨高級將領抗戰殉國的《張自忠將軍傳略》與《悼郝夢齡》，前者「敘張將軍殉國始末，寫其作戰之英勇，與夫臨終遺言之義烈，皆更襯出其偉大的人格。」〔註36〕後者係張發奎所作，「可以激勵國人同仇敵愾之氣，則其予後人之影響尤為重大」。選反映空軍將士殉國的《壯哉空軍烈士閻海文》與《念粹剛》，前者寫閻海文「視死如歸、凜然大節」，後者係空軍烈士劉粹剛的夫人許希麟哀悼其夫的書信體文字。選反映下級軍官抗敵的盧前《書史貫一》與翁照垣《一個軍官的筆記》，前者「係記抗戰中一游擊隊長故事，史貫一為太行山附近地區某游擊隊司令。轉戰大河南北，不斷與敵人以重創。後敵以飛機轟炸，不及避，遂殉國。史本書生，以衛國之責，不盡在武士之肩，故投筆而起。本文之意，不僅為史君傳，並欲以之鼓勵國人也。」後者雖反映「一二八戰役」，但跟前面數篇文字相同，都屬反映抗擊日本侵略者的事迹。此外，《初中國文甲編》還選了反映普通民眾抗戰的《固安一農婦》，但僅此一篇。跟抗戰直接相關的，還有兩篇課文，一是1934年10月10日第五屆全運會時東北五省區選手所寫的《東北五省區選手致全國運動會選手書》，「從信中可見東北同胞之傷心及熱望，及其信念之堅定，文辭懇切沉痛，讀之為之淚下。」二是王漢倬《東北的冬天》，「寫東北冬日情況，從生活情形，以見食用之富庶，力述其地之可愛，可戀，以促國人收復東北之決心。」

　　此外，《初中國文甲編》還選了一些歷代民族英雄的作品和傳記。選岳飛《五嶽祠盟記》與《論恢復疏》，後者「文雖簡短，然忠君愛國之情，洋溢於

　　一是唐宋八大家和桐城派文章，包括韓愈《祭田橫墓文》，柳宗元《永州八記》、《三戒並序》，蘇洵《六國論》，蘇軾《戰國任俠》、《教戰守策》、《日喻贈吳彥律》、《答謝民師書》，方苞《左忠毅公逸事》，姚鼐《登泰山記》，吳敏樹《說釣》，梅曾亮《遊小盤谷記》，薛福成《巴黎觀油畫記》，林紓《記翠微山》、《湖心泛月記》以及前文提到的曾國藩的文章；二是有關學習方法和學習態度的文章，包括朱熹《讀書法》，劉蓉《習慣說》，梁啟超《學問之趣味》、《論文章作用》，胡適《讀書》、《為什麼讀書》，朱光潛《談讀書》、《談作文》、《談學問》，宗白華《讀書與自動的研究》、《學者的態度與精神》，夏丏尊《作文的基本態度》，葉紹鈞《修詞》。因這些文章也被其他教科書大量選入，不是《初中國文甲編》的特色，所以本文不做論述。

〔註36〕《張自忠將軍傳略》提示，《國定本初級中學國文輔導書》（第一冊），大中國圖書局，上海白報紙本，1946年，第1版。

詞表。」選史可法《請勵戰守疏》，「其公忠體國之情，溢乎言表。」選林振鏞《左寶貴死難記》，反映左寶貴在平壤以死拒敵、壯烈殉國的事迹，為堅定左寶貴抗敵的決心，其母自經，妻兒跳井，令人印象尤其深刻。

　　1932年的《初級中學國文課程標準》、《高級中學國文課程標準》都要求「選文材料中應注意加入下列各項之黨義文選：中山先生傳記、中山先生遺著、中山先生演說詞、中國國民黨歷次重要宣言、中國國民革命史實、中國國民黨史略、革命先烈傳記、革命先烈遺著、黨國先進言論。」這一條，在1936年的《初級中學國文課程標準》、《高級中學國文課程標準》，1940年的《修正初級中學國文課程標準》、《修正高級中學國文課程標準》都保存下來了，1940年的標準中於黨義文選項下還新增了「總裁言論」。在30年代的國文教科書中，真正大量入選「黨義文選」的，只有中學生書局的《初中當代國文》。但《初中國文甲編》比《初中當代國文》選的要多。屬「中山先生傳記」的，有《總理的幼年時代》及三篇紀念孫中山的文章：蔣中正《祭總理文》，蔡元培《祭孫中山先生文》，陳源《哀思》。屬「中山先生遺著」的，有《黃花岡烈士事略序》、《勇》、《電學與知難行易說》、《化學與知難行易說》、《知難行易》。屬「中山先生演說詞」的，有《革命軍的基礎在高深學問》、《立志做大事不要做大官》。屬「革命先烈遺著」的，有朱執信《致四弟秋如書》、《求學與辦事》，林覺民《絕筆書》，吳樾《復妻書》。屬「革命先烈傳記」的，有陳去病《秋瑾女俠傳略》，天嘯《林尹民傳》，佚名《鍾明光傳》、《林覺民傳》。屬「中國國民革命史實」的，有戴傳賢《中國國民革命之歷史的因緣》。屬「總裁言論」的，除《祭總理文》外，還有《家訓》、《慈菴記》、《告全國青年書（上、下）》、《新生活運動的目的》、《平等互惠新約與抗戰建國》、《告全國國民書》、《康濟錄序》、《爭取國家的自由平等》、《論社會風氣之改造》。屬「黨國先進言論」的，有蔡元培《舍己為群》、《怎樣才配稱作現代學生》、《自由與放縱》、《圖畫》，李石岑《青年的三大修養》，陳立夫《新生活運動與禮義廉恥》、《論終身工作之目標》、《雙手萬能》，蔣宋美齡《負起我們光榮的任務》，陳布雷《新生命發刊詞》，張治中《祝滑翔運動》，張發奎《悼郝夢齡》，翁照垣《一個軍官的筆記》，翁文灝《怎樣建設內地》、《紀念工程師節之意義》。所有「黨義」文選加起來，共44課，占總課數201課的近22%。其中蔣介石作品占11課，居全書之冠。為自有中學國文教科書以來所僅見。

　　《初中國文甲編》選入大量「黨義文選」，推行黨化教育，在抗戰勝利後

受到輿論抨擊。

　　1947 年春，孫起孟、龐翔勳將輿論對國定《初中國文甲編》的批評歸結為四點：「（一），為迎合政府的意思，排斥了許多進步人士的優秀作品，胡亂湊些黨國要人的文字，這些文字，大多不是失之太深，便是技巧平庸，不值得作為範本；（二），因為要趨時，強調了戰時色彩，於是不管值不值得給中學生閱讀，只要是抗戰，飛行，體育等材料，一律採入，濫竽充數；現在看來，真覺得無一是處；（三），部頒的課程標準雖仍多可以考慮的地方，但總比較合理，例如關於文言與白話，記敘抒情說明議論各種體裁，都有一定的比例，國定本為了雜湊要人作品，竟『大大的破壞了這比例』（編者吳伯威語），弄得不倫不類；（四），為了要達成政府思想訓練的目的，排列單元以內容為標準，破壞了文章體制和技能的程式，簡直成了公民教本。」〔註 37〕鄭逸梅回憶說：「如規定國語教材，必須與訓育教材，密切聯繫，所以有時他們也把所謂『黨員守則』十二條中的內容，作為教材，編入教科書內，紊亂不堪，造成一種怪現狀。」〔註 38〕傅彬然批評其「黨化氣味太重，歷史材料強調漢族本位，所選的古文包含封建思想太濃，這都與今後我國民主憲政的政制不合，也就違反了社會本位的原則。」〔註 39〕這些批評不僅與我們的分析相符，還可從編輯陸殿揚的回憶中確證：「初中國文之以青年十二守則為中心，依此中心，分別選文」。〔註 40〕

　　《初中國文甲編》中的《平等互惠新約與抗戰建國》與《論社會風氣之改造》兩課，分別選自《中國之命運》第五、六章，編者稱讚《中國之命運》「為蔣委員長最近所作，共分八章，歷述中華民族之成長及近百年歷史之演變，舉凡政治、經濟、社會諸問題，均詳論精到。抗戰建國之大計，亦周詳計及，可為國人迷途之指標。」〔註 41〕《中國之命運》出版後，不僅受到中共的反擊，很多中間人士甚至國民黨高層都對此持有異議。〔註 42〕原本對國民黨和蔣介石本人抱有好感的聞一多說：「《中國的命運》一書的出版，在我

〔註 37〕　孫起孟、龐翔勳：《選本的閱讀》，《中學生》第 187 期，1947 年 5 月 1 日。
〔註 38〕　鄭逸梅：《正中書局推銷所謂國定本教科書》，《檔案與歷史》1987 年第 2 期。
〔註 39〕　《搶救在學青年！》，《文匯報》1946 年 8 月 18 日第 6 版。
〔註 40〕　陸殿揚：《中小學國定教科書編纂之經過及其現狀》。
〔註 41〕　《平等互惠新約與抗戰建國》題解，《初中國文甲編》（第五冊），重慶白報紙本，1945 年，第 3 版。
〔註 42〕　參見鄧野《蔣介石關於「中國之命運」的命題與國共的兩個口號》，《歷史研究》2008 年第 4 期。但鄧野沒有討論中間立場的人士對該書的看法。

一個人是一個很重要的關鍵,我簡直被那裡面的義和團精神嚇一跳,我們的英明的領袖原來是這樣想法的嗎?五四給我的影響太深,《中國之命運》公開的向五四宣戰,我是無論如何受不了的。」〔註43〕這句話來自聞一多的演講《八年來的回憶與感想》,這篇文章收入 1946 年的公開出版物中。聞一多是當時爭民主潮流的一面旗幟,《初中國文甲編》所選內容與民主鬥士的言論相對立,成為輿論眾矢之的勢所難免。史永批評說:「國定教科書初中國文甲編第六冊第九課有以『蔣中正』具名的《康濟錄序》,上說:『姑就保甲一端而言……今剿匪各省,均定舉辦保甲為基本要政之一』……云云,故『昔人有言,前事不忘後事之師』。把書冊內容前後各篇聯貫起來,目的就是這樣一個。」並且指出:「至於教科書的枯燥,國語教科書沒有一篇五四時代以及新文化運動的文章。有之,則僅為陳立夫、戴季陶、陳布雷……等黨國要人的訓示。」〔註44〕就將矛頭直指《初中國文甲編》中蔣介石等黨國要人文章。

所謂「沒有一篇五四時代以及新文化運動的文章」,雖並非屬實,但《初中國文甲編》對於新文學作品的選擇,的確不是站在主流的立場,鄧恭三對此也有嚴厲的批評。1947 年 2 月,鄧恭三為《大公報》「星期論文」欄撰文批評這套教科書說:「初中國文課本中所選的近代和現代的作品,很明顯的是以儘量選取國民黨中達官貴人的文章為原則的,因此,有很多在現代文壇上極有聲譽的作家,其作品全都未被收進,而收進了的,都是上自主席、院長,以及某部某會的首長,以至於張治中、張發奎、翁照垣諸將軍文告、公告和某種紀念節日的講演詞或紀念論文之類。這些人物,固然未必不是上馬可以殺賊、下馬可以草檄的文武全才,然而他們卻大都一身而兼數要職的人,薄書旁午,正躬少暇,一切文章遂多由幕僚或部屬代為捉刀,捉刀的人,『應制』為文,既無真知灼見,更少熱誠和靈感,敷衍成篇,聊以塞責,因而這類的文章,祇是一些地道的黨八股和抗戰八股,似乎是『文章病院』中的好主題。……使一般中學生終日誦習些這等文字,勢必使其思路日益窘澀,觀念日益模糊,性靈日益汩沒,流弊之大,何堪設想?」因此,《初中國文甲編》為「荒唐悠謬,絕後空前的壞教科書。」〔註45〕鄧恭三即後來著名歷史學家

〔註43〕聞一多談話、際戡筆記:《八年來的回憶與感想》,《聯大八年》,西南聯大學生出版社,1946 年。第 6 頁。

〔註44〕史永:《取消摻雜法西斯思想的國定教科書》,《民主》第 29 期,1946 年 5 月4 日。

〔註45〕鄧恭三:《荒謬絕倫的國定本教科書》,天津《大公報》1947 年 2 月 2 日。此

鄧廣銘，早年曾爲周作人《中國新文學的源流》之演講做記錄，這篇批評文章中使用「性靈」二字，還可以看出周作人影響的痕迹。周作人雖是此前中學國文教科書中出現頻率最高的作者之一，因其已做了漢奸，《初中國文甲編》不選其文章，應當不是鄧恭三所認爲的「現代文壇上極有聲譽的作家」。《初中國文甲編》也選了不少新文學作品，[註46] 但對於代表五四新文學最高成就的魯迅作品，卻一篇都不選，這在新文化運動之後的中學國文教科書中極爲少見。後人所公認的新文學大家郭沫若、茅盾、巴金、老舍、曹禺，也都不出現在《初中國文甲編》中。看來，鄧恭三指斥《初中國文甲編》汩沒學生「性靈」，應是對其排斥五四主流作家的譴責。

在輿論的強烈抨擊下，要求取消教科書國定政策的呼聲也逐漸高漲。「近來教育當局，頗有把中小學教科書都變成國定的趨勢，這是政治問題。如果我們撇開政治不講，而專求教科書本身的進步，那麼國定教本，未必是最完善的教本，倒不如讓書局或私人去自由競爭，使壞的教本自然淘汰，好的教科書便可以與時俱進了。」[註47] 國定《初中國文甲編》編者吳伯威也認爲：「現在這套中小學教科書，大部可以廢棄，應即從速改編新本」，「給各書店以編書的自由。政府一方面認眞用力自編，一面也要鼓勵各書店編印，學術爲天下公器。我們希望有好教科書出來，以嘉惠學子。」[註48] 同時，各地謠傳，教育部政策放開，允許私自出版中小學教科書。「現戰後復員，一切印刷及發行條件均較戰時爲優，且國定各級教科書本身，應修改重訂者甚多，各書局自可自行編輯，送教部審核後，各審定本即可印製發行，各學校教師可自由選擇採用，如此互相競爭，始有進步，不好之教科書必將被淘汰」。[註49] 「聞教育部日前例會，已決定修改國定本爲編審本。發由各書局發行外，中小學教科書之編印，決完全開放，准各書局自行編訂教本，發行市面，由各學校自由選擇，以期在自由競

　　文不久後就被《時代文摘》1947 年 1 卷 7 期轉載，影響很大。
〔註46〕包括胡適《我的母親》、《讀書》、《爲什麼讀書》、《社會的不朽論》及譯作《二
　　　漁父》，徐志摩《想飛》、《我所知道的康橋》、《泰山日出》，冰心《寄小讀者
　　　通訊（十）》、《蒲公英》、《蓮花》、《南歸序引》，朱自清《背影》、《荷塘月色》、
　　　《說話》、《一張小小的橫幅》，葉聖陶《籃球比賽》、《藕與蓴菜》、《地動》、《修
　　　詞》，朱光潛《談讀書》、《談作文》、《談學問》，豐子愷《養蠶》、《藝術三昧》、
　　　《美術與人生》，徐蔚南《初夏的庭院》、《山陰道上》。
〔註47〕王庸：《談教科書》，《文匯報》1946 年 6 月 20 日第 4 版。
〔註48〕吳伯威：《論教科書問題》，天津《大公報》1947 年 2 月 13 日第 1 張第 3 版。
〔註49〕《國定教科書將開放印刷發行了！》，《豫教通訊》第 2 期，1946 年 11 月 30 日。

爭中，使教科書有所改進。」〔註50〕參與國定本編輯事宜的陸殿揚不斷撰文，解釋國定本是在後方教科書供應不足，印刷質量差，教育部爲使學生有書讀，方才編輯出版。這說明陸殿揚本人對於復員後繼續使用國定本，也心存懷疑。教育部長陳立夫，面對各方批評，也於1947年2月2日下午3時，召集會議，宣稱「至將來或專立機構編輯或開放編輯，亦在考慮中；接受各方之批評，以爲改進的借鏡。」〔註51〕同年3月4日《大公報》載，南京教育問題座談會上，「無一人贊成限用國定本」。〔註52〕國定本的權威已根本動搖。而在各地中學，多有廢置國定教科書，自編教材的。孫紹振回憶說，「抗戰勝利以後，國民政府規定了所謂的《國定教科書》，那是很枯燥的。現在只記得蔣介石給蔣經國的信，開頭是『經兒知之』。但是，我的語文教師卻是非常好的。」「她不大理睬『國定教科書』，常常把冰心的《寄小讀者》成批地印發給我們，有的還當作『說話』課的教材。」〔註53〕

　　自1940年後，商務、中華、世界等大書局就不再新編中學國文教科書了。而以葉聖陶爲首的開明書店對中學國文教學一直非常熱心。因此「不少讀者寫信給開明編輯部和《中學生》雜誌社，希望開明書店出面編輯新的國文課本，以突破教育部對教本的封鎖。」〔註54〕

第二節　開明新編國文讀本中的「人民民主」

　　1946～1949年，以葉聖陶爲核心的開明書店，編了4套中學國文教科書：《開明新編國文讀本甲種》、《開明新編國文讀本乙種》、《開明新編高級國文讀本》與《開明文言讀本》。前兩套爲初中適用，後兩套爲高中國文教學所編。這些教科書在內容上首先針對的是國定本《初中國文甲編》。

　　面對國內時局的變化，葉聖陶、朱自清兩位主編立場已非常堅定。由他們

〔註50〕　《教育部取消國定本》，《益世周刊》第27卷第22期，1946年12月1日。

〔註51〕　兆梓：《我也來談談國定本教科書》，《新中華》復刊第5卷第4期，1947年2月16日。

〔註52〕　《中小學教科書問題京教育問題座談會討論無一人贊成限用國定本》，天津《大公報》1947年3月4日第1張第3版。

〔註53〕　孫紹振：《我學語文的根本經驗：著述》，錢理群、孫紹振《對話語文》，福建人民出版社，2005年。第115頁。

〔註54〕　覃必陶：《〈開明新編國文讀本〉出版追憶》，《我與開明》，中國青年出版社，1985年。

主編的開明新編國文課本，跟國定《初中國文甲編》在價值導向上自然不會相同。這主要體現在《開明新編國文讀本甲種》與《開明新編高級國文讀本》中。

開明新編國文讀本沒有選入國定本《初中國文甲編》中佔據主要位置的「黨義文選」。不僅孫文、蔣介石、陳立夫等人的名字沒有出現，凡有關三民主義和國民黨的文章都未選入。編者覃必陶在追憶《開明新編國文讀本甲種》時說：「白話文讀本對選文的標準作了明確的規定，『希望切合讀者的生活與程度。就積極方面說，足以表現現代精神的，與現代青年生活有關涉的，為現代青年所能瞭解，所能接受的，那些文篇才入選』。這條標準所涉及的範圍實際上是非常廣泛的。就國際範圍來說，爭取人民民主和自由，爭取民族解放，肅清法西斯危害，爭取世界持久和平；就國內來說，反內戰，反侵略，反獨裁，爭取民主與和平，爭取言論自由，……等，都可以說是現代精神的表現，也是世界潮流的趨歸，也是人心所嚮。」〔註55〕簡單說來，《開明新編國文讀本甲種》與《開明新編高級國文讀本》選文內容所體現的主導價值觀念，是「人民民主」。

《政黨是幹什麼的》與《海德公園》兩課在《開明新編高級國文讀本》中特別引人注目，這是它們首次出現在中學國文教科書中。兩課都選自費孝通《民主‧憲法‧人權》一書。《政黨是幹什麼的》為該書第一篇《人民‧政黨‧民主》中的第四段，「說明一個民主國家中政黨的作用」。《海德公園》選自該書第二篇《言論‧自由‧信用》，原題《我想起了海德公園》，「記述倫敦海德公園裏演說的情形，說明英國人民的民主精神。」費孝通這本書「用對白和講故事的方式談論到民主國家的人民對於政治應有的常識」，〔註56〕深得時人讚譽。潘光旦在該書的序言中說它可以取代當時的國定公民讀本。國定公民讀本中所謂的人民享受言論自由，享受法律以內的自由等言論跟當時的社會現實是背道而馳的。對此情形，《民主‧憲法‧人權》「直接間接都討論到一些，而在好幾個節目上，還引證了不少耳聞目見的實例」。葉聖陶、朱自清等人主編的《國文月刊》第52期「當代文選評」欄對潘光旦這篇序文評論道：「對於政治，見解千差萬別，不過簡單說來，也可以把兩種觀念來包括。一種是『人民是為國家與政府而存在的，國家和政府不是為人民而存在的。』另一種恰正相反，是『國家與政府是為人民而存在的，人民不是為國家與政

〔註55〕同上。
〔註56〕潘光旦：《〈民主‧憲法‧人權〉序言》。

府而存在的。』以往帝王治下和如今類乎帝王治下的國度裏,一切政治的設
施都從前一種觀念出發。而具有現代脾氣,相信現代應該是『人民的世紀』
的人,那就一致的抱著後一種觀念。這篇序言的作者和《民主・憲法・人權》
那本書的作者,顯然的,都是抱著後一種觀念的人。」〔註57〕編者朱自清當
然也屬於後一種,相信現代應該是「人民的世紀」。在《開明新編國文讀本甲
種》第一冊中,編者從《開明少年》創刊號選了《人民的世紀》一文,闡明
對民主的認識,「要辦好公眾的事,第一要大家參預,發表意見,商量辦法;
第二要要大家出力,認真幹去。這就是所謂自治——人民治理自己的事;也
是所謂民主——人民作主,一切的事都為了人民,都為了使人民過好的生活。」
那種特權階級「占人民的便宜,吸人民的膏血」的時代應該結束了。《開明新
編國文讀本甲種》最後一課是曹孚的《「為萬世開太平」》。〔註58〕作者認為,
經歷殘酷的戰爭之後,和平,「不僅是我國人民的祈禱,也是全世界人民的願
望。」和平的基礎是公平,「民主主義著眼於政治上的公平」,其「構成信條
有三。第一是快樂,第二是平等,第三是自由。」「今後的世界是民主主義的
世界。世界各國的人民一定會朝著快樂、平等、自由的三大目標前進。等到
我們有了一個真正平等真正自由的社會,我們也就有了一個人人快樂幸福的
社會,我們也就有了一個理想的社會。」並指導「中學生」說,「民主主義可
以成為目前的我國人,尤其是青年人,寄託其熱誠與想像的生活理想。」除
這些闡明民主理想的篇章外,葉聖陶特意選了吳晗的《哭一多父子》。聞一多
父子為民主犧牲,吳晗在文章中說,民盟有聞一多這樣的領導人,「中國民主
的前途是被保證了的」。這篇文章也被選入《國文月刊》第 46 期「當代文選
評」欄,由葉聖陶執筆的評語說:「簡短的語句與節段,構成沈鬱的情調,淒
咽的音節。一顆『忠於人民,忠於國家』的心貫徹在字裏行間,試聽那句話:
『我是被保證了的,永不會走錯路!』從這顆心反映出來的聞一多先生,使
讀者覺得太可敬了,太可愛了。這樣可敬可愛的人卻要被刺而死——是值得
深深思索的。」〔註59〕葉聖陶雖然沒有將話說明,但明眼人一看就明白這是
有意引導讀者關注不民主的現實。正如覃必陶所說:「這是一篇文情並茂的悼

〔註57〕《當代文選評・〈民主・憲法・人權〉序言(潘光旦)》,《國文月刊》第 52 期,
    1947 年 2 月 20 日。
〔註58〕刊《中學生》第 93 期,1945 年 11 月。
〔註59〕《當代文選評・〈哭一多父子〉(吳晗)》,《國文月刊》第 46 期,1946 年 8 月
    20 日。

念文。對死者的哀痛越深沉，就反襯出對兇手的憤恨越強烈。眞正的兇手是誰呢？這是用不著明說的。」〔註60〕

　　國定本《初中國文甲編》所選反映抗戰的文章多是正面戰場的報導或國軍英雄人物的評傳，像張自忠、郝夢齡、閻海文等。《開明新編國文讀本甲種》與《開明新編高級國文讀本》也反映抗戰，但跟國定本《初中國文甲編》取徑不同。開明新編國文讀本多選著名作家所寫平凡人物在戰爭中的表現和情感，體現了抗戰屬於人民，而非僅僅屬於英雄人物的價值導向。《開明新編國文讀本甲種》選葉聖陶的《春聯兒》和《我們的驕傲》。《春聯兒》寫車夫老俞「做人、做國民，做父親的態度」，他無時無刻不想念著前線抗戰的兒子，但又明白，「國仗打不勝，誰也沒有好日子過，第一要緊是把國仗打勝，旁的都在其次」。《我們的驕傲》寫敘述者的老師拒絕僞政府的誘惑，從淪陷區逃出來跟學生相會，因爲他認爲在這個嚴重的時代，人必須「在書本子以外懂得些什麼，做得些什麼」，「怎麼能借了教育的名義，去教人家當順民當奴隸呢？」《開明新編高級國文讀本》選葉聖陶《鄰舍吳老先生》，撤到四川的吳老先生當得知淪陷的家鄉人們被日本人評爲「最出色的中國人」後，再也不隨時準備回去了，他說「日本人口裏評定的，咱們不能跟他們一夥兒住。」老俞、黃先生、吳老先生都體現了抗戰期間普通中國人的氣節。兩套教科書從冰心抗戰期間「轟動文壇，莫不稱爲名者」〔註61〕的《關於女人》中選了《我的同班》、《我的學生》兩篇。《我的同班》寫活潑可愛的同班同學李大姐，在七七事變後的北平，勸說敘述者，「我們都走吧，走到自由中國去，大家各盡所能，你用你的一枝筆，我們用我們的一雙手，我相信大後方還用得著我們這樣的人！」抗戰爆發後，她果然「在西南的一個城市裏，換上軍裝，灰白的頭髮也剪短了。她正在和她的環境快樂的，不斷的奮鬥，在蠻煙瘴雨裏，她的敏捷矯健的雙手，又接下了成千累百的中華民族的孩童。」《我的學生》寫我的「生在上海，長在澳洲，嫁在北平，死在雲南」的學生，放棄了優越的條件，在大後方過著艱難的生活，她認爲困難「眞好玩」，因爲這是中華民族在抗戰中復興的特殊時代。《開明新編高級國文讀本》還節錄了曹禺名劇《蛻變》第四幕，表現丁大夫「怎樣盡著她對傷兵的責任，又怎樣盡著她對兒子的責任。」此外，像這兩套教材中選入的夏衍《舊家的火葬》、子岡《懷念振

〔註60〕覃必陶：《〈開明新編國文讀本〉出版追憶》。
〔註61〕《關於女人》廣告，《國文月刊》第46期封底，1946年8月20日。

黃》等文都寫著抗戰期間普通人的普通事。這些作品中所刻畫的普通人，才是抗戰一直能夠堅持到勝利的脊梁。而編者對這些文章的偏愛，正是「人民民主」觀點的體現。

國定本《初中國文甲編》除選入描寫正面戰場的官兵的作品外，還將視野拓展到中國歷史上抵禦外侮的民族英雄，像有關岳飛、文天祥、左寶貴的傳記和他們的作品，這是將抗戰編織進民族戰爭長序列中，激發和培養學生的民族精神。開明新編國文讀本與此不同，它將視野拓展至有關世界人民尤其是蘇聯人民反法西斯戰爭的作品，這是將抗戰編織進世界人民爭民主反專制的鬥爭序列中，激發和培養的是學生的民主精神。《開明新編國文讀本甲種》分三課講《撤退》，《撤退》選自茅盾翻譯的蘇聯作家格洛斯曼的名著《人民是不朽的》，〔註62〕這部完成於 1942 年 6 月下旬的長篇小說，反映 1941年初秋，蘇聯紅軍在德國法西斯的侵略下，「雖然堅強抵抗但不得不繼續撤退」的情況，歌頌蘇聯人民「崇高的理性和感情；而從這所發出的力量就是最偉大的不可抗拒的戰鬥精神。」〔註63〕《開明新編國文讀本甲種》選瓦希列夫斯卡〔註64〕著、曹靖華譯《「好兒子……」》，寫一名蘇聯婦女偷偷探望戰死的兒子的屍體，這些蘇軍屍體，德軍不准埋掉，時時面臨被老鴉吃掉的危險。蘇聯婦女在淒涼靜寂中探望兒子屍體時所表現的深情令人心顫。《開明新編國文讀本甲種》從《中學生》1943 年第 65 期選 D. Ferguson 著、學人譯《輸血者的故事》。一名美國婦女的丈夫參加了二戰，主動獻血讓她覺得自己是在參加戰爭，「有權利在勝利的慶祝中作為參加的一分子了！」上述課文，都讓讀者眼界放寬，感覺到中國的抗戰是全世界民主陣線向暴力、專制戰鬥的一部分。

可見，開明新編國文讀本的編者明確站在人民大眾的立場，引導學生樹立「人民民主」的價值觀念，這跟詮釋國民政府教育思想的國定本《初中國文甲編》形成了鮮明的對比。

〔註62〕1943 年 11 月，曹靖華委託茅盾將該書從英文全譯本譯成中文，茅盾極為認真，多次請翻譯家戈寶權照俄文原版校勘，經過一年時間才最終翻譯出來。1945 年 6 月，《人民是不朽的》作為「蘇聯文藝叢書」之一由陸夢生主持的文光書店出版。

〔註63〕茅盾：《關於〈人民是不朽的〉》，《人民是不朽的》，文光書店，1953 年。

〔註64〕瓦希列夫斯卡是著名小說《虹》的作者，《虹》被曹靖華譯成中文後轟動一時。

第三節　開明新編國文讀本中的文學作品

余冠英在 1942 年認為：「中學國文教本正該將文藝作主要的教材。文藝作品應該在選文裏占大多數。據說中學生對於課本中的語體教材興趣比較好些，尤其偏重在文藝方面，這樣正順應學生的愛好，教學更容易收效。中學國文教學偏重文藝，也有人不以為然。但仔細想想，這目標並沒有錯。」〔註65〕1944 年，李廣田在《論中學國文應以文藝性的語體文為主要教材》中認為：「『文藝性教材』與『文藝作品』並非同義語，那教材也許當不起『文藝作品』之名，但只要是『文藝性』的就好，只要不是說大道理的，教訓人的，不是斤斤以『實用』為目的的，而是具體的描寫或記敘，只要寫得美，寫得有趣就可以。譬如文藝作品中最為中學生所喜歡的，是小說。但我們所要選為教材的，不一定是『短篇小說』，更不能用『長篇小說』（除非課外閱讀），只要是故事性質的，近乎小說的就好些。又如詩歌，無論新舊，中學生總都愛自己讀，不過比較舊的，他們卻是更喜歡新的。而且他們自己表現起來也能用新詩，舊的既不懂，又不能把握那寫舊詩的工具，當然也不易欣賞，更不能仿作。我們必須知道，在某一意義上講，有很多青年人都是『沒有作品』的詩人，而現在中學生寫新詩的，實在也不少，我們教國文的人正應當因勢利導。以劇本作教本，並使學生於教學之後親自表演，這也許是最易招人反對的辦法。但我以為戲劇確是很好的材料，多幕劇自然應當於課外閱讀，獨幕短劇，或用對話體寫成的文章，卻可以放在教本裏。戲劇是最富於表現力，最易使青年領會，直接表現人生世態，說明人生葛藤，社會內幕，以及發掘人性深處的作品，對於青年人的作文，說話，體驗生活，都有很大的幫助。至於散文，那更是青年人最容易學習的，他們自己的作文多是散文形式的。我所說的偏重文藝性的教材，當以散文占多數，而散文的種類又是繁多的。用了這種新穎的，與實際生活切近的，最易接受，最富感染力的文藝性教材，我相信可以引起學生對於國文一科的興趣，因而可以使增高對於國文一科的重視，因而可以逐漸把國文程度提高起來。」〔註66〕這些意見逐漸引起了更多人的討論。

1947 年 4 月，《中學生》雜誌社發起「中學生與文藝」筆談會，收到的稿

〔註65〕余冠英：《坊間中學國文教科書中白話文教材之批評》，《國文月刊》第 17 期，1942 年 11 月 16 日。

〔註66〕李廣田：《論中學國文應以文藝性的語體文為主要教材》，《國文月刊》第 31、32 期合刊，1944 年 10 月。

件一致認爲中學國文應加強文藝作品的教學。呂叔湘認爲：「文藝在教育上有
很大的價值。文藝作品擴大青年的人生經驗，雖然是間接的，有許多青年喜
歡活動，喜歡到處跑，做這做那，跟熟人談話，跟生人談話，這種青年不讀
文藝也還是在擴大他的人生經驗。但另有一種青年，不喜歡活動，所謂『弱
不好弄』，儻若再連小說看不得，結果是像暖房里長大的植物，一出家庭或學
校的大門，『天眞』得可憐。」「中學青年喜歡看文藝作品，更確切一點說，
最喜歡看小說，其次劇本，又其次才是詩歌和散文，跟小學生喜歡聽故事同
出一個根源：喜歡知道別人的事情，人類好奇心的一面。所以過去，乃至現
在的多烘『塾師』禁止學生看小說都是徒然的。」〔註67〕樓適夷認爲：「作爲
生活學習的教育，決不能離開生活修習之一的文藝修習，國文科教學生活手
段中所必需的讀和寫的技能，閱讀和書寫藝術語言的技能也應有普遍的地
位。」〔註68〕丁易認爲：「文藝在國文科中的地位就不應該被忽視，它至少要
在這一科中占二分之一的比重。〔註69〕1947年7月，茅盾在另一處發表演講，
也談到了中學的文學教學。〔註70〕

　　葉聖陶對於這些觀點曾有過不同看法。他在1940年主張學生多讀一些非
文學的普通白話文。「國文教師大概有這樣的經驗，只要教學生自由寫作，他
們交來的往往是一篇類似小說的東西或是一首新體詩。我曾經接到過幾個學
生的白話信，景物的描繪與心情的抒寫全像小說，卻與寫信的目的全不相干。
還有，現在愛寫白話的學生多喜歡高談文學，他們不管文章的體裁與理法，
他們不知道日常應用的不是文學而是普通文。認識尤其錯誤的，竟以爲只要
寫下白話就是寫了文學。以上種種流弊，顯然從專讀白話文學而忽略了白話
的普通文生出來的，如果讓他們多讀一些非文學的普通白話，我想用白話來
狀物，記事，表情，達意，該會各如其分，不至於一味不相稱的襲用白話文
學的格調吧。」〔註71〕1947年，《中學生》雜誌社發起「中學生與文藝」筆談
會時，要求來稿者回答：「有人說，中學生喜歡類比文藝筆調，以至普通文字
也寫不好了。這個看法對不對？」其實這個看法就來自葉聖陶。但來稿對這

〔註67〕呂叔湘：《關於中學生與文藝》，《中學生》186期，1947年4月1日。
〔註68〕適夷：《逐項回答》，《中學生》186期。
〔註69〕丁易：《文藝的教育價值》，《中學生》186期。
〔註70〕茅盾：《中學生怎樣學習文藝》，《文匯報》1947年7月1、2日第7版。
〔註71〕葉聖陶：《國文教學的兩個基本觀念》，《中學教育學刊》創刊號，1940年8
　　　　月。

一看法大都持否定態度。呂叔湘認爲：「有人說，中學生類比文藝筆調，以至普通文字都寫不好了。這是由於他們類比錯了，或者類比錯了人，平心而論，有些流行的作家在這件事上是應該負點責的。外國的中學生的課本大半多是文藝作品，教師鼓勵他們模倣，沒有聽見說因此文字不通。指導青年類比哪一種筆調，如何類比，這又是國文教師的責任。但如教師放棄了這個有力的工具，禁止學生看小說，強迫他們背誦《離騷》或《易經》，或《國定本教科書》，那就一切無從讀起了。」〔註72〕柯靈「不相信真能裕如地應用『文藝筆調』的人，反而寫不好『普通文字』」。〔註73〕丁易認爲：「至於說『中學生喜歡類比文藝筆調，以至普通文字也寫不好』，那是由於國文教師沒有好好盡責，或是因爲國文科根本就不重視文藝所造成，不能因噎廢食的來禁止學生讀文藝作品。」〔註74〕其實，余冠英早在 1942 年就已經談過：「注重了文藝，並非就是放棄了應用。『應用』的意義不能看得太狹，學生有了用文字敘事說明表情達意的能力，就能應用。應用文在文理通順的人只要曉得格式無不能做。曉得格式並不是難事，另有專書備查，正不必一一在國文教本裏陳列出榜樣來。有些中學國文教本選錄了許多『報告書』、『宣言』、『發刊詞』、『簡章』、『政綱』、『方案』、『祝詞』、『緣起』、『告示』等等，徒然佔了很多的寶貴篇幅，應該趕快騰讓給文藝。」〔註75〕在此背景下，開明新編國文課本幾乎不選應用文，〔註76〕而選了大量文學作品，雖跟葉聖陶的原意有距離，卻尊重了學界的觀點。

　　《開明新編國文讀本甲種》與《開明新編高級國文讀本》選了大量能夠體現五四以來特別是 40 年代新文學實績的作品，並爲其設計了獨特的教學內容。

　　這些文學作品的核心主題，是對人民大眾命運的關注，美好心靈的讚美和歌頌。跟 30 年代《創造國文讀本》等教科書中的純文學作品相比，顯得「強健」得多。

　　余冠英批評 30 年代「坊間中學國文教本對於引起欣賞文藝興趣這一目標

〔註72〕呂叔湘：《關於中學生與文藝》。
〔註73〕柯靈：《中學生與文藝》，《中學生》186 期。
〔註74〕丁易：《文藝的教育價值》。
〔註75〕余冠英：《坊間中學國文教科書中白話文教材之批評》。
〔註76〕相比於 30 年代國文教科書，開明新編國文讀本應用文選得非常少。《開明新編國文讀本甲編》僅選了《羅邱史德黑蘭會議宣言》與契訶夫著、程萬孚譯《給高爾基的信》。《開明新編高級國文讀本》僅選了基希著、洪深譯《給卓別靈》。

的注意似乎尚嫌不夠。其所選的文藝作品也未能全和這目標相應。坊間教本裏的文藝作品，多數是抒寫小小情事的短篇，在形式和內容兩方面都該算作『小品』的東西。少有沉重的、強健的，關係到人生大問題的那一類。這樣會使學生誤會文藝就是這麼纖柔小巧的玩藝兒，養成的興趣便不會正確，影響當然是不好的。」〔註77〕而開明新編國文讀本顯然有意識的糾正了這一點。

　　國定本《初中國文甲編》選蔣介石的作品最多，而開明書店這兩套教科書選的最多的是魯迅作品。魯迅的《故鄉》、《孔乙己》自發表以來，就被 20 年代影響較大的民智書局《初中國語文讀本》、商務印書館《初中國語教科書》、中華書局《初級國語讀本》等教科書選入，並成為此後中學國文教科書的常選篇目。《風箏》、《聰明人傻子和奴才》、《一件小事》也常被選入 30 年代出版的中學國文教科書中。上述 5 篇作品都為《開明新編國文讀本甲種》所選。《開明新編高級國文讀本》則選了《社戲》、《藤野先生》、《無聲的中國》、《讀書雜談》4 篇作品，占 48 課的 1/12。在《社戲》課後，編者介紹魯迅說：「他的創作從《新青年》雜誌上發表的《狂人日記》開始，而影響最大的是《阿 Q 正傳》。他的題材是農村，主題是打倒封建的禮教。同時他用了尖銳的筆批評舊的傳統，諷刺老中國。他做過中學校長，做過大學教授；愛護青年，領導青年，直到死的一天，始終如一。他對舊社會始終在戰鬥著，後來並創造了雜文做更尖銳的戰鬥武器。他和許多青年人在一起努力的促進新社會的實現，青年人最信服他。」編者葉聖陶一直敬佩魯迅，在樂山武漢大學期間就曾為「發狂捧魯迅」與同事蘇雪林鬧意見。〔註78〕而編者朱自清，在 1936 年魯迅逝世後，接受記者採訪時直言對魯迅後期作品看得不多。〔註79〕現在卻特意找出瞿秋白《魯迅雜感選集》序言來看，〔註80〕稱魯迅雜文為「更尖銳的戰鬥武器」，其間變化耐人尋味。這兩套教科書還選入了蕭乾《朦朧的敬慕》和孫伏園《哭魯迅先生》兩篇紀念文章，讓讀者從當事人的追憶中感受魯迅的人格魅力。

　　除魯迅外，兩套教科書特別注意選擇為人們所公認的其他大作家的作品。選郭沫若《地球！我的母親！》和《杜鵑》，將他作為 20 年代兩位代表

〔註77〕余冠英：《坊間中學國文教科書中白話文教材之批評》。
〔註78〕葉至善：《父親長長的一生》，江蘇教育出版社，2004 年。第 204 頁。
〔註79〕李斌：《魯迅逝世後北平文化界的反響》，《北京社會科學》2009 年第 6 期。
〔註80〕朱自清日記 1948 年 7 月 2 日載：「讀完何凝的《魯迅雜感選集》序言」。《朱自清全集》（第 10 卷），江蘇教育出版社，1998 年。第 514 頁。

詩人之一。除選茅盾翻譯小說《撤退》外，還選茅盾 1941 年爲《華商報》所寫的《白楊樹》和《「拉拉車」》兩篇隨筆。選巴金散文《繁星》，譯作《利己主義者》、《自然》、《門檻》、《牢獄生活》。〔註81〕選老舍《濟南的冬天》、《北平的夏天》與《駱駝祥子（節錄）》。〔註82〕在這些作品的解讀中，編者站在人民大眾的立場，反對個人主義。1948 年 7 月 9 日，朱自清在日記中寫到：「完成第一冊教科書的編寫工作。讀《知識份子及其改造》，它觀點鮮明，使人耳目一新，知識份子的改造確很重要。本書詳述知識份子之個人主義及其思想上的敏感性。」7 月 11 日，「著手編第二冊教科書」。《駱駝祥子（節錄）》就選在《開明新編高級國文讀本》第二冊中。剛讀過的《知識份子及其改造》及「個人主義」等概念給朱自清影響很大。他在《駱駝祥子（節錄）》課後寫到：「小說中寫的是祥子的希望、遭遇和悲慘的結局。造成他的失敗的，是社會環境和他的個人主義。」

　　《開明新編高級國文讀本》是選新詩最多的中學國文教科書之一。第一冊新詩 9 課，第二冊新詩 3 課（8 首），占總課數的 1/4。在康白情《一封沒有寫完的信》後，編者介紹了新詩的特徵後說，「本篇是五四時代的新詩。這一時代的新詩，我們選出康白情、郭沫若兩位來代表。」在郭沫若《地球！我的母親！》後，編者說：「他的詩有兩個新的主題，就是泛神論與二十世紀動的和反抗的精神。由於前者，他把大自然看作神，看作朋友。由於後者，他要做個『地之子』，地球的兒子。」如果說康白情和郭沫若是《新青年》和創造社的代表詩人的話，聞一多則是編者眼中新月社的代表詩人。《開明新編高級國文讀本》第二冊選了聞一多的《一個觀念》和《發現》，稱讚聞一多「差不多可以說是抗戰以前我們的唯一的愛國詩人。」並說從這兩首詩中「我們可以看出他所愛的一個理想的完整的中國，也是一個理想的完美的中國；對於現實的中國，他卻是失望的。這樣的抽象的國家的觀念是近代的，外來的，他把它形象化了。」《開明新編高級國文讀本》對於 40 年代的詩歌選得特別多，這些詩歌的核心主題是歌頌人民大眾，或表現人道主義精神。在蘇夫《我童年時的王國》、蘇金傘《離家》、北原《希望》3 首詩後，編者說：「這裡的三首詩都是近年的作品，反映著戰爭帶給人民的災難和痛苦。這些詩都很樸

〔註81〕《利己主義者》、《自然》、《門檻》均爲屠格涅夫散文詩。《牢獄生活》爲克魯泡特金《我的自傳》一節。巴金譯《我的自傳》1939 年 5 月由開明書店初版。

〔註82〕《北平的夏天》來自老舍的《四世同堂》。

素，比五四時代的詩還要樸素些，因為寫的一般人民，不止於知識份子。前兩首的題材是農村，第三首也是站在人民的立場上『希望』。」將這些詩歌跟五四時代詩歌相比，說明編者是從新詩史的角度去選擇作品的。在艾青《城市》、艾漠《生活》、田間《多一些》、魯黎《泥土》後，編者說：「這裡是四首小詩，其中表現著城市和農村的生活的對比。城鄉的對比原來是個老的主題，但是這裡是摩登的城市，是新興的農村，對比起來就更不同了。城市更見得可憎，農村倒真見得可愛了。這裡還表現著一種新的生活態度。有了這種生活態度，就知道自己或個人不應該獨尊，自己也在眾人之中，並且眾人的大我到底比自己的小我大得多。」在臧克家的《老馬》、《鞭子》、《老哥哥》後，編者說「三首詩都是站在人道主義的立場上說話的。」編者還特別注意選擇來自延安等共產黨領導區域的詩歌。編者在何其芳寫於40年代的3首詩後說：「這三首新詩，所表現的是一種新鮮、活潑、健康、進步的生活態度。第一首《河》說河水是大地的脈搏，是生命力的象徵。第二首《生活是多麼廣闊》指出生活的廣闊豐富，叫人不要過狹隘的生活。第三首《我把我當作一個兵士》說生活就是戰鬥。三首都是自由體詩，不是按照一定的格式寫的；但也相當整齊，而且韻節和諧，讀起來琅琅上口。」除何其芳的3首詩來自延安外，《開明新編國文讀本甲種》中艾青的《太陽的話》是1942年他到延安後的第一首詩歌。

這兩套教科書是民國以來選戲劇最多的中學國文教科書之一。40年代是話劇發展的黃金時代，這兩套教科書選入的戲劇作品反映了40年代話劇發展的情況。《開明新編高級國文讀本》除選曹禺《蛻變》外，還選了匈牙利青年劇作家塔比的獨幕劇《八根火柴》，該劇原名《第三次世界大戰之後》，1947年發表後，一年之內，中國就出現了五六個譯本。清華大學學生在一次晚會上還表演了該劇。《開明新編國文讀本甲種》節選袁俊《萬世師表》；分兩課節選海哲斯曼著、袁俊譯《好望號》，並節選袁俊《〈好望號〉改譯本序》；分三課節選夏衍改編《復活》，主人公是被侮辱與被損害的下層少女卡丘沙，《好望號》「寫的是一群苦做的漁夫和他們的苦做的妻女」，他們有著「貧苦然而高傲的善良的靈魂」。〔註83〕這都反映著人民大眾的情感。

李廣田認為，「偏重文藝性的教材，當以散文占多數」，〔註84〕茅盾也說，

〔註83〕袁俊：《〈好望號〉改譯本序》。
〔註84〕李廣田：《論中學國文應以文藝性的語體文為主要教材》。

「中學的教材散文比較多」。〔註85〕《開明新編國文讀本甲編》選得最多的，是遊記、隨筆、小品文等作品，共 39 課。朱自清《交湖風景》、《萊茵河》、《倫敦的動物園》，鄒韜奮《開放給大眾的克里米亞》，蕭乾《戰後訪阿爾卑斯》是比較純正的遊記。編者在葉至誠《成都農家的春季》後說：「這一篇雜寫成都農家生活的各方面，時令限於春季。說法與閒談相近，談談這個，談談那個，按文學門類說，就是『隨筆』」。這樣的「隨筆」，編者選了很多。有描寫某一特定地域風情的，像老舍《濟南的冬天》、《北平的夏天》，沈從文《辰州途中》，卞之琳《垣曲風光》，茅盾《「拉拉車」》等；有寫景狀物的，像郭沫若《杜鵑》，茅盾《白楊樹》，巴金《繁星》等。有追念人事的，像魯迅《風箏》，朱自清《背影》，余毅（顧頡剛）《蔡元培先生》，吳晗《哭一多父子》等。《開明新編高級國文讀本》散文選得少，僅選了陳衡哲《居里夫人小傳》，魯迅《藤野先生》，孫伏園《哭魯迅先生》。這跟當時朱自清手頭資料欠缺有關。他在給葉聖陶的信中說：「《新月雜誌》中有從文兄評新詩集數文可選，但手邊無《新月》，又借不到，故不得選。他尚有《湘行散記》自傳等，亦因無書未選。此外如魯迅、志摩諸先生未選者尚多，蕭乾先生《人生採訪錄》及《南德的暮秋》，亦均未選。」〔註86〕他所提到的多是文學意味較濃的散文。

葉聖陶在 1940 年說，「國文教學，選材能夠不忽略教育意義，也就足夠了，把精神訓練的一切責任都擔在自己肩膀上，實在是不必的。」〔註87〕1945年他又說：「『五四』以來國文科的教學，特別在中學裏，專重精神或思想一面，忽略了技術的訓練，使一般學生瞭解文字和運用文字的能力沒有得到適量的發展，未免失掉了平衡。」〔註88〕這提醒我們，討論葉聖陶主編的國文教科書中的文學作品，不能僅從立場和內容這些角度展開。事實上，開明新編國文讀本強調所選文學作品語言的「純粹」性和對學生讀寫能力的訓練。

在編輯開明新編國文讀本期間，朱自清、葉聖陶合寫了一篇《理想的白話文——以『上口不上口』做標準》。他們認為，為了使白話文寫得純粹，「只要把握住一個標準，就是『上口不上口』。一些字眼與語調，凡是上口的，說

〔註85〕 茅盾：《中學生怎樣學習文藝》。

〔註86〕 《致葉聖陶（1948 年 3 月 6 日）》，《朱自清全集》（第 11 卷），江蘇教育出版社，1998 年。

〔註87〕 葉聖陶：《國文教學的兩個基本觀念》。

〔註88〕 葉聖陶：《教材、教法和教學效率——〈國文教學〉序》，《葉聖陶集》（第 13卷），江蘇教育出版社，1992 年。

話中間有這樣說法的，都可以寫進白話文，都不至於破壞白話文的純粹。如果是不上口的，說話中間沒有這種說法的（這裡並不指杜撰的字眼與不合語文法的話句而言），那便是文言成分，不宜用入純粹的白話文。」〔註89〕要求白話文寫得純粹，並以「上口不上口」為標準，其實是夏丏尊、葉聖陶在 30 年代就已經形成並通過《中學生》雜誌提倡的觀點。〔註90〕但這種觀點並沒有體現在他們 30 年代的教科書編輯實踐中。羅黑芷的《雨前》是「新文藝腔」的典型代表，夏丏尊曾以它作反面教材談修改文章，〔註91〕但還是被選入了《國文百八課》。這說明在 30 年代的中學國文教材編輯中，葉聖陶對於作品語言的「純潔」性要求得還不那麼嚴格。但開明新編國文課本與此不同，編者對作品語言是否「純潔」非常在意。他們讚賞老舍與冰心小說中的語言。《開明新編國文讀本甲種》在《北平的夏天》後提示說：「這一篇流利上口的說話，該用說話的調子好好念念。」《開明新編高級國文讀本》在《駱駝祥子（節錄）》後評老舍的語言「純用北平話，而且充滿了幽默的風趣。」在冰心《冬兒姑娘》後稱：「這一篇是用非常地道的北平口語寫的，我們要拿它來朗誦，才能充分欣賞它的語言的美。」對於不上口的白話文，編者時時提醒學生注意。《開明新編國文讀本甲種》不選明清白話小說，《開明新編高級國文讀本》選了《水滸傳》中的《生辰綱》，《儒林外史》中的《四奇人》。在《生辰綱》後提醒學生注意「書裏的白話主要是明朝的，也許還有宋朝的，和現代的白話有許多不同。」並要求學生把部分條理「沒有現在的白話清楚」與部分含有「舊白話的句法」的句子改成現代白話。在《四奇人》後，要求學生將不同於「現在的白話的語句」「一一指出來」。徐志摩《我所知道的康橋》自 20 年代起，先後入選葉聖陶等《初中國語教科書》，朱文叔《國語與國文》，朱劍芒《初中國文》，趙景深《初中混合國語》，揚州中學《初中國文》，傅東華、陳望道《基本教科書國文》，徐蔚南《創造國文讀本》，羅根澤、高遠公《初中國文選本》，朱劍芒《朱氏初中國文》，王伯祥《開明國文讀本》，《國文百八課》，國定本《初中國文甲編》等多套國文教科書中。但葉聖陶、朱自清認為這篇作品中，「如『裙裾』『嗐喋』『睥昵』（應用『睥睨』）『閒步』『清蔭』『美草』

〔註89〕朱自清、葉聖陶：《理想的白話文──以『上口不上口』做標準》，《朱自清全集》（第 8 卷），江蘇教育出版社，1993 年 5 月。

〔註90〕李斌：《論 1930 年代〈中學生〉雜誌倡導的白話文觀念》，《中國文學研究》2009 年第 3 期。

〔註91〕夏丏尊：《文章偶談‧文章的省略》，《中學生》第 62 號，1936 年 2 月。

『巧囀』等，都是文言的字眼」；且「語調也有非白話的」，如「第九段裏的『想像那一流清淺』與第十段裏的『更不煩殷勤問訊』兩語。〔註 92〕這些都不符合他們對理想白話文的要求，所以沒有選入開明新編國文讀本。

　　40 年代，輿論普遍認爲，學習文學作品對於提高學生的閱讀寫作能力極爲有利。丁易認爲：「文藝教學和語文教學也不能截然分開，好的文藝作品就是精練的語言，它也可以作爲語文教學示範的。」〔註 93〕這一看法在當時具有代表性。1940 年，浦江清認爲，初中和高中的白話文教材都應分爲兩種。初中第一種白話文教材爲白話小說菁華。「可選宋元以來白話小說的菁華，從京本通俗小說、水滸傳、儒林外史、紅樓夢、鏡花緣、兒女英雄傳、老殘遊記等約略十部書里選出合於初中學生的口味的部分來編成一個教本（可分上下兩冊，適用於初中一、初中二），目的是「使讀者能瞭解舊式白話文，獲得豐富的辭彙。古白話文的好處是乾脆爽利，因爲沒有參雜歐化句調，這種文章可以讀來作寫現代白話文的『底子』。」初中第二種白話文教材爲現代文彙編。「選現代白話文的短篇，包括短篇小說（創作及翻譯），抒情散文、遊記、傳記、書箚、議論文、演說辭等等，使讀者熟練現代新式語體文的語法。另外以一部淺近的國語文法作爲課外參考書。」高中白話文教科書也分兩種。第一種跟初中第二種內容相同，但「程度稍稍加深（這一本課本如鐘點不足時，可以略去）」。第二種「專選學術文，包括人文科學與自然科學的通俗論文（以不太專門爲原則），以及討論各種社會問題的通俗論文（亦可分上下兩冊，假定爲高中二，高中三的課本）。選擇的標準要顧到文章方面，使讀者得到知識，同時也獲得寫作現代文的範本。中學生的趣味，不限於純文藝，上面兩冊已偏重文藝，所以這兩冊注重學術，於將來不預備讀文科的人最爲有益。」〔註 94〕可見，浦江清之所以看重文學作品，也是因爲文學作品的教學有利於提高學生的讀寫能力。

　　開明新編國文讀本的編者認同這些看法。葉聖陶認爲文學作品的「內容和形式分不開來，要瞭解它就得面對它本身，涵詠得深，體味得切，才會有所得；如果不面對它本身，而只憑『提要』『釋義』的方法來瞭解它，那就無論如何隔

〔註 92〕朱自清、葉聖陶：《理想的白話文——以『上口不上口』做標準》。
〔註 93〕丁易：《文藝的教育價值》。
〔註 94〕浦江清：《論中學國文》。

膜一層，得不到很正的瞭解。」〔註95〕朱自清認爲：「文藝教學是語文教學的一部門，並且是主要的一部分，因爲文藝是語文教學的主要材料。因爲是語文教學的一部門，所以文藝教學應該注重詞句段落的組織和安排，意義的分析；單照概括的文藝原理或批評原理講論作品的大意，是不夠的。文藝教學跟文藝批評不盡同，教學不該放鬆字句。」〔註96〕他們的意見落實到了開明新編國文讀本的編寫之中。《開明新編國文讀本甲種》「在每篇文字之後，我們寫了短短幾句，或是指點，或是發問，意在請讀者讀過以後，再用些思索的工夫，可以思索的當然不止這些個，我們寫的不過舉例而已。」〔註97〕《開明新編高級國文讀本》課後有「討論」，「音義」和「練習」等項。「『討論』全用發問的方式。讀者從這些問題裏可以學習分析文篇的方法，知道怎樣把握要點，貫穿脈絡，怎樣看字面，怎樣看字裏行間。這裡其實要分析和綜合併用才成。這樣才能瞭解和欣賞，也才能學習怎樣表現。『練習』除了背誦或默寫以及指出某一類特別的表現法外，也都用發問的方式。這裡提出結構的分析，詞語的講解，句式和比喻的運用等。句式屬於文法，比喻屬於修辭，結構屬於文章作法。這部讀本裏並不系的講到這些，但是我們在『音義』和『練習』裏常常提出具體的文法問題，如詞語的形聲、結構、意義等。偶然用到文法術語，大多採用一般通用的。關於文法的說明，我們希望教師和讀者用王了一的《中國語法綱要》（開明）和叔湘的《中國文法要略》（商務）做參考。在『練習』裏我們也常提出具體的修辭問題和作法問題，如隱喻和篇段的結構等。我們注重的是應用，不是理論，所以採取這樣一點一滴的辦法。『討論』和『練習』兩欄裏的問題有時候並沒有嚴格的分界，要看文篇的性質而定。總之，我們希望讀者能夠得到實際的益處。」〔註98〕

　　從這些說明中我們也可以看到，開明新編國文在強調通過文藝作品的學習提高讀寫能力的同時，不追求語法、修辭學習的系統性，這是它的創新之處。30 年代的中學國文教科書，包括《國文百八課》，大都有系統的文法、修辭和文章作法知識。余冠英對此批評說：「坊間中學國文教科本裏有些缺點就是因爲編撰的體例不妥而產生的。有些教本將選文作爲『文章講話』的例子，

〔註95〕　葉聖陶：《論中學國文課程的修訂》，《葉聖陶集》（第 16 卷），江蘇教育出版社，1993 年 6 月。
〔註96〕　朱自清：《中學生與文藝》，《中學生》187 期，1947 年 5 月 1 日。
〔註97〕　《序》，《開明新編國文讀本甲種》（第一冊），開明書店，1947 年。
〔註98〕　《編輯例言》，《開明新編高級國文讀本》（第一冊），開明書店，1948 年。

有些將選文的門類分別得非常瑣細。這樣便發生一種流弊。門類要求完備，例子要求豐富，有許多文章便爲備格充數而入選，並非爲了學生的需要，有時也就顧不到適宜不適宜的問題。而許多該入選的文章地位反被一些不相干的篇什佔了去。」他不點名批評《朱氏初中國文》編得「豈不像描寫辭典？描寫辭典對於學寫作的人本來就沒有絲毫用處。編國文教本的人絕不可有重視描寫辭典的觀念。」〔註 99〕葉聖陶對此也有反省。大多數學者認爲《國文百八課》在 1949 年前葉聖陶所編教材中最具代表性。但葉聖陶在 1940 年卻認爲。「閱讀得其法，閱讀程度提高了，寫作程度沒有不提高的。所謂得其法，並不在規律地作訓詁學，文法學，修辭學與文章學的研究，那是專門之業，不是中學生所該擔負的。」〔註 100〕《國文百八課》最具特色的文話，其實正是系統的文章知識。與此不同，開明新編國文課本在編輯上不求文法、修辭、文章學知識的系統性和完整性，而是通過對選文的反覆琢磨，來提高閱讀和寫作的能力。打破長期以來分單元的教學模式，減低語法、修辭等知識教學的比重，通過對文學作品的反覆閱讀、揣摩，來提高學生讀寫能力，強調「應用」而非「理論」，強調能力而非知識，這些經驗值得我們思考和借鑒。

正因爲目的是提高學生的語文能力，所以開明新編國文課本雖以文學作品爲主，卻不排斥說明文、議論文等普通文章。余冠英在設計中學國文教科書時說：「文藝作品中包含記敘，抒情，描寫各體。說明和議論有時也能容納在其中。假如國文教本將大部分篇幅給予文藝作品，小部分給予說明和議論的文章（內容也可以偏文學），則對於文章各體實際上已經兼備，並無偏枯之弊。」〔註 101〕給普通文的教學留下了餘地。開明新編國文讀本的編者也認爲國文教學不可偏廢普通文。葉聖陶一直主張應多選普通文作教材。1940 年 8 月，他在《對於國文教學的兩種基本觀念》中說：「其實國文所包的範圍很廣，文學祇是其中一個較小的範圍。文學之外，同樣被包在國文的大範圍裏頭的，還有非文學的文字，就是普通文字。這包括書信、宣言、報告書、說明文等應用文，以及平正地寫狀一件東西、載錄一件事情的記敘文，條暢地闡明一個原理、發揮一個意見的論說文。中學生要應付生活，閱讀與寫作的訓練，

〔註 99〕 余冠英：《坊間中學國文教科書中白話文教材之批評》。
〔註 100〕 葉聖陶：《國文教學的兩個基本觀念》。
〔註 101〕 余冠英：《坊間中學國文教科書中白話文教材之批評》。

就不能不在文學之外同時以這種普通文爲對象。」〔註 102〕1941 年，朱自清主張多翻譯書信和國外短論做白話教材。〔註 103〕1948 年，呂叔湘寫信給葉聖陶，建議開明國文讀本選進他翻譯的幾篇科學文字，葉聖陶深以爲然。〔註 104〕在選擇普通文時，《開明新編國文讀本甲編》於介紹某一方面知識的說明文選得較多，共 29 課。其次是論說文，18 課。《開明新編高級國文讀本》選議論文、雜文 10 課，說明文 6 課。編者說：「就體裁而論，大致一二冊記敘文描寫文占得多些，說明文議論文少些，以後說明文和議論文逐漸加多，五六冊記敘文描寫文就比較少了。」〔註 105〕祇是後面幾冊沒來得及編輯出版。

　　同時，開明新編國文的編者認爲寫作應以報章文等普通文字爲目標。在「中學生與文藝」筆談會中，曹伯韓說，「就國文科說，我贊成把青年愛好文藝的傾向因勢利導，使他們把國文弄通。但不贊成忽視普通文字的教學。中學生不妨練習片段的文藝寫作，如速寫、報告、日記、隨筆之類，給大衆閱讀的作品尤其值得學著寫。但市民階層所歡迎的小說戲劇詩歌等，似乎都可暫不寫作。至於普通文字，人人要應用的，非練習寫作不可。」〔註 106〕朱自清認爲：「中學生如果只愛文藝，閱讀的是它，練習的是它，卻又沒有敏銳的辨別力，就很容易濫用文藝的筆調。他們不能清楚的辨別文藝和普通文字（就是廣義的應用文）的不同，他們只會那一套。因此寫起普通文字來，浮文多，要緊話少，而那幾句要緊話又說不透徹。這就不能應用。所以我在第九條答案裏說：『中學生作文課該以廣義的應用文爲主』。這廣義的應用文應該以報章文做標準。」〔註 107〕正因爲此，開明新編國文讀本很少設計文學創作方面的作業。

第四節　開明文言讀本對文言文教學的設計

　　自 1940 年起，學界開始對中學國文教科書文白混編有不同看法。1940 年，浦江清在思考當時中學國文教學情況的基礎上提出：「我有一個謬見，主張把中學國文從混合的課程變成分析的課程；把現代語教育，和古文學教育分開

〔註 102〕葉聖陶：《國文教學的兩種基本觀念》。

〔註 103〕朱自清：《論教本與寫作》，《國文月刊》第 10 期，1941 年 9 月 16 日。

〔註 104〕葉聖陶 1948 年 3 月 4 日日記。

〔註 105〕《編輯例言》，《開明新編高級國文讀本》（第一冊）。

〔註 106〕曹伯韓：《要指導他們打好學習的基礎》，《中學生》第 186 期，1947 年 4 月 1 日。

〔註 107〕朱自清：《中學生與文藝》。

來，成爲兩種課程（名稱待後討論），由兩類教師分頭擔任。這樣可以使教師發揮特長，教本的內容純粹，作文的訓練一貫而有秩序，而且有分別練習語體文文言文兩種作文的機會。」〔註108〕浦江清有關文白分開教學的意見，受到葉聖陶的重視。葉聖陶將這篇文章作爲附錄編入他和朱自清合著的《國文教學》，並在序言中說：「現行課程標準規定初中一年級起就將文言和白話混合教學，文言的比例逐年增加，直到大學一年級整個講讀文言爲止，這樣辦效果卻不好。學生不但文言沒有學好，白話也連帶著學得不夠好。教本里選的文言花樣太雜，使他們不容易摸著門路，而混合教學又使他們彷徨，弄不清文言和白話的區別。我們贊成本書附錄裏浦江清先生的主張，將白話和文言分別教學。」〔註109〕在同月發表的爲呂叔湘《筆記文選讀》所作的序言中，葉聖陶認爲文言白話在「理法上差異很多，在表達上也大不一樣，要分開來學習才可以精熟，不然就夾七夾八，難免糊塗。兩相比較當然是需要的，但是須待分頭弄清楚了才能比較。開頭就混合在一起，不分辨什麼是什麼，比較也祗是徒勞。」〔註110〕

　　葉聖陶不僅在理論上贊成文言白話分開編輯，而且組織人員操作。葉聖陶認爲：「白話文言混合教學的辦法，是十一年編訂新學制課程標準的時候開的頭。到如今二十多年了，沒有改變。有些人關心這件事情，以爲混合教學雖有比較與過渡的好處，也有混淆視聽與兩俱難精的毛病。二十年來國文教學沒有好成績，混合教學也許是原因之一。」〔註111〕1922 年新學制課程標準初中國語部分正是葉聖陶起草的，隨後由商務印書館出版的第一套文白混編的《初中國語教科書》也是葉聖陶參加編選的。解鈴還需繫鈴人，如今又由葉聖陶牽頭將文言白話分開編輯。開明書店於 1946～1949 年出版的 4 套中學國文教科書中，《開明新編國文讀本甲種》與《開明新編高級國文讀本》所選都爲白話文，與它們配套的《開明新編國文讀本乙種》與《開明文言讀本》則都選文言文。

　　這兩套文言教材的編選目的不是訓練學生的文言寫作，而是提高學生的閱讀能力。

　　1923 年胡適起草的《高級中學公共必修的國語課程綱要》中，將「繼續

〔註108〕浦江清：《論中學國文》。
〔註109〕葉聖陶：《教材、教法和教學效率——〈國文教學〉序》。
〔註110〕《葉序》，呂叔湘《筆記文選讀》，文光書店，1946 年。
〔註111〕《序言》，《開明新編國文讀本甲種》（第一冊）。

練習用文言作文」作爲高中國文教學的四大目標之一。1932 年頒佈的《高級中學國文課程標準》也將「養成其用文言文敘事說理表情達意之技能」作爲重要目的。這些觀點爲人們所普遍認可。

　　1940 年，浦江清主張中學文言教材有兩項任務，一爲訓練閱讀能力，一爲幫助文言寫作。幫助文言寫作的初中教材應「選短篇文章，程度可以參考二十年前的高小教本而增加些文言尺牘。讀這一本課本時，學生試作百字以內的作文，並練習文言書箚。」〔註 112〕高中教材應「選晚清到民國的文言文。古文是文言的根底，至於現在通行的文言，是不用古文調子的。這一本課本，爲幫助學生練習文言之用，所以不要求他們『精讀』，只要他們略讀。內中可以選晚清人談新學，談革命的文章，愛國志士所寫的發揚民族精神的文章，近代政論家的政論，政府的重要宣言，外交文件，新聞記者的文章，對於預備讀法科的學生最有用處。此外還可以選名人的傳記、書箚、山水遊記等類。以文章明白曉暢爲標準。」〔註 113〕

　　朱自清贊同浦江清的意見，他也認爲文言文教材需要承擔「給學生做寫作的榜樣或範本」的功能，本來「中等學校裏已無須教學生練習文言的寫作」，但「在現行課程標準未變更以前，中學生還得練習文言的寫作。」〔註 114〕

　　但《開明文言讀本》並未採納這些意見，編者認爲學生不需要練習文言文寫作，學文言文的目的僅在於閱讀文言書籍，「或是爲了瞭解過去的歷史，或是爲了欣賞過去的文學。」〔註 115〕

　　在選文來源上，跟以前的中學國文教科書相比，這兩套教材側重筆記文。

　　呂叔湘參與編輯《開明文言讀本》之前，曾編過一本《筆記文選讀》，〔註 116〕其編輯緣由在於對當時通行的國文教科書的不滿。「現行的國文教科書，因爲受種種條件的拘束，所選的文言篇章對於學習者的興趣未免太少顧及。同時，教科書所選的多半出於專書或文集，風格以高古爲尚，是可以或應該讀，但未必是可以或應該類比的。」〔註 117〕呂叔湘批評現行教科書的文言課文沒有顧及學生的閱讀興趣，是因爲他認爲筆記文應作爲國文教科書的材料來源。「筆記作者不刻

〔註 112〕浦江清：《論中學國文》。
〔註 113〕同上。
〔註 114〕朱自清：《論教本與寫作》。
〔註 115〕《編輯例言》，《開明文言讀本》（第一冊），開明書店，1948 年。
〔註 116〕文光書店 1946 年 3 月重慶初版，9 月上海再版。
〔註 117〕呂叔湘：《序》，《筆記文選讀》，文光書店，1946 年。

意為文，祇是遇有可寫，隨筆寫去，是『質勝』之文，風格較為樸質而自然，於語體較近，學習起來比較容易。」〔註118〕

後來呂叔湘追認，他選筆記文，不僅僅因為學生容易對此發生興趣，還在於筆記裏面有很多好文章，「我對於中國文學史沒有研究，祇是有這麼一個感覺，從先秦以後到白話文學興起以前，中間這一千多年裏，散文文學是遠遠落後於韻文文學的。這個時期的大作家，司馬遷以外，數來數去就只有詩人的名字。連最有名的散文作家韓愈和蘇軾，也好像是他們的詩比他們的文更可取似的。這不僅僅是我個人的偏見，也有別人說過。打開《古文辭類纂》之類的書來看，可以算做優秀的文學作品實在不太多。其實這一時期的散文文學，如果不限於第一流的作品，還是有相當數量的，祇是文集裏不多，應該到『雜書』裏去找罷了。所謂『雜書』，包括多種，而數量最多的是筆記，這裡面是有很多好東西的。」〔註119〕

呂叔湘於「筆記」有詳細解釋。「隨筆之體肇始魏晉，而宋人最擅勝場」。又可分而為三：一為搜神誌異及傳奇小說之類，二為正經考史及詩話文評之類，三為「或寫人情，或寫物理，或記一時之諧謔，或敘一地之風土，多半是和實際人生直接打交道的文字」。〔註120〕《筆記文選讀》只收第三類。一方面因為「隨筆之文也似乎本來以此類為正體」；另一方面也因為「六朝志怪和唐人傳奇都可另作一選，並且已有更勝任的人做過」，而詩文評和考史「內容未必能為青年所欣賞，文字也大率板滯寡趣。」所以前兩類都不選。具體來說，《筆記文選讀》「選輯始於《世說新語》而終於《武林舊事》，凡九種，而宋人之作居其七」，〔註121〕包括《世說新語》20 則，李肇《國史補》10 則，沈括《夢溪筆談》14 則，蘇軾《志林》9 則，莊季裕《雞肋篇》10 則，陸游《老學菴筆記》11 則，周去非《嶺外代答》10 則，周密《癸辛雜識》8 則，周密《武林舊事》4 則。

葉聖陶贊同呂叔湘選筆記文做教材。「語文教本的選材，也有人主張須在內容跟形式兩方面找出些條件來做取捨的標準。內容方面，大概可以憑背景的親近不親近，需要的迫切不迫切，頭緒的簡明不簡明這些條件；形式方面，

〔註118〕呂叔湘：《序》，《筆記文選讀》，文光書店。
〔註119〕呂叔湘：《序》，《筆記文選讀》，上海古籍出版社，1979 年 7 月，新 1 版。
〔註120〕呂叔湘：《序》，《筆記文選讀》，文光書店。
〔註121〕呂叔湘：《序》，《筆記文選讀》，上海古籍出版社。

大概可以憑需要的迫切不迫切，結構的普通不普通，規律的簡單不簡單這些條件。這就跟每樣都嘗一點兒的辦法不一樣；每樣都嘗一點兒的辦法是只問好菜，這個辦法卻顧到吃的人的脾胃，顧到他的眞實得到營養。」葉聖陶這些話是有針對性的，他所說的沒有考慮到學生的接受情況，試圖每樣都讓學生嘗一點兒，正是壬戌學制實施以來中學國文教科書的普遍情況。「現在中學裏的語文教本，白話文言兼收；就材料說，從現在人的隨筆小說以至經史子集，幾乎無所不包。這個風氣在民國十一二年間開始，到現在二十年，一直繼承下來。」而《筆記文選讀》「文言之中專選筆記，筆記之中又專選寫人情，述物理，記一時的諧謔，敍一地的風土，那些跟實際人生直接打交道的文字，爲的是內容富於興味，風格又比較樸實而自然」，「幾乎全是記敍文，對於讀者日常寫作該會有不少幫助。」〔註122〕

　　《開明文言讀本》全書三冊共52課，其中喻言與筆記8課，分別來自《韓非子》、《百喻經》、《世說新語》、《夷堅志》、《夢溪筆談》、《天工開物》。《開明新編國文讀本乙種》三冊共110課，近人文言37課中，有《某氏母女》、《何伶》、《聱者》、《波斯老人》、《獵象》、《昆蟲之農工業》、《稻》、《麥》、《珊瑚島》、《喜馬拉亞之遊》（分2課）等11課作者均署「軼名」。古人文言79課中，有15課筆記、9課寓言與3課日記。筆記分別來自《世說新語》、周密《癸辛雜識》、沈括《夢溪筆談》、劉元卿《應諧錄》、劉餗《隋唐嘉話》、戴埴《鼠璞》、洪邁《容齋隨筆》、劉基《郁離子》、袁宏道《促織志》、張岱《陶菴夢憶》、江盈科《雪濤小說》、李漁《閒情偶寄》、沈復《浮生六記》、蒲松齡《聊齋誌異》、俞樾《春在堂隨筆》。寓言除錢大昕《弈喻》外，分別來自《韓非子》、《孟子》、《戰國策》、《列子》、《晏子春秋》、《家語》、《百喻經》、《伊索喻言》（林紓譯）。日記分別來自徐宏祖《遊雁蕩山日記》、姚鼐《使魯日記》、曾國藩《求闕齋日記》。這些作品都是以前教科書很少選的。

　　葉聖陶認爲：「教材選得適當，祇是有了好的憑藉，要收效，還得在體會、揣摩、辨認、推求方面下工夫。唯有這些工夫做到家，教學的技法才化爲學生的語文習慣。」「如今學習的時間既已減少，而應得的成績又非得到不可，唯有特別注重方法，才會收到事半功倍的效果。多讀多作固屬重要，但是尤其重要的是怎樣讀，怎樣寫。對於這個『怎樣』，如果不能切實解答，就算不得注重了

〔註122〕《葉序》，呂叔湘《筆記文選讀》。

方法。」〔註123〕這裡的「方法」，有些受到呂叔湘《筆記文選讀》的啟發。

《筆記文選讀》在選文後有注解和討論。注解「於常見詞語之用法隨時提示，於生僻的詞語在字書中可一索而得者或竟置之不論，和舊時的箋注也有點不同。」討論部分「除一部分和詞句的義蘊有關外，大率以引發讀者的經歷見聞和所讀文字相印證為宗旨，希望能幫助養成一種比較良好的讀書習慣。」〔註124〕葉聖陶稱讚《筆記文選讀》文後的「注釋與討論」寫得好。當時流行的中學國文教科書也有這一部分，〔註125〕但相比之下，「呂先生才真正做到了『指導』，他用心那麼精密，認定他在指導讀者讀文言，處處不放鬆，他使讀者不但得到瞭解，並且觀其會通。在現在的青年，文言到底是一種比較生疏的語言，不經這樣仔細咀嚼，是很難弄通的。他的指導又往往從所讀的篇章出發，教讀者想開去，或者自省體驗，或者旁求參證。這無關於文言不文言，意在使讀者讀書，心中常是活潑潑地，不至於只見有書，讓書拘束住了。」〔註126〕《筆記文選讀》的兩點經驗——第一點：注釋部分不重生僻字，不重人名地名，而「於常見詞語之用法隨時提示」；第二點：「從所讀的篇章出發，教讀者想開去，或者自省體驗，或者旁求參證。」——都被開明書店新編的兩套文言教科書吸收了。

具體來說，這兩套教科書所設計的文言文教學有四個特點。

第一，學習文言不追求文法知識的系統完整，而隨篇講解，特別注重文言虛字、文言句法的用例及與現代語的比較。葉聖陶認為：「一個青年開頭讀文言，語彙與文法大都是生的，就一個個字看，也許都認得，把許多字連起來看，可不知道他說些什麼。因此，語彙和文法得一點一滴的教學，又得研究各各的用例，與白話對照，比較。」〔註127〕這跟時人對中學生的文言程度認識相符，浦江清就有如下說法：「初中的文言文要從頭讀起。小學生只習慣了白話，現在初中國文課本，忽然插入成篇的文言，顯得非常突兀，除是悟性特高的學生，就不會明白」。〔註128〕因此，《開明新編國文讀本乙種》「在每篇文字之後，我們

〔註123〕葉聖陶：《教材與教法》，《葉聖陶集》（第16卷），江蘇教育出版社，1993年6月。
〔註124〕呂叔湘：《序》，《筆記文選讀》，文光書店。
〔註125〕穆濟波《高級國語讀本》、傅東華《復興初中國文》都設計有討論部分。
〔註126〕《葉序》，《筆記文選讀》。
〔註127〕《序》，《開明新編國文讀本乙種》（第一冊），開明書店，1947年。
〔註128〕浦江清：《論中學國文》。

寫了短短的幾句，大多關涉文法方面，能在文法方面多加思索，距離通曉文言
的境界也就不遠了。可以思索的當然不止這些個，我們寫的不過舉例而已。」
〔註129〕它不求文法體系的完整，祇是從課文中隨處指出文言虛字的用法、句子
結構的特色來。如第一冊第一課爲沈復《兒時記趣》，課後問題爲：「（一），這
篇裏的九個『之』字，就作用來分，可以分成幾類？（二），『蹲其身』的『其』
字是『我的』。可見『其』字不一定是『他的』。（三），『爲之』的『爲』，『以……
爲……』的『爲』，『盡爲所吞』的『爲』，口語裏怎麼說？」呂叔湘在爲《開明
文言讀本》所寫的《導言》中「說明文言和現代語的種種區別，並且羅列了一
百多個普通稱爲虛字的字，把它們的用法分項舉例說明。」此外，《開明文言讀
本》課後有 6 項輔助性學習材料：「（一）『作者及篇題』，對於這兩者作簡單的
說明。（二）『音義』和（三）『古今語』解釋文篇裏的詞語：現代語裏已經完全
不用的字，人名地名，事實和制度的說明等等歸入『音義』，現代語裏形式略變，
還有限制地使用的字歸入『古今語』。不加注釋的就是跟現代語裏形式和意義完
全相同的字。（唯一的例外是加『子』尾『兒』尾的字，爲省事起見，也不入注。）
（四）『虛字』這一項裏面只把本篇的虛字在導言裏的節數標明，除例外用法之
外不再注解。（五）『文法』項下指出除虛字以外的文法可注意的事項。（六）『討
論及練習』包括對於選文內容，文章形式，詞語應用等各方面的討論，以及翻
譯和造句的練習。翻譯只有把文言譯成現代語的一種，目的在促進讀者對於選
文的更確實的瞭解。造句的練習也還是爲了增進讀者對於文言字法句法的認
識，並不希望讀者能由此習作文言。」〔註130〕都是爲了隨文練習閱讀文言文的
基本技能。

　　第二，注重不同時代、不同作者風格的比較。《開明新編國文讀本乙種》注重
引導學生感知不同的風格。比如在《《百喻經》四則》後問：「《百喻經》是一部佛
經，譯文造句跟普通文言頗有不同。試辨別一下，不同的是哪些句？」〔註131〕在
吳均《與朱元思書》後問：「作者吳均是六朝人，這一篇正是所謂『六朝文』。『六
朝文』的形式和風格，不同於普通的散文，你體味得出嗎？」〔註132〕而《開明文
言讀本》則注重對不同風格的揭示，但它不同於以《詩品》爲代表的詩文評的抽

〔註129〕　《序》，《開明新編國文讀本乙種》（第一冊）。
〔註130〕　《編輯例言》，《開明文言讀本》（第一冊）。
〔註131〕　《開明新編國文讀本乙種》（第三冊）。
〔註132〕　《開明新編國文讀本乙種》（第三冊）。

象體悟，而是建立在對作者遣詞造句特徵的具體分析之上，顯得比較容易把握。如稱林嗣環《口技》和一般古文不同，「氣勢特別流暢」，因為「那個時代的作家竭力擺脫唐宋『古文家』的束縛，儘管在辭彙方面守著文言的範圍，在文法章法上卻不故意拘拘束束，口語的，佛經的，時文（八股文）的特色都會被他們改頭換面的運用進去。」〔註133〕評《夷堅志》的風格跟「《世說新語》和《夢溪筆談》不很一樣，容納口語成分較少（連『撞入』也是見於《漢書》的成語），但是跟蓄意要做『古文』的文章畢竟不同。一般地說，南宋人的筆記的風格已經不及北宋的質樸。」〔註134〕《開明文言讀本》還注重作家風格的詳細剖析及同一時代不同作家風格的對比。比如，稱《水滸傳自序》「作者的文字有點受佛經的影響，從『楊木』，『唐』（《法華經》：福不唐捐；《百喻經》：唐使其婦受大痛苦），『或若問言』，『云何獨有此傳？』等詞語可見。」〔註135〕稱魯迅的文言文「和一般古文大異其趣；他糅合漢魏文的整齊和筆記文的樸素，而又很能調和。在這一篇裏隨便舉兩三個例：第一段『然卷帙繁重，不易得之』不作『不易得也』；第三段『嘗稱百喻，而實缺二』不作『而實缺其二』；第四段『今則已無阿伽陀藥，更何得有藥裏？』不用『乎』或『哉』──這些地方都可以看出他跟古文家取徑不同。」〔註136〕比較蔡元培、胡適、魯迅的文言文：「蔡先生的文章雖然容納許多現代詞語，所謂『新名詞』，如『感覺』『比例』『刺激』『記憶』『神話』『宗教』『進步』『注意』等等，但用的全然是正統文言的句法，段落的編排，虛字的呼應，也都是正統派的手法，所以看上去儼然是一篇『古文』。胡先生的文章並沒有很多『新名詞』，但是遣詞造句都不很守古文家的家法，彷彿是從白話裏翻譯過去的，可是又沒有我們讀過的幾篇筆記文的樸質。這是現代文言作品裏最常見的一派。魯迅先生的風格又跟他們不同，前面已經說過。」〔註137〕

第三，注重介紹文體知識，但並不系統。《開明文言讀本》在《百喻經》後介紹翻譯佛經文體，《寄弟》後介紹駢體，《虬髯客傳》後介紹傳奇和平話，《赤壁賦》後介紹賦，《游子吟》、《陌上桑》、《絕句二十四首》與《律詩十二首》後的「詩體略說」中介紹樂府、律詩、絕句等各種詩體。這都是朱自清

〔註133〕《口技》「討論及練習」，《開明文言讀本》（第一冊）。

〔註134〕《蔡崇禮》「討論及練習」，《開明文言讀本》（第一冊）。

〔註135〕《水滸傳自序》「討論及練習」，《開明文言讀本》（第二冊）。

〔註136〕《癡華鬘題記》「討論及練習」，《開明文言讀本》（第一冊）。

〔註137〕《裝飾》「討論及練習」，《開明文言讀本》（第一冊）。

所謂的「古典的訓練」。〔註138〕

　　第四，注重參證學生的經驗，以求加深對課文的理解。比如在《開明新編國文讀本乙種》第二冊黃宗羲《柳敬亭傳》後，編者設計的問題有：「莫生批評柳敬亭說書的三句話是三層境界，越後越精深。試憑自己的經驗加以證明。」在《開明新編國文讀本乙種》第三冊林景熙《蜃說》後，編者設計問題爲：「所謂『海市蜃樓』，就科學上講是什麼道理？你在物理學書上讀過嗎？」

　　可見，跟以前的中學國文教科書不同，開明書店 4 套新編中學國文讀本將初高中連成一片；爲適合學生的接受能力，放棄文章體制、文學史和學術思想的教學；不進行系統的文學、語法和文章學知識教學；幾乎不選學術文和應用文；強調閱讀與寫作等語文技能的訓練；文白分編，不分單元；白話文同時承擔思想訓練的功能，文言文教學附帶介紹古典文學知識。這些做法建立在對以前中學國文教科書編輯實踐的反思之上，其經驗值得我們重視。

〔註138〕朱自清：《論教本與寫作》。

結　語

　　行文至此，我們可以簡單歸納出 1912～1949 年中學國文教科書發展演變
的主要矛盾，並提出對確定「語文教學內容」討論的三點啓示。

　　我們認爲，思想道德教育、技能訓練、知識灌輸、文學教學這四種內容相
互衝突、纏繞和鬥爭，構成了 1912～1949 年中學國文教科書發展演變的主要矛
盾。

　　民國初年，技能訓練和文學教學主要表現在林紓、吳曾祺所編以「古文
作法」爲內容的教科書中，知識灌輸主要表現爲許國英、謝无量等人在教科書
中對保存國粹的強調，思想道德教育主要表現爲劉宗向等人對「厲行明史」
的突出。對於這些不同內容的教科書，教育部內部看法並不一致。1922 年改
革學制，中學分初高中。20 年代的初中國文教科書，在內容上側重新思潮和
新文學，而忽略寫作能力的訓練，學界對此有過反省。30 年代的初中國文教
科書主要呈現出思想道德教育、文學教學和文章作法三種內容，前兩種實際
上是對 20 年代國文教學觀念的繼承。以文章作法爲內容的教科書，是 30 年
代的主流，但它們多是介紹文章作法知識，而非實實在在的「形式上的訓練」。
20 年代，各地高中開設大量國文選修課。其主要內容爲包括經史子集在內的
「國故」，所用教材以古籍爲主，近人學術論著爲輔。1924 年，這一現象受到
學界批評。30 年代出版的高中國文教科書，大都選文言文，內容比較固定，
從高一至高三，分別爲「文章體制」、「文學源流」、「學術思想」，這些教科書
受到尖銳批評，人們要求高中國文教學重在讀寫能力訓練。抗戰期間，國民
政府編出《初中國文甲編》，推行「黨化教育」，受到學界批評。抗戰勝利後，
葉聖陶主編了 4 套中學國文教科書，以閱讀與寫作技能訓練爲主要內容。

　　1912～1949 年的中學國文教科書，在內容上突出思想道德教育的，無論是新思潮，還是傳統觀念，都受到學界批評；突出文學教學的，無論是新文學作品，還是文學源流，其效果也不佳；突出知識教學的，無論是系統的語法和文章學知識，還是「國故」知識，最後都沒有堅持下來。人們在討論學生國文程度低落時，一致要求國文教學重在訓練讀寫能力。這對於目前正在展開的確定「語文教學內容」的討論至少有三點啟示。

　　首先，無論哪個時期，中學語文都不可能僅僅是一門工具學科，每個時期的教科書編者，通過選文和對選文的處理，總將他本人的價值觀念、政治立場融入進去。所以，語文天生就有思想教育的功能。我們不應該再局限於討論語文教育是否應有「人文性」，而需進一步討論「人文性」的內涵。抗戰時期，國定本《初中國文甲編》提倡「禮義廉恥」等傳統觀念，這是一種人文性。開明新編國文讀本的編者站在人民大眾的立場，表達對人民民主的渴望，這是另一種人文性。這兩種人文性是截然不同的。我們對於當下不同教科書和不同教學實踐中「人文性」究竟是誰的人文性？是爲誰服務的人文性？是通過哪些篇目體現的人文性？都應有清醒意識和深入探討。

　　其次，語文教育中的「人文性」不同於思想道德教育。我們對於課程標準中「語文是工具性和人文性的統一」這一說法應該辯證的去理解。根據 1912～1949 年中學國文教學經驗，凡是成功的語文教育，「人文性」都是潛移默化的。也就是說，我們未來確定的「語文教學內容」，應突出培養和訓練學生的讀寫能力。只要課文編選適當，學生自然會受到潛移默化的人文薰陶，並且終身受益。過度分析課文的思想內涵，以「向青春舉杯」等爲話題組織教學，其實就沒有尊重語文教育的規律。

　　再次，不宜將工具性混淆爲知識教學，也就是在語文教學中不必系統學習和考察語法和文章學知識。可以講解一些語法和文章知識，但必須是爲提高學生讀寫能力服務的。現在有人要求恢復系統的語法和文章知識教學，這一提法值得商榷。

參考文獻

一、期　刊

1. 《東方雜誌》（1904～1927）
2. 《教育雜誌》（1909～1935）
3. 《中華教育界》（1912～1935）
4. 《湖南教育》（1912～1913）
5. 《教育界》（1912～1913）。
6. 《教育部編纂處月刊》（1913）
7. 《教育公報》（1914～1925）
8. 《紹興教育雜誌》（1917～1919）
9. 《新教育》（1919～1925）
10. 《學生雜誌》（1920～1944）
11. 《中等教育》（1922～1924）
12. 《教育研究》（1928～1930）
13. 《大學院公報》（1928）
14. 《教育部公報》（1929～1935）
15. 《江蘇教育》（1930～1943）
16. 《師大月刊》（1930～1937）
17. 《中學生》（1930～1949）
18. 《青年界》（1931～1948）
19. 《浙江教育行政周刊》（1931～1935）
20. 《國立編譯館館刊》（1935～1939）
21. 《國文月刊》（1940～1948）

22. 《國文雜誌》（1942～1946）
23. 《國文教學叢刊》（1942）

二、教科書研究

1. 阮真等：《初中國文教材研究》，《教育研究》第 14、16 期，1929 年。
2. 黎錦熙：《三十年來中等學校國文選本書目提要》，《師大月刊》第 2 期，1933 年。
3. 吳研因、吳增介編：《小學教材研究》，上海：商務印書館，1933 年。
4. 王恩華：《國難後中等學校國文選本書目提要》，《師大月刊·卅二週年紀念專號》，1934 年。
5. 洪芸仙：《高中國文教材之研究》，《師大月刊》第 24 期，1936 年。
6. 王國棟：《非常時期國文教材研究》，《師大月刊》第 29 期，1936 年。
7. 余冠英：《坊間中學國文教科書中白話文教材之批評》，《國文月刊》第 17 期，1942 年。
8. 張清常：《對於坊間中學教科書所選『學術文』教材之商榷》，《國文月刊》第 18 期，1942 年。
9. 黃光碩、《〈國文百八課〉的體系和選文》，《課程·教材·教法》1986 年第 6 期。
10. 張復琮、曾祥芹：《〈國文百八課〉文章學系統——評夏丏尊、葉聖陶的七十二篇「文話」》，《河南財經學院學報》1986 年第 4 期。
11. 王貴寅：《我國中學語文教科書的演變及其發展趨勢》，《吉林師範大學學報》（人文社會科學版），1987 年第 1 期。
12. 顏禾：《我國近現代中學語文教材編寫史略》，《教育評論》1988 年第 1 期。
13. 黃光碩、《〈國文百八課〉的習問》，《課程·教材·教法》1989 年第 4 期。
14. 周慶元：《中學語文教材概論》，長沙：湖南出版社，1994 年。
15. 王建軍：《中國近代教科書發展研究》，廣州：廣東教育出版社，1996 年。
16. 熊承滌：《中國古代學校教材研究》，北京：人民教育出版社，1996 年。
17. 劉正偉：《1901～1949 年語文教科書發展研究》，《中學語文教學參考》1997 年 8～10 月。
18. 張志公：《傳統語文教育教材論》，上海：上海教育出版社，1998 年。
19. 溫立三：《中學語文教科書世紀回眸》，《中國圖書評論》2000 年第 3 期。
20. 〔日〕藤井省三著、董炳月譯：《魯迅〈故鄉〉閱讀史》，北京：新世界出版社，2002 年。
21. 徐雁平：《從中學國文教科書看近世文學觀念的轉變》，《現代中國》（第

3 輯），武漢：湖北教育出版社，2002 年。

22. 王倩：《體上求用用中見體——〈國文百八課〉「文話」系統對作文教學的啟示》，《首都師範大學學報》（社會科學版）2003 年第 3 期。

23. 劉洪濤：《現代中學語文的外國文學作品形態分析》，《中國現代文學研究叢刊》2003 年第 3 期。

24. 陳美寶：《由愛鄉而愛國：清末廣東鄉土教材的國家話語》，《歷史研究》2003 年第 4 期。

25. 畢苑：《中國近代教科書研究》，北京師範大學博士論文，2004 年。

26. 陳宇航：《譯介、歐化與國化——20 世紀 20 年代初翻譯文學進入中學國語教科書的進程與作用》，清華大學碩士論文，2004。

27. 胡小敏：《〈國文百八課〉研究》，浙江師範大學碩士論文，2004 年。

28. 林喜傑：《〈國文百八課〉研究》，首都師範大學碩士論文，2004 年。

29. 岳輝：《〈國文百八課〉文話研究》，北京師範大學碩士論文，2005 年。

30. 傅建明：《教科書價值取向研究——人教版小學〈語文〉教科書分析》，北京：中國社會出版社，2004 年。

31. 商麗浩、李可依：《簡析民國高中國文教材中女性文選》，《教育學報》2005 年第 6 期。

32. 李良品：《論中國語文教科書的近代化》，《學術論壇》2005 年第 3 期。

33. 吳曉峰：《國語文教科書中的文言白話之爭》，《學術論壇》2005 年第 10 期。

34. M·阿普爾、L·克里斯蒂安—史密斯主編，侯定凱譯：《教科書政治學》，上海：華東師範大學出版社，2005。

35. 劉超：《民族主義與中國歷史書寫——清末民國時期中學中國歷史教科書研究》，復旦大學博士論文，2005 年。

36. 王友軍：《清末和民國時期的中學歷史教科書研究》，浙江師範大學碩士論文，2005 年。

37. 李良品等：《論中國近代語文教科書的特徵與貢獻》，《重慶社會科學》2006 年第 2 期。

38. 閆萍、段建宏主編：《中國現代中學語文教材研究》，北京：文心出版社，2007 年。

39. 金兌妍：《50～80 年代中學語文教科書與現代文學的經典化》，北京大學博士論文，2007 年。

40. 范遠波：《民國小學語文教材研究》，華東師範大學博士論文，2007 年。

41. 汪家熔：《民族魂——教科書變遷》，上海：商務印書館，2008 年。

42. 華晨：《民國時期初中本國史教科書研究（1920～1936）》，南京師範大學

碩士論文，2008 年。

43. 孔云：《文化視野中的地理教科書研究》，華東師範大學博士論文，2008
　　年。

44. 陳婷：《20 世紀我國初中幾何教科書編寫的沿革與發展》，西南大學博士
　　論文，2008 年。

45. 陳爾傑：《「文章選本」與教科書──民初「國文」觀念的塑造》，北京大
　　學碩士論文，2008 年。

46. 金建陵：《民國初期的語文課本》，《藏書》（南京市民間文藝家協會編）
　　2008 年第 8 期。

47. 姚丹：《二十世紀二、三十年代中小學新文學教育──以教材爲考察對
　　象》，《魯迅研究月刊》2008 年第 8 期。

48. 王榮生：《從文體角度看中小學作文教學──從〈國文百八課〉說起》，《上
　　海教育科研》2008 年第 3 期。

三、教育史料與研究

1. 章士釗：《中等國文典》，上海：商務印書館，1912 年。

2. 戴克敦：《國文典》，上海：商務印書館，1912 年。

3. 《中華民國教育新法令》（第 1、2 冊），上海：商務印書館，1912、1913
　　年。

4. 王夢曾：《共和國教科書中國文學史（中學校）》，上海：商務印書館，1914
　　年。

5. 莊慶祥：《文法要略》（上），上海：商務印書館，1915 年。

6. 林紓：《修身講義》，上海：商務印書館，1916 年。

7. 俞明謙等：《新體國文典講義（師範學校）》，上海：商務印書館，1918 年。

8. 錢基博：《戊午暑期國文講義彙刊》，江蘇省立第三師範學校，1918 年。

9. 楊樹達：《中國語法綱要》，上海：商務印書館，1920 年。

10. 黎錦熙：《新著國文文法》，上海：商務印書館，1924 年。

11. 廖世承著：《中學教育》，上海：商務印書館，1924 年。

12. 廖世承等：《新學制中學的課程》，上海：商務印書館，1925 年。

13. 夏宇眾：《中學國文科教授之商榷》，北京：北京高等師範學校，1918 年。

14. 夏宇眾：《國文測驗舉例》，上海：中華書局，1922 年。

15. 梁啓超：《中學以上作文教學法》，上海：中華書局，1925 年。

16. 沈仲九：《國文科試行道爾頓制的說明》，上海：商務印書館，1925 年。

17. 周銘三、馮順伯：《中學國語教學法》，上海：商務印書館，1926 年。

18. 張震南：《中學國文述教》，上海：商務印書館，1927 年。

19. 光華大學教育系、國文系編：《中學國文教學論叢》，上海：商務印書館，1927 年。

20. 《黨化國語國文課程》，新教育出版社，1927 年。

21. 江恒源：《高級中學國文讀本分周教學法綱要》，上海，商務印書館，1928 年。

22. 王森然：《中學國文教學概要》，上海：商務印書館，1929 年。

23. 阮真：《中學國文校外閱讀研究》，上海：民智書局，1929 年。

24. 阮真：《中學作文教學研究》，上海：民智書局，1929 年。

25. 阮真：《中學國文各學程教學研究》，上海：民智書局，1930 年。

26. 阮真：《中學作文題目研究》，上海：民智書局，1930 年。

27. 《山東省縣私立中等學校國文教學概況》，濟南：山東省政府教育廳，1931 年。

28. 陳東原：《中國古代教育》，上海：商務印書館，1931 年。

29. 權伯華：《初中國文實驗教學法》，上海：中華書局，1932 年。

30. 周倩絲：《現代國文講話》，北平：現代文化出版部，1933 年。

31. 王澤浦：《中學生國文應讀書目提要》，北平：中華印書局，1934 年。

32. 《第一次中國教育年鑒》，上海：開明書店，1934 年。

33. 《民國二十二年度全國各大學入學試題解答》，北平：立達書局，1934 年。

34. 黎錦熙著：《國語運動史綱》，上海：商務印書館，1935 年。

35. 倪錫英編：《初中國文復習指導》，上海：現代教育研究社，1935 年。

36. 蔡元培審定：《全國學校國文成績新文庫》，中央編譯局出版，出版日期不詳。

37. 葛遵禮、蔣著超編輯：《國文精華錄（中學部）》，上海：會文堂新記書局，1935 年。

38. 《二十四年度管理中英庚款董事會第三屆留英公費生試題》，北京師範大學圖書館館藏。

39. 丁致聘：《中國近七十年教育紀事》，南京：國立編譯館，1935 年。

40. 《二十五年度管理中英庚款董事會第四屆留英公費生試題》，北京師範大學圖書館館藏。

41. 阮真：《中學國文教學法》，南京：正中書局，1936 年。

42. 胡懷琛：《中學國文教學諸問題》，上海：商務印書館，1936 年。

43. 許幕義選輯：《現代中學國文成績》，上海：廣益書局，1936 年。

44. 劉師培：《倫理學教科書》，寧武南氏鉛印本，1936 年。

45. 劉師培：《經學教科書》，寧武南氏鉛印本，1936 年。

46. 錢洪翔、倪錫英主編：《國語復習指導》，上海：現代教育研究社，1936 年。

47. 錢洪翔主編：《全國高中會考試題總攬》，上海：現代教育研究社，1936 年。

48. 錢洪翔主編：《全國初中會考試題總攬》，上海：現代教育研究社，1937 年。

49. 阮眞：《中學讀文教學研究》，上海：正中書局，1940 年。

50. 傅東華：《國文講話》，商務印書館，1940 年。

51. 張文治：《中學國文教師手冊》，中華書局，1940 年。

52. 蔣伯潛：《中學國文教學法》，中華書局，1941 年。

53. 《第二次中國教育年鑒》，上海：商務印書館，1948 年。

54. 舒新城編：《中國近代教育史資料》，北京：人民教育出版社，1961 年。

55. 張志公：《傳統語文教學初探》，上海：上海教育出版社，1962 年。

56. 艾偉：《中學國文教學心理學》，臺北：國立編譯館，1979 年。

57. 楊亮功：《早期三十年的教學生活》，臺北：傳記文學出版社，1980 年。

58. 鍾叔河編：《過去的學校》，長沙：湖南教育出版社，1982 年。

59. 《中國近代學制史料》1～4 輯，上海：華東師範大學出版社，1983～1993 年。

60. 陳必祥：《中國現代語文教育發展史》，昆明：雲南教育出版社，1987 年。

61. 歐用生：《課程與教學》，臺北：文景出版社，1987。

62. 宋恩榮、章咸主編：《中華民國教育法規選編》，南京：江蘇教育出版社，1990 年。

63. 璩鑫圭、唐良炎編：《中國近代教育史資料彙編‧學制演變》，上海：上海教育出版社，1991 年。

64. 陳伯璋：《意識形態與教育》，臺北：師大書苑有限公司，1988 年。

65. 《解放前上海的學校》，上海：上海人民出版社，1988 年。

66. 顧黃初、李杏保編：《20 世紀前期語文教育論集》，成都：四川教育出版社，1991 年。

67. 張隆華：《中國語文教育史綱》，長沙：湖南師範大學出版社，1991 年。

68. 呂達：《中國近代課程史論》，北京：人民教育出版社，1994 年。

69. 施良方：《課程理論——課程的基礎、原理與問題》，北京：教育科學出版社，1996 年。

70. 熊承滌：《中國古代學校教材研究》，北京：人民教育出版社，1996 年。

71. 費錦昌：《中國語文現代化百年記事》，北京：語文出版社，1997 年。

72. 王麗：《中國語文教育憂思錄》，北京：教育科學出版社，1998 年。

73. 吳康寧：《教育社會學》，北京：人民教育出版社，1998 年。

74. 吳永軍：《課程社會學》，南京：南京師範大學出版社，1999 年。

75. 孔慶東等：《審視中學語文教育》，汕頭：汕頭大學出版社，1999 年。

76. 楊東平：《教育：我們有話要說》，北京：中國社會科學出版社，1999 年。

77. 李鎮西：《從批判走向建設：語文教育手記》，成都：四川少年兒童出版社，1999 年。

78. 顧黃初、李杏保編：《20 世紀後期語文教育論集》，成都：四川教育出版社，2000 年。

79. 李杏保、顧黃初著：《中國現代語文教育史》，成都：四川教育出版社，2000 年。

80. 張隆華、曾仲珊：《中國古代語文教育史》，成都：四川教育出版社，2000 年。

81. 鄭國明：《從文言文教學到白話文教學》，北京：北京師範大學出版社，2000 年。

82. 北京師大附中編：《北京師大附中》，北京：人民教育出版社，2000 年。

83. 顧黃初：《中國現代語文教育百年事典》，上海：上海教育出版社，2001 年。

84. 《20 世紀中國中小學課程標準・教學大綱彙編・語文卷》，北京：人民教育出版社，2001 年。

85. 王松泉：《中國語文教育史簡編》，北京：社會科學文獻出版社，2002 年。

86. 王麗編：《我們怎樣學語文》，北京：作家出版社，2002 年。

87. 錢理群：《語文教育門外談》，桂林：廣西師範大學出版社，2003 年。

88. 鍾啟泉編：《現代課程論》，上海：上海教育出版社，2004 年。

89. 鄧洪波：《中國書院史》，上海：東方出版中心，2004 年。

90. 劉占泉：《漢語文教材概論》，北京：北京大學出版社，2004 年。

91. 《(民國)教育部文牘政令彙編》，北京：全國圖書館文獻縮微複製中心，2004 年。

92. 蔡可：《現代中國語文課程與文學教育的演變》，北京大學博士論文，2005 年。

93. 錢理群、孫紹振：《對話語文》，福州：福建人民出版社，2005 年。

94. 史成明：《中國現代語文教育的早期路向》，華東師範大學博士論文，2006 年。

95. 曾毅：《20 世紀中國語文教育批評研究》，華東師範大學博士論文，2006 年。

96. 陳平原等：《教育、知識生產與文學傳播》，合肥：安徽教育出版社，2007 年。

97. 徐雁平：《清代東南書院與學術及文學》，合肥：安徽教育出版社，2007 年。

98. 劉玉才：《清代書院與學術變遷研究》，北京：北京大學出版社，2008 年。

99. 耿紅衛：《革故與鼎新──科學主義視野下的中國近現代語文教育改革研究》，濟南：山東教育出版社，2008 年。

100. 饒騰傑：《近現代中學語文教育的發展》，廣州：廣東教育出版社，2008 年。

101. 溫儒敏：《溫儒敏論語文教育》，北京：北京大學出版社，2010 年。

102. 錢理群：《錢理群語文教育新論》，上海：華東師範大學出版社，2010 年。

103. 錢理群、孫紹振，王富仁：《解讀語文》，福州：福建人民出版社，2010 年。

四、出版史料

1. 王雲五：《商務印書館與新教育年譜》，臺北：商務印書館，1973 年。

2. 《我和開明》，北京：中國青年出版社，1985 年。

3. 朱聯保：《上海世界書局歷年大事記》，《出版發行研究》，1986 年第 5 期～1988 年第 6 期。

4. 《回憶中華書局》，北京：中華書局，1987 年。

5. 《商務印書館九十年》，北京：商務印書館，1987 年。

6. 《商務印書館九十五年》，北京：商務印書館，1992 年。

7. 《商務印書館一百年》，北京：商務印書館，1997 年。

8. 俞筱堯、劉彥捷編：《陸費逵與中華書局》，北京：中華書局，1999 年。

9. 葉桐：《新文學傳播中的開明書店》，《中國現代文學研究叢刊》，1999 年第 1 期。

10. 〔法〕戴仁著、李桐實譯：《上海商務印書館 1897～1949》，北京：商務印書館，2000 年。

11. 《我和中華書局》，北京：中華書局，2002 年。

12. 錢炳寰：《中華書局大事紀要》，北京：中華書局，2002 年。

13. 張靜盧：《中國近代出版史料初編》，上海：上海書店出版社，2003 年。

五、其他相關文獻

1. 《御選古文淵鑒》，刻本（四色套印），清康熙二十四年（1685 年）。

2. 蔡世遠編：《古文雅正》，湘鄉曾氏刻本，同治七年（1868 年）。

3. 姚鼐編：《古文辭類纂》，康紹鏞刻本。

4. 王先謙編：《續古文辭類纂》，思賢講舍刻本，光緒十九年（1893 年）。

5. 黎庶昌編：《續古文辭類纂》，金陵狀元閣刻本，光緒二十一年（1895 年）。

6. 曾國藩編：《經史百家雜鈔》上海：商務印書館，1906 年。

7. 梅曾亮編：《古文詞略》，北京：學部圖書局，1908 年。

8. 林紓、嚴復：《林嚴合鈔》，上海：國學扶輪社，1909 年。

9. 吳曾祺：《涵香山館文集》，上海：商務印書館，1910 年。

10. 吳曾祺：《涵芬樓文談》，上海：商務印書館，1911 年。

11. 謝无量：《中國大文學史》，上海：中華書局，1918 年。

12. 謝无量：《中國哲學史》，上海：中華書局，1918 年。

13. 林紓：《畏廬文集》，上海：商務印書館，1925 年。

14. 林紓：《文微》，潛江朱氏刻本，1925 年。

15. 姜書閣：《桐城文派評述》，上海：商務印書館，1930 年。

16. 文逸編著：《語文論戰的現階段》，上海：天馬書店，1934 年。

17. 任重編：《文言、白話、大眾語論戰集》，上海：民眾讀物出版社，1934 年。

18. 吳曾祺：《涵香山館文集》（第二集），上海：商務印書館，1936 年。

19. 蔣祖詒：《文體論纂要》，南京：正中書局，1946 年。

20. 朱義冑：《春覺齋著述記》，上海：世界書局，1949 年。

21. 朱義冑：《林氏弟子表》，上海：世界書局，1949 年。

22. 朱義冑：《林畏廬先生年譜》，上海：世界書局，1949 年。

23. 朱義冑：《貞文先生學行記》，上海：世界書局，1949 年。

24. 《論文偶記・初月樓古文緒論・春覺齋論文》（合訂本），北京：人民文學出版社，1959 年。

25. 《文章辨體序說・文體明辨序說》，北京：人民文學出版社，1962 年。

26. 《葉聖陶語文教育論集》（上、下），北京：教育科學出版社，1980 年。

27. 《夏丏尊文集》（1～3 卷），杭州：浙江文藝出版社，1983 年。

28. 薛綏之、張俊才編：《林紓研究資料》，福州：福建人民出版社，1983 年。

29. 宣浩平編：《大眾語文論戰》，上海：上海書店，1987 年影印。

30. 文振庭編：《文藝大眾化問題討論資料》，上海：上海文藝出版社，1987

年。

31. 浦江清：《清華園日記・西行日記》，北京：三聯書店，1987年。

32. 《朱光潛全集》（3、4、9卷），合肥：安徽教育出版社，1987～1993年。

33. 《葉聖陶集》（1～25卷），南京：江蘇教育出版社，1987～1994年。

34. 褚斌傑：《中國古代文體概論》，北京：北京大學出版社，1990年。

35. 《劉宗向先生遺著選》，長沙：湖南大學長沙校友會編印，1992年。

36. 李家驥等編：《林紓詩文選》，北京：商務印書館，1993年。

37. 《葉聖陶教育文集》（1～6卷），北京：人民教育出版社，1994年。

38. 商金林：《葉聖陶評傳》，合肥：安徽教育出版社，1995年。

39. 胡適：《白話文學史》，北京：東方出版社，1996年。

40. 陳平原編校：《中國現代學術經典・章太炎卷》，石家莊：河北教育出版社，1996年。

41. 《朱自清全集》（1～12卷），南京：江蘇教育出版社，1996年。

42. 《黎錦熙語文教育論著選》，北京：人民教育出版社，1996年。

43. 章太炎講演、曹聚仁整理：《國學概論》，上海，上海古籍出版社，1997年。

44. 章太炎：《國故論衡》，上海，上海古籍出版社，1997年。

45. 陳平原：《中國現代學術之建立——以章太炎、胡適之爲中心》，北京：北京大學出版社，1998年。

46. 郭紹虞：《中國文學批評史》，南昌：百花文藝出版社，1999年。

47. 《杜威五大講演》，合肥：安徽教育出版社，1999年。

48. 《錢玄同文集》，北京：中國人民大學出版社，1999年。

49. 王風：《新文學的建立與現代書面語的產生》，北京大學博士論文，2000年。

50. 張人鳳整理：《張元濟日記》，北京：商務印書館，2001年。

51. 吳孟復：《桐城文派述論》，合肥：安徽教育出版社，2001年。

52. 張舜徽：《張舜徽學術文化隨筆》，北京：中國青年出版社，2001年。

53. 戴燕：《文學史的權力》，北京：北京大學出版社，2002年。

54. 《胡適全集》，合肥：安徽教育出版社，2003年。

55. 羅志田：《國家與學術：清季民初關於「國學」的思想論爭》，北京：三聯書店，2003年。

56. 陳平原編：《章太炎的白話文》，瀋陽：遼寧教育出版社，2003年。

57. 陳國球：《文學史書寫形態與文化政治》，北京：北京大學出版社，2004

年。

58. 劉師培：《中國中古文學史講義》，北京：中國人民大學出版社，2004 年。

59. 商金林：《葉聖陶年譜長編》（1～4 卷），北京：人民教育出版社，2004 ～2005 年。

60. 劉曾兆：《清末民初的商務印書館——以編譯所爲中心之研究》，臺北：花木蘭出版社，2005 年。

61. 商金林編：《葉聖陶抗戰時期文集》，北京：人民教育出版社，2005 年。

62. 啓功、張中行、金克木：《說八股》，北京：中華書局，2006 年。

63. 夏曉虹，王風等：《文章語言與文學體式——從晚清到「五四」》，合肥：安徽教育出版社，2006 年。

64. 柳春蕊：《晚清古文研究》，南昌：百花洲文藝出版社，2007 年。

65. 陸德海：《明清文法理論研究》，上海：上海古籍出版社，2007 年。

66. 陳平原、米列娜主編：《近代中國的百科辭書》，北京：北京大學出版社，2007 年。

67. 傅宏星：《錢基博年譜》，武漢：華中師範大學出版社，2007 年。

68. 王達敏：《姚鼐與乾嘉學派》，北京：學苑出版社，2007 年。

69. 錢基博：《現代中國文學史》，北京：中國人民大學出版社，2009 年。

70. 羅志田：《近代讀書人的思想世界與治學取向》，北京：北京大學出版社，2009 年。

71. 亢樂：《許指嚴及其作品研究》，華東師範大學碩士論文，2009 年。

72. 劉晨：《立達學院史論》，北京：團結出版社，2009 年。

六、工具書

1. 《教育論文索引》，北京：清華學校教育學社，1924 年。

2. 《增訂教育論文索引》，上海：民智書局，1932 年。

3. 《中華書局圖書總目 1912～1949》，北京：中華書局，1987 年。

4. 《民國時期總書目·中小學教材》，北京：書目文獻出版社，1995 年。

5. 商金林、李斌、張紅麗：《1911～2008 葉聖陶研究資料索引》，北京：開明出版社，2009 年。

後　記

　　這本書是在博士論文基礎上修改而成的。從選題到寫作答辯直至修改出書，都離不開導師商金林老師的啓發和指導。從 2004 年秋進入北京大學，一念就是七年。這七年中，商老師手把手教我怎麼做學問。從最開始如何查資料，到後來如何選題，如何改文章，其間的點點滴滴，每次回味起來，總覺得幸福無限。知道這本書要出版了，他很高興，多次就寫序的事跟我商量，他定下兩條原則：爭取不要跟溫儒敏老師的序言有所重複；爭取每句話都說到要害。他太認眞了，寫了幾次都不滿意。終於，出版社等不住了。如果還有機會，再請他吧。

　　溫儒敏老師一直關心著這篇論文。在博士生入學考試面試時，我說準備研究這個課題，他當即表示支持。這堅定了我的信心。選題報告會溫老師也參加了，鼓勵我繼續這方面的研究，並提出了若干建議。他是我畢業論文答委員會的主席，答辯時給了較高評價。他本來希望本書能夠收入由他主編的叢書的。但這次卻要先出了。我很不安的給他寫信，請他作序。他正在主編全國統一的小學初中語文教材，非常忙，卻很快就寫好了序。

　　參加論文選題和答辯的張恩和、吳福輝、傅光明、吳曉東、王風、高遠東、方錫德、程凱等諸位老師給了我很多很好的建議，敦促我最後完成了論文。吳曉東老師曾經代替商老師指導了我一段時間，他的謙和大度激發了我在學術上的勇氣。王風老師不吝嗇對我的誇獎，這讓我很愉快。

　　在北京大學中文系求學七年，我有幸聆聽了嚴家炎、孫玉石先生的教誨，選修了陳平原、夏曉虹、陳曉明、張頤武、戴錦華、車槿山、姜濤等老師的課程。他們不僅讓我懂得做學問的方法，也讓我明白了學問境界的大小。

凌宇、張旭東、陳漱渝、張中良、李今、魏建、閆萍、張潔宇、郭娟、劉巧玲等老師在學術上給予過我幫助和鼓勵，我一直心存感念。

郭沫若紀念館李曉虹、郭平英、崔民選、蔡震、趙笑潔等領導和同事對我多有照顧，在這裡我們不僅討論郭沫若，也討論現代中國與日常生活。

陳改玲、丁文、趙麗華、孟娜、程振興、劉黎瓊、楊瓊、崔瑛祜、李淑英、宋歡迎、陳潔、车利鋒、張麗萍、初穎宇、周昀等同門參與了我論文的選題和修改過程。北大中文系 07 級博士班和 04 級碩士班的同學們留給了我太多的歡笑和回憶，在這裡我才真正感覺到什麼叫著「一方淨土」。李長生、祁峰、胡丹、凌文超、李霄波、馬俊江、聶海平、徐勇、黃高飛、張春田、李娜、胡嫻、龔婷、彭敏、盧亞兵等老朋友純真的友誼是我不斷前進的重要動力。在此一併致謝。

感謝主編李怡老師的提攜，李老師在郭沫若研究上對我幫助很大，這次又主動推薦拙著出版，高情厚誼，催人奮進，令人銘感。感謝臺灣花木蘭文化出版社及編輯楊嘉樂博士為出版拙著付出的大量勞動。

感謝我的父母和家人，他們的理解和支持讓我能夠專心學術，從事自己喜好的工作。

我希望不辜負老師和朋友們的期望，在不久的將來能有更好的成績。

2012 年 5 月於郭沫若故居